荻原義雄編

# 西來寺本仮名書き法華経 原色影印

勉誠出版

# 巻頭言

この度、西來寺に所蔵の『仮名書き法華経』が、カラー撮影によって出版され、主として国語学研究の資料に広く供されますことは、とてもうれしく思います。すでに、本書は「影印版」（一九九三年）、次いで「翻字篇」、そして「対照索引並びに研究」（二〇一五年）が刊行され、それらに解説および綿密なご研究の成果も収録されています。これらを一貫して導いて下さった駒澤大学の萩原義雄教授と、労を取っていただいた勉誠出版に深く敬意を表します。

西來寺蔵の本書は、当寺第三十一世の真阿宗淵（一七八六―一八五九）が全国の寺院を廻って集めた法華経の諸本の中の一つです。宗淵上人は、良本七十七種を校合して『法華経考異』二巻を著し、天保六年（一八三五）に『妙法蓮華経　山家本』を開版しました。山家本は慈海版（元禄五年）に並んで、今日までに天台宗で読誦のテキストとして尊重されています。上人は天台の碩学として、悉曇梵語・声明梵唄・故実書誌に至るまで造詣深く、とくに古形に価値を置き、その眼力で諸書を蒐集し、集めた文書典籍には「竹圓房印」が押され、一群の蔵書として保存されています。また、その業績は『天台学僧宗淵の研究』（一九五八）のなかで、後の多くの学者によって顕彰されました。

『仮名書き法華経』西來寺本は、その書写は江戸時代のものとしても、訓読の仮名法華経としては鎌倉中期に遡って最も古きに目される「妙一本」の類本で、八巻全品を揃える完本によってその評価を受けます。この書には、宗淵上人の造詣による書き込みが多くあって、そのことも貴重とされてよいでしょう。この書は、巻末に「松阪三井宗湛居士」がこれを納めたと記すことから、松阪来迎寺の妙有上人（一七八一―一八五四）を通じて西來寺へもたらされたと考えられます。西來寺は室町期の天台僧真盛（一四四三―九五）が開創の別格本山で、来迎寺はその後に真盛門流の名刹となり、とくに江戸期には豪商三井家の発祥地菩提寺となりました。宗湛居士は、三井十一家の室町家五代・三井高経が受戒後の名と思われ、来迎寺の記録では天保九年四月二十四日没の篤信者であったと聞きます。また、妙有上人は正法律を興して著名な慈雲飲光（一七一八―一八〇四）の晩年に参じた弟子で、天台真盛門流が「戒と念仏」を標榜するなかに、とくに戒律に志を深くし飲光『十善法語』を開版したり、或いは天保の大飢饉に宗淵らと強力し、饑餓救済に従事したことが『施行記』（松阪市史）によって知られます。宗淵と妙有の両上人は、同門流の名僧であり、竹圓房蔵書には妙有から宗淵に譲り書写された典籍が、他にも幾つか認められます。

この度の出版には、これまでの三書を合わせて両上人とも浄土で慈愛深く悦んでおられると確信します。これらが、国語研究のみならず仏教、国文学、及び文化史等の研究に役立つことを念じます。ここに、萩原義雄教授と勉誠出版・和久幹夫氏に敬意をもって感謝いたします。

平成二十九年九月十五日

三重県津市乙部西來寺山主（天台真盛宗）　寺井良宣

# 目　次

# 凡　例

一　本書は、三重県津の西來寺所蔵、法華經八巻八冊からなる布張り本。表紙中央に「妙法蓮華経第〇」と墨書し、右上側に朱字で「辰」と所蔵書籍分類文字が記載されている。金箔表紙にして、裏は白紙。左側紙から六行書き、平均十七から二十文字仕立ての墨書き本文。漢字部分の右傍らに読みがな、左傍らに和解を記載し、これに所蔵者であった宗淵上人による精密な自筆書込みを多く記載する。

一　原寸は縦25㎝、横14㎝。公刊に際して表紙・裏表紙は54％、本文は57％に縮小して掲載した。

一　『西來寺蔵『仮名書き法華経』翻字編』（一九九四年刊）及び『西來寺蔵『仮名書き法華経』対照索引並びに研究』（二〇一五年刊）とも同じ頁行の表記形態にするため影印上部にその番号を算用数字で記載している。これにより、解題及び索引からも照合が可能となっている。

一　柱題には、各品ごとの名称を記載し、読み取りやすくした。

一　宗淵上人による補正の貼り紙のうち、糊付けがなされていない箇所には※印を付して、改めてその部位を巻末に掲出した。巻第一の一六丁ウ、一七丁ウなどに貼り紙の原形を留めている。

一　補遺として、同じく宗淵上人所蔵の法華經音義類のうち、(1)『法華經篇音義』〔長禄本〕、(2)『法華経字類音』宗淵書写本、(3)『玄應撰法華經音義』宗淵書写本、(4)心空板『法華經音義』宗淵書込み本、(5)快倫編『法華經音義』版本に宗淵書込み、(6)『法華讀音』安樂谷阿観上人義源〔一三〇三（乾元二）年写〕一冊が当寺文庫に所蔵されている。同時に撮影作業は終えたが、紙面の都合上、今回、茲に掲載出来たのは(1)『法華經篇音義』〔「西來寺蔵『法華篇音義』の和訓について」（萩原義雄・駒澤大學北海道教養部論集4巻〈http://repo.komazawa-u.ac.jp/opac/repository/all/13755/rhk004-06-hagihara.pdf〉）と「西来寺蔵『法華篇音義』その2――字音索引」（同6巻に翻刻索引を所載）〕のみであることをご諒恕願いたい。

影印

# 妙法蓮華経　巻第一

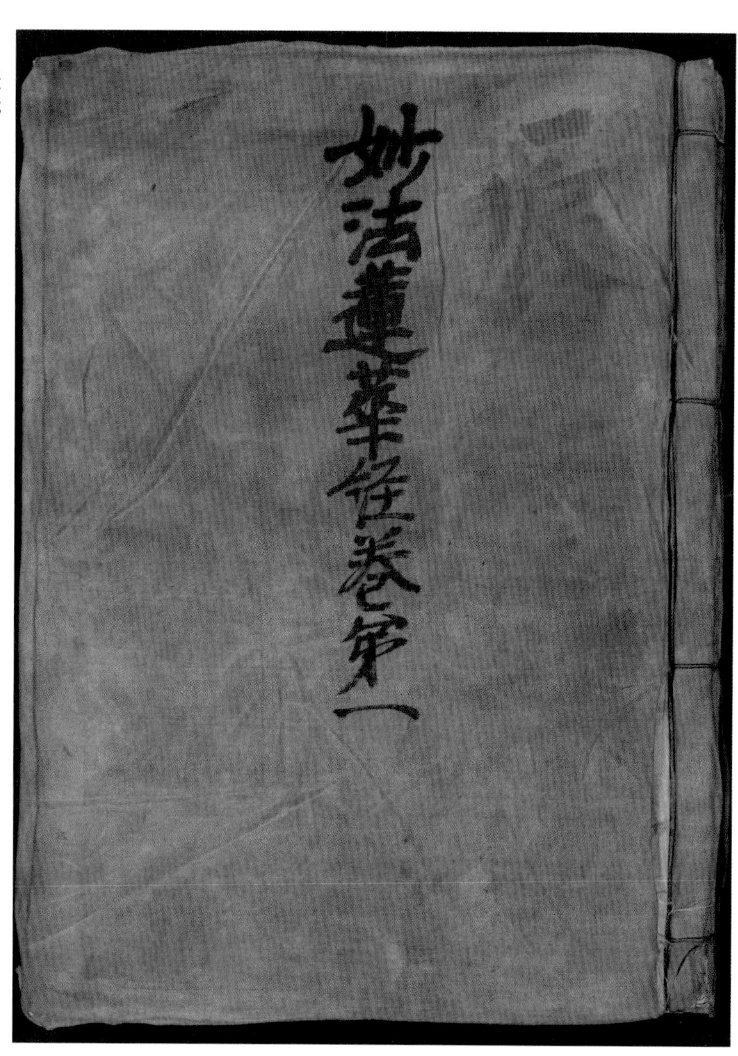


表紙

表紙裏紙

表紙見返

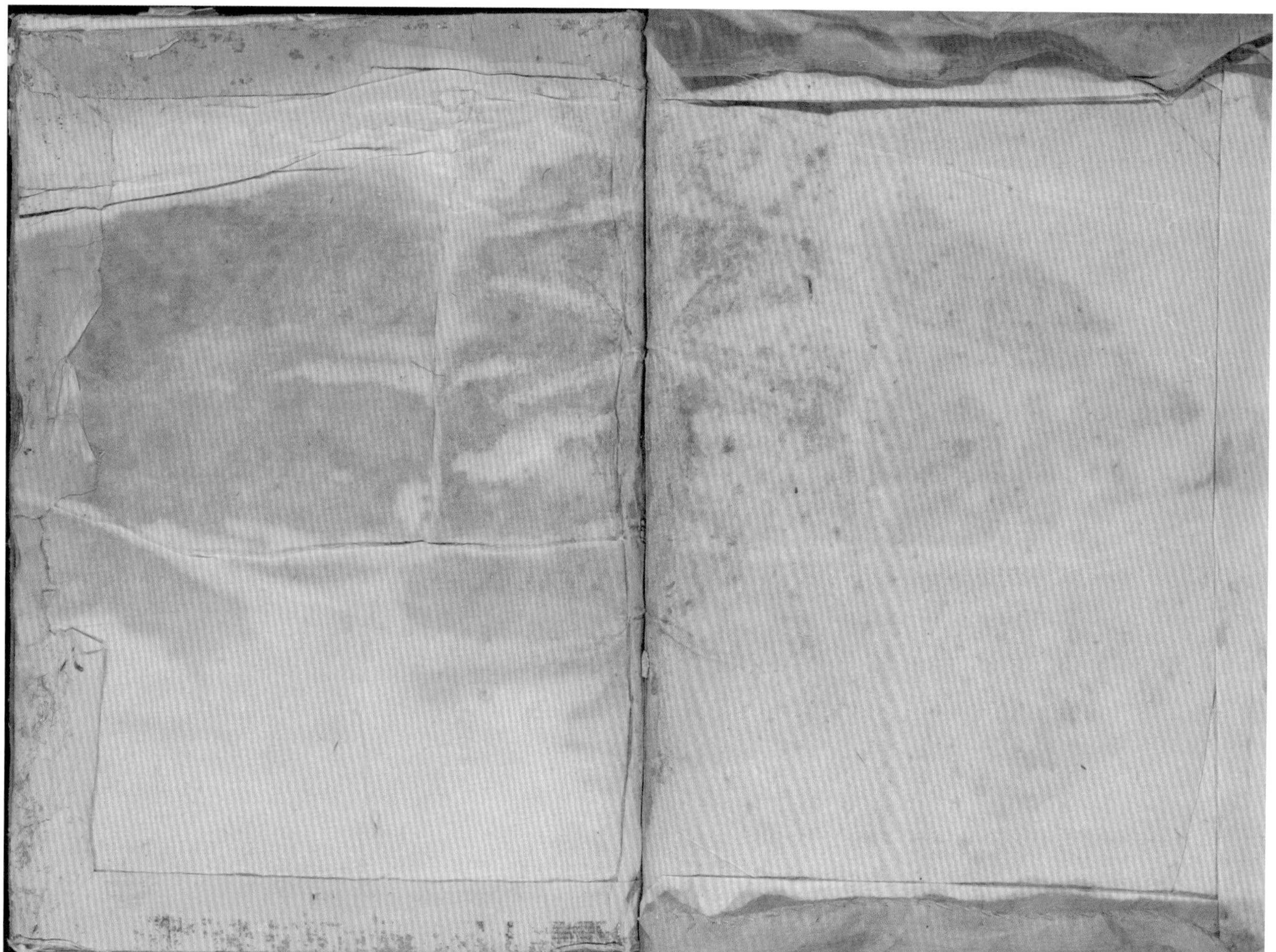

表紙見返

4　一丁オ

妙法蓮華經序品第一

かくのごとく我きゝたてまつりき。ひと
ときほとけ王舎城耆闍崛山のなかに住し
たまひき。大比丘衆万二千人とともな
りき。みなこれ阿羅漢なり。諸漏すでに
はつきてまた煩悩なし。己利を逮得せ

5　一丁ウ

し諸有の結つくして心自在をえた
りそのなをば阿若憍陳如摩訶迦葉
優樓頻螺迦葉伽耶迦葉那提迦葉舎
利弗大目揵連摩訶迦旃延阿㝹樓駄
劫賓那憍梵波提離婆多畢陵伽婆
蹉薄拘羅摩訶拘絺羅難陀孫陀羅

6　二丁オ

難陀富樓那彌多羅尼子須菩提阿難
羅睺羅といふかくのごときは衆に知識
せられたる大阿羅漢等なり。また學
無學二千人あり。摩訶波闍波提比丘
尼眷屬六千人とともなり。羅睺羅が母
耶輸陀羅比丘尼もまた眷屬とともなりき

菩薩摩訶薩八万人ありみな阿耨多羅
三藐三菩提において退転せずみな陀
羅尼をえたり楽説辯才ありて不退転の
法輪を転じ無量百千の諸仏を供養し
諸仏のみもとにしてもろもろの徳本
をうへつねに諸仏のために称歎





せられ慈をもて身をおさめよく
仏恵に入り大智に通達して彼岸に
いたり名称あまねく無量の世界に
きこへよく無数百千の衆生を度し其の
名をば文殊師利菩薩観世音菩薩
得大勢菩薩常精進菩薩不休息菩





宝掌菩薩薬王菩薩勇施菩薩宝
月菩薩月光菩薩満月菩薩大力菩
薩無量力菩薩越三界菩薩䟦陀婆
羅菩薩弥勒菩薩宝積菩薩導
師菩薩といふかくのごとき等の菩薩
摩訶薩八万人とゝもなりきそのときに





釈提桓因その眷属二万の天子とゝもな
りまた名月天子普香天子宝光天
子四大天王ありもろもろの眷属一万の天子とゝ
もなりき自在天子大自在天子その
眷属三万の天子とゝもなりき娑婆世界
の主梵天王尸棄大梵光明大梵等その

11

四丁ウ

眷屬万二千の天子とゝもなり八龍王あり
難陀龍王跋難陀龍王娑伽羅龍王和修
吉龍王徳叉迦龍王阿那婆達多龍王
摩那斯龍王優鉢羅龍王等なり
おの〳〵若干百千の眷屬とゝもなりき
四緊那羅王あり法緊那羅王妙法緊

12

五丁オ

那羅王大法緊那羅王持法緊那羅王
なりおの〳〵若干百千の眷屬とゝもな
りき四乾闥婆王あり樂乾闥婆王樂音
乾闥婆王美乾闥婆王美音乾闥婆
王なりおの〳〵若干百千のけんぞくと
ともなりき四阿修羅王あり婆稚阿修羅

13

五丁ウ

王佉羅騫駄阿修羅王毗摩質多羅
阿修羅王羅睺阿修羅王なりおの〳〵
若干百千の眷屬とゝもなりき四迦樓羅
王あり大威徳迦樓羅王大身迦樓羅王大
滿迦樓羅王如意迦樓羅王なりおの〳〵
若干百千の眷屬とゝもなりき韋提希の

14

六丁オ

子阿闍世王若干の眷屬とゝもなりきおの
〳〵ほとけのみあしに礼してしりぞき
て一面に坐しきそのときに世尊四衆に
圍遶せられ供養恭敬し尊重讃歎
せられてもろ〳〵の菩薩のために
大乗經をときたまふ無量義教菩薩

15

法佛所護念とかうしてほとけこの経
をときをはりたまふにすなはち結跏趺坐して
無量義處三昧にいりて身心うごかず
たまふこのとき天より曼陀羅華
摩訶曼陀羅華曼殊沙華摩訶曼
殊沙華をふらしてほとけのうへおよび

16

もろ〱の大衆に散じあまねくほとけ
の世界六種に震動すそのときに會中の
なかの比丘比丘尼優婆塞優婆夷天龍
夜叉乾闥婆阿修羅迦樓羅緊那羅
摩睺羅伽人非人ならびにもろ〱の小王
轉輪聖王これらもろ〱の大衆未曾有なる

17

ことをえてよろこびて歡喜合掌し一心にかうべを
たてまつりてほとけをみたてまつるそのときにほとけ眉間の
白毫相より光をはなちて東方万八
千の世界をてらしたまふに周遍せず
といふことなし下阿鼻地獄にいたり上阿
迦尼吒天にいたるこの世界にして

18

ことごとくかの土の六趣の衆生をみる
またかの土の現在の諸佛をみたてまつり
および諸佛の所説の經法をきかせたまふを
ならびにもろ〱の比丘比丘尼優婆塞優
婆夷諸の修行し得道するものをみる
またもろ〱の菩薩摩訶薩の種々

の因縁種々の信解種々の相貌ありて
て菩薩の道行ずるを見るまた諸佛の
般涅槃したまふを見たてまつる
また諸佛般涅槃ましまして後ちに
佛の舎利をもつて七寳の塔を起つるを
見るそのときに弥勒菩薩このおもひ作



なさく今世尊神變の相を現じたまふ、
なにの因縁をもつてこの瑞ありや今佛世尊
は三昧に入りたまへりこの不可思議にし
て希有の事を現ぜるをまさにたれにか
とふべきたれかよくこたへんとまた
このおもひをなさくこの文殊師利法王



のすでにむかし過去の無量の諸佛に親近
し供養したてまつれりかならずこの希有の相を
みるべしわれいまとひたてまつるべしと
また比丘比丘尼優婆塞優婆夷および
もろもろの天龍鬼神等ことごとくこのおも
ひをなさくこのほとけの光明神通の



相をばいまたれにかとふべきその
ときに弥勒菩薩みづからうたがひを決
せんとおもひまた四衆比丘比丘尼優婆塞
優婆夷および諸の天龍鬼神等
の衆會の心を觀じて文殊師利
にとひていはくなにの因縁をもつてこ

一〇丁ウ

の瑞神通の相をあらはし大光明をはなちて
て東方万八千の土をてらしたまふにことごとく
かれかしこの国界の荘厳をみたてまつる
ときに弥勒菩薩かさねてこの義を
のべんとおもひて偈をもつてとひていはく
文殊師利導師なにがゆへぞ眉間の白



一一丁オ

毫の大光あまねくてらし
たまふ曼陀羅曼殊沙華ふりて栴檀
の香風衆の心を悦可す
このゆへの因縁をもつて地みな厳浄なり
しかうしてこの世界六種に震動したまふ
に四部衆ことごとくみな歓喜し身意



一一丁ウ

快然として未曾有なりとおもふ眉間の
光明東方万八千の土をてらしたまふに
みな金色のごとし阿鼻獄より有頂に
いたるまでもろもろの世界の中の六道
の衆生生死の所趣善悪の業縁受報
の好醜ここにおいてことごとくみる又諸仏の



一二丁オ

聖主師子をみたてまつる経典を演せ
しめたまふ微妙第一なりそのこゑ
清浄にして柔軟のこゑをいだしてもろもろ
の菩薩をおしへたまふこと無数億万なり
梵音深妙にして人をしてきかんとねがはし
めおのおの世界にして正法を講

説したまふ種々の因縁無量のたとへを
もて佛法を照明して衆生を開悟せしむ
もし人苦にあひて老病死を
いとふにはために涅槃をときてもろもろの
苦際をつくさしむ。もし人福ありてむかし
ほとけを供養し勝法をもとむるには





ためには縁覚をとき、もし佛
子ありて種々の行を修して無上恵
をもとむるにはために浄道をとき
たまふ。文殊師利われここに住して見
聞することかくのごとし。千億の事に
およびかくのごとく衆多なるいままさに





われかの土をみるに恒
沙の菩薩種々の因縁をもて佛道を
もとむ。あるひは施を行ずるに金銀珊瑚
真珠摩尼硨磲碼碯金剛の諸珍
たから奴婢車乗宝飾の輦輿をもて
歓喜して布施し佛道に廻向して





この乗の三界に第一にして諸佛のほむる
ところなるをえんとねがふ。あるひは
菩薩の駟馬の宝車の欄楯華蓋あり
て軒飾せるをもて布施し、また菩薩
の身肉手足および妻子を施して無上道
をもとむるを見る。また菩薩の頭目身体

ごりて欣樂施與してかくけの智恵を
もとむるを見る文殊師利われ諸王の
かとけのみもとに往詣して無上道をとひ
すてゝすなはち樂土宮殿臣妾をすて
鬚髪を剃除して而法服をきるを見る
あるひは菩薩のしかも比丘となりてひ





とり閑靜に處してねがひて經典を誦
するをみる又菩薩の勇猛精進して
深山に入て佛道を思惟するを
みる又欲をはなれてつねに空閑に處
してふかく禪定を修して五神通をう
るをみる又菩薩の安禪合掌して





千万の偈をもて諸法の王を讃したて
まつるをみる又菩薩の智ふかく志
かたくしてよく諸佛にとひたてまつり
てきくことくを受持するをみる佛
子の定恵具足して無量のたとひを
て衆のために法を講し欣樂説法して諸の





菩薩を化し魔の兵衆をやぶりて法の
鼓をうつを見る又菩薩の寂然宴
黙して天龍恭敬すれどももつてよろ
こびとせざるをみる又菩薩の林に處
して光をはなちて地獄の苦をす
くひて佛道にいらしむるをみる又

35

一六丁ウ

佛子のいまだかつて睡眠せざるもの
はやしに經行してはげみて佛道を勤
もとむる者をみる戒を具して威儀を
かくることなくきよきこと寶珠のごとく
にしてもつて佛道をもとむる者をみる
又佛子の忍辱のちからに住して増

36

一七丁オ

上慢の人の悪罵捶打するをみなことごとく
よくしのびてもつて佛道をもとむるを
又菩薩の諸の戯笑をはなれおよび癡の
眷属をはなれて智者に親近しこゝろを一にして
みだれをのぞきこゝろを
山林におくこと億千万歳にして佛道

37

一七丁ウ

をもとむる者をみる。あるいは菩薩の肴
膳飲食百種の湯藥をもて仏
および僧に施し名衣上服の價直千万
なるあるいは無價の衣をもつて仏
および僧に施し千万億種の栴檀の
寶舎諸のうつくしき臥具をもて

38

一八丁オ

仏および僧に施し清浄の園林
の華菓茂盛なると流泉浴池とを
仏および僧に施しかくのごときの
施の種々微妙なるを歓喜していとふ
ことなくして無上道をもとむる者をみる
あるいは菩薩の寂滅の法をとひて種々

不無数の衆生を教詔したまふ。あるいは
菩薩の諸法の性は二相あることなしと
虚空のことく観するをみる。また仏子
心に所著なくして、この妙恵をもて
無上道をもとむるをみる。文殊師利、また
菩薩の仏滅度ののち舎利を供養



するをみる。また仏子のもろもろの
塔廟をつくること、無数恒沙にして
国界を厳飾せる宝塔たか
くして五千由旬、縦広正等にして
二千由旬なり。一々の塔廟におのおの千の幢
幡あり。珠をもて交露せる幔あり。宝鈴和鳴



諸天龍神、人および非人、香華伎楽は
つねにもて供養す。文殊師利、もろもろの
仏子等舎利を供せんがために塔廟を
厳飾せり。国界自然に殊特妙好なること
天の樹王のその華開敷せるがことし。
ほとけ、ひとつのひかりをはなちたまふに



われおよび衆会この国界の種々に殊妙
なるをみる。諸仏の神力智恵希有なり。
ひとつの浄光をはなちて無量の国を
てらしたまふ。われらこれを見て未曾有
なることをえたり。仏子文殊、ねがはくは衆の
うたかひを決したまへ。四衆欣仰して仁およ

43　二〇丁ウ

なにゆへにか世尊なんぞかくてこの光明
をはなちたまふ仏子ときにこたへてう
たがひを決してよろこばしめたまへなにの
饒益あるところありてかこの光明をの
べたまふ仏道場に坐してえたまへる
ところの妙法これをとかんとおぼすや

44　二一丁オ

せんまさに授記したまはんとやせん諸
仏の土のもろもろの宝をもて厳浄せる
をしめしおよび諸仏をみせしめたまふ
これ小縁にあらじ文殊まさにしるべし
四衆龍神仁者を瞻察したてまつる
なにをかとかんとする

45　二一丁ウ

そのときに文殊師利弥勒菩薩摩訶
薩およびもろもろの大士にかたりたまはく善男
子等われ惟忖するにいま仏世
尊大法をとき大法のあめをふらし大法
のかひをふき大法のつづみをうち大法の
義をのべんとおぼすなり

46　二二丁オ

善男子われ過去の諸仏において
この瑞をみたてまつりしにこのひかりをはなちをはりて
すなはち大法をときたまひき
このゆへにしるべしいま仏のひ
かりを現じたまふこともまたかくのごと
し衆生をしてことごとく一切世間難

信の法を聞知することを得せしめんと
欲するがゆへにこの瑞を現し
たまふなりと。諸の善男子過去無量
無邊不可思議阿僧祇劫のむかしに
ほとけましましき。号したてまつりて日月燈
明如来應供正遍知明行足善逝世間





解無上士調御丈夫天人師佛世尊と號し
たてまつる。正法を演説したまふ。初善中
善後善なり。その義深遠にそのことば
巧妙なり。純一にして雑なく具足清白な
る梵行の相なり。聲聞をもとむるもの
ゝためには應ずる四諦の法をときて生





老病死を度して涅槃を究竟せしめ辟支
佛をもとむるものゝためには應ずる十二
因縁の法をとき。諸の菩薩のためには
應ずる六波羅蜜をときて阿耨多羅三
藐三菩提を得一切種智を成ぜしめたま
ふ。つぎに又ほとけましましき。又日月





燈明となづく。つぎにまたほとけましましき。
日月燈明となづく。かくのごとく二万のほと
け、みなおなじく一字にして日月燈明と
號したてまつる。またおなじく一姓にして頗羅
堕を姓とせり。弥勒まさにしるへし。はじめの
ほとけものちのほとけも、みなおなじく

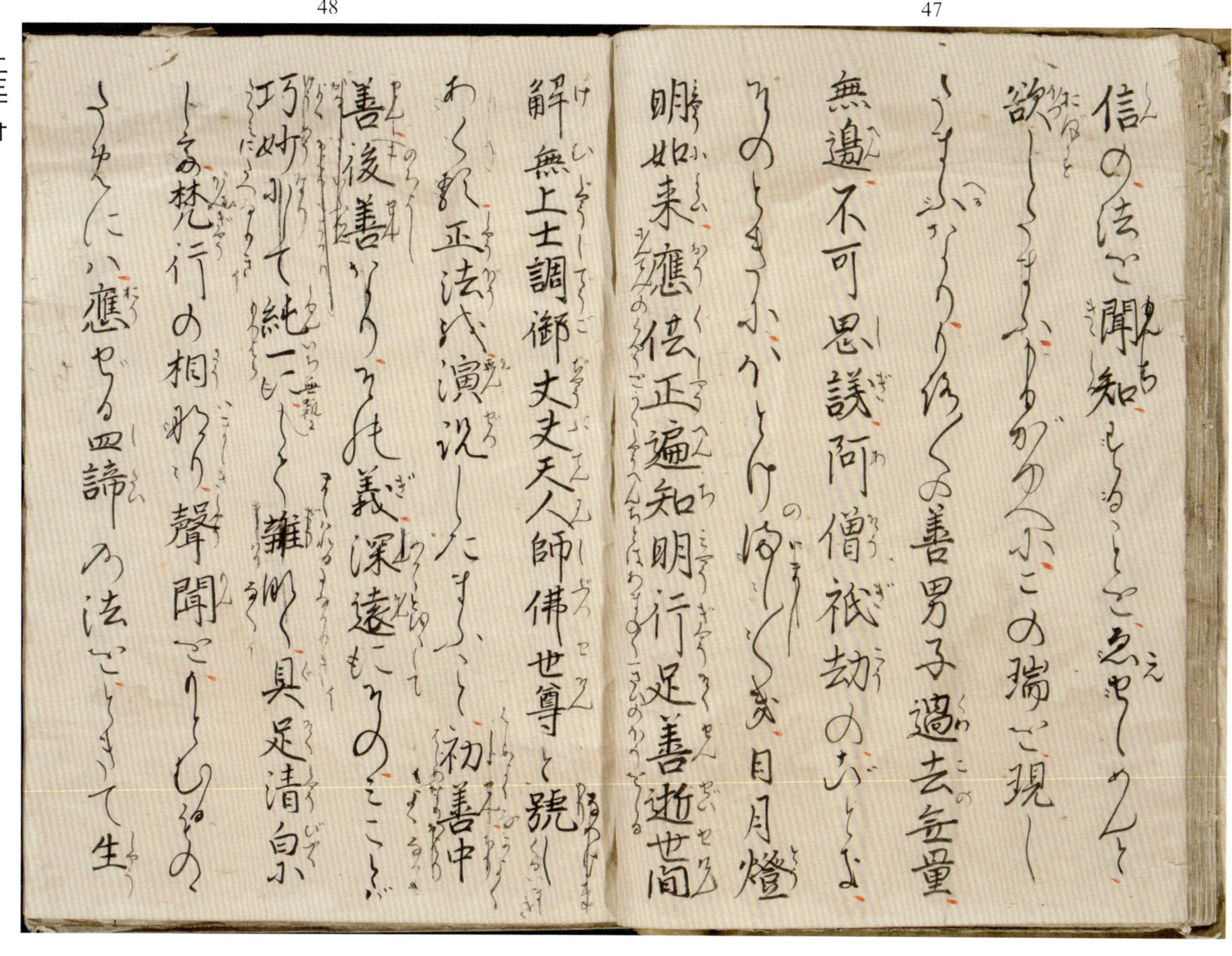

一字にして日月燈明となづく十号具
足したまへりときたまふべきところの
法初中後善なりその最後なるほとけ
いまだ出家したまはざりしときに八王
子ありき一をば有意となづく二をば善意
となづけ三をば無量意となづく四をば寶




意となづけ五をば増意となづく六をば
除疑意となづけ七をば響意となづく
八をば法意となづくこの八王子威徳自在
にしておのおの四天下を領じたまへり
この王子父出家して阿耨多羅三藐三
菩提をえたまふときゝてことごとく




王位をすてゝ亦したがひて出家して
大乘の心をおこしてつねに梵行を修し
みな法師となりてすでに千万のほとけ
のみもとにおいてもろもろの善本をうゑき
そのときに日月燈明佛大乘經をときたまふ
なづけて無量義教菩薩法佛所護




念となづくこの經をときをはりたまひて
すなはち大衆のなかにして結跏趺坐し
無量義處三昧に入りて身心うごきたまはず
そのときに天より曼陀羅華摩
訶曼陀羅華曼殊沙華摩訶曼殊
沙華をふらしてほとけのうへにちらし

乃大衆に散しあまねくほとけの世界六
種に震動せりそのときに會のなかの
比丘比丘尼優婆塞優婆夷天龍夜叉乾
闥婆阿修羅迦樓羅緊那羅摩睺
羅伽人非人およびもろもろの小王轉輪聖
王等このもろもろの大衆未曽有なる



ことをえて歓喜合掌し一心にほとけを
みたてまつるそのときに如来眉間の白
毫相のひかりをはなちて東方萬八千の
佛土をてらしたまふに周遍せずといふこと
なくしてそのうちにいますこれ諸佛
の土すんごとし弥勒ほさつこのおもひの





ときに會のなかに二十億の菩薩あり
法をきかんと楽欲しけるこのもろもろの
菩薩この光明のあまねく佛土をて
らすをみて未曽有なることをえてこの
ひかりの所為の因縁をしらんと欲す
又菩薩ありなづけて妙光といふ



八百の弟子ありこのときに日月燈明佛
三昧よりたちて妙光菩薩によせて
大乗經をときたまふ妙法蓮華教菩
薩法佛所護念となづく六十小劫座
をたゝずときにかの會のきく人も
また一處に坐して六十小劫身心うごか

59

二八丁ウ

ほとけの所説をきくこと食頃のごとしと
おもへり。このときに衆のなかに一人として
こゝろにもみにも懈倦をな
しおこることなし。日月燈明佛六十小劫に
是経をときおはりてすなはち
梵魔沙門婆羅門および天人阿修羅

60

二九丁オ

衆のなかにしてこの言をのべてのたまはく如来は
今日の中夜に無余涅槃に
いりたまふべし。ときに菩薩ありなを
徳蔵といふ。日月燈明佛すなはち
その記をさづけてもろもろの比丘に
つげてのたまはく、この徳蔵菩薩つぎに

61

二九丁ウ

ほとけになるべし。なづけて浄身
多陀阿伽度阿羅訶三藐三佛陀と
いふと。ほとけ授記しおはりてすなはち
中夜に於て無余涅槃にいりたまひぬ。
ほとけ滅度ののち妙光菩薩妙法
蓮華経をたもちて八十小劫を満てる

62

三〇丁オ

まで人のために演説す。日月燈明
佛の八子みな妙光を師とす。妙光教
化してみな阿耨多羅三藐三
菩提に堅固ならしむ。この諸の王
子無量百千万億のほとけを供養しを
はりてみなことごとく佛道をなりぬ

最後にほとけになり給ひしをば、なづけて燃
燈といふ。八百の弟子の中に一人ありけり。名
づけて求名といふ。利養に貪着せり。
また多くの経を読誦すれども
通利せずして忘失する所多
かりしかば、なづけて求名といふ。この人



もまたもろもろの善根をうへたる因縁をもて
の故に無量百千万億の諸仏にあひたて
まつりて供養恭敬し尊重讃歎せし。
弥勒まさにしるべし。そのときの妙光
菩薩はあに異人ならんや、わが身これ
なり。求名菩薩はなんぢが身これなり。





いまこの瑞をみるに本とことなる事なし。
このゆへに惟忖す。今日の如来まさに
大乗経の妙法蓮華教菩薩法仏所護
念ととかせ給ふべし。その
ときに文殊師利大衆の中にしてかさ
ねてこの義をのべんとおぼして偈をといていはく



我おもふに
すぎにし過去の世無量無数劫にありし仏
人中尊にて日月燈明と号し奉る
世尊法を演説して無量の衆生をど
し、無数億の菩薩を度してほとけ
の智恵に入らしめ給ひき。いまだ出家

67

三二丁ウ

いまたはさりしとき生れし所生の八王子
大聖の出家したまふときゝ給ひて梵行
を修したまひけり大乗経の無量義
となつくるをときをはりたまひてのち給へは
大衆のなかにして而もおほきに給ふ分
別したまふかをこの経をときをはり給ふ

68

三三丁オ

ことをはりてすなはち法座のうへにし
て跏趺して三昧に坐し給ふ無量義
處となつく天より曼陀華ふりて天のつゝ
自然にふりくたりけれは天龍鬼神人中尊
を供養したてまつる一切の諸仏の土
即時におほきに震動しけるか眉間

69

三三丁ウ

のひかりをはなちたまへは希有の
事を現したまふこのひかり東方万八千
の仏土をてらして一切衆生の生死業報
をことことくてらしたまへは仏土の衆
寳をもて荘厳して瑠璃頗梨のこと
なりとそみなとりここにかゝやけれひかり

70

三四丁オ

のてらしたまふによりて照らされ諸の
天人龍神夜叉衆乾闥緊那羅とのく
をのほとけを供養したてまつる
またりたまへは如来の自然に仏道な
りてこの給ふ金山のこと端厳にして
はなはた厳妙なるへし浄瑠璃のなか

るりうちに真金の像を現せるがごとしかるがゆへ
にてまします世尊大衆にゐまして深法の
義を敷演したまふ一ゝ諸佛の土に声聞
衆無数なりほとけのひかりにてらさるゝ
によりてことごとくかの大衆をみるあるひハ
もろもろの比丘の山林にゐて精





進し浄戒をたもつこと明珠をまもるか
ごとくするをみるまたもろもろの菩薩の施
忍辱等を行ずることそのかず恒沙のごとく
なるをみるこれほとけのひかりのてらしたまふ
によりてなりまたもろもろの菩薩のふかく
諸の禅定にいりて身心しづかにして





うごかずして無上道をもとむるをみるまた
もろもろの菩薩法の寂滅の相をしりて
おのおのかの國土にして法をときて佛道
をもとむるを見るそのとき四部の衆日
月燈佛の大神通力を現したまふをみて
そのこゝろみな歓喜しおのおのたがひにあひ





とふこれ事なにの因縁ぞ天人所
奉の尊ましまして三昧よりおきて妙光
菩薩をほめてのたまはくなんぢハ世間の
まなこなり一切に帰信せらるゝところなり
よく法蔵を奉持したまへりわがときつるところの
法のごときはたゞなんぢのみよく證知

せり世尊次てに讃歎して妙光をして
歓喜せしめてこの法華経をときたま
ひて六十小劫をふるまでに座をたゝ
ずときたまふところの上妙の法を
かの妙光法師ことごとくみなよく受持
しおかりけりこの法華をときをはりて



衆をして歓喜せしめおはりてつぎ
のすなはちこの日に天人衆に
つげてのたまはく諸法実相の義はすでに
なんぢらがためにときをはりぬわれいま中夜
にまさに涅槃にいるべしなんぢ一心に
精進してまさに放逸をはなるべし







諸仏にはあひたてまつることかた
し億劫にしてひとたびあひたて
まつる世尊の諸子等ほとけの涅槃に入
たまふとききて各々に悲悩をい
だくほとけ滅したまふといかにすみやか
なる聖主法の王無量の衆を安慰し



たまふわれもし滅度しなんときに
なんぢら憂怖することなかれ此の徳
蔵菩薩無漏実相において心すでに
て通達することをえたりそのつぎに
まさにほとけになるべし名をば浄身
といはんまた無量の衆を度せんとなり

このよ滅度したまふこと、たきゞつきて
火のきゆるがごとし。ほとけの舎利を分布
して無量の塔をたつ。比丘比丘尼そのかず
恒沙のごとし。ますます精進をくはへて
もとめて無上道をもとむ。この妙光法師
ほとけの法蔵を奉持して八十小劫また





ひろく法華経をときたまふ。このもろもろ
の八王子、妙光に開化せられて無
上道に堅固にして、まさに無数のほとけ
をみたてまつるべし。かの諸仏を供
養しをはりて随順して大道を行
じて、あひつきてほとけになる事をえて





轉次に而授記したまふ。最後の天中の
天をばなづけて燃燈仏といひき。諸仙
の導師として無量の衆を度脱せしこ
の妙光法師、ときにひとりの弟子あ
り。こころつねに懈怠をいだきて名利を
貪着せり。名利をもとむるにあくこと





なくして、おほく族姓のいへにあそびならひ
誦するところを棄捨し、癈忘して
通利ならず。この因縁をもてのゆへ
なづけて求名とす。またもろもろ
の善業を行じて無数のほとけをみたて
まつることをえて諸仏を供養し

随順して大道を行し六波羅蜜を具
してけふ釈師子をみたてまつる於
其のちにかならすほとけになるへし名をばなづ
けて弥勒といはんひろくもろ〳〵の
衆生を度してそのかずはかりなからん
かのほとけの滅度ののち懈怠なる





ものはなんぢこれなり妙光法師と
いひしはいまわが身これなり
われ燈明仏をみたてまつりしに本の光瑞かくのご
とし是をもつてしりぬいまのほとけも法
華経をとかんと欲したまふいまの相
もとの瑞のごとしこれ諸仏の方便なりい





まのほとけ光明をはなちたまふは実相
の義を助発せんとなりもろ〳〵の人いまさ
にしるへし合掌して一心にまつへし
ほとけまさに法雨を
ふらして道をもとむるものに充足した
まふもろ〳〵の三乗をもとむる人





疑悔あらばほとけまさにために除断
してつくして餘あることなからしめ
たまふべし

妙法蓮華経方便品第二

其のときに世尊三昧より安詳として

たちて舎利弗にのたまはく諸佛の
智恵甚深無量なりその智恵の門は
難解難入なり一切の聲聞辟支佛
のしることあたはざるところなりゆへはいかん
となれば佛はむかし百千萬億無數の諸佛に
親近してことごとく諸佛の無量の道法



を行じ勇猛精進して名稱あまねく
きこえ甚深未曾有の法を成就して
よろしきにしたがひてとき給ふところ
の意趣さとりがたし舎利弗われ成佛
してよりこのかた種々の因縁種々の譬
喩をもつてひろく言教をのべ無數の方



便をもつて衆生を引導してもろもろの着
をはなれしむゆへはいかん如来は方便智見
波羅蜜みなもてに具足したまへり舎
利弗如来の知見廣大深遠なり無量
無礙力無所畏禪定解脱三昧ありてふかく
无際にいりて一切の未曾有の法を成就



したまへり舎利弗如来はよく種々に分別
してたくみに諸法をときたまふ言辭柔
軟にしてもろもろの衆の心を悦可す舎利弗
要をもつてこれをいはば无量無邊の未
曾有の法をほとけことごとく成就し
たまへりやみなん舎利弗またとくべからず

ゆへいかんとなればほとけの成就したまへるところは
第一希有難解の法なりたゞほとけと
ほとけとのみいましよく諸法の實相
をきはめつくしたまへりいはゆる諸法の
如是相如是性如是躰如是力如是作如是
因如是縁如是果如是報如是本末究竟





等なりそのときに世尊かさねてこの義
をのべんとおぼして偈をときてのたまはく
世雄をばはかるべからず諸天および世人一切
衆生の類よく仏をしるものなし仏の
あらゆる力無所畏解脱もろもろの三昧および
仏のもろもろの諸餘の法をばよく測量





するものなしもと無数の仏にしたがひ
たてまつりて具足してもろもろの道を
行したまへり甚深微妙の法はみることかたく
さとることかたし無量億劫
においてこのもろもろの道を行しおはりて
道場にして果を成ずることをえたり





われことごとく知見せりかくのごときの
大果報種々の性相の義をばわれおよび
十方のほとけのみいましよくこの事を
しろしめすこの法はしめすべからず言
辞の相寂滅せり諸餘の衆生類は
よく得解するものあることなしもろもろの

菩薩衆の信力堅固なるものをば除く諸の
佛の弟子衆はむかし諸佛を供養じまつり
一切の漏もつきてこれは最後身
に住せるかくのごときの諸人らのかなはぬも
そのちからしらくぶるところなりたとひ世
間にみちみてるものみな舎利弗のごとく





かんがへをひとつにしてともに度量すとも
佛智をはかることあたはじたとひ十方に
みちみてるものみな舎利弗のごとくにして
および餘の諸の弟子もまた十方に
刹にみちみてるものおもひをつくしてともに度
量すともまたしることあたはじ辟支





佛の利智にして無漏なる最後身なる
また十方界にみちてそのかず竹林のごとし
ごとくならんこれらともに心を一にして
して億無量劫にをいて佛の實智
をはからんと欲すとも少分をも
しることなし新發意の菩薩の無數





の菩薩は無數の佛をば供養し諸の
義趣にあきらかに達しまたよく法をとき稲
麻竹葦のごとくにして十方の刹にみち
満ちて一心にもろともに妙智をもて
て恒河沙劫にをいてことごとくみなともに
思量すとも佛智をしることあたはじ

四八丁ウ

不退のぼさつ菩薩そのかず恒沙の
ごとくなるもこゝろをひとつにしてともに思求に
ともまたしることあたはじ また舍利弗
につげたまはく 無漏不思議甚深微妙
の法をわれいますでにそなへえ
たりたゞわれのみこの相をしれり十



四九丁オ

方のほとけもまたしかなり 舍利弗
まさにしるべし諸仏はことばことなる
ことなしほとけの所説の法にをいて
まさに大信力を生ずべし 世尊は法ひさ
しくありてのちかならずまさに真実
をときたまふべしもろもろの声聞衆



四九丁ウ

および縁覚乗をもとむるものをば苦縛
をまぬかれしめて涅槃逮得せしむるの
ほとけはかりに方便の力をもてしめすに
に三乗の教をもてして衆生の處々
の着せるをみちびきていださしめたまふと
そのときに大衆のなかに



五〇丁オ

りもろもろの声聞漏尽の阿羅漢阿若
憍陳如等の千二百人およびも声聞辟
支仏の心をおこせる比丘比丘尼優
婆塞優婆夷ありてをのをのこの念をなす
さるいま世尊なにゆへにねんごろに方便
を称歎してこの言をなしたまふかほとけの

えたまふところの法は甚深にしてさと
りがたく言説したまふところあるは
意趣しりがたし一切の声聞辟支仏
のおよぶあたはざるところなりと仏
一解脱の義をときたまひしかば我等も
またこの法をえて涅槃にいたりにき





しかるにいまこの義のおもむくところを
しらずそのときに舎利弗四衆の
心のうたがひをしりみづからもまたいまだ
さとらずして仏にまうしてまうさく
世尊なにの因なにの縁ありてか慇懃
に諸仏の第一の方便甚深微妙





難解の法を称歎したまふ我むかし
よりこのかたいまだかつて仏にしたがひ
たてまつりてかくのごとき説をきか
ずいま四衆みなことごとくうたがひあり
ただねがはくは世尊この事を敷演
したまへ世尊なにのゆへにか慇懃に称歎し





甚深微妙難解の法を称歎したまふ
そのときに舎利弗かさねてこの義を
のべんと欲して偈をときてまうさく
恵日の大聖尊ひさしくありていましこの
法をときたまふみづからかくのごとき力
無畏三昧禅定解脱等の不可思議

乃法をえたりとときたまふ道場所得
の法をバよく問たてまつるものなし我が
心ははかるべきことかたしまたよく問の
なし問ふことなけれども自ずからときたまふと
きて所行の道を稱歎し智恵はなはだ
しく微妙にして諸仏のえたまへるところ





諸なる無漏の諸の羅漢およ
び涅槃をもとむるものいまみな疑網
に堕し仏何がゆへにこれをときたまふ
その縁覚をもとむるものの比丘
比丘尼諸の天龍鬼神および乾闥
婆等あひみて猶豫をいだきて両足尊





を瞻仰したてまつる是の事いかんとかせん
願くは仏ために解説したまへ
諸の声聞衆におきて仏われを
第一なりとときたまふ我いまみづから
の智において疑惑してさとること
あたはず究竟の法とやせん





所行の道とやせん仏口所生の子
たなごゝろをあはせて瞻仰して待たてまつる
願くは微妙の音をいだしてときに
如実にときたまへ諸天
龍神等その数恒沙のごとし仏をもとむる
諸の菩薩大数八万あり

なをこの多くの万億のくにの轉輪聖
王のいてたまへるもこれにをかミて敬心を
りなく具足の道をもとめ給へりそれ
ときにほとけ舎利弗につけてのたまはく
やミなんやミなんまたとくへからすもしこのこと
をとかは一切世間の諸の天および人ミなまさ




に驚疑しぬへし舎利弗かさねてほとけ
にまうしてまうさく世尊ねかはくは
これをときたまへねかはくはこれを
ときたまへゆへいかんとなれはこの會
の無數百千万億阿僧祇の衆生はむかし
諸佛を見たてまつり諸根猛利




にして智惠明了なりかの佛の所説
をきゝたてまつりてよく敬信しなん
そのときに舎利弗かさねてこの義を
のへんと欲して偈をもつてまうさく
法王無上尊ねかはくはたゝとき給へ
うれへおもひ給ふことなかれこの會




の無量の衆はよく敬信するものあ
り
ほとけまた舎利弗をとゝめたまはく
もしこのことをとかは一切世間の天人阿
修羅みなまさに驚疑し増上
慢の比丘はまさに大坑におちなんその

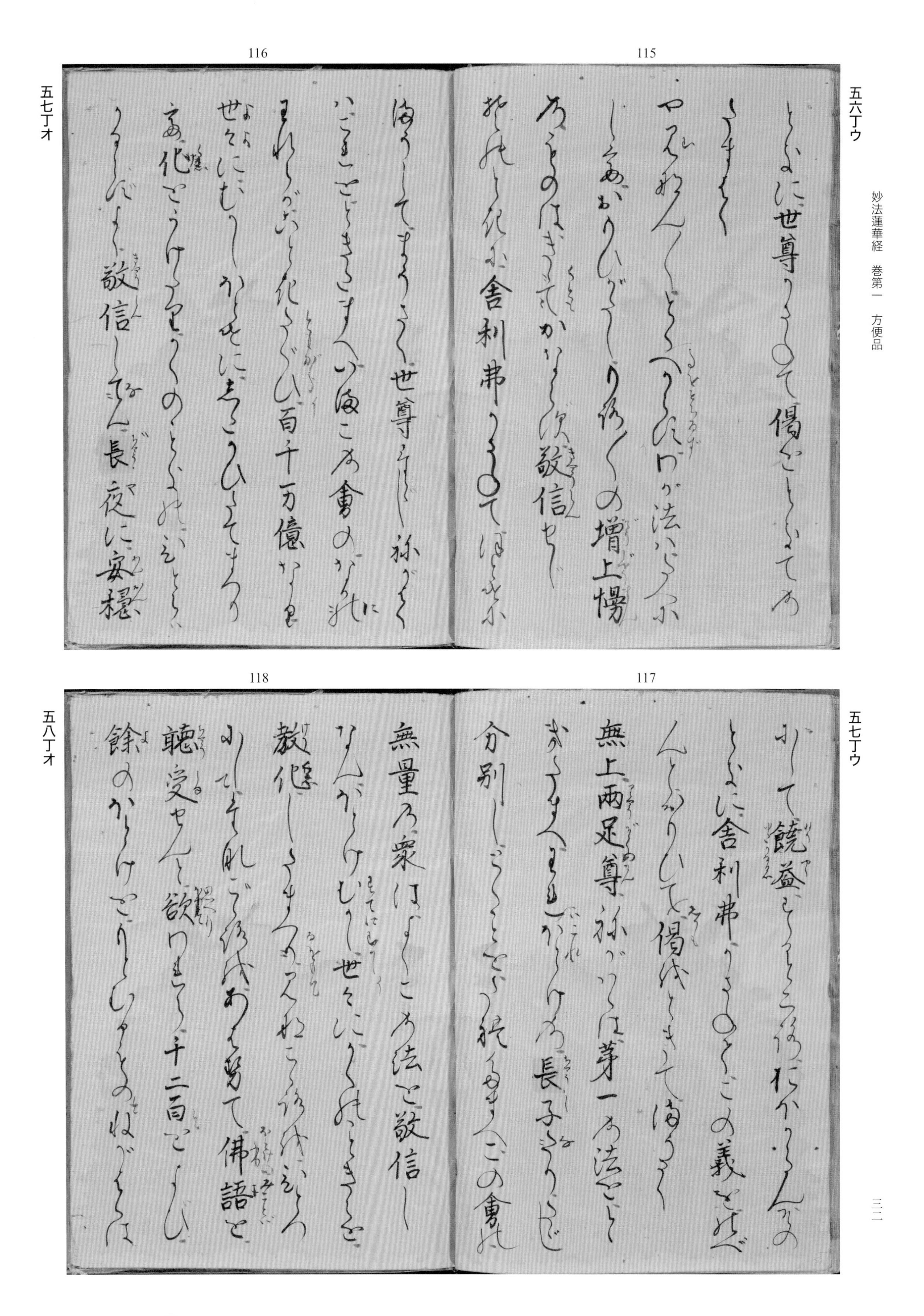

この衆のむれのなかにかならず分別して
ときいだしたまへこれらこの法を
きゝてはすなはち大歓喜をなしてん
そのときに世尊舎利弗につげてのたま
はくなんぢすでにねんごろにみたび請
しつあにとかざることをえんやなんぢいま





あきらかにきけよくこれを思念せよ
われまさになんぢがために分別し解
説すべしこの語をときたまふとき会
のなかに比丘比丘尼優婆塞優婆夷五
千人等ありてすなはち座よりたちて
ほとけを礼してしりぞきぬゆへいかんと





このともがらは罪根深重におよび増上
慢にしていまだえざるをえたりとおもひ
いまだ證せざるを證せりとおもへりかく
のごとくのとがありて住せず世尊
黙然として制止したまはずそのとき
にほとけ舎利弗につげてのたまはくわが





いまこの衆はまた枝葉なくしてもは
ら貞實のみあり舎利弗かくのご
ときの増上慢人はしりぞくもまた
よしなんぢいまよくきけまさになんぢ
がためにとくべし舎利弗のまうさく
ゐじしかり世尊ねがはくはきかんと

欲ほとけ舎利弗につげてのたまはくか
くのごとき妙法は諸佛如来ときありて
いましこれをときたまふ優曇鉢華
のときありてひとたび現ずるがごとし汝
らまさにこの舎利弗なんぢら信ずべしほ
とけの所説を信ずべしことば虚妄





ならず舎利弗諸佛の随宜の説法
は意趣さとりがたしゆへいかんとなれば我無
數の方便種々の因縁譬喩言詞をもつて
りて諸法を演説すこの法は思量分別
のよく解するところにあらずただし
諸佛のみいましよくこれをしろしめす





ゆへいかんとなれば諸佛世尊は
ただ一大事の因縁をもつてのゆへに世に
出現したまふ舎利弗いかなるをか諸
佛世尊はただ一大事の因縁をもつて
のゆへに世に出現したまふとなづくる
諸佛世尊は衆生をして佛の知見





をひらかしめ清浄なることをえしめんと
欲するがゆへに世に出現したまふ衆生
に佛の知見をしめさんと欲するがゆへ
に世に出現したまふ衆生をして
佛の知見をさとらしめんと欲
するがゆへに世に出現したまふ衆生をし

127

六二丁ウ

衆生にほとけの知見の道にいらしめんと
欲するがゆへに世に出現したまふ
舎利弗これを諸仏はたゞ一大事
の因縁をもてのゆへに世に出現すと
なづく　ほとけ舎利弗につげたまはく
諸仏如来はたゞ菩薩を教化し

128

六三丁オ

たまふもろもろの所作あるは常に一事
のためなりたゞほとけの知見をもて
衆生に示悟したまふ舎利弗如来はたゞ
一仏乗をもてのゆへに衆生のために
法をときたまふ余乗の若は二若は
三あることなし舎利弗一切十方の諸

129

六三丁ウ

仏の法もまたかくのごとし舎利弗過
去の諸仏も無量無数の方便種々の
因縁譬喩言辞をもて衆生のため
に諸法を演説したまふこの法もみ
な一仏乗のためのゆへなりこのもろ〳〵
の衆生は諸仏にしたがひたてまつり

130

六四丁オ

て法をきゝてみな究竟して一切種
智をえつ舎利弗未来の諸仏もま
さに世に出たまふべしもまた無量無
数の方便種々の因縁譬喩言辞をもて
衆生のために諸法を演説した
まはんこの法もみな一仏乗のためなり

これらのもろもろの衆生のほとけに
したがひたてまつりて法をきゝたてまつりしも究
竟してみな一切種智をえたりき舎利弗
現在十方の無量百千万億の佛土のな
かの諸佛世尊の衆生を饒益し安楽し
たまふことおほかりしこの諸佛も又





無量無数の方便種々の因縁譬喩言
辞をもつて而衆生のために諸法を演説
したまふこの法はみな一佛乗なるがゆへ
なりこれらのもろもろの衆生のほと
けにしたがひたてまつりて法をきゝたてまつりしも
究竟してみな一切種智をえたりき舎利弗





この諸佛はたゞ菩薩を教化したまふ
ほとけの知見をもつて衆生にしめさんと
欲するがゆへにほとけの知見をもつて衆
生にさとらしめんとおぼすがゆへに衆生をし
てほとけの知見の道にいらしめんとおぼすが
ゆへなり舎利弗われもまたかく





のごとしもろもろの衆生の種々の欲
深心の所著あることをしろしめして
それの本性にしたがひて種々の因縁譬
喩言辞方便力をもつてのゆへにしかも
ために法をとく舎利弗かくのごとき
はみな一佛乗一切種智をえしめんが

たゞのかへなり舎利弗十方世界の
なをふハまして二乗あらじいはんや三
あらんや舎利弗諸佛ハ五濁悪世にい
でたまふいはゆる劫濁煩悩濁衆生濁見
濁命濁なりかくのごとく舎利弗劫
濁のみだるゝときにハ衆生の垢おもく慳





貪嫉妬にしてもろもろの不善根を成
就せるがゆへに諸佛方便力をもって
一佛乗においてわけて分別して三ととく
たまふ舎利弗もしわが弟子みづから
阿羅漢辟支佛なりとおもはんものゝ
諸佛如来はたゞ菩薩をのみ教化し





たまふことをきかずしらざらんハこれ佛
弟子にあらず阿羅漢にあらず辟支
佛にあらずまた舎利弗このもろもろ
の比丘比丘尼みづからすでに阿
羅漢をえたりこれ最後身究竟の
涅槃なりとおもひてまたふたゝび





阿耨多羅三藐三菩提を志求せざらんハ
まさにしるべしこれらハみなこれ増
上慢の人なりゆへいかんとなれば比丘ありて
實に阿羅漢をえたりとこの法を信
ぜずといはゞこのことわりあることなけん
佛の滅度ののちに現前にほとけなからん

六八丁ウ

ご除ゆへごこんほとけの滅度ましましてのちかくの
ごとくの経を受持読誦して、その義をさと
らん人はまことにかたかるへし。餘のほとけ
にあはゝ、この法のなかに
おいて、すなはち決了することをえん。舍
利弗なんぢら、まさに一心に信解し仏語



六九丁オ

ご受持せよ。諸仏如来はことに虚妄なる
ことなし。餘乗あることなし、たゞ仏乗のみあり。
そのときに世尊ふたゝびこの義をのべ
んと欲したまひて、偈をときてのたまはく、
比丘比丘尼の増上慢をいだけるもの、
優婆塞我慢なる、優婆夷の不信



六九丁ウ

なる、かくのごときの四衆等、その数五千
あり。みづからそのとがを見ず、戒において
缺漏あり、その瑕疵を護惜す。
これ小智はすでにいでぬ、衆のなかの
糟糠なり。仏の威徳のゆへにさりぬ。
この人は福徳すくなし。この法を



七〇丁オ

うくるにたへず。この衆は枝葉なし、
たゞもろもろの貞実のみあり。舍利弗よ、
よくきけ。諸仏の所得の法は無量
の方便力をもつて、衆生のために
ときたまふ。衆生の心の所念、種々の所
行の道、若干の欲性、先世

為善悪の業かとげしくもこれを
まもしめしてこりてり給くの縁譬喩の
言辞方便力をもりて一切をして歓喜せ
しめたまふあるひハ修多羅伽陀および
本事本生未曾有をもと説き因縁
譬喩ならびに祇夜優婆提舎経を





ときたまふ鈍根にして小法をねがひ生
死に貪着してもろもろの無量の仏
において深妙の道を行ぜず衆苦に
悩乱せらるるこれがためにこれに涅槃を
ときたまふわれこの方便をもうけて仏
慧に入ることをえしむいまだかつて







なんぢらまさに仏道なることをうべしと
ときいまだかつてとかざるゆへハ説時い
まだいたらざるがゆへなりいまはまさしく
これそのときなりけつ定して大乗を
ときわがこの九部の法は衆生に随順
して大乗にいるに本となすこのゆへに





この経をときたまふ仏子の心
きよく柔軟にしてまた利
根なる無量の諸仏のみもとに
して深妙の道を行ずるありこれらのもろもろの仏
子のためにこの大乗経をときたまふ
われかくのごときの人来世に仏道成るべしと記す

147

七二丁ウ

記のち深妙なりける心を念し浄戒を修
持しをるものハほとけに成るへしと
きゝてかぎりなきよろこび身に充
遍身す。ほとけかれが心行をしろしめせり
かるかゆへにために大乗をときたまふ、
声聞もしハ菩薩、われが所説の法をきゝ

148

七三丁オ

くわんと乃至一偈にいたりてもきゝぬれバみな
ほとけにならんことうたがひなし。十方仏
土のなかにはたゞし一乗の法のみあり
二もなくまた三もなし。ほとけの方便の説
をばのぞく。たゞしかりの名字をもて
衆生を引導したまふ。ほとけの智恵

149

七三丁ウ

とかんがために、諸仏世にいでたまふ
ハ、たゞしこれ一事のみ実なり。余の二
乗ハすなはち真にあらず。つゐに小
乗をもて衆生を済度したまはず。
ほとけハみづから大乗に住し其
得たまふ所得の法ハ定慧

150

七四丁オ

のちから荘厳せり。これをもて衆生を
度したまふ。みづから無上の道大乗平等
の法を証せり。もし小乗をもて化する
こと乃至一人にいたりても、われすな
はち慳貪に堕しなん。この事ハ不可
なりとなり。もし人ほとけに信帰しまつれ

とハ如来證して説たまふ貪嫉のこ
ゝろなし諸法の中の悪を断じ
まことにかゝる大ふかきけハ十方にてき
てしろしめされたまふところなりけり
我相をもつてかざり光明世間を
てらし給ふ無量の衆にたつとばれたまふ





ためにハ實相の印をとき舎利弗
まさにしるべし我もとより誓願をたて
一切の衆をしてわがごとくひとしくして
ことなることなからしめんと欲ひがいし
の所願のごときハいますでに満足しぬ
一切衆生を化して皆な佛道にいれ





しかるに我もし衆生にあひてことごとく
くをしゆるに佛道をもつてせば無智の
ものハ錯乱し迷惑して教をうけず
我しるこの衆生ハいまだかつて
善本を修せずしてかたく五欲に着して
癡愛の故に悩を生ず諸々の欲の





因縁をもつて三悪道に墜堕し六趣の
なかに輪廻してつぶさにもろもろの苦
毒をうく受胎のかすかなるかたち世々
につねに増長す薄徳少福の人ハ衆苦
に逼迫せらる邪見の稠林にいりて有も
しは無等にいたりこれらの見に

依止して六十二を具足したりふかく虚妄
の法に着してかたくうけてすつべからず
我慢にしてみづからほこり矜高し諂曲にし
て心不實なり千万億劫にをいて
ほとけの名字をきかずまた正法をきかず
かくのごときの人は度しがたし是





の故に舎利弗われために方便を設
うけてもろもろの盡苦の道をときて
これにしめすに涅槃をもつてす我涅
槃をとくといへどもこれもまことの滅
にあらず諸法はもとよりこのかた
つねにみづから寂滅の相なり佛





子道を行じをはりて来世にほとけ
となることをえんわれ方便力ありて三
乗の法を開示す一切のもろもろの世尊
みな一乗の道をときたまふいまこの
もろもろの大衆みな疑惑をのぞく
べし諸佛はことばことなることなし





唯一にして二乗なし過去の無数劫の無量
の滅度のほとけ百千万億種にしてその
かずはかるべからずかくのごときの諸
世尊も種々の縁譬喩無数の方便力
をもて諸法の相を演説したまふ
これもろもろの世尊等もみな一乗の

法をときて無量の衆生を化して佛道
にいらしめたまへり 又諸の大聖
主一切世間の天人群生の類の深心の
所欲をしろしめしてさらに異の方便をも
って第一義を助顕したまへり もし衆
生の類ありてむかし過去のもろ





〻の仏にあひたてまつりて法をきゝ あ
るひは布施し あるひは持戒忍辱精進禅智
等種〻に福慧を修せしかくのことき〻
の人〻みなすてに佛道をなりにき
諸佛滅度しおはしましてのち もし
人善軟のこゝろありしかくのことき





〻の衆生みなすてに佛道をなりにき
諸佛滅度したまひてのち舎
利を供養せしものは万億種の塔をたて
て金銀および頗梨硨磲と碼碯と
玫瑰瑠璃珠をもって清浄にひろく
厳飾しもろもろの塔を荘挍しあ





るひは石廟をおこし 栴檀および沈水木
樒ならびに余の材甎瓦泥土等をもってし
もしは曠野のなかにして土をつ
みて佛廟をなし 乃至童子
のたはぶれに沙をあつめて佛塔
とせしかくのごときのもろもろの人〻

八〇丁ウ

までに佛道なりおはりし人ありけり
ためにとてもろもろの形像を建立し刻
彫して衆の相をなせるこれらもみな佛道
なりおはりぬ。あるひは七寳をもて鍮石赤
白銅白鑞をもて鉛錫鐵木および與泥
あるひは膠漆布をもて嚴飾して佛像



八一丁オ

をつくれるかくのごときのともがらも
みなすでに佛道なりにき。綵畫して佛
像の百福荘嚴の相をみづからつくり
もしは人をしてもつくらしめたる
みなすでに佛道なりにき。乃至童子の
あそびにもしは草木および筆



八一丁ウ

あるひはゆびのつめをもて佛像を畫
かくのごときのもろもろの人漸漸に功徳
をつみ大悲心を具足しみなすでに
佛道なりおはりぬ。ただもろもろの菩薩
を教化して無量の衆を度脱せしめき。
もし人塔廟寶像および畫像に於



八二丁オ

華香幡蓋をもて敬心にして供養し
もしは人をして樂をなさしめ鼓をうち
角貝をふき簫笛琴箜篌琵琶鐃
銅鈸かくのごときもろもろのかなづるところを
ことごとくもちて供養しあるひは歡喜
の心をもて歌唄して佛徳を頌し

八二丁ウ

歌ひて乃至ひとつの小音にて唄せしも
みなすでに佛道なりたまひき人
散乱のこゝろにて乃至ひとつのはなを
もて畫像に供養するにやう〳〵無数
の仏をみたてまつるあるひは
人ありて礼拝しあるひは但合



八三丁オ

掌し乃至ひとつのてをあげあるひは
すこしかうべをたれてこれをもて
このみ像に供養しやう〳〵無
量のほとけをみたてまつりみづから
無上道を成じてひろく無数の衆を
度して無余涅槃にいるたきゞつきて



八三丁ウ

火のきゆるがごとし人散乱のこゝろ
にて塔廟のうちにいりてひとたび南無
佛と称せしもみなすでに佛道
成じぬもろ〳〵の過去のほとけの世に在
現在あるひは滅後にもしこの法
をきくことあるはみなすでに佛道なり



八四丁オ

みらい未来の諸の世尊そのかずはかり
なきことなしこのもろ〳〵の如来等も
亦方便して法をときたまへり一切の諸
の如来無量の方便をもてもろ〳〵の衆
生を度脱して仏の無漏智にいらしめ
たまふもし法をきくことあらん者は

八四丁ウ

とりわきてかしけになしてまいらすることな
きん諸佛の本誓願はわか所行の佛道
にあまねく衆生をしてまたおなしく
の道をえしめんとおほす未来世の諸佛
百千億無数のさまくの法門をとくといへ
たまふといへともまことの實は一乗のと



八五丁オ

くあかすなり諸佛両足尊は法つねに無性
なりとしろしめし佛種は縁よりおこるとしろしめし
このゆへに一乗をときたまふこの法は
法位に住して世間の相常住なり道
場にしてしりおはりて導師方便
てときたまふ天人の供養して



八五丁ウ

まつるところの現在十方のほとけの
かす恒沙のことくして世間に出現し
たまふも衆生を安穏ならしめんかゆへにまたか
くのこときの法をときたまふは第一の寂
滅をしろしめして方便力をもつてのゆへ
に種々の道をしめしたまふといへとも實



八六丁オ

には佛乗のためなり衆生のもろく
の行とふかきこゝろのおもふ所念過去の所習
の業欲性精進力とおよひ諸根の利鈍
としろしめして種々の因縁譬喩言辞を
もつて應にしたかひて方便してとき
たまふいまわれもまたかくのことし

衆生に安穏ならしむる種々の法門を
もて佛道を宣示したまふ智恵のちから
をもて衆生の性欲をしりて方
便をもて諸法をときて皆歓喜せしむ
ことをえしむ舎利弗しるべし
われ佛眼をもて六道の衆生を観見



するに貧窮にして福恵なし生死の
険道にいりて相續して苦たえず
五欲に着する事牛のおのが尾を愛する
がごとし貪愛をもておのれをおほひ
盲冥にしてみる事なし大勢の
ほとけと断苦の法とをもとめず



ふかくもろもろの邪見にいりて苦をもて苦を
すてんと欲す このもろもろの衆生のためのゆへに
しかも大悲心をおこす われはじめて
道場に坐して樹を観じてまた経行して
三七日のなかにおいてかくのごとき事を思惟
しき われ所得の智恵は微妙にして

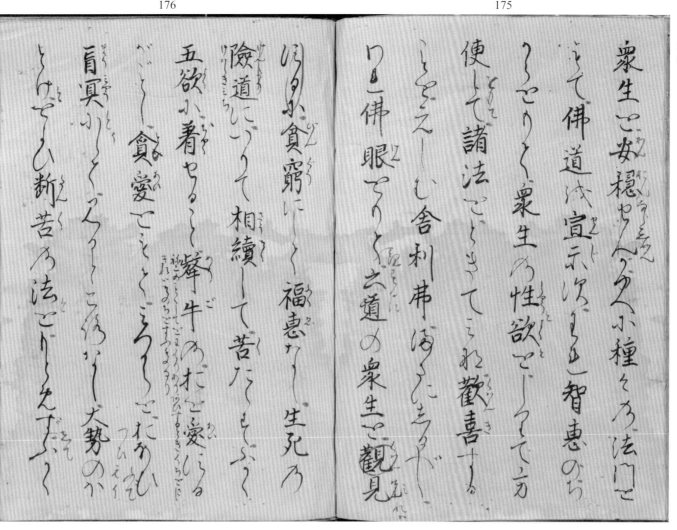

もっとも第一なり衆生の諸根鈍にして
楽に着し癡にめしひらるる
かくのごときの類をいかにしてか度すべき
そのときにもろもろの梵王および
もろもろの天帝釋護世の四天王および大自在天
ならびにそのほかのもろもろの天衆眷属百千

一かゝる恭敬合掌し礼して我に
轉法輪を請しけり我すなはちみつか
ら思惟すらくたゝ佛乗をほめは衆
生は苦に没在せるこの法を信すること
あたはし破法不信のゆへに三悪道
におちなんむしろ法をとかすして



とく涅槃にいりなんつきて過去の仏
ゆけれ所行の方便力をたつぬるに我か
いまえたるところの道をもまた三乗と
とくへしこれ思惟するとき十方の
ほとけみな現して梵音をもつて我
もてを慰喩したまはくよいかな釋迦



文第一の導師この無上の法をえて
まへともりもろもろの一切の仏にしたかひて
て方便力をもちゐたまはん
もまたこれ最妙第一の法をえたまへと
もろもろの衆生の類のために分
別して三乗をとく小智は小法をねがひ



えてみつからほとけになるへしと信
せしこのゆへに方便をもつて分別して
りもろもろの果をとくまた三乗をとく
といへともたゝ菩薩をおしへんためなり
なり舎利弗まさにしるへしわれ
聖師子の深浄微妙のこゑを

きたまへて給ひこゞびとく南无佛と稱
しよ給ふかくれいとおもひたりおもひなし
われ濁悪世にいでゝ諸佛の所説
のごとくまた随順して行ぜん
これ是事思惟しをはりてすなはち
波羅奈におもむく諸法の寂滅の





相をはことばをもてのぶべからず方便
力をもてのゆへに五比丘のために
ときたまふこれを轉法輪となづくすなはち
涅槃のこゑおよび阿羅漢法僧の
差別のなありて久遠劫よりこのかた涅
槃の法をを讚示して生死の苦ながく





はてつきぬとわれ給ひつねにかくのごとく
とく舎利弗しるべしわれ佛子
等のみれば佛道を志求するもの
無量千万億ことごとく恭敬の心
をもてみなことごとく来至せ
しむかし諸佛にしたがひてきゝて





方便所説の法をきゝけりわれすなはち
このおもひをなさく如来の出
たまふゆへは佛恵をとかんがためなり
いま正しくこれそのときなり舎利
弗まさにしるべし鈍根小智の人
着相憍慢のものはこの法を信ずる

こゝろにつゝしまれよろこびておそれ
なしもろ〳〵の菩薩のなかにおいて正
直に方便をすてゝたゞ無上道をと
く菩薩この法をきゝて疑網みなす
でにのぞきつ千二百の羅漢ことごとく
またまさにほとけになるべし三世の諸





佛の説法の儀式のごとくわれもいままた
かくのごとし無分別の法をとく諸佛
の世に興出したまふことはるかにとをくて
しかも値遇することかたしたとひいで
たまふともこの法をときたまふことまた
かたし無量無數劫にもこの法をきくこと





ものこの人またかたしたとへば優曇華
の一切みな愛樂し天人の希有にして
あらはれして時にいましひとたび
いづるがごとし法をきゝて歓喜しほめて
乃至一言をもいださばすなはちすでに
に一切三世のほとけを供養せるになり





ぬこの人はなはだ希有なること優曇華
にもすぎたりなんぢらうたがひある
ことなかれわれは諸法の王なりあまね
くもろ〳〵の大衆につぐたゞ一乘の道を
もて諸の菩薩を教化し聲聞の弟子
なしなんぢら舍利弗聲聞および菩

191

九四丁ウ

薩まさにしるへし この妙法は諸佛の
秘要なり 五濁悪世にはたゝ諸欲に樂着
するをもてかくのことき衆生はつゐに
佛道をもとめす 當来世の悪人はほとけ
の一乗をときたまふをきゝて迷惑して
信受せす法を破して悪道におちん

192

九五丁オ

慙愧清浄にして佛道を志求せん
ものはまさにかくのことくのともからの
ためにひろく一乗の道をほむへし 舎
利弗まさにしるへし 諸佛の法はかく
のことし 万億方便をもてよろしきに
したかひて法をときたまふ その習

193

九五丁ウ

學せさるものはこれを暁了すること
あたはす なんちらすてに諸佛の
世の師の随宜方便の事をしりぬ
またもろもろの疑惑なくこゝろに大歓
喜をなしてみつからまさにほとけにな
るへしと知

194

裏表紙見返

妙法蓮華経巻第一

妙法蓮華経　巻第一　方便品

裏表紙見返

裏表紙裏紙

裏表紙

# 妙法蓮華経　巻第二

表紙

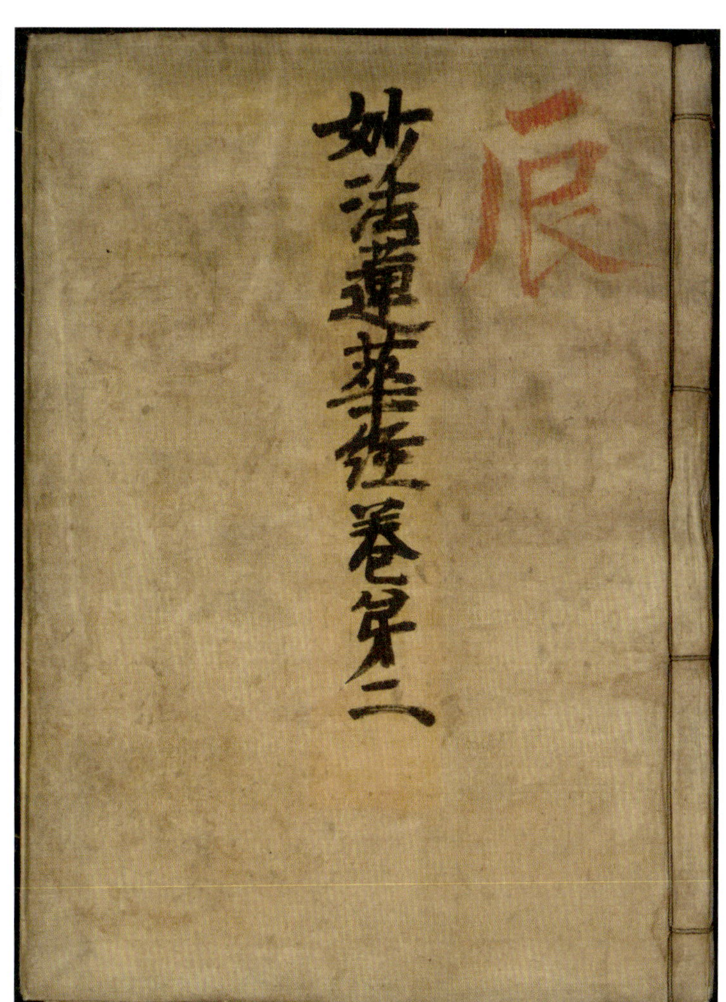


201

表紙裏紙

202

表紙裏紙

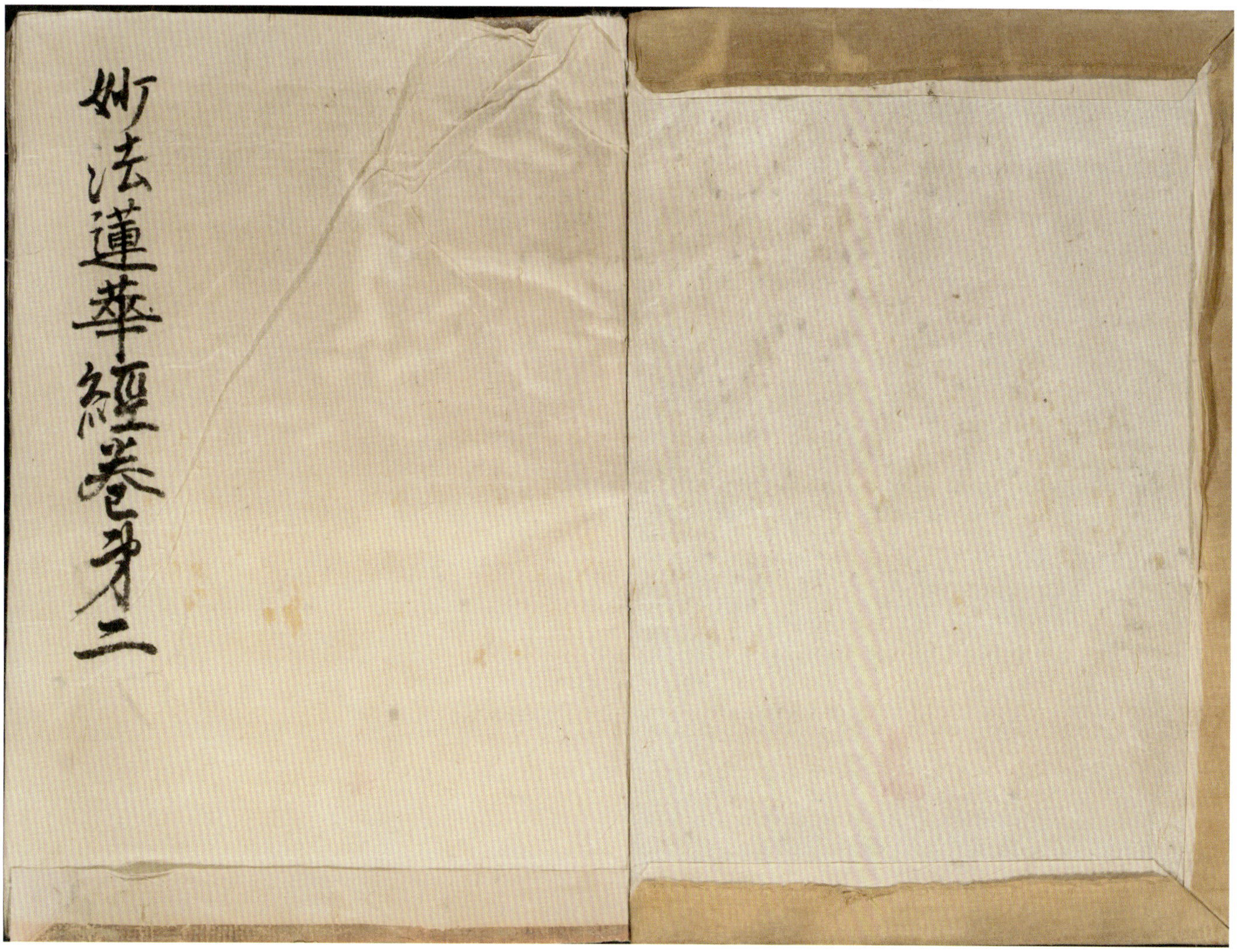

表紙見返

表紙裏紙







一丁オ

妙法蓮華經譬喩品第三

尓のときに舎利弗踊躍歓喜してすなはち
たちてたなごゝろをあはせ尊顔を瞻仰し
たてまつりてほとけにまうしてまう
さくいま世尊にしたがひたてまつりてこの法
音をきゝてこゝろに踊躍をいだき未曽有

表紙見返

205

一丁ウ

なることをゑつ。ゆへはいかんとなれば、むかし佛にしたがひた
てまつりてかくのごときの法をきゝてもろもろの
受記作佛をみたてまつりしかども、われらはこの事に
あづからずして、ふかくみづから如来の無量の知
見をうしなへることを感傷しき。世尊、われつねにひ
とり山林樹下に處し、もしは坐し、もしは行して

206

二丁オ

つねにこのおもひをなしき。われらもおなじく法性に
いれり。いかんぞ如来小乗の法をもつて濟度せら
るゝと。これわれらがとがなり。世尊のとがに
あらず。ゆへはいかんとなれば、もし所因をとくたま
ふをまちて阿耨多羅三藐三菩提を成就
せしめば、かならず大乗をもつて度脱すること

207

二丁ウ

ゑてまし。しかるをわれら方便によりてよろしきに
したがひて説たまふことをさとらずして、はじ
めて佛法をきゝたてまつりてすなはち信受
思惟し取證しき。世尊、われむかしよりこのかた
ひねもすよもすがらつねにみづから剋責しき。
しかるをいま佛にしたがひたてまつりて

208

三丁オ

いまだきかざるところの未曾有の法をきゝて、もろもろ
の疑悔を断じ、身意泰然としてこゝろよく
安穏なることをゑつ。今日すなはちしりぬ、まことにこれ
佛子なり。佛口より生じ、法化より生じて佛法
の分をゑたり。そのときに舎利弗かさねてこの義を
のべんとおもひて偈をときてまうさく。この

209

三丁ウ

法音をきゝたてまつりて未曾有なることをえて心におほきに
大歓喜をいだきて疑網はすでに除こりぬむかしより
このかた佛教をうけたまはりて大乗をうしなはざりき
仏の御音ははなはだ希有なりよく衆生の悩を
除き給ふわれすでに漏尽することをえたれども
きゝてまた憂悩をのぞけりわれ山谷に處し

210

四丁オ

あるひは林樹下にありてもしは坐しもしは経行してつね
にこの事を思惟し嗚呼してふかくみづから
責きいかんぞみづからあざむけるわれらも
また佛子なれどもおなじく無漏の法にいりたれど
未来に無上道を演説することあたはず金色三
十二相十力もろもろの解脱におなじく一法の

211

四丁ウ

なかにしてしかもこの事をえず八十種の妙好十八の
不共の法かくのごときらの功徳をしかもわれみな
うしなへりわれひとり経行せしとき仏にいまして大衆に
ましますを見たてまつるに名聞十方にみちて広く衆生を饒益
したまふをみづからおもふにこの利をうしなへり
われみづから欺誑することをなしつねに日

212

五丁オ

夜にをいてつねにこの事を思惟しまうして世尊に問
たてまつらんと欲すうしなへりやうしなはずやとす
われつねに世尊をみたてまつるにもろもろの菩薩を
称讃したまふこゝをもつて日夜にかくのごとき
事を籌量しきいまほとけの音声をきゝたてまつるに
よろしきにしたがひて法をときたまふ無

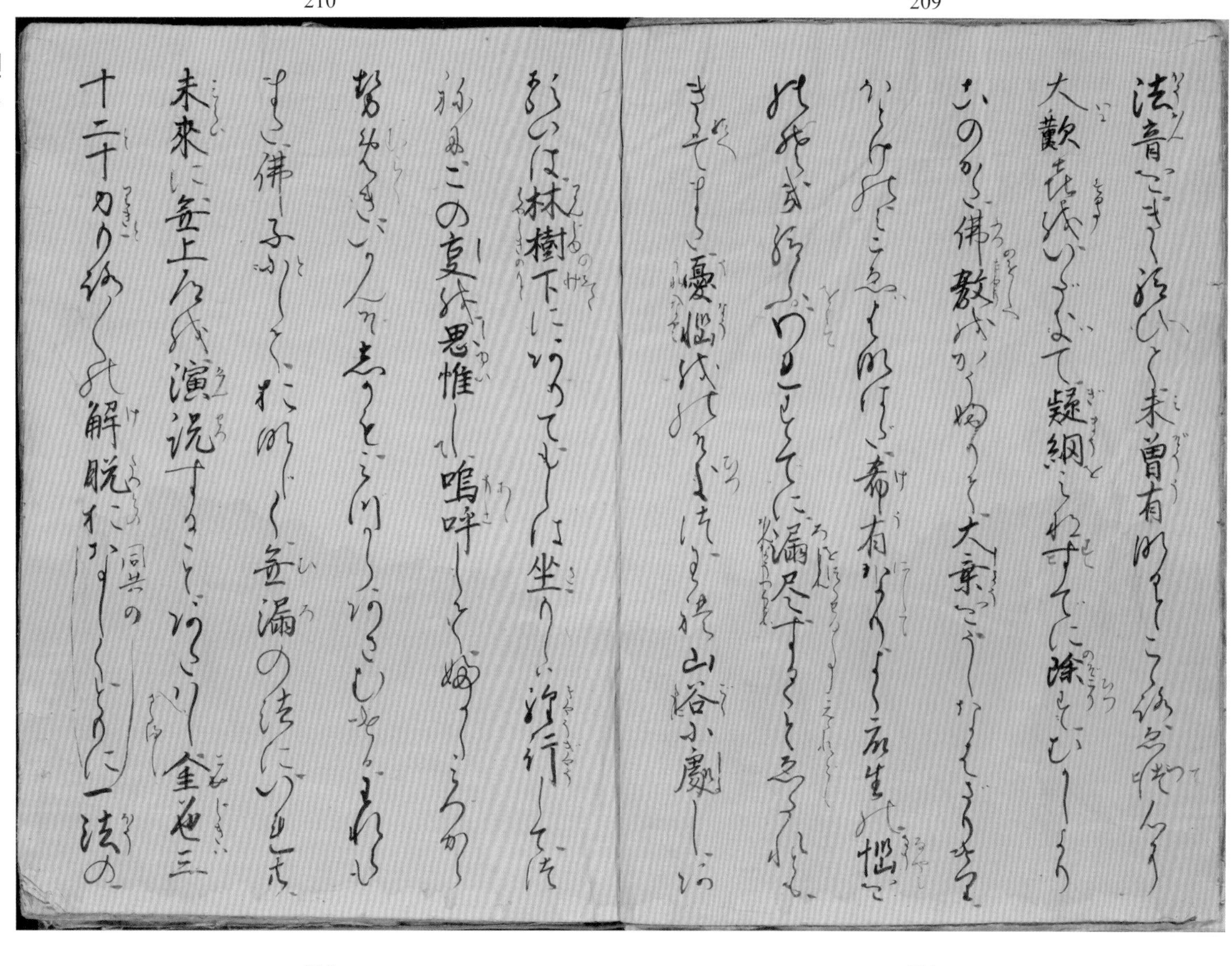

漏は思議しかたし衆をして道場にいたらしむ
我もと邪見に着して諸の梵志の師たり
世尊我心をしろしめして邪をぬき涅槃
をときたまひしかは我ことことく邪見をのそきて
空法にをいて證をえたり其時心にみ
つからおもへらく滅度にいたることをえたりと



しかれとも今みつからさとる是実の滅度にあらす
もし仏となることをえん時三十二相を具し天人
夜叉衆龍神等恭敬せんこの時すなはちいふへし
永く盡滅して餘なしと仏大衆の中にして
我まさに仏になるへしとときたまふかくのことき
法音をききて疑悔ことことくすてにのそこ









りぬはしめて仏の所説をききたてまつりしに心
中大に驚疑しきまさに魔の仏となりて我
心を悩乱するにあらすやと仏種々の縁譬喩
をもて巧言に説たまふに其心やすきこと海の
ことし我ききて疑網断ぬ仏のときたまはく
過去世の無量の滅度の仏方便の中に安住



して亦みなこの法をときたまへり現在未来の仏
その数量あることなけれとも亦もろもろの方便
をもてかくのことき法を演説したまふ今の
世尊のことき生したまひしより出家し
得道し法輪を転したまふにも亦方便をもて
ときたまふ世尊は実道をときたまふ波旬はこ

217

七丁ウ

如事なしといへども我まさにこゝろをさだめよこれ魔
の佛となりてわがこゝろを惱亂するにあらずやと我疑網に隨するゆゑに
に諸魔の所爲なりとおもひしかども佛の柔軟の
こゑのふかくとをくして微妙にして清淨の
法を演暢し給ふをきゝて我がこゝろおほいに歡喜
して疑悔ながくすでにつきて實智の中に安住

218

八丁オ

し我はさだめて佛になりて天人のう
やまはれて無上の法輪を轉じもろもろの
ぼさつを教化すべしとおもへり爾時佛舍利弗に告
げたまはく我いま天人沙門婆羅門等の大衆
のなかにしてとく我むかし二万億のほとけのみ
もとにて無上道のためのゆへにつねになんぢを

219

八丁ウ

教化しきなんぢまた長夜に我にしたがひてう
けまなびき我方便をもつてなんぢを引導せし
ゆゑに我が法のなかにむまれたり舍利弗我
むかしなんぢをして佛道をこゝろざし願はしめき
なんぢいまことごとく忘れてすなはちみづから
すでに滅度をえたりとおもへり我いまかへつて

220

九丁オ

なんぢをして本願所行の道を憶念せしめんとお
もふゆゑにもろもろの聲聞のためにこの大乘經の
妙法蓮華教菩薩法佛所護念となづくるをとく
舍利弗なんぢ未來世において無量無邊不可
思議の劫をすぎて若干千萬億の佛を供
養し正法を奉持し菩薩の所行の道を具

足して佛となるへし なをは華光
如来應供正遍知明行足善逝世間解無上士調御丈
夫天人師佛世尊といはん くにをは離垢となつく
其土平正にして清浄に厳飾し安穏豊楽に
して天人熾盛ならん 瑠璃を地として八つのみちあり
黄金をなはとして そのさかひをさかひ それそれ





のかたはらにおのおの七宝の行樹ありて常に華
菓あらん 華光如来またまた三乗をもて衆生を教化
せん 舎利弗かの佛の出給はん時 悪世に
あらすといへとも本願の故に三乗の法を
とかん その劫をは大宝荘厳となつく なにの
ゆへになつけて大宝荘厳といふ そのくにの中に







は菩薩をもて大宝とするかゆへなり その諸の
菩薩無量無辺不可思議にして算数譬喩を
もておよふところにあらす 佛の智力に
あらすはよくしる物なし もし行かんと欲せ
ん時には宝華あしをうけん この諸の菩
薩ははしめて心をおこせるにあらす ひさしく





徳の本をうへて無量百千万億の佛のみもと
にして きよく梵行を修し 常に諸佛のため
に称歎せられ つねに佛恵を修し 大神通を
具し よく一切諸法の門をしり 質直無偽にし
て志念堅固ならん かくのことくの菩薩そのくに
に充満せん 舎利弗 華光佛の御いのち十二小

劫のうち王子としていまだかれをなすといへども
多くの国の人民はこのうち小劫のうち華光如来十
二小劫をへてのち堅満菩薩に阿耨多羅三藐三
菩提の記をさづけ給ひて比丘に告げたまはく
この堅満菩薩はつぎに仏になるべしなづけて
華足安行多陀阿伽度阿羅訶三藐三仏





陀といはんその仏の国土もまたかくのごとくならん
舎利弗この華光仏滅度ののち正法世に住
すること三十二小劫像法世に住する事もまた三十二
小劫のうちなれどもその世にあるあひだこれ義をのべ
たまはんとおもひて偈をとき給ひてのたまはく
舎利弗来世に仏普智尊となりてなづけて華





光といはんまさに無量の衆を度して無数の仏
を供養しをはんの行十力等の功徳を具足して
無上の道を證せん無量劫をすぎてのち劫をば
大宝厳といはん世界をば離垢となづけん清浄
にして瑕穢なし瑠璃をもて地とし金縄をもて
其のみちをさかひ七宝の雑色のきはまりなり





華菓実ありかの国のもろもろの菩薩は志念つねに堅
固にして神通波羅蜜みなことごとく具足
無数の仏のところにおいてよく菩薩の道を学せん
かくのごときの大士華光仏の所化なりまた王子
となりて国をすてて世のさかえをすてて最
末後の身にいたりて出家して仏道を成就せん

その華光佛よにましまさんときはいのち十二小劫なるべし
その國の人民のよはひは壽命八小劫なるべし仏かくれ滅度
ののち正法よにとゞまらんこと三十二小劫ならんひろく法の
衆生を度せん正法滅尽しおはりて像法三十二
小劫ならん舎利をひろく流布して天人あまねく供
養せん華光佛の所為の事これかくのごとし





彼の両足の聖尊は最勝にして倫匹なきなりまことにかれ
もちこれなんぢがみづからなりよろこぶべし歓慶す
[illegible]し
その時に四部の衆比丘比丘尼優婆塞優婆夷天
竜夜叉乾闥婆阿修羅迦楼羅緊那羅摩
睺羅伽等の大衆舎利弗が佛前にして阿耨





多羅三藐三菩提の記を受るをみてこゝろにおほいに
歓喜し踊躍すること無量なり各々身にきる
所の上衣をぬいでもって仏にくやうし
またてんたいしやく釋提桓因梵天王等無数の天子と
ともにまた天の妙衣天の曼陀羅華摩訶曼
陀羅華等をもって仏に供養したてまつる





所散の天衣虚空のなかに住してみづからめぐる
回轉す諸天の伎楽百千万種虚空のなかに於て一
時にともにおこりもろもろの天華をふらして
かくのごとくのことばをなしてとく仏むかし波羅奈にして
法輪を轉じいままたさらに無上最大の法輪を
轉じたまふそのときにもろもろの天子

義をのべんと欲して偈をもつて曰く
むかし波羅奈にして四諦の法輪を転じて分別し
諸法の五衆の生滅をときたまひきいままた
最妙の無上大法輪を転じたまふこの法はなはだ深奥
にしてよく信ずるものあることすくなし我ら
むかしよりこのかたしばしば世尊の説をきゝたてまつるに





いまだかつてかくのごときの深妙の上法をきかず世尊
この法をときたまふに我らみな随喜す大智舎利
弗いま尊記をうくることをえたり我らもまたかく
のごとくかならずまさに仏になることをうべし一切世間
において最尊にしてうへなけん仏道は思議
しがたし方便して宜にしたがひてときたまふ





我があらゆる福業今世もしは過世および
仏を見たてまつる功徳をことごとく仏道に
回向す
そのときに舎利弗仏にまうしてまうさく
世尊われいままた疑悔なし親り仏前
において阿耨多羅三藐三菩提の記をうくることをえたり





諸のこの千二百の心自在なるものむかし
学地にありしに仏つねに教化してのたまはく
わが法はよく生老病死をはなれて涅槃を究竟す
この学無学の人もまたおのおのみづから我見
および有無の見等をはなれたるをもつて涅槃をえたり
とおもへりしかるにいま世尊のみまへにしていまだきかざる

きゝはんべりしかどもいまだこれ疑惑に随ひて化
これ世尊ねがはくは四衆のためにその因縁をときて
疑悔をはなれしめ給へ爾時に仏舎利弗に
のたまはくわれさきにいはずや諸仏世尊の種々の
因縁譬喩の言辞をもてて方便して法をとき
給ふはみなこれ阿耨多羅三藐三菩提のためなりしかし




もろもろのとくところはみなこれ菩薩を化せ
むがためなりしかるを舎利弗いままさに譬喩
をもてさらにこの義をあきらめん有智
のものは譬喩をもて解をうることをえん舎利弗
もし国邑聚落に大長者ありそのとし衰邁
してその財富無量なりおほく田宅および諸




の僮僕ありそのいへ広大にしてたゞ一
の門ありおほくの人衆一百二百乃至五百人
その中に止住す堂閣ふりくちかきかべくづれ
はしらねくちたゞよひはりむねかたぶきあやふし
あまねく周匝して倶時に欻然として火おこりて舎
宅を焚焼す長者の諸子もしは十二十あるいは




三十にいたるまでこの宅のうちにあり長者この大火
の四面よりおこるをみてすなはち大きに驚怖して
このおもひをなさくわれよくこの所焼の門
よりやすく安穏にいづといへどもしかもいま諸子
は火宅のうちにして嬉戯に楽着して
さとらずしらずおどろかずおそれず

 

一九丁ウ

めぐらかす苦痛のかなしみをもれきたらざることなく
きいてかへりきたるに舎利弗この思惟をなせり
われ身手にちからありいまた衣裓をもてし
もしは几案をもてしていへよりこれをいださん
またさらに思惟すらくこのいへはたゞ一の
かどありてしかも狭小なり諸子幼稚にして

二〇丁オ

いまだしることなくて戯処に戀着せりあるひは
まさに堕落して火にやかるべしわれまさに
ためにおそれの事をとくべしこのいへすで
にやけぬよろしくときにいでて火にやかれて
焼害せらるることなかれといひて
しかゝりて思惟するごとくつぶさに諸子に

 

二〇丁ウ

はゝなんぢらすみやかにいでよといふちゝ憐愍して善
言をもて誘喩すといへどもしかも諸子等
嬉戯に楽着してあへて信受せずおどろかず
おそれずつゐにいづる心なしまたなにを
か火となしなにをか舎となしいかなるを
失とすといふことをしらずたゞ東西にはしり

二一丁オ

たはぶれてちゝをみるのみそのとき長者すなはちこのおもひ
をなさくこのいへはすでに大火のためにやかる
われおよび諸子もしときにいでずはかならずため
にやかれなんわれいままさに方便をまうけて諸
子等をしてこの害をまぬかるることをえしめん
ちゝ諸子のさきのこころにおのおのこのむところ

いろ〳〵種々の珍玩奇異のものをこのみて楽
着しなんとおもふところにしたがひていそぎなんぢら
がもてあそびこのむところのものは希有にして得がたし
なんぢらもしとらずんばのちにかならず憂悔せんかくの
ごとくの種々の羊車鹿車牛車いま門外にあり
もつて遊戯しつべしなんぢらこの火宅よりすみやかに





いでくべしなんぢが所欲にしたがひて
みなまさになんぢにあたへてんとそのとき
諸子ちゝのいふところの珍玩のものをきいて
ねがひにかなふがゆへに心おの〳〵勇鋭して互相
推排し競共馳走してあらそひて火宅をいづ
このときに長者もろ〳〵の子どもの安穏にいづる





を見てみな四衢のみちのなかの露地にして坐して
また障碍なしそのこゝろ泰然として歓喜
踊躍すときにもろ〳〵の子らちゝにまうして
いはくちゝさきにゆるすところの玩好の
具羊車鹿車牛車ねがはくはときにたまへ
とまうす舎利弗そのときに長者おの〳〵諸子に





一の大車をたまふその車高廣にして衆宝荘校
せり周匝に欄楯ありて四面にすゞをかけたり又
そのうへに幰蓋を張設しまた珍奇の
雑宝をもつてこれを厳飾し宝縄絞絡して
もろ〳〵の華瓔をたれ重敷綩綖をしき
丹枕を安置せり駕するに白牛をもつてす膚色

充潔にして形躰殊好にして大いなる筋力ありて行歩
平正にして、そのはやき事かぜのごとし。また僕従おほくして
侍衛せり。ゆへいかんとなれば、この大長者
財冨無量にして種々の庫蔵ことごとくみな
充溢せり。しかるにこれをおもはく、わが
財物きはまりなし。下劣の小車をもつて諸子の





子どもにあたふべからず。いまこの幼童はみなこれ
わが子なり。愛するに偏黨なし。われかくのごと
き七宝の大車ありて、その数無量なり。まさに
等心にして各々にこれをあたふべし。差別
すべからず。ゆへいかんとなれば、わがこの物をもつて、あまね
く一国にあたふるとも、なほかつ、とぼしからず。いかにいはんや





諸子にあたへんをや。このときに諸子おのおの大車にのりて
未曽有なる事をえて、その所望にあらず。舎
利弗なんぢがこころにおいていかん。この長者は、ひと
しく諸子に珍宝の大車をあたへたること
虚妄ありやいなや。舎利弗まうさく、いな
世尊。この長者はただ諸子をして火難を





まぬかるることをえしめて、その軀命を全くせしむる。虚妄と
するにあらず。何を以ての故に、若し身命を全くすることをえば、すなは
ちすでに玩好の具をえたり。いかにいはんや方便
をもつて、かの火宅において、これを抜済せんや。世
尊、もし是長者、乃至最小の一車をあたへずとも、なほ
虚妄ならず。何以の故に、この長者さきにこの

意をなさく我方便をもて子をして出ることをえし
めんとこの因縁をもて虚妄なし何況長者自財富無
量なりとしりて諸の子を饒益せんと欲て等く大車を与へん
をや仏舎利弗に告たまはく善哉善哉汝がいふ所のごとし
舎利弗如来も復かくのごとし則一切世間の父たり諸の怖畏
衰悩憂患無明暗蔽においてながく尽て余なし而悉成就無量




知見力無所畏を成就せり大神力および智慧力
あり方便智慧波羅蜜を具足せり大慈大悲つねに
懈惓なし恒に善事をもとめて一切を利益
してしかも三界のくちふるき火宅に生れ
たすことは衆生の生老病死憂悲苦悩愚痴暗
蔽三毒の火を度して教化して阿耨多羅




三藐三菩提を得しめんがためなりもろもろの衆生を見
るは生老病死憂悲苦悩のためにしかも焼煮せられまた
五欲の財利をもてのゆへに種々の苦をうく又
貪着追求するをもてのゆへに現には衆の苦を
うけのちには地獄畜生餓鬼の苦をうく若し天
上にむまれおよび人間にありては貧窮困苦




愛別離苦怨憎会苦かくのごときらの種々の諸
苦あり衆生そのなかに没在して歓喜
遊戯しておぼえず知らず驚かず怖れず
また厭ふことを生ぜず解脱を求めずこの
三界の火宅において東西に馳走して大苦に
あふといへども以て患とせず舎利弗仏

ことを見をはりてすなはちこのおもひをなさく
われは衆生のちちたり。かれが苦難をぬきて無量
無邊の佛智慧の樂をあたへてかれをして遊戯
せしむべし。舎利弗、如来またこのおもひをなし
たまはく、われもしたゞ神力および智慧力
をもて方便をすてて諸の衆生のために





如来の知見力無所畏をさんせば衆生これをもて
得度することあたはじ。ゆへいかんとなれば、このもろもろの衆生
はいまだ生老病死憂悲苦悩をまぬかれずして
三界火宅のためにやかるゝなり。なにゝよりてかほとけの
智慧をさとらん。舎利弗、かの長者また身手にちから
ありといへどもこれをもちゐずしてたゞ慇





懃方便をもて諸子の火宅の難を免濟して
そのゝちにおのおの珍寶の大車をあたふる
がごとし。如来もまたかくのごとし。力無所畏ありと
いへどもこれをもちゐずして、たゞ智慧の方
便をもて三界の火宅より衆生を抜濟して、たゞ
ために三乗の聲聞辟支佛乗をときたまふ





かくしてこれ言をなしたまはく、なんぢら樂ひて
三界火宅に住することなかれ。麁弊の色聲
香味觸をむさぼることなかれ。もし貪着して
愛をなさばすなはちためにやかれなん。なんぢら
すみやかに三界をいでてまさに三乗の聲聞辟
支佛佛乗をうべし。われいまなんぢがために

この事に保任してつゐにむなしからしなんちらたゝ
まさに勤修精進すへし如来これ方便をもつて
衆生を誘進したまふまたこの言をなしたまはく
なんちらまさにしるへしこれ三乗の法はみな
これ聖の称歎したまふところなり自在無繫
にして依求するところなしこの三乗に乗して



無漏の根力覚道禅定解脱三昧等をもつてみ
つから娯楽してすなはち無量の安穏快楽
をうへし舎利弗もし衆生ありてうちに智性ありて
佛世尊にしたかひたてまつり法をきいて信受
し慇懃に精進してすみやかに三界をいてんと
ほつしみつから涅槃をもとむるこれを声聞



乗となつくかの諸子の羊車をもとむるかため
に火宅をいつるかことしもし衆生ありて佛世
尊にしたかひたてまつりて法をきいて信受し
慇懃に精進して自然の恵をもとめひとり
よきしつかなるをねかひふかく諸法の因
縁をしるこれを辟支佛乗となつくかの



諸子の鹿車をもとむるかために火宅をいつる
かことしもし衆生ありて佛世尊にしたかひたて
まつりて法をきいて信受し勤修精進して
一切智佛知自然知無師知如来の知見力無所
畏をもとめ無量の衆生を愍念安楽し天人
を利益し一切を度脱するこれを大乗と

265

三一丁ウ

なはち菩薩この乗をもとむるかゆへになつけて摩
訶薩と名く。かの諸子の牛車をもとめんかために火
宅をいつるかことし。舎利弗、かの長者のもろもろの子
とらの安穏に火宅をいつることをえて無畏のところに
いたりぬるをみて、みつから財富無量なる
ことをおもひて、ひとしく大車をもて諸子に

266

三二丁オ

たまひしかことし。如来もまたかくのことし。一切
衆生のちゝたり。無量億千の衆生の仏の
教門をもて三界の苦怖畏の険道をいてゝ
涅槃の楽をうるをみそなはして、如来このとき
すなはちかくのことくのおもひをなしたまはく、われ無
量無辺の智恵力無畏等の諸仏の法

267

三二丁ウ

蔵あり。これもろもろの衆生はみなこれわか子なり。
ひとしく大乗をあたへて、人としてひとり滅度を
うることあらしめす、みな如来の滅度をもてこれを滅度
したまふ。これもろもろの衆生の三界をまぬかるゝものには
ことことく諸仏の禅定解脱等の娯楽の
具をあたふ。みなこれ一相一種なり。聖の称

268

三三丁オ

歎したまふところなり。よく浄妙第一の楽を生
す。舎利弗、かの長者のはしめ三車をもて
諸子を誘引して、のちにたゝ大車の宝
物荘厳し安穏第一なるをあたふるに、しかもかの
の長者虚妄のとかあらさるかことく、如来もま
たかくのことし。虚妄あることなし。はしめ

のちは三乗をもて衆生を引導したまひて
のちにたゞ大乗をもてこれを度脱したまふ
なにゆへとなれば如来は無量の智恵力無所
畏諸法の蔵ましましてよく一切衆生に大乗の
法をあたへたまふ。たゞことごとくうけず。舎
利弗これ因縁をもてまさにしるべし。諸仏は





方便力のゆへに一仏乗において分別して三と
ときたまふ○そのときに世尊かさねてこの義をのべんと欲
して偈をときてのたまはく
たとへば長者ひとつの大なる宅あり。その
家ひさしくふるくしてまた頓弊し。堂舎たか
くあやうし○はしらのねくだけくちて○





うつばりむねかたぶきゆがみもとゐきざはしやぶれ
かきかべくづれさけ泥ぬりはげおち
おほへるとまみだれおちたるきのきたがひぬけて周障屈曲
して雜穢充遍せり。五百の人ありてそのなかに
止住せり。鵄梟鵰鷲烏鵲鳩鴿蚖蛇蝮蠍蜈蚣蚰
蜒守宮百足鼬貍鼷鼠あり。もろもろの悪虫のともがら





が交横馳走せり。屎尿のくさきところ不浄ながれ
あふれ。蜣蜋のもろもろの虫そのうへにあつまれり。
狐狼野干咀嚼踐蹋し死屍を
嚌齧して骨肉狼藉たり。これによりて群狗
きほひきたりて搏撮し飢羸慞惶して處々に食を
もとむ。鬪諍摣掣し啀喍嘷吠すそのいぬの

恐怖ありて変するところかくのことく処ことにみな
魑魅魍魎及夜叉悪鬼人のししむらを食噉して毒
虫のたくひ諸のあしき鳥けたものの孚乳
産生しておのおのみつからかくしまもる夜叉
きほひきたりてあらそひとりてこれをくらふ
ことすてにあきたりぬれは悪心うたたはけしくなりて




闘諍のこゑはなはた怖畏しつへし鳩槃荼鬼土埵
に蹲踞せりあるときは地をはなるること一尺
二尺往返遊行して縦逸嬉戯しいぬのふたつの
あしをとりてうちてこゑをうしなはしめ足をもて
いぬのくひにくはへいぬをおとしてみつからたのしむ
またもろもろの鬼ありその身長大なり裸形黒




痩にしてつねにそのなかに住せりおほきにあしき
こゑをいたしてさけひよひて食をもとむ
また諸の鬼ありそののとはりのことしまた
もろもろの鬼ありかうへ牛頭のことしあるひは人の
ししむらをくらひあるひはいぬをくらふかみのけ
かしらのけみたれて残害し




兇険なり飢渇にせめられて叫喚馳走す夜叉餓鬼
諸のあしき鳥けたもの飢急して四方に
むかひて窓牖をうかかひみるかくのことき
難恐畏無量なりこのくちふるひたる家は一人に
属せりその人ちかくいてていまたひさしからさる
あひたにのちに舎宅に忽然として火おこりて四面に一

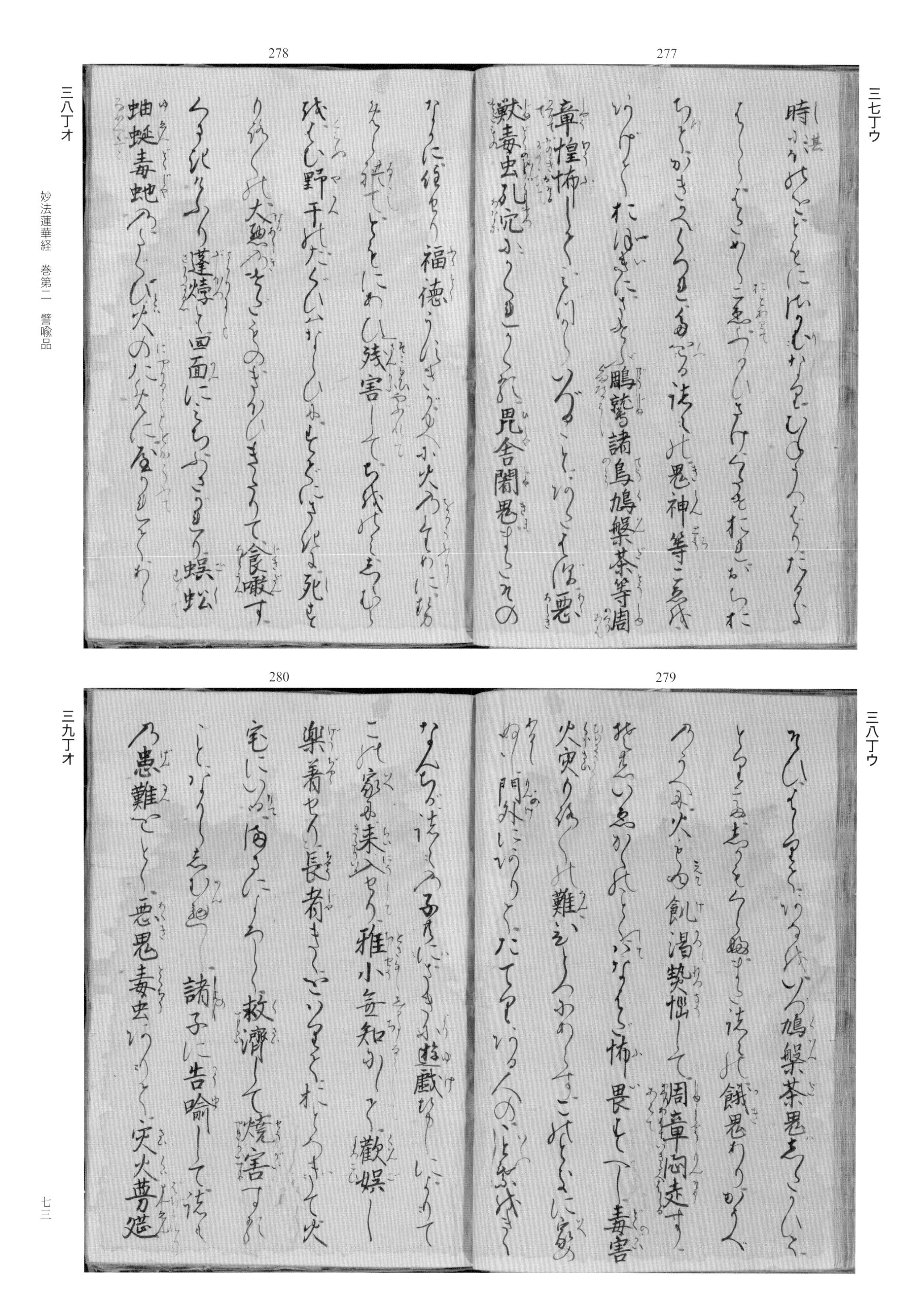

三七丁ウ



三八丁オ



三八丁ウ



三九丁オ

なる諸くの苦次第に相續してたえず毒蛇蚖
蝮およびもろくの夜叉鳩槃荼鬼野干狐狗鵰
鷲鵄梟百足のたぐひ飢渇悩急してはなはだ
怖畏すべしこの苦難の処をやいはんやま
た大火をや諸の子しることなしちゝのおしへ
をきくといへどもなをもとのごとく楽着して嬉戯してゐること





やまずこゝにおいて長者このおもひをなさく
諸の子かくのごとくわが愁悩をますいまこの舎宅は
ひとつとしてたのしむべきことなししかるを諸の
子ども耽湎嬉戯してわがおしへをうけずまさに火
のために害せられなんとすすなはち思惟して
諸の方便をまうけて諸の子どもにつげていはく





われ種々の珍玩の具妙寳の好車羊車鹿車
大牛の車あり今門外にありなんぢらいでゝきたれわれ
なんぢらがためにこのくるまを造作せり意の
たのしむところにしたがひてもて遊戯すべし諸の
子かくのごとき諸のくるまをとくをきゝて即時に
奔競し馳走していでゝ空地にいたる





諸の苦悩をはなる長者子の火宅をいづることを
えて四衢に住して師子の座に坐してみづから
よろこびていはくわれいま快楽なり
この諸の子ども生育することはなはだかたし
愚小無知にして険宅にいりぬ諸の
毒虫おほく魑魅おそるべし大火猛炎

かれて四面にともにおこれりしかもこの諸子貪樂
嬉戯していましめを（？）するにこれをすくひて難をまぬかれ
しむこのゆへに諸人われいま快樂
なりとそのときに諸子ちゝの安座せるを知りて
みな父のところにいたりてちゝにまうしていはく
ねがはくはわれらに三種の寶車をた





まへさきにゆるしたまふところのごとく諸子いでき
たらばまさに三車をもてなんぢらが所欲に
したがふべしといまのときなりたゞ給與
をたれたまへ長者はおほきにとみて庫藏
衆多なり金銀瑠璃車渠馬腦をもてもろもろの寶
物をもてもろもろの大車をつくれり莊校嚴飾





して周帀に欄楯あり四面にすゞをかけたり
金繩絞絡せり真珠の羅網そのうへにはりほどこせり
金華のもろもろの瓔處處にたれくだれり
衆綵雜飾して周帀に圍繞せり柔軟の繒纊これ
をもて茵蓐とし上妙の細氎の價直千億
なる鮮白淨潔なるをもてそのうへにおほへり





おほきなる大白牛あり肥壯多力にして形體姝好なるこれ
をもて寶車にかけたり多くの儐從ありて
これを侍衞せりこの妙車をもてひとしく
諸子にたまふ諸子このときに歡喜踊躍してこ
の寶車にのりて四方にあそびて嬉戲し快樂
して自在無㝵なりと舍利弗につげたまはく

四三丁ウ

我はこれ衆聖のなかの尊世
間の父なり一切衆生ハこれ我か子なりふかく
世の楽に着して慧心あることなし三界ハやすきこと
なしなほ火宅のことし衆の苦充満してはなは
だ怖畏すへし常に生老病死の憂患あり
かくのことき等の火熾然としてやます如来は



四四丁オ

すてに三界の火宅をはなれて寂然として閑居し
林野に安処したまへりいまこの三界ハみな我
か有なりそのなかの衆生ハことことくこれ我か子なり
しかるをいまこのところハ諸の患難おほし
たゝ我一人のみよく救護すまた教詔すといへとも
しかも信受せされは欲染においてふかく貪



四四丁ウ

着するかゆへにこれをもて方便してために三乗を
ときてもろもろの衆生をして三界の苦をしらしめて
世間の道を開示演説すこのもろもろの子等
もし心決定しぬれは三明および六神通を具
足し縁覚不退の菩薩をうることありなんぢ舎利弗
我衆生のためにこの譬喩をもて一仏乗



四五丁オ

をとくなんぢらもしよくこの語を信受せは一切みな
まさに仏道をなることをうへしこの乗ハ微妙にして清浄
第一なりもろもろの世間において無上たり
仏の悦可したまふところなり一切衆生の称讃
し供養し礼拝すへきところなり無量億千
の諸力解脱禅定智恵および仏の余

四五丁ウ

の法ありかくのごとき乗をえてもろもろの子ら
をして日夜劫数につねに遊戯せしむ。もろもろの
ぼさつおよびもろもろの声聞衆とこの寶乗に乗じて
直に道場にいたる。この因縁をもって十方にあ
きらかにもとむるに、さらに餘乗なし。ほとけの方
便をばのぞく。舎利弗につげたまはく、なんぢ



四六丁オ

諸人等これみな吾が子なり。我はすなはちこれちち
なんぢら累劫にもろもろの苦にやかるる。われみな済
抜して三界をいでしむ。われさきになんぢら滅度
すとときしといへども、ただ生死をつくして實には
滅せず。いまなすべきところは、ただほとけの智慧
なり。もし菩薩ありてこの衆のなかにおいて



四六丁ウ

よく一心にきいて諸佛の實法をきけ。諸佛世
尊は方便をもってすといへども所化の衆生は
みなこれぼさつなり。もし人小智にしてふかく愛
欲に著せる、これらのためのゆへに苦諦をとく
衆生心に喜びて未曾有なることをうる。ほとけ
苦諦は真實にしてことなることなしとときたまふ



四七丁オ

もし衆生ありて苦の本をしらずしてふかく苦
因に著して、しばらくもすつることあたはず。これら
のためのゆへに方便して道をときたまふ。諸苦の所因
は貪欲これ本なり。もし貪欲を滅しぬれば依止する
ところなし。もろもろの苦を滅尽するを第三諦
となづく。滅諦のためのゆへに道を修行す

諸の苦縛をはなるゝを解脱をうとなづくこの人
なにゝよりてかしかも解脱をうるたゞ虚妄を
はなるゝを解脱となづくまことにはいまだ一切を
解脱をえざれば佛この人はいまだ實に滅度せず
とときたまふこの人はいまだ無上道をえざるがゆへに
わがこゝろもまた滅度にいたらしめんとおもはず





法王として法にをいて自在なり衆生を安穏なら
しめんがために世に現ずなんぢ舎利弗よわが
この法印は世間を利益せんとおもふがためにとく
なりいづくの所遊の方にわたるとも妄に宣傳する
ことなかれもしきくことあらん人は随喜して頂受
せばまさにしるべしこの人は阿鞞跋致なりと





この經法を信受することあらん人はこの人はむかし
過去の佛を見たてまつりて恭敬供養してま
たこの法をきゝたる也もし人よくなんぢが所説を
信ずることあらん人はすなはちわれを見またなんぢを
も見比丘僧およびもろもろの菩薩をみるなりこの
法華經は深智のためにとけり淺識はこれを





きゝて迷惑してさとらじ一切の聲聞および辟
支佛はこの經のなかにおいてちからのおよばざると
ころなりなんぢ舎利弗すらなをこの經において
は信をもつていることをえたりいはんや餘の聲
聞をやその餘の聲聞は佛語を信ずるがゆへに
この經に随順せりおのれが智分にあらざる

302　　301

四九丁ウ

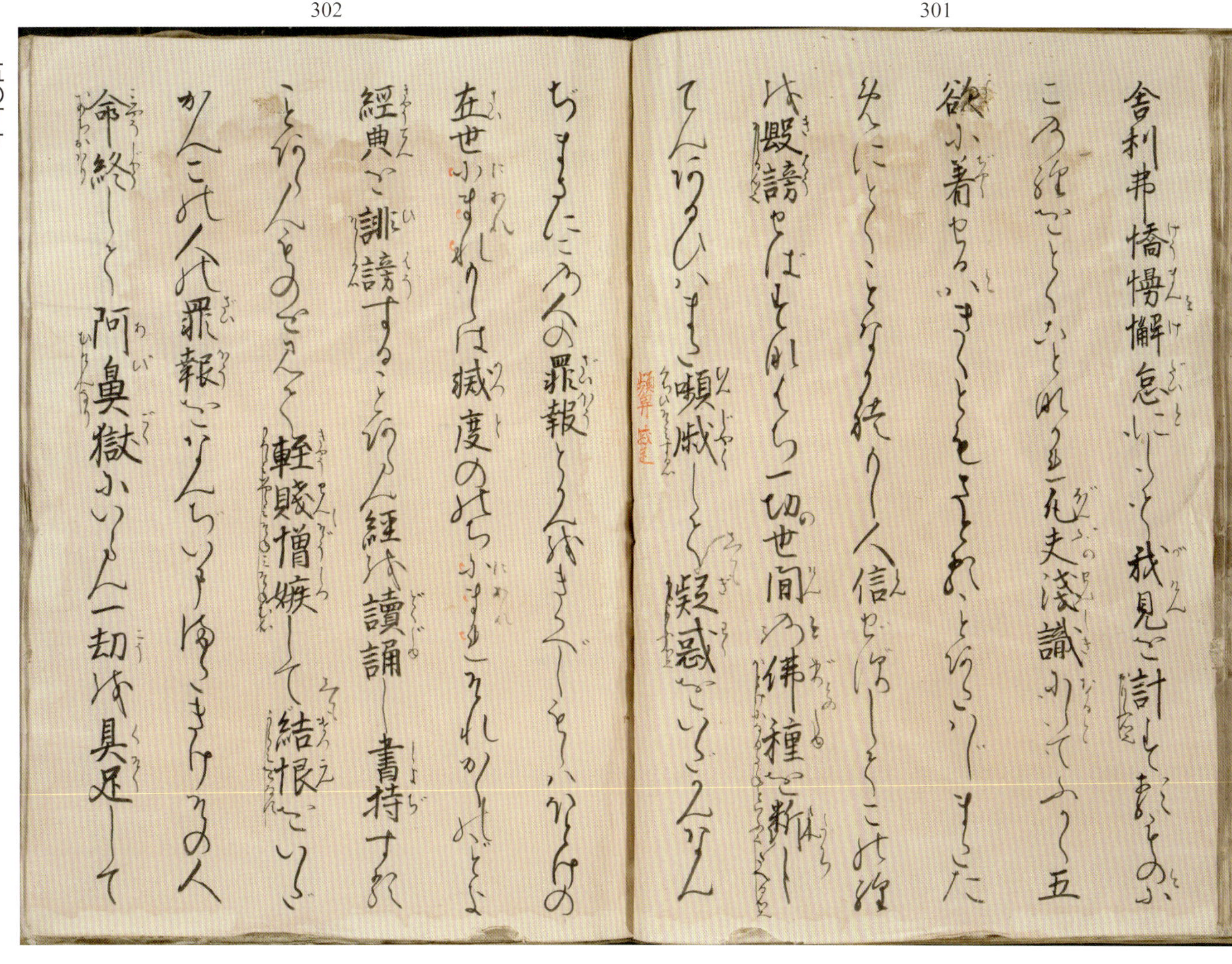
舎利弗憍慢懈怠にして我見を計せんものに
この經をとくことなかれ凡夫淺識にしてふかく五
欲に着せるはきくともさとることあたはじまた
人にもとくことなかれもし人信ぜずしてこの經
を毀謗せばすなはち一切世間の佛種を斷ぜん
あるひはまた顰蹙して疑惑をいだかん

五〇丁オ

なんぢまさにこの人の罪報をとくをきくべしもしは佛の
在世にまれもしは滅度ののちにまれそれかくのごと
き經典を誹謗することあらん經を讀誦し書持するもの
あらんを見て輕賤憎嫉して結恨をいだかん
この人の罪報をなんぢいまふたゝびきけその人
命終して阿鼻獄にいらん一劫を具足して

304　　303

五〇丁ウ

劫つきなはまたむまれんかくのごとく展轉して無
數劫にいたらん地獄よりいでてはまさに畜生にをちん
もしは狗野干となりてそのかたち頎瘦し黧黮
疥癩ありて人に觸嬈せられまたまた人の
ためににくみいやしまれてつねに飢渇にくるしみて
骨肉枯竭せんいきては楚毒をうけ死しては瓦

五一丁オ

石をかうふらん佛種を斷ずるがゆへにこの罪報をうけ
んもしは駱駝となりあるいは驢のなかにむまれて
つねにおもきをおひもろもろの杖捶をくはへら
れんたゞ水草をのみおもひて餘はしるところなか
らんこの經を謗せんがゆへにつみをうること
かくのごとし野干となりて聚落に來入せんもの

305

五一丁ウ

あるは身躰に疥癩ありてまたひとつのめなきもの
諸々の童子のために打擲せられて諸々の苦
痛をうけあるときは死することをいたしここに死
することをはりてさらに蟒身をうけんそのかたちな
がくおほきにして五百由旬なり聾騃無足に
して蜿転腹行し諸の小虫のためにすいくらはれ

306

五二丁オ

昼夜に苦をうけて休息することあることなからんこ
の経を謗せんがゆへにつみをうることかくのごとし人
となることをえては諸根闇鈍にして矬陋攣躄
盲聾背傴ならん言説するところあらば人信
受せじくちのいきつねにくさくして鬼魅に着せら
れん貧窮下賤にして人のためにつかはれん

307

五二丁ウ

多病痟痩にしてよりたのむところなからん人にした
しみ親附すといふとも人こころにかけじもしうるところあ
らばすなはちまたうしなひわすれんもし醫道を修し
て方に順じてやまひを治せばさらに他のやまひ
をましあるはまた死することをいたさんもし
みづからやまひあらば救療する人なからんたとひ

308

五三丁ウ

良薬を服すといふとも増劇せん他の反逆し
抄劫竊盗せんかくのごときつみにてよこさまに殃
のまとひにかからんかくのごときの罪人はながく仏
衆聖の王の説法教化し給ふをみたてまつらじかく
のごときの罪人はつねに難処にむまれ狂聾心乱
にしてながく法をきかず無数劫の恒河沙の

ごとくなるをえてはすなはち聾瘂にして
諸根不具ならんは常に地獄に處すること園觀に
あそぶがごとくせん餘の悪道にあることおのが舎宅
のごとく駝驢猪狗これその行處ならんこ
の經を謗ぜんがゆへにつみをうることかくのごとし
若し人となることをえば聾盲瘖瘂にして貧窮の




諸の衰をもてみづからの莊嚴とせん水腫乾痟疥癩
癰疽かくのごときらのやまひをもて衣服と
せん身つねに臭きところにして垢穢不浄なら
ん深く我見に着し瞋恚を増益せん婬欲熾
盛にして禽獸をえらばじこの經を謗ぜんが
ゆへにつみをうることかくのごとし舎利弗には




かたりてはこの經を謗ぜんものゝつみをとく
ことは劫をきはむともつきじこの因縁をもて
我ことさらになんぢにかたる無智の人のなかに
してこの經をとくことなかれもし利根にして
智恵明了に多聞強識にして佛道をもとむ
るものあらばかくのごときの人にいましとくべし




若し人かつて億百千の佛をみたてまつりて
もろもろの善本をうゑて深心堅固ならん
かくのごときの人にすなはちためにとくべし
もし人精進してつねに慈心をおこし身命を
をしまざらんにすなはちためにとくべし
若し人恭敬して異心あることなく諸の凡愚を

もろ〳〵のぐちをはなれてひとり山澤に處せんかくのごとき
人にはすなはちためにとくべしまた舍利弗もし人あり
て惡知識をすてゝ善友に親近するをみんかくの
ごときの人にはすなはちためにとくべしもし佛子の
持戒清潔なることきよき明珠のごとくにして
大乘經をもとむるをみんかくのごときの人にはすなはち




ためにとくべしもし人いかりなくて質直柔軟にして
つねに一切をあはれみ諸佛を恭敬せんかくの
ごときの人にはすなはちためにとくべしまた佛子ありて
大衆のなかにして清淨の心をもて種〻
の因緣譬喩言辭をもて說法することさはり無导
かくのごときの人にはすなはちためにとくべし




もし比丘ありて一切智のために四方に法をもとめ
て合掌し頂受せんたゞねがふて大乘經典を
受持して乃至餘經の一偈をもうけざらん
かくのごときの人にはすなはちためにとくべし人の心をいたし
て佛舍利をもとむるがごとくかくのごとく經をもとめ
えをはりて頂受せんその人またふたゝび餘經




をこゝろざしもとめずまたいまだかつて外道の典籍を
ねんぜざらんかくのごときの人にはすなはちためにとくべし
舍利弗につげたまはくわれこの相をとき佛
道をもとむるものをとかんに劫をきはむともつきじ
かくのごときらの人はすなはちよく信解せんなんぢ
まさにためにとくべし妙法蓮華經をとけ

# 妙法蓮華經信解品第四

そのときに恵命須菩提摩訶迦旃延摩訶
迦葉摩訶目揵連ほとけにしたがひたてまつりて
きゝたてまつりし未曾有の法と世尊の舎利
弗に阿耨多羅三藐三菩提の記をさづけた
まふに希有の心をおこして歓喜踊躍すな





はち座よりたちて衣服をとゝのへてひとへに右
のかたをあらはし右のひざを地につけ一心
合掌し曲窮恭敬して尊顔を瞻仰したて
まつりほとけにまうしてまうさく我
ら僧のかしらに居して年ならびに朽邁せり
みづからおもへらく已に涅槃をえて堪任するところなし





またふたゝびすゝみて阿耨多羅三藐三菩提
をもとめず世尊往昔に法をときたまひしとき
すでにひさしかりきわれそのとき座にありて身
躰疲懈したゞ空無相無作をのみおもひて菩薩の
法の神通に遊戯しほとけの国土をきよめ
衆生を成就することにおいて心喜楽せざりき





ゆへいかんとなれば世尊われらをして三界をいでしめて涅槃の
證をえしめたまへりまたいまわれら年すでに
朽邁しぬほとけの菩薩を阿耨多羅三藐三
菩提に教化したまふにおいて一念の好楽の心
をも生ぜざりきわれらいま佛前にして聲聞
に阿耨多羅三藐三菩提の記をさづけたまふ

いまきゝて心おどり歓喜し未曾有なることを
得たりおもはざりきいまにおいてたちまちに
希有の法をきくことをえんとは ふかくみづから
慶幸ありて大善の利をえたることを 無量の珍宝
もとめざるにおのづからえたるがごとし 世尊われら
いまねがはくは譬喩をもつてこの義をあかさん



たとへば人ありてとしすでに幼稚にして ちゝを
すてゝ逃逝してひさしく他国に住せんあるひは
十二十より五十歳にいたるまでとしすでに長大
にしてまたくはへて窮困し 四方に馳騁してもつて
衣食をもとむ 漸々に遊行してたまたま本国に
むかひぬ そのちゝさきよりこのかた子をもとむるに



えずして なかごろ一の城にとゞまりぬ その
家おほきにとみて財宝無量なり 金銀瑠璃珊
瑚琥珀頗梨珠等 その諸の倉庫にことごとく
みな盈溢せりおほく僮僕臣佐吏民あり 象馬
車乗牛羊無数なり 出入息利ありて
すなはち他国にあまねし 商估賈客



もまたはなはだおほし ときに貧窮の子もろもろの
聚落にあそび国邑に経歴してつひにそのちゝ
の所止の城にいたりぬ ちゝはつねに子をおもふ 子と離
別して五十余年しかもいまだかつて人にむかひ
てかくのごときの事をとかず たゞみづから思惟して
心に悔恨をいだけり みづからおもはく老朽して

おほく財物あり金銀珎寶倉庫に盈溢せり
子息なきに一旦に終没しなば財物散失
して委付すべきところなからんことをおもへり
かつてにこの子をえなばまことにこれおもひのごとくならん
まさにこの子に財物を委付して湛然快樂
にしてまた憂慮なからん世尊その時に窮子傭





賃展轉してたまたまちちが家にいたりぬ さて
かどのわきに住立してはるかにそのちちをみれば師子
のゆかに踞して寶机にあしをのせたりもろもろの婆羅
門刹利居士みな恭敬し圍遶せり真珠瓔珞
の價直千万なるをもてその身を荘嚴す吏民
僮僕てに白拂をとりて左右に侍立せり





おほふに寶帳をもてしもろもろの華幡をたれ
香水を地にそそぎもろもろの名華を散じ寶物を
羅列して出内取與す かくのごときいろいろの種々の
嚴飾ありて威徳持せるなり窮子ちちの大力
勢あるをみてすなはち恐怖をいだきてここに
来至せることをくやみてひそかにこのおもひをなさく





これはこれ王かもしは王にひとしきものかわ
わが傭力してものをうべきところにあらず
しかじまづしきさとにゆきてちからをほどこす
ところありて衣食えやすからんには
ひさしくここに住せばあるいは逼迫せられて
しひてわれをなさしめんとこのおもひをなして

329

六三丁ウ

おそろしくおもひてはしりさりぬ時にかの
長者師子の座にしてこれをみてすなはちしりぬ
心たいに歓喜してすなはちこのおもひをなさく
わが財物庫蔵いまつくるところありわれつねに
かこの子を思念しつれどもこれをみるによし
なしたちまちにみづからきたれり

330

六四丁オ

はなはだわがねがひにかなへりわれとしくちたりといへども
なほもとのごとくむさぼりをしむすなはちかたはらの
人をはしらしめて急におひてゐてかへらしむ
ときに使者とくはしりゆきてとらふ窮子おどろき
あやしびて悪なりと称して大きにさけびて
われあひをかさざるになにゆゑにとらふるや使者こ

331

六四丁ウ

れをとらふることいよいよ急にしてしひて
ゐてかへるときに窮子おもはくつみなく
して囚執せらるることは必定して死なんと
転さらに惶怖し悶絶して躃地してたふるる
父はるかにこれをみてつかひにいひていはくこの人は
もちゐじしひてゐてきたることなかれ冷水をもて

332

六五丁オ

おもてにそそぎて醒悟することをえしめよ
ふたたびともにかたることなかれゆゑはいかんとなれば父
その子志意下劣なることをしれりみづからの豪
貴なることは子のためにかたかるべきことをしりてあきら
かにこれ子なりとしれども方便をもて
にも他人にかたりてこれわが子なりといはず

333

六五丁ウ

使者これにかたりていはく我いまなんぢをゆるす心のま
まにゆくべしと爰に窮子歓喜して未
曾有なることを得て地よりしておきてまづしきさと
にゆきいたりて衣食をもとむそのと
き長者まさにその子を誘引せんとおもひ
て方便をまうけてひそかに二人の形色憔悴

334

六六丁オ

して威徳なきものをつかはすなんぢかしこにゆきてしづかに
窮子にかたるべしここになすべきところ
ありなんぢがあたひをまさんといへ窮子もし
ゆるさばゐてきたりてなさしむべしもし
なにの所作かあるといはばすなはち
これにかたるべしなんぢをやとうて糞を

335

六六丁ウ

のぞかしめんとわれら二人もなんぢと
ともになさんと時に二人の使人すなはち
窮子をもとむすでにこれをえてつぶさに
上の事をのぶそのとき窮子まづそのあたひ
をとりてたづねて糞をのぞくその父
子をみてあはれみてこれをあやしむ又他

336

六七丁オ

の日をもて窓牖の中よりはるかに子の身の
羸痩憔悴して糞土塵坌汙穢不浄なるを
見てすなはち瓔珞細軟の上服厳飾の具をぬぎて
さらに麁弊垢膩の衣をきて塵土に身をけがし
右の手に除糞の器を執持して
おそるるところあるがごとくもろもろの作人

六七丁ウ

337

六八丁オ

338

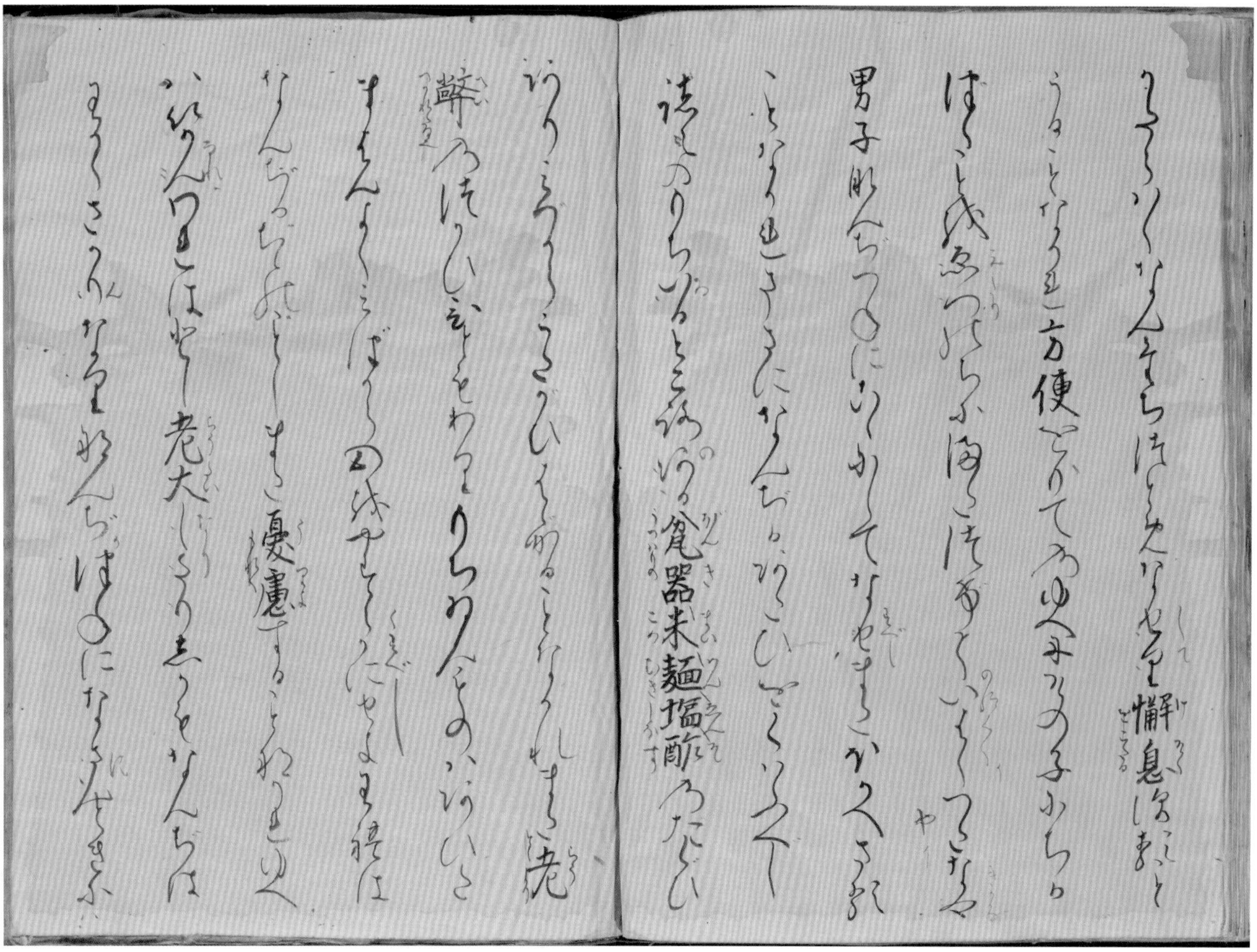

六八丁ウ

339

六九丁オ

340

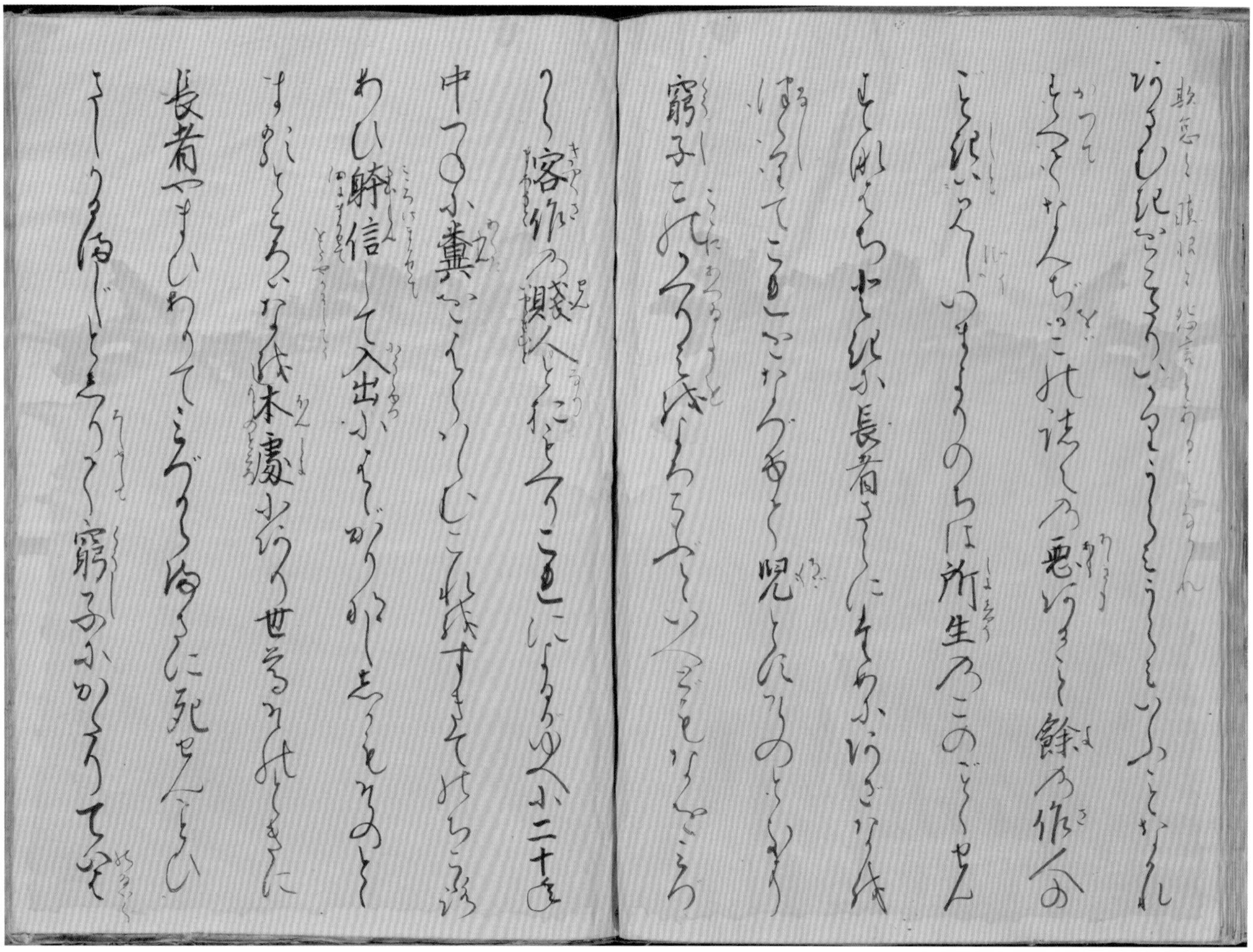

くる徒いまおほく金銀珍寶ありて倉庫に盈
溢せりそのなかにおほきとすくなきとの所
とるべきとあたふべきとはなんぢことごとくこれを
しれわがこゝろかくのごとしまさにこのこゝろを躰
せよゆへいかんとなればいまわれとなんぢとすなはちこれ
ことなるべからずよろしく用心をくはへて[illegible]





なはちものゝことなるにこれときに窮子すなはち教勅
をうけて衆物の金銀珍寶およびもろもろの
庫藏を領知すれどもしかも一飡をも悕取するこゝろ
なししかもそのとゞまるところはなほ本處にあり
下劣のこゝろもまたいまだすつることあたはずまた
すこしき時をへてちゝ子のこゝろやうやうすでに通泰して





おほきなるこゝろざしを成就してみづからさきのこゝろを
いやしむとしりてをはらんとするにのぞみて
しかもその子に命じてならびに親族國王
大臣刹利居士をあつめてみなすでにあつまりをはんぬ
すなはちみづから宣言すもろもろの君
まさにしるべしこれはこれわが子わが所生





なりなにがしの城のなかにしてわれをすてゝ逃走し
伶俜辛苦すること五十餘年なりその
もとのなはなにがしわがなはなにがし甲なりむかし本
城にありてうれへをいだきてたづねもとめき
たちまちにこのところにしてあひあふことをえたり
これは實にわが子われは實にそのちゝなり

いはゆる所有の一切の財物ハみなこれ子の有なり
さきに出内するところハこれ子のしれるところなり
世尊このときに窮子ちゝのこの言をきゝてすなはち
おほきに歓喜して未曾有なることをゑたりしかう
してこのおもひをなさくわれもと心に希求する
ところなかりきいまこの寶藏自然に





していたる世尊大富長者は
すなはちこれ如来なりわれらハみな佛子に
にたり如来はつねにわれらをときて子となし給ふ
世尊われら三苦をもてのゆへに生死のなかにおいて
もろもろの熱悩をうけし迷惑無知にして小法
を樂着せり今日世尊われらをして思惟し





諸法戯論の糞を蠲除せしめたまふわれらな
かにおいて勤加精進して涅槃にいたる一日のあ
たひをゑたりすでにこれをゑおはりて心おほき
に歓喜してみづからもてたれりとおもひすなはち
みづからおもひて佛法のなかにおいて
つとめて精進せるがゆへにうるところ弘多なり





しかも世尊さきにわれらか心弊欲に着し
小法をねがふことをしりたまひてすなはち
ゆるしすてゝためになんぢらまさに如来の
知見寶藏の分あるべしと分別したまはず世尊
方便力をもて如来の智慧をときたまふわれら
ほとけにしたがひたてまつりて涅槃の

七三丁ウ

一日ね[illegible]て[illegible]こ
の大乗に[illegible]て[illegible]
き[illegible]如来の知恵によりて法の[illegible]
[illegible]に開示し演説せしめ[illegible]
こ[illegible]
ゆへに[illegible]ほとけ[illegible]たゞ小法を[illegible]



七四丁オ

[illegible]して方便の[illegible]
[illegible]佛子
[illegible]無せる
[illegible]ほとけの知恵に[illegible]て悋惜[illegible]
[illegible]ゆへは[illegible]これ
[illegible]佛子[illegible]小法を



七四丁ウ

ね[illegible]大法[illegible]
[illegible]大乗の法[illegible]
[illegible]この經[illegible]一乗[illegible]
[illegible]て聲聞の小法
[illegible]毀呰して[illegible]
[illegible]實に大乗をもて教化[illegible]



七五丁オ

このゆへに[illegible]悕求する[illegible]
[illegible]法王の大寶自然に[illegible]
[illegible]佛子の[illegible]
[illegible]摩訶迦葉[illegible]義を
[illegible]偈をときて[illegible]
[illegible]今日ほとけの音教[illegible]て歓

喜し踊躍して未曾有なることを得つほとけ聲
聞まさにほとけになるべしとときたまふを
無上の寶聚もとめざるにおのづからえつ
童子幼稚無識にして父をすてて逃逝してとほ
く他土にいたりて諸國を周流すること五十餘年
なりけれは父憂念して四方にもとめ



もとむるにすでにつかれてたちまちに一の
城にとゞまり舎宅を造立して五欲にみづから
たのしむその家おほきにとみて諸の金銀硨
磲碼碯真珠瑠璃おほく象馬牛羊輦輿車
乘田業僮僕人民衆多なり出入息利する
こと他国までに遍し商估賈人も



こぞりてはなはだおほし千万億の衆圍遶
恭敬してつねに王者愛念したまふところなり群臣
豪族これともに宗重しもろもろの縁をもて
ゆゑに往来するものおほし豪冨なることかくのごとし
おほきにして大力勢ありしかれども年朽邁してます
こを憂念し夙夜に惟念すらく死時まさにいたらん



とすおろかなる子われをすてて五十餘
年庫蔵の諸のものまさにいかんせんとそのとき
に窮子衣食を求索して邑より邑にいたり国
より国にいたるあるいはうるところあるいは
うるところなし飢餓羸痩して躰に瘡癬を生じ
て漸次に經歴して父の住せる城にいたる

傭賃展轉してつゐにちゝの家にいたりぬそのと
きに長者その門のかたはらにして大寶の帳をかけ
て師子の座に處せり眷屬圍遶し諸人侍衛せ
りあるひは金銀寶物を計算し財産を出内
注記券疏することありて窮子ちゝの豪貴尊嚴なる
をみてをそれけりこれ国王かもしは王とひと



しくて驚怖してこゝにきたれることをくやしくおもひ
てひそかにおもはくこれはちからをつくして忿言すへき
ところにあらすしかしまつしきさとにゆきてちからを
つくさんにはころもくひものえやすからんもしひさ
しくこゝにあらはあるひは逼迫せられしゐてつかはれ
なんとおもひてかくのことく思惟することありて馳走し
てさりぬ貧里に借問してゆきて傭作せんとす
そのとき長者これをみてかの師子の座にありて





ひそかに子をみてしり默してこれをしらしめすさらに
使者に勅してをひとらへてかへさしむ窮
子おそれまとひて迷悶して地にたふれぬこの
人をもてゆくことなかれこれにこれをとらんことな
衣食をあたへよしてこゝにいたら
しめよ長者この愚癡狭劣にしてわか言を信せ



ざることをしりて方便をもちゐてひそかに二人の
使をつかはす餘人の眇目矬陋にして威徳なき
ものをつかはしてかれにかたるへしいへらく
なんちかやとはるへき所ありてかせきて糞穢をのそかしむ
へしなんちかやとはれてこれを窮子にかたりき
欽仰してきたりてともに糞穢をのそく

妙法蓮華経　巻第二　信解品

もろもろの房舎にすましむるところに長者窓より
はるかにその子を見るにこれ愚劣にしていやしきわざを
このみけるをみはかりて長者弊垢のこ
ろもをきて除糞のうつはものをもちてそのところにゆきて
子のゆきいでゐるを見て方便して附近しかたらひて
勤作せしむすでになんぢがあたひをましてあしに





ぬるあぶらをあたへ飲食充足せしめ薦席
厚暖にせしむかくのごとく苦言をもてなんぢまさに
勤作すべしといふまたもて耎語をもてしてはわが
子のごとくせんと長者智ありてやうやく入出せしむ
二十年をへて家事を執作せしむそれにしめすに金銀
真珠頗梨をしめしもろもろのものをしらしめ出入を





令知せしむなほ門外に処して草庵に止宿し
みづからまづしきことをおもふにこのものなしと
ちゝ子の心やうやくすでに曠大なることをしりて財物
をあたへんとおもひてすなはち親族国王大臣
刹利居士をあつめこの大衆にしてとくこれ
わが子なりわれをすててゆきて他行して五十歳を経





たり子をみてよりこのかたすでに二十年なり
むかしそれの城にしてこの子をうしなへり周行し求
索してつゐにこゝに來至せりおよそわが
所有の舎宅人民ことごとくもつてこれにあたふその
所用をほしいままにせしむ子むかしを
おもふにまづしくして志意下劣なり

八一丁ウ

ちれ入りきてたからに珍寶なるかしこに
し舎宅一切の財物をみなしらしめてたまふに記
おもふ未曽有なりとおもひてこれがごとし佛も
またかくのごとしわか小法をねがふとしろしめして
いまだかけてときたまはずしてかきなんぢ
かとけふまへしとおもひてまたこの法の



八二丁オ

無漏をゑて小乘の成就せる聲聞の弟子なり
となふほとけまして勅したまひて
最上の道をときたまへばこれを修習せしむるに
かとけにかるところ佛教をうけて
大菩薩のためにかるる因縁種々の譬喩若
干の言辭をもちて無上道をときたまへる



八二丁ウ

佛子等わがもとにおいて法をききてしは日夜に
思惟し精勤し修習しきこれらのもろもろに法佛も
なんぢら衆に記をさずけたまはくなんぢら未世に
まさにほとけになるべしと一切諸佛の秘藏
の法をただ菩薩のためにその實事をとく
ひとしてわかためにこれ真要をとかせたまは



八三丁オ

ざりきかれ窮子の父にちかづくことをゑて諸
のもののありといへどもこころにねがひとらず
くわれら佛法の寶藏をときたまへども
し志願なきことまたかくのごとしわれら内に
滅をみづからなりとしてこころゑりこれ
事をはりぬとおもひてただ餘の事なかりしと

八三丁ウ

をほとけの國土をきよめ衆生を教化する
ことを説きしかどもこゝろに欣樂することなかりき
ゆへいかん一切の諸法はみなことごとく空寂に
して無生無滅無大無小無漏無為なりかく
のごとく思惟して喜樂を生ぜずわれら長
夜にほとけの智慧において貪なく着なく



八四丁オ

また志願なくしてみづから法において
これ究竟なりとおもひきわれら長夜に空法
を修習して三界の苦悩のうれへをまぬかるゝ
ことをえて最後身の有餘涅槃に住せり仏の
教化したまふところは道をうることむなしからず
すなはちこれすでにほとけの恩を報じ



八四丁ウ

たてまつることをえつるなりわれらは仏子等のた
めにぼさつの法をときてもつて仏道をもとめ
しかれどもながくこの法においてねがう
願樂することなかりき導師すてゝみることは
われらが心を観じたまふゆへにはじめ勧進して實
の利ありとときたまはずとめる長者のこの



八五丁オ

ざし劣なりとしりて方便のちからをもつてそ
の心を柔伏してしかうしてのちにいまし一切の財
寶をさづけしがごとくほとけもまたかくのごとし
希有の事を現じたまふ小をねがふものとしろしめ
して方便のちからをもつてその心を
調伏していまし大智をおしへたまふなり

今日未曾有なることをえつさきの所望にあらさる
ところをいまをのつからえたることかの窮子の
無量のたからをえたるかことし世尊われいま道
をえ果をえて無漏の法にをいて清浄のまなこを
えたりわれら長夜にほとけの浄戒をたもちては
しめて今日にそのしるしの果報をえつ法王のな





かにひさしく梵行を修していま無漏無上の大
果をえつわれらいまはまことにこれ声聞なり仏道の
こゑをもて一切にきかしむわれらいまはまことに阿
羅漢なり諸の世間の天人魔梵においてあまね
くそのなかにして供養をうくへし世尊は大恩まします
希有の事をもて憐愍教化してわれらを利益





たれかよく無量億劫にしても報せんもの手足をもて
て供給し頭頂をもて礼敬し一切ことことく供養すとも
みな報しつくすことあたはしもしもて頂戴し
ふたつのかたに荷負し恒沙劫においてこゝろをつくして恭敬
しまたは美膳無量の宝衣およひもろ
もろの臥具しゆ／＼の湯薬をもてし





牛頭栴檀およひ諸の珍宝をもて塔廟を
たて宝衣を地にしきてかくのことくの事をもて
供養すること恒沙劫にをいてもまた報しかたし
またほうすることあたはし諸仏は希有なり無
量無辺不可思議の大神通力ましまして無漏
無為の諸法の王なりよく下劣のためにこのことを

377　八七丁ウ

378　八八丁オ

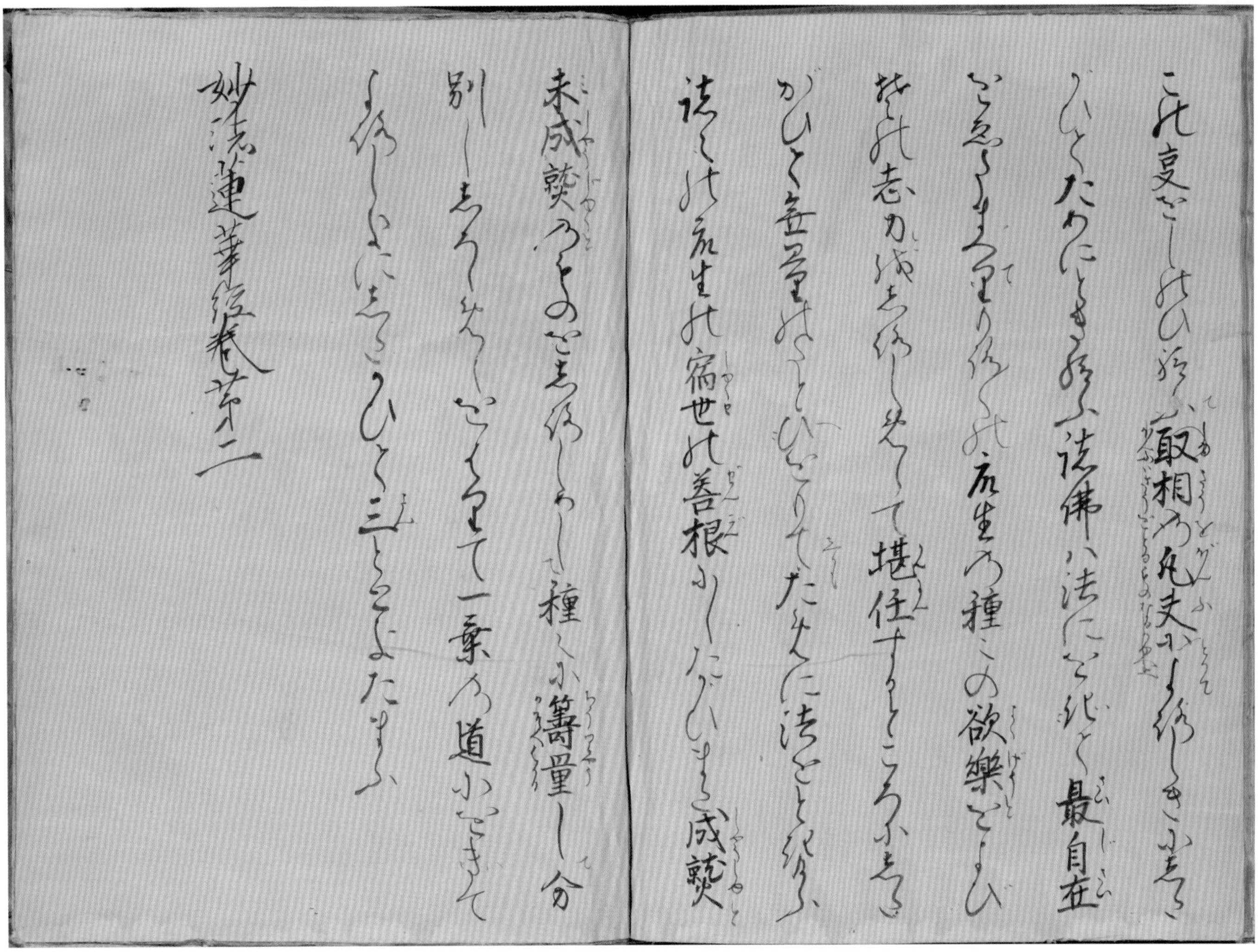
これをしろしめし給ふ取相の凡夫にしめし給ふときにまさに
ひとたびにとき給ふ法仏は法においてもつとも最自在
にましまし給へば衆生の種々の欲楽をよく
しろしめし給ひて堪任するところにしたがひ
かひて無量のゆへをもちてひとつにただ法をとき給ふ
諸々の衆生の宿世の善根にしたがひて成就
未成就のものをしろしめし種々に籌量し分
別しおはしまして一乗の道において
給ひしたがひてひとつを三とときたまふ
妙法蓮華経巻第二

裏表紙見返

八八丁ウ

裏表紙見返

裏表紙裏紙

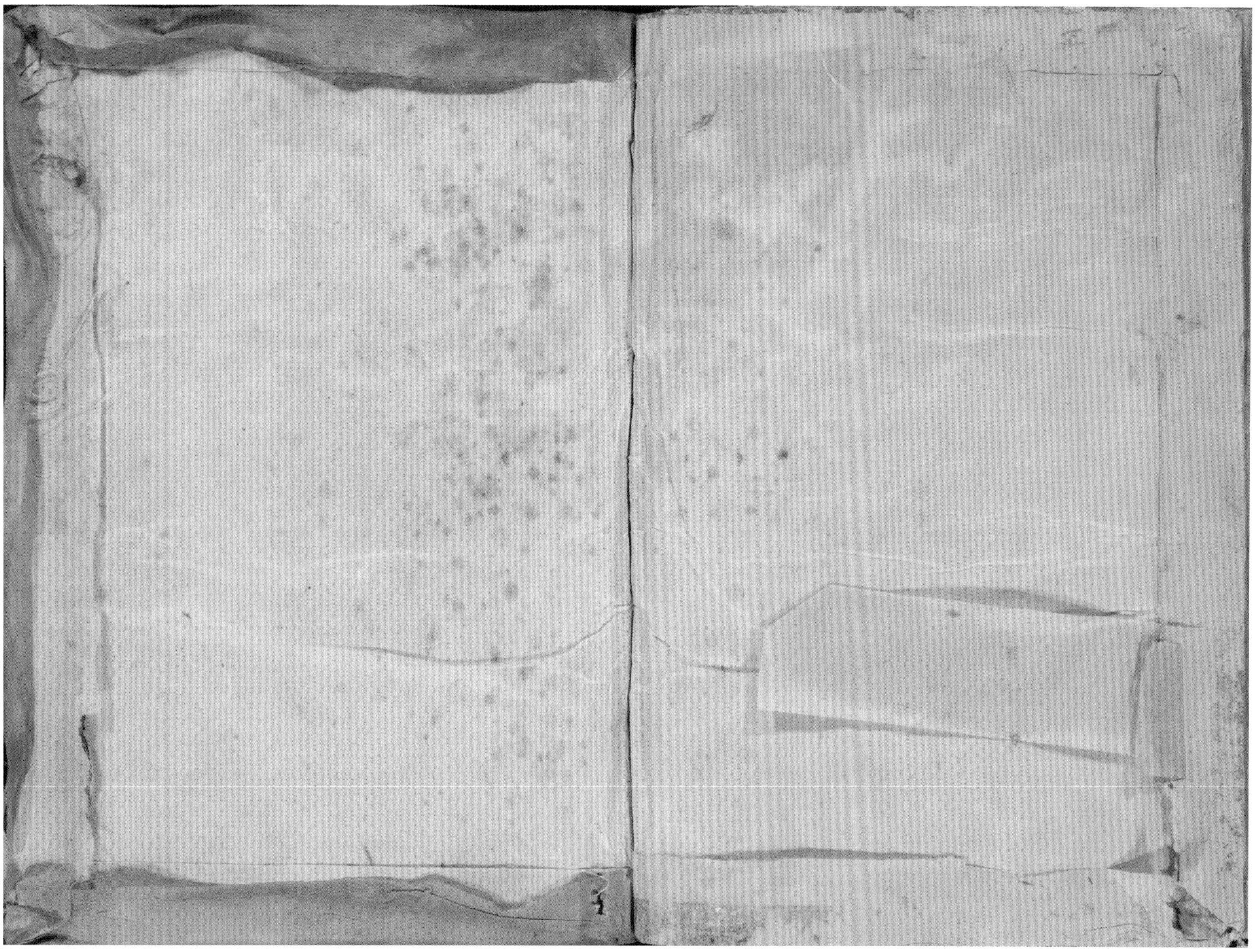

裏表紙

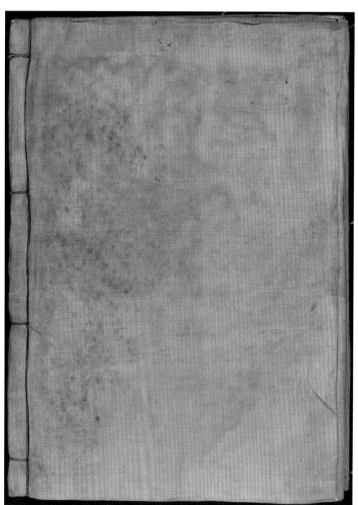

# 妙法蓮華経　巻第三

表紙

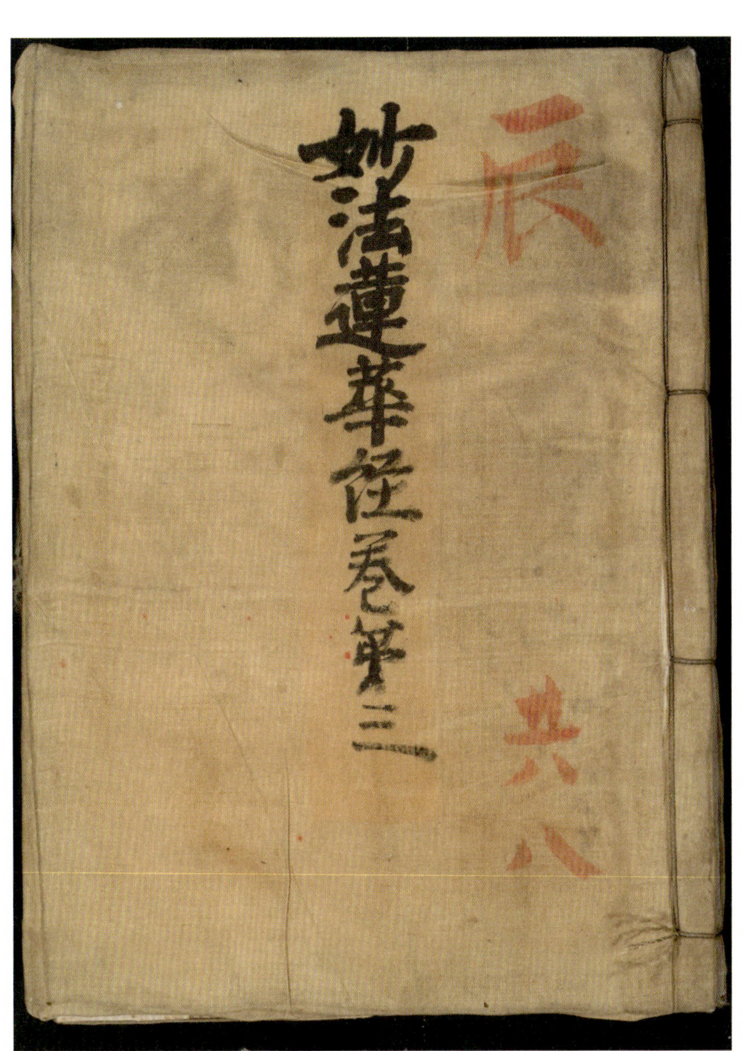


表紙裏紙

表紙見返

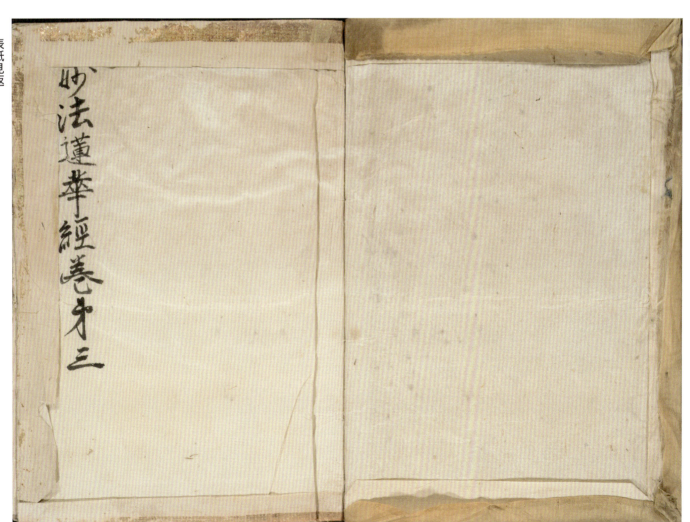

386

385

一丁オ

表紙見返

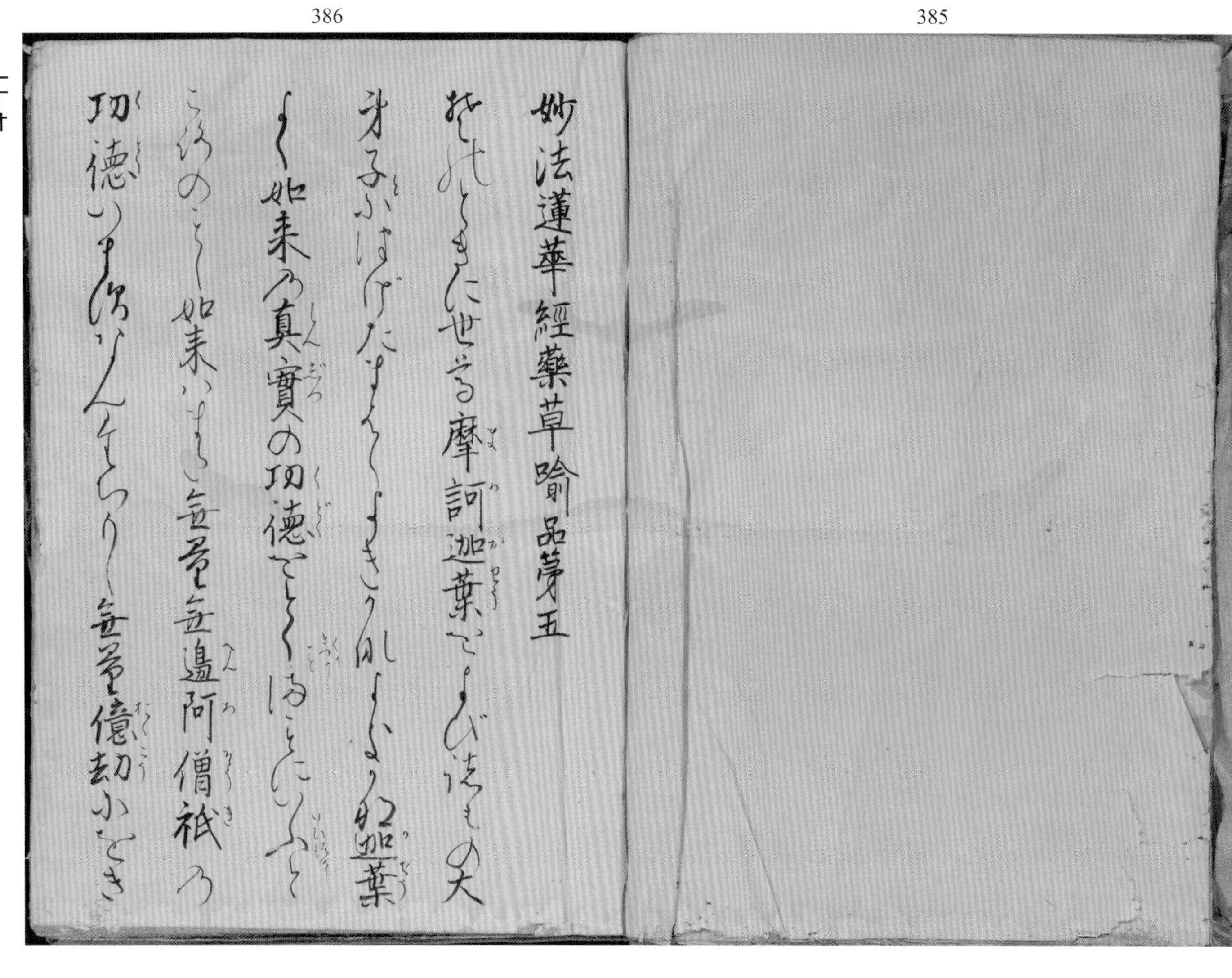

388

387

二丁オ

一丁ウ

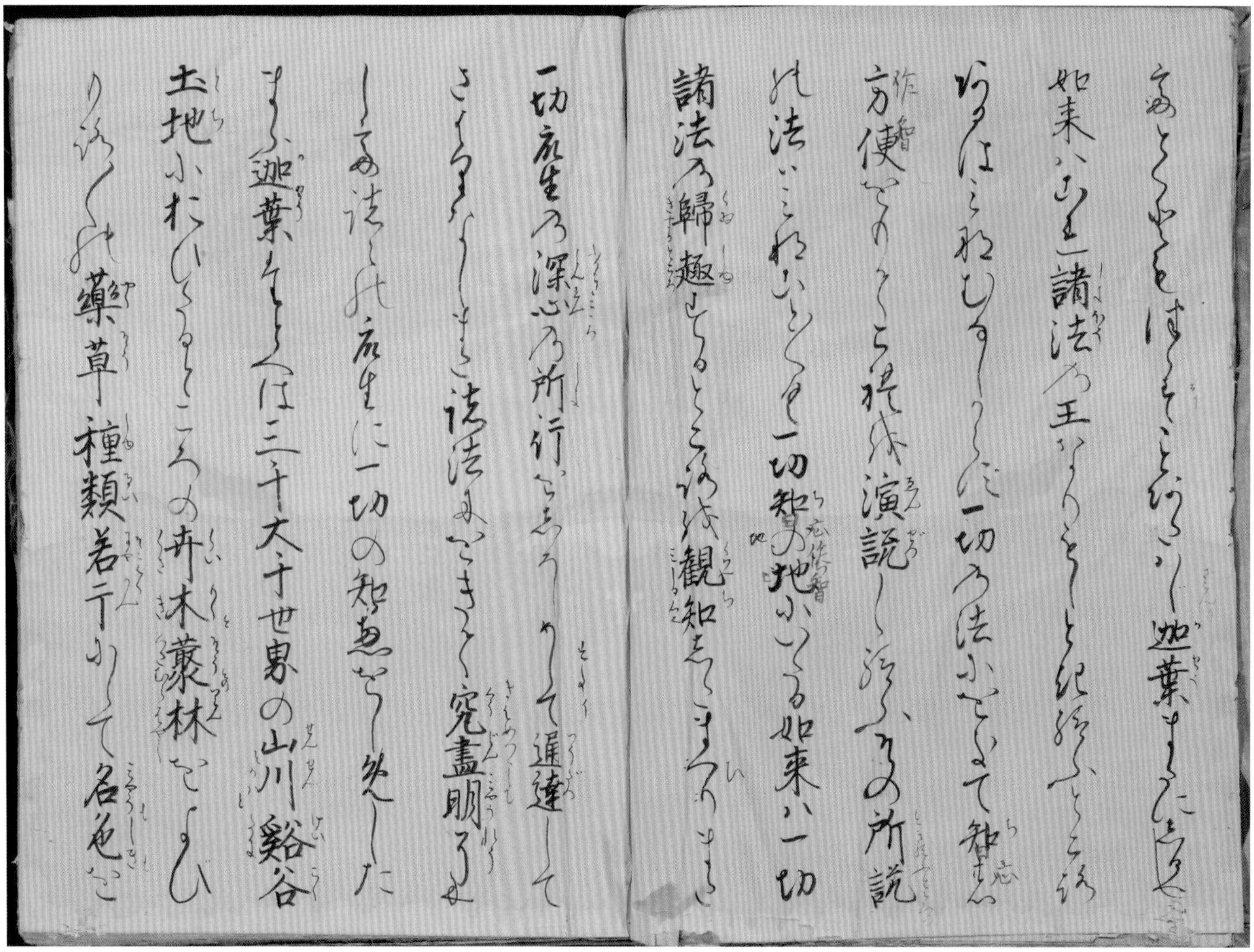

れぞのことなり密雲弥布してあまねく
三千大千世界におほひて一時にひとしくそゝく
そのうるほひあまねく卉木叢林および
諸〻の薬草の小根小茎小枝小葉中根
中茎中枝中葉大根大茎大枝大葉にうるほ
す諸〻のきの大小上中下にしたがひてをの〳〵





うくる所あり一雲の所雨其種性にかなひ
てしかも生長することをえて華菓敷実す
一地の所生一雨の所潤なりといへどもしかも
諸〻の草木おの〳〵差別あるがごとし迦葉まさ
にしるべし如来もまたかくのごとし世に出現
することは大雲のおこるがごとし大音声を





もてあまねく世界の天人阿修羅に普遍すること
かれ大雲あまねく三千大千の国土におほふ
がごとし大衆の中にしてこの言をとなへていはく
われはこれ如来応供正遍知明行足善逝世間
解無上士調御丈夫天人師仏世尊なりいま
だ度せざるものは度せしめいまだ解せざる





ものには解せしめいまだ安せざるものには安せし
めいまだ涅槃せざるものには涅槃をえしむ今世後
世実のごとくこれをしるわれはこれ一切知者
一切見者知道者開道者説道者なりなんぢら天
人阿修羅衆みなこゝにいたるべし法をきかんがた
めのゆへにそのときに無数千万億種の衆生

四丁ウ

かくのことくに来至して法をきく如来ときに
この衆生の諸根の利鈍精進懈怠をみそなはして
そのよろしきところにしたかひてそのために法をとき
たまふこと種々無量にしてみな歓喜しこころよく
善利をうることをえしむ。この衆生この法を
ききをはりて現世安穏にしてのちに善処に



五丁オ

むまれ道をもつて楽をうけまた法をきくこと
をえ既に法をききをはりて諸の障碍をはなれ
もろもろの法のなかにおいてちからのたふる
ところにしたかひてやうやく道にいることをう。かの
大雲の一切の卉木叢林およひ諸の薬草
にふるにその種性のことく具足してうるほひ



五丁ウ

をうることをえて各々生長することをうるかことし
如来の説法は一相一味なり。いはゆる解脱相離相
滅相なり。究竟して一切種智にいたる。それ衆生
ありて如来の法をききてもしは持し読誦し
説のことく修行せはうるところの功徳みつから
覚知せす。ゆへはいかん。ただ如来のみこの



六丁オ

衆生の種相体性なにことを念しなにことを
思しなにことを修しいかに念しいかに思
しいかに修しなんの法をもて念しなんの法を
もて思しなんの法をもて修しなんの法をもて
なにの法を得ることを知れり。衆生の
種々の地に住することをみそなはし如来

六丁ウ

ぬと侍して實のごとくこれを見給へり
明了にして無导なりかの卉木叢林諸の
藥草等のしらざる所上中下の性をしる
がごとし如来はこれ一相一味の法なりと
知しめせりいはゆる解脱相離相滅相究竟涅槃
常寂滅相なり法は終に空に帰するなり佛

七丁オ

これを知ろしめしたまひて衆生の心欲を観じ
まもらんため將護し給ふこれゆへにすみやかにため
に一切種智をときたまはざるなりなんぢら迦葉等は
はなはだ希有なりよく如来の随宜の説
法をしりてよく信じよくうくゆへいかんとなれば諸仏
世尊の随宜の説法はさとりがたくしりがたし



七丁ウ

そのときに世尊かさねてこの義を
のべんとおぼして偈をときてのたまはく
破有法王世間に出現して衆生の欲にしたが
ひて種々に法をとき給ふ如来は尊重にして
知恵深遠なり久しくこの要を黙していそ
ぎてすみやかにときたまはず有知もしきく

八丁オ

ときはすなはちよく信解す無知は疑悔してすな
はちながくうしなふこのゆへに迦葉ちからに
したがひてためにときて種々の縁をもつて
正見をえしむ迦葉まさにしるべしたとへば大雲
世間におこりてあまねく一切をおほふ恵雲う
るほひをふくみて電光晃曜し雷聲遠く

ゆくうるひて衆をして悦豫せしめ日光掩蔽し
地のうへ清涼なり靉靆垂布してうけと
るべきがごとしそのあめあまねくひとしく
して四方にともにくだる流澍すること無量
にして率土充洽す山川険谷の幽邃に生ひ
たるところの卉木薬草大小のもろもろのき





百穀苗稼甘蔗蒲萄雨のうるほすところ豊
足せずといふことなし乾地あまねくうるほひ薬木
ならびにしげしそのくものいだすところの一味の
みづ草木叢林分にしたがひてうるほひをうく
一切のもろもろのき上中下等その大小にしたが
ひておのおの生長することを得根茎枝葉華





菓光色一雨のおよぶところみな鮮澤なることを得
その體相性大小にしたがひてうるほすところ
これ一なれどもしかもおのおのしげき
仏もまたかくのごとし世に出現したまふこと
たとへば大雲のあまねく一切をおほふがごとし
すでに世にいでて諸の衆生のために諸法の





實を分別し演説したまふ大聖世尊もろもろの
天人一切衆のなかにしてこの言をのべたまはく
われはこれ如来両足の尊なり世
間にいづること猶大雲の一切の枯槁の
衆生に充潤してみな苦をはなれ安穏の楽世
間の楽および涅槃の楽をえしむ諸の天人

みなハさとりにいたらしめて　もしきけハみなことごとくさとりにいたらしむ
無上尊とあらはれて　まつたくわれハこれ世尊なり　われ
まさにふたゝびをみすし衆生を安穏ならしめて　大
衆のために現せり　大衆のために甘露の浄法を
とく　その法は一味の解脱涅槃なり　ひとつの
妙音をもってこの義を演暢して　つねに大乗の





ためにしかも因縁をなす　われ一切を観ること
あまねくみなこれ平等なり　彼此愛憎の心あること
なし　われ貪着なし　また限碍なし　つねに一切の
ために平等に法をとくこと　一人のためにするがごとく
衆多もまたしかなり　つねに法を演説す　か
つて他事なし　去来坐立につゐに疲厭せず





世間に充足することあめのあまねくうるほすがごとし
貴賤上下持戒毀戒威儀具足せるおよび具足せ
ざる正見邪見利根鈍根にひとしく法雨をふらして
しかも懈倦なし　一切衆生のわが法をきく
ものちからのうくるところにしたがひて諸
地に住す　あるひは人天の転輪聖王釈梵諸王に





処せるこれ小の薬草なり　無漏の法をしりてよく涅
槃をえ　六神通をおこし　および三明をえて　ひとり山
林に処して　つねに禅定を行じて縁覚の証をうる
これ中の薬草なり　世尊のところをもとめて　われ
仏になるべしとして精進定を行ずる
すなはちこれ上の薬草なり　また諸の仏子の

諸佛の子にしてはつねに慈悲を行じこゝろ
みつからほとけになる事を決定してうたかひなきを
これを小樹となつく神通に安住して不
退の輪を轉し無量億百千の衆生を度する
かくのことくの菩薩をなつけて大樹とす佛は
平等にとき給ふこと一味の雨のことし





衆生の性にしたかひてうくるところ不同なりかの
草木のうくるところおの〳〵ことなるかことしほとけ
これをたとへとして方便して開示したまふ
種々の言辭をもつて一法を演説したまへとも
ほとけの知恵にをいては海の一滴のことし
法雨をふらして世間に充滿す一味の法をもち





ちからにしたかひて修行することかの叢林藥草を
諸樹のそれ〳〵の大小にしたかひてやう〳〵しけく
さかんなることをうるかことし諸佛の法はつねに
一味をもつてもろ〳〵の世間をしてあまねく具足
することをえしむ漸次に修行してみな道
果をうる聲聞縁覺の山林に處し最後身に





住して聞法得果することこれを藥草となつく
増長することをえたりもしもろ〳〵の
知恵堅固にして三界を了達し最上乘をもとむ
これを小樹として増長することをうるとなつく又
禅に住して神通力をえて諸法の
空をきゝてこゝろおほきに歓喜し無數の光を

一四丁ウ※

然くして法をとき衆生を度すること、たとへはかの大
樹しうもく増長することをえさしむるかことし
又迦葉なんちしれ、所説の法は、たとへは大雲の一
味の雨をもて人華をうるほして
各みのることをえしむ、迦葉まさにしるへし
諸もろの因縁種々の譬喩をもて仏の道を開示



一五丁オ※

するはこれ我の方便なり、諸仏もまたしかなり、今
なんちらかために最実事をとく、もろもろの声
聞衆はみな滅度せるにあらす、なんちらか所行
はこれ菩薩道なり、漸々に修学して、みな
ことことくまさに仏になるへし



一五丁ウ

# 妙法蓮華經授記品第六

そのとき世尊この偈をときをはりて
もろもろの大衆に告てかくのことき言をのたまはく
我か此弟子摩訶迦葉は未来世
においてまさに三百万億の諸仏世尊に奉覲することを
えて供養恭敬し尊重讃歎してひろく



一六丁オ

諸仏の無量の大法をとき最後身にして仏になる
ことをえん、なつけて光明如来応供正遍知明
行足善逝世間解無上士調御丈夫天人師
仏世尊といはん、国をは光徳となつけ、劫を
は大荘厳となつけん、ほとけのいのち十二小劫なら
ん、正法は世に住して二十小劫、像法も

417

一六丁ウ

像も住せんこと二十小劫ならむ國界厳飾して
もろもろの穢悪瓦礫荊棘便利の不浄なることなけむその
土平正にして高下坑坎堆阜あることなけん琉
璃を地とし宝樹行列し黄金を縄として
もてみちのほとりをさかひもろもろの宝華を散
し周遍して清浄ならんその國には菩薩無

418

一七丁オ

量千億ならんもろもろの声聞衆もまた無
数ならむ魔事あることなけん魔をよひ魔民
ありといへども皆仏法をまもらんそのときに
世尊かさねてこの義をのへんとおほして偈をとき
てのたまはくもろもろの比丘につくわれ
仏眼をもてこの迦葉をみるに未来世に

419

一七丁ウ

おいて無数劫をすきてまさにほとけになることを
えむしかも来世に三百万億の諸仏世尊を
供養し奉覲して仏の智恵のためにきよく
梵行を修せん最上の二足尊を供養し
をはりて一切の無上の恵を修習し
最後身においてほとけになることをえむその土清

420

一八丁オ

浄にして瑠璃を地とし宝樹おほくして
みちのほとりに行列せん金縄をもてみちをさかひ見
るものは歓喜せん常に好香をいたし衆の
名華を散し種々に奇妙なるをもて荘
厳とせんその地平正にして丘坑あることなけん
諸の菩薩無数称計すへからすその心を

調柔にして大神通あらん諸仏の大乗経典を
奉持せんもろもろの声聞衆の無漏の後身にし
て法王の子となるべしそのかずかぎりなし天
眼をもてもかぞへしることあたはじそのほとけは
まさにいのち十二小劫なるべし正法世に住し
て二十小劫像法もまた住せんこと二十小劫





なり光明世尊の事かくのごとし
そのときに大目揵連須菩提摩訶迦旃延等
これみなことごとく悚慄して一心に合掌し
て世尊を瞻仰したてまつりてめ
をしばらくもすてずすなはちともにこゑを同じく
して偈をときてまうさく





大雄猛世尊諸釈の法王われらを哀愍したまふ
がゆへにほとけの音声をたまへりもしわが
深心をしろしめして授記せられなば
甘露をもてそそぎて熱をのぞきて清涼をう
るがごとくならんうへたるくにより
きたりてにはかに大王の膳にあへどもなほ疑懼を





いだきていまだあへてすなはち食せずもしまた王
のをしへをえてはしかうしてのちにいましあへて
食せんがごとくわれらもまたかくのごとしつねに
小乗のとがをおもひてまさにいかにしてか仏の
無上の恵をうべきことをしらずほとけの音声の
われらほとけになるべしとときたまふをききたてまつると

心なほ憂懼をいだくこといまだあへて
すなはち食せざるがごとし　もし仏の授記を
かうぶらばすなはちこゝろよく安楽
ならん　大雄猛世尊はつねに世間をやすんぜんと
ほつしたまふ　ねがはくは我らに記をさづけたまへ
うゑて教をまちて食するがごとし　そのときに世尊





もろもろの大弟子の心の所念
をしろしめしてもろもろの比丘につげたまはく　この須
菩提は当来の世に三百万億那由他の仏を
奉覲して供養恭敬し尊重讃歎し
つねに梵行を修して菩薩の道を具して
最後身において仏になることを得ん　名をば





名相如来応供正遍知明行足善逝世間解無
上士調御丈夫天人師仏世尊といはん　劫をば
有宝となづけ国をば宝生となづけん　その
土平正にして頗梨を地とし宝樹荘厳して
もろもろの丘坑砂礫荊棘便利の穢なし
宝華地におほひて周遍して清浄





なり　その土の人民はみな宝台珍妙の楼閣に
処せん　声聞の弟子無量無辺にして算数
譬喩のしることあたはざるところなり　もろもろの
菩薩衆も無数千万億那由他ならん　仏のよはひ
は十二小劫　正法世に住すること二十小
劫　像法もまた住すること二十小劫ならん

その佛ハつねに虚空に處して衆のために法を
ときて无量の菩薩および聲聞衆を度脱
せんそのときに世尊かさねてこの義をのへんと
おほして偈をときてのたまはくもろもろの
比丘衆いまなんたちにつくみなまさに一心に
わか所説をきくへし我の大弟子須菩提





はまさに佛となることをうへしなをは名相といはん
まさに無數万億の諸佛を供してかしつけ佛の
所行にしたかひてやうやく大道を具すへし最
後身に三十二相をゑて端正殊妙なることなほ
寶山のことくなるへしそのくにの國土ハ嚴浄
第一にして衆生みるものみな愛樂せすといふ





ことなし佛そのなかにして無量の衆を度
せんその佛の法のなかにおほくのもろもろの菩薩
みなことことく利根にして不退の輪を轉
せんかのくにはつねに菩薩をもて莊嚴せ
むもろもろの聲聞衆稱數すへからす皆三明
を得六神通を具し八解脱に住して大威德





ありその佛の説法には無量の神通變化
の不可思議なることを現せん諸天人民かすは恒沙の
ことくしてみなともにたなこゝろをあはせて佛
語を聽受せんその佛のいのちハまさに十二小劫
なるへし正法よに住して二十小劫像法
もまた住せんこと二十小劫なるへしとのたまふ

世尊またもろ〳〵の比丘衆につげたまはく我
いまなんぢにつぐるこの大迦旃延は當来の世に
もろ〳〵の供具をもて八千億のほとけを供養
奉事しく恭敬し尊重せん諸佛の滅後
におの〳〵塔廟をたてんたかさ千由旬縱廣正
等にして五百由旬なり金銀瑠璃硨磲馬瑙




真珠玫瑰の七寶をもて合成し衆華瓔珞塗香
抹香焼香繒蓋幢幡をもて塔廟に供養せんことを
すぎて已後まさにまた二万億のほとけを供養
せんこともまたかくのごとくせんこれらの諸佛を供
養しをはりて菩薩の道を
具してまさにほとけになることをうべしなづけて




閻浮那提金光如来應供正遍知明行足善逝世
間解無上士調御丈夫天人師佛世尊といはんその
土平正にして頗梨を地とし寶樹荘厳せん黄金
を繩としてもて道のさかひをさかひ妙華
地をおほひ周遍清浄にしてみるもの歓喜せん
四悪道地獄餓鬼畜生阿修羅道なからんおほく




天人ありもろ〳〵の聲聞衆およびもろ〳〵の
菩薩無量万億にしてその國を荘厳せんほとけの
いのち十二小劫ならん正法よに住して二十小劫ならん
像法もまた住せんこと二十小劫ならんそのときに
世尊かさねてこの義をのべんとおぼして偈をとき
てのたまはく

り諸〳〵の比丘衆こゝろをいつにしてきけ〳〵
所説のごときは真實にしてことなることなしこの迦
旃延はまさに種々の妙好の供具をもつて諸佛に供
養したてまつるべし諸佛の滅後に七寶の塔を
たてまた華香をもつて舎利を供養せんその
最後身にほとけの智恵をえて等正覺となり



國土清浄ならん無量萬億の衆生を度脱しみな
十方のために供養せらるゝところとならんかのほとけの光明よ
くまさるものなからんその佛をばなづけて閻浮
金光といはん菩薩聲聞の一切の有を断せる
無量無數にしてそのくにを荘厳せん
そのときに世尊また大衆につげたまはく



われいまなんぢにつぐこれ大目犍連はまさに種々の
供具をもつて八千の諸佛を供養し恭敬し尊重
せん諸佛の滅後におの〳〵塔廟をたてん高
さ千由旬縦廣正等にして五百由旬ならん金
銀瑠璃車渠馬瑙真珠玫瑰の七寶をもつて合成
し衆華瓔珞塗香抹香焼香繒蓋幢幡をもて



て供養せんことこれにすぎて已後まさに二百萬
億の諸佛を供養せんことまたかくのごとくせん
當にほとけになることをえんなづけて多摩羅
跋栴檀香如来應供正遍知明行足善逝世間解無
上士調御丈夫天人師佛世尊といはん劫をば
喜満となづけくにをば意樂となづけんその

土平正にして頗梨を地とし寶樹荘厳して
真珠華を散し周遍清浄にしてみるもの歓
喜せしめん天人おほく菩薩聲聞そのかず
無量ならんほとけのいのちは二十四小劫ならん正
法よに住して四十小劫ならん像法もまた住
せんこと四十小劫ならんそのときに世尊かさねて





この義をのべんとほつして偈をときてのたまはく
わがこの弟子大目揵連はこのみをすてをはりて
八千二百万億の諸佛世尊をみたてまつることをえ
て佛道のためのゆへに供養恭敬せん諸佛のみ
もとにしてつねに梵行を修し無量劫にをいて
佛法を奉持せん諸佛の滅後に七寶の





塔をたてゝ金剎を表し華香妓樂をもてし（長表の金剎）
もつて諸佛の塔廟に供養せん漸々に菩薩の
道具足することをはりて意樂國にをいてほとけ
になることをえん号して多摩羅栴檀之香となづけん
その佛の壽命は二十四劫ならんつねに天人のた
めに佛道を演説せん聲聞無量にして





恒河沙のごとし三明六通ありて大威德ならん菩薩
無數にしてこゝろざしかたく精進せん佛の智慧に
みな退轉せじ佛の滅度ののち正法は
まさに住して四十小劫ならん像法もまたしかならん
わがもろもろの弟子威德具足せるそのかず五百
みなまさに授記すべし未来の世にをいてみな

445



佛になることをゑんまでかいしんなん[illegible]宿世の
因縁の法[illegible]
妙法蓮華經化城喩品第七
かくのごとく比丘に告げたまはく乃往過去
無量無邊不可思議阿僧祇劫にそのとき佛ありき
まうしき大通智勝如来應供正遍知明行足善

446



逝世間解無上士調御丈夫天人師佛世尊となづく
その國をば好成となづけ劫をば大相となづけき
諸くの比丘のかの佛の滅度したまひてよりこのかた
甚大久遠なり たとへば三千大千世界のあらゆる地
種をたとひ人ありて磨して墨となして
東方千の國土をすぎて一點をくださん大さ微塵のごとし

447



ゆきてまた千の國土をすぎてまた
一點をくださんかくのごとく展轉して地種の墨をつく
さんこといかんなんぢらがおもひていかんこのもろもろの
國土をば若しは算師もしは算師の弟子よく邊
際をえてその數をしらんやいなや世尊さなり諸
比丘この人のすぐる所の國土の點せると點せ

448



點せざるとをことごとく抹して塵となして一塵を一
劫とせんかの佛の滅度したまひてよりこのかた
またこれにすぎたること無量無邊百千萬億阿
僧祇劫なり我如来の知見力をもてのゆへに
かの久遠を觀ること猶今日のごとし その時
世尊かさねてこの義をのべんとおぼして偈を

ときてのたまはく
われ過去世の無量無邊劫をおもへハ佛両足尊ま
しましき大通知勝となづけたてまつる人ありて力をもて三
千大千の土を磨してこの諸の地種をつくして
これことごとくもて墨となして千の国土をすぎて
すなはちひとつの塵點をくだすかくのごとく展





轉して點してこの諸の塵墨をつくしつくして
かくのごとく諸の国土の點せると點せざるとを
またことごとく皆抹して塵となして一塵を一劫とせ
むこの諸の微塵の数にその劫ハまたこれに
すぎたりかの佛滅度したまひてよりこの
かたかくのごとく無量劫なり如来無导智をもて





かの佛の滅度をしり聲聞菩薩をしりたまふこと
いまの滅度をみるがごとしもろもろの比丘まさに
しるべし佛智ハきよくして微妙なり無
漏無所导にして無量劫を通達したまへり
かの佛はもろもろの比丘につげたまはく大通知勝佛
の壽ハ五百四十万億那由佗劫なりその佛もと





と道場に坐して魔軍を破しをはりて阿耨多
羅三藐三菩提をえたまはんとするにしかも諸佛の
法現在前せずかくのごとく一小劫乃至十小劫結跏
趺坐して身心動ぜずしかも諸佛の法なほ在
前せざりきそのときに忉利の諸天まづかの
佛のために菩提樹下に師子の座をしきて

たかさは一由旬なりきこの座にしてほとけまさに阿耨多羅三藐三菩提をえたまふべし はじめてこの座に坐したまひしとき もろもろの梵天王もろもろの天華をふらすことおもて百由旬香風ときにきたりてしぼめる花をふきさけてさらにあたらしきものをふらしき かくのごとくたえずして





しかも十小劫に満するまでほとけに供養したてまつり乃至滅度まで つねにこの華をふらしき四王の諸天ほとけに供養したてまつらんがためにつねに天のつづみをうつ そのほかの餘の諸天は天の伎楽をなすこと十小劫に満して滅度にいたるまでもまたかくのごとし もろもろの比丘大通智





勝仏十小劫をすぎて諸仏の法いまし現在前し阿耨多羅三藐三菩提成したまひきそのほとけいまだ出家したまはざりしとき十六の子ありき その第一をば名づけて智積といふ諸子おのおの種々の珍異玩好の具ありしに ちち阿耨多羅三藐三菩提成すると聞て





みなたからをすてて仏の所にゆきて往詣しき 諸母涕泣してしたがひて送りぬ その祖転輪聖王一百の大臣および餘の百千万億の人民とともに圍遶して したがひて道場にいたる みな大通智勝如来に親近して供養恭敬し尊重

讃歎したてまつりて、ほとけのみもとにいたりて頭
面にみあしを礼し、ほとけをめくりまはりて、一
心に合掌し世尊を瞻仰したてまつりて、偈をもて
頌してまうさく
大威徳世尊、衆生を度せんかためのゆへに、無量億
歳にしていましほとけになることをえたまへり、





もろもろの願すてに具足し、善哉吉無上なり、世
尊は甚希有なり、ひとたひ坐して
十小劫身体および手足、静然として安して動し
たまはす、そのこゝろつねに擔怕にして、いまたかつて
散乱あることなし、究竟してなかく寂滅し、無
漏の法に安住したまへり、いま世尊の安穏に仏





道をなりたまへるをみて、われら善利をえて称慶し
て大きに歓喜す、衆生はつねに苦悩し、盲瞑に
して導師なし、苦尽の道をしらす、解脱を
もとむることをしらす、長夜に悪趣を増して、諸天
衆を減損す、冥より冥にいりて、なかくほとけ
の名をきかす、いまほとけ最上安穏無漏





の法をえたまへり、われらおよひ天人、ために最大の
利をえたり、このゆへにことことく稽首して、無上尊に
帰命したてまつる
そのときに十六王子偈をもてほとけをほめたてまつりをはりて
世尊に法輪を転したまへと勧請
して、みなこの言をなさく、世尊法をとき

三八丁ウ※

ゐまし安穏ならしめたまふところ多し諸天人民を憐
愍し饒益したまへとて偈をときてまうさく
世雄は等倫ましまさす百福をもて自ら
荘厳し無上の智恵をえたまへり願は
世間のためにときたまへ我らおよひ諸の
衆生類を度脱したまへとてために分別



三九丁オ※

顕示してこの智恵をえしめたまへともし我仏を
えんにも衆生もまたしかなるへし世尊は衆生の深心
の所念をしろしめし又所行の道をしろしめし又智慧力
をしろしめしたり欲楽および修福宿命所行
の業を世尊ことことくしりおはりたまへり
まさに無上輪を転したまふへし



三九丁ウ

仏もろもろの比丘につけたまはく大通智勝
仏阿耨多羅三藐三菩提をえたまひしとき
十方におのおの五百万億の諸仏世界六種に震
動しその国の中間の幽冥の処日月の
威光もてらすことあたはさるところみな
おほきにあきらかなりその中の衆生おのおの



四〇丁オ

あひみることをえてみなこの言をなさく
この中にいかんそたちまちに衆生を生せるとまたその国界
の諸天の宮殿乃至梵宮まて六種に震動しき
大光あまねくてらして世界に遍満して諸天の光に
まさるそのときに東方五百万億の
諸の国土の中の梵天の宮殿光明照曜する

ことごとく明に照されて喜したる梵天王みなこの
たりひさなることいまだ宮殿の光明むかしよりいまだ
あらざることを歓喜して因縁ありてかくのごとき
これ相を現ずることこれまさにともに梵天王
すなはちみな相詣してともにこの事を議
ぜしかるにかれ衆のなかにひとりの大梵天王あり





名を救一切といふ はるかにもろもろの梵衆のためにしかも
偈をときていはく
われらがもろもろの宮殿の光明むかしよりいまだあら
ずこれはこれなんの因縁ぞよろしくおのおの
ともにこれをもとむべし 大徳の天の生ぜるにや
ほとけの世間にいでさせたまへるにやあらん





これ大光明あまねく十方をてらす
そのときに五百万億国土のもろもろの梵天王宮殿
とともにおのおの衣裓をもって天華をもりて
ともに西方にゆきてこの相を推尋せしに大通智
勝如来の道場菩提樹下に処し師子の座に
坐したまふ 諸天龍王乾闥婆緊那羅摩睺羅





伽人非人等に恭敬し囲遶せられたまへるをみる および
十六王子のほとけに転法輪を請じたてまつるを
みる すなはちもろもろの梵天王頭面にほとけを礼し
てめぐること百千帀す すなはち天華をもて仏上に
散ず その所散の華須弥山のごとし あはせて
もつてほとけの菩提樹に供養す その菩提樹

四二丁ウ

はたかさ十由旬なり。はなの供養をはりてをの〳〵
宮殿をもつてかの佛に奉上して、この言をなさく
たゞねがはくは哀愍し饒益せられよ。所献
の宮殿ねがはくは納受をたれたまへ。ときに諸の
梵天王すなはち佛前にして一心にこゝろをひとつにし
こゑをおなじくして偈をもつて頌してまうさく



四三丁オ

世尊はなはだ希有にして値遇したてまつ
ることうべきことかたし。無量の功徳を具してまし
一切を救護し天人の大師として世間を哀愍した
まふ。十方のもろ〳〵の衆生みなあまねくその饒益を
かうふる。われら従来せるところの國は五百万億
のくになり。深禅定の楽をすてたることは佛を



四三丁ウ

供養したてまつらんがためのゆへなり。われら先世
の福によりて宮殿はなはだ厳飾せり。いまもつて世尊に
たてまつる。たゞねがはくはあはれみて納受したまへ
そのときにもろ〳〵の梵天王偈をもつてかの佛を
ほめたてまつることをはりて、をの〳〵この言をなさく
たゞねがはくは世尊法輪を転して衆生を度



四四丁オ

脱し涅槃の道をひらきたまへと。ときにもろ〳〵の梵天
王一心にしてこゑをおなじくして偈をとき
てまうさく
世雄両足尊ねがはくは法を演説し大慈
悲の力をもつて苦悩の衆生を度したまへ。そのと
きに大通智勝如来黙然としてこれをゆるし

給ふまたこの時に比丘東南方五百万億國土の
諸くの大梵王をのをのみつから宮殿の光明照曜
せるをみるにむかしいまたあらさるところなれは
みて歓喜踊躍し希有のこゝろをなしてすなはち
をのをの相詣しともにこの事を議す
ときに衆の中にひとりの大梵天王あり





なつけて大悲といふ諸もの梵衆のためにとふらひて
偈をもつていはく
この事なにの因縁にてかかくのことき相を現せる
われらもろもろの宮殿光明むかしいまた
あらさる所なりこれ大徳の天の生せるにやせん仏の世間
に出給ふにやせんいまたかつてこの相をみす





またこゝにいとふまたゝひをもとめんとして千万
億の土をすくるともともにこれを
推せんしかしてはたしかに仏出給ひて苦の衆生
を度脱し給ふならん
ときにかの五百万億の諸もの梵天王宮殿とともに
をのをの衣祴をもりて諸もの天華をもりて





ともに西北方にいたりてこれ相を推尋せしに大通
智勝如来の道場菩提樹下に處し師子の
座に坐して諸天竜王乾闥婆緊那羅摩睺
羅伽人非人等に恭敬し圍遶せられ給へるを
みるおよひ十六王子仏に轉法輪を請し
たてまつるを見るすなはち諸もろの梵天王頭面に

四六丁ウ

佛を礼しめくりたてまつること百千帀してすなはち天華
をもて佛上に散し所散の花須弥山のことし
ならひにもてほとけの菩提樹に供養す花をもの
供養をはりてをの〳〵宮殿をもてかのほとけに
奉上してこの言をなさくたゝ見そなはし哀愍
し饒益したまへ所献の宮殿ねかはくは納



四七丁オ

受したまへとそのときにもろもろの梵天王すなは
ち佛前にして一心におなしこゑをもて
もて偈をもて頌してまうさく
聖主天中天迦陵頻伽のみこゑにして衆生を
哀愍したまふものにてましますいま敬礼した
てまつる世尊はなはた希有にましますひさし



四七丁ウ

久遠にしていまし一たひ現したまへり一百八十劫
はむなしくすきて佛ましますことなかりし三
悪道は充満し諸天衆は減少せりいまほとけ
よにいてて衆生のためにまなことなり世間の帰
趣するところとして一切を救護し衆生のちゝとして
哀愍し饒益したまふものなりわれら宿福の



四八丁オ

慶あるをもていま世尊にあひたてまつることをえた
りそのときにもろもろの梵天王偈をときをはりて
ほめたてまつりてをのをのこの言をなさく
たゝねかはくは世尊一切を哀愍して法
輪を転し衆生を度脱し涅槃の
梵天王もろもろ一心におなしくして

481

四八丁ウ

偈をとなへて讃していはく
大聖法輪を転じて諸法の相を顕示し苦悩
の衆生を度して大歓喜を得しめ給へ衆生こ
の法をきゝて仏道をうるかあるひは天に生じ諸の
悪道減少し忍善のものは増益せん
その時に大通智勝如来黙然としてこれをゆるし給ふ

482

四九丁オ

たまふ又諸比丘南方五百万億国土の
もろもろの大梵王おのおのみづから宮殿の光明照
曜せることむかしよりいまだあらざる所をみて
歓喜踊躍して希有の心をおこしすなはち
おのおのあひ詣して共にこの事を議す
なにの因縁をもてか我らが宮殿にこの光曜

483

四九丁ウ

ありと。しかるにかの衆の中にひとりの大梵天王あり名を
妙法といふ。もろもろの梵衆のために
偈をときていはく
我らがもろもろの宮殿光明はなはだ威曜せり
これ因縁なきにあらずこの相をもとむべし
百千劫をすぎていまだこの相を

484

五〇丁オ

みず大徳の天生ずるとやせん仏の世間に
いで給ふとやせん
その時に五百万億の諸の梵天王宮殿と
ともにおのおの衣裓をもて諸の天華を
もりてともに北方に詣してこの相を推尋
するに大通智勝如来の道場菩提樹下に処して

師子の座に坐し給ふ諸天竜王乾闥婆緊那羅
摩睺羅伽人非人等に恭敬し圍遶せられたま
へるを見る及び十六王子の佛に轉法輪を請
したてまつるを見るときに諸の梵天王頭
面に佛を礼しめくること百千帀してすなはち
天華をもって佛上に散ず其所散の華は須弥山の





ごとしならびにもって佛の菩提樹に供養す其
の供養をはりておのおの宮殿をもってかの佛に
奉上してこの言をなさくただねがはくは哀愍し
饒益せられて所献の宮殿ねがはくは納處し給へ
ときに諸の梵天王すなはち
にて佛前にして一心に同声にして





して偈をもって頌していはく
世尊ははなはだ希有にしてあひたてまつることかたし諸の煩悩
を破し給へるものなり百三十劫をすぎていま
すなはちひとたび見たてまつることを得たり諸
の飢渇の衆生に法雨をもって充満せしめたまふ
むかしよりいまだかつて見ざるところの無量





の智恵者に優曇波羅のごとくにして今日すなはち
値遇したてまつる我らがもろもろの宮殿光を
かうふるがゆゑに厳飾せり世尊大慈悲をもって
ねがはくは納受したまへ
其時に諸の梵天王偈をもって佛をほめたてまつり
をはりておのおのこの言

ゆいねがはくは世尊法輪を轉して一
切世間の諸天魔梵沙門婆羅門をしてみな安
穏なることをえしめ度脱することをえしめ給へ
ときに諸の梵天王みなこゝろをひとつにしこゑをおな
しくして偈をもて頌してまうさく
たゞねがはくは天人尊無上の法輪を轉し大法





の鼓をうちて大法のほらをふきあまねく大法の
雨をふらして無量の衆生を度したまへわれ
らみな歸請したてまつるまさに深遠のこゑ
をのべ給へと
そのときに大通智勝如来黙然としてこれをゆ
るし給ふ西南方乃至下方もまたかくのごとし





そのときに上方五百万億國土の諸大梵王みなこと
ごとくみづから所止の宮殿の光明威曜せること
むかしいまだあらざるところをみて歡喜踊
躍して希有の心をなしすなはちおの〳〵相詣て
ともにこの事を議すらくなにの因縁をもてわれら
か宮殿この光明ありと しかもかの衆のなかにひとり





の大梵天王ありなづけて尸棄といふもろ〳〵の
梵衆のために偈をもてのたまはく
いまなにの因縁をもてかわれらの諸の宮殿
威徳の光明かゞやきて嚴飾せること未曾有なる
かくのごときの妙相はむかしいまだきかずみざる
ところなり大徳の天生ぜるとやせんほとけの世

493　五四丁オ

間におゐてたまつやかん
そのときに五百万億の諸の梵天王宮殿とゝもに
おのゝゝ衣裓をもてもろゝゝの天華をもりてと
もに下方にいたりてこの相を推尋せしに大通
智勝如来は道場菩提樹下に處し師子の座
に坐して諸天龍王乾闥婆緊那羅摩睺羅

494　五五丁オ

伽人非人等に恭敬し圍遶せられたまふをみたてまつりまたみれ
ば十六王子ほとけに轉法輪を請したてまつ
るところを見るに諸の梵天王頭面にほとけを礼
しめぐること百千帀してすなはち天華をもて
佛上に散ず所散の華須弥山のごとしあはせて
ならびにほとけの菩提樹に供養すその華の供養に

495　五五丁ウ

をはりてをのゝゝ宮殿をもてかのほとけに奉上
してこの言をなしたてまつるたゞ哀愍し饒益せら
れよ所献の宮殿ねがはくは納受せられよと
ときにもろゝゝの梵天王すなはち佛前にをいて
一心に聲をおなじくして偈をもて
頌していはく

496　五六丁オ

よきかなや諸佛救世の聖尊をみたてまつれは
よく三界の獄よりもろゝゝの衆生を勉出したまふ
普智天人尊群萠の類を哀愍し甘露の門
をひらきてひろく一切を度したまふむかしの無
量劫むなしくすぎてほとけましまさず
世尊いまだいでたまはざりしときに十方つね

暗瞑にして三悪道増長し阿修羅もまたさかりなり
諸天衆はいよく減して死しておほく悪道におつ
くらきよりくらきに入て法をきかず常に不善の事
を行じ色力および智恵ともにこれ減せり
罪業の因縁のゆへに楽および楽の想をうしなひ
ながく邪見の法に住して善の儀則をしらず



かくれの所化をかうぶらずしてつねに悪道におつ
仏世間のまなことして久遠にしてときにいでまし
てもろもろの衆生を哀愍してこのゆへに世間に
現し超出して正覚なりたまへりわれらはなはだ
欣慶すおよび餘の一切衆もよろこびて未曾有な
りと歎ぜりわれらがもろもろの宮殿ひかりをかうぶる



ゆへに厳飾せりいまもつて世尊にたてまつる
ねがはくは哀をたれて納受したまへねがはくはこの
功徳をもつてあまねく一切におよぼしてわれら
衆生とみなともに仏道を成ぜん
そのとき五百万億の諸の梵天王偈をときて仏
をほめたてまつりておのおの仏にまうして



まうさくねがはくは世尊法輪を転じたまへ
安穏ならしめ衆生を度脱したまへと
おのおの梵天王しかも偈をときて
言さく
世尊法輪を転じ甘露の法鼓をうちて苦悩
の衆生を度して涅槃の道を開示したまへし

ねかはくはこの請をうけておほきに微妙なるみ
こゑをもつて哀愍して無量劫にならひしところの法
を敷演したまへと
そのときに大通智勝如来十方の諸の梵天
王および十六王子の請をうけてすなはちときに
三たび十二行の法輪を轉したまふいはゆる沙門婆





羅門もしは天魔梵およひ餘の世間の轉することあた
はざるところなりいはくこれ苦なりこれ苦の集
なりこれ苦の滅なりこれ苦滅の道なりとまたひろ
くとく十二因縁の法をときたまふ無明は行に縁たり
行は識に縁たり識は名色に縁たり名色は六入に
縁たり六入は觸に縁たり觸は受に縁たり受は





愛に縁たり愛は取に縁たり取は有に縁たり有は
生に縁たり生は老死憂悲苦悩に縁たり無明滅
すれはすなはち行滅す行滅すれはすなはち識
滅す識滅すれはすなはち名色滅す名色滅すれは
すなはち六入滅す六入滅すれはすなはち觸滅す
觸滅すれはすなはち受滅す受滅すれはすな





はち愛滅す愛滅すれはすなはち取滅す取滅
すれはすなはち有滅す有滅すれはすなはち
生滅す生滅すれはすなはち老死憂悲苦悩滅
すと仏天人大衆のなかにしてこの法をときたま
ふときに六百万億那由他の人一切の法をう
けさるをもてのゆへにしかも諸漏にをきてこゝろ

解脱をえ、ミな深妙の禅定、三明六通をえ、八解脱を
具しき。第二第三第四の説法のときに、千万億
恒河沙那由他等の衆生も、また一切の法をうけざるを
もつてのゆへに、諸漏において心解脱をえてき。
これより已後、諸の声聞衆、無量無辺にして称
数すべからず。その時に十六王子、ミな童子なるを





もつて出家して沙弥となる。諸根通利にして智恵
明了なり。さきにすでに百千万億の諸仏を供養し
たてまつり、きよく梵行を修して、阿耨多羅
三藐三菩提をもとめき。ともに仏にまうして
まうさく、世尊、このもろもろの無量千万億の大
徳声聞は、ミなすでに成就しぬ。世尊、またまさに





我等がために阿耨多羅三藐三菩提の
法をとき給ふべし。我等ききをはりて、ミな
ともに修学せん。世尊、我等は如来の智見を
願ふ。深心の所念は、仏みづから証
知したまふべし。その時に転輪聖王の所将の
衆の中の八万億人、十六王子の出家をみて





また出家をもとむ。王すなはち聴許
しき。その時にかの仏、沙弥の請をうけて、二万劫をすぎ
をはりて、すなはち四衆の中にして、この大乗経
の妙法蓮華教菩薩法仏所護念となづくるを
ときたまふ。この経をときをはりて、十六沙
弥、阿耨多羅三藐三菩提のための故にミな

受持し諷誦通利しき。これ経をとき給ひしときに
十六の菩薩沙弥はみなことごとく信受し、声聞
衆の中にもまた信解するものありき。その余
の衆生千万億種なるは疑惑をなしてけり。
これ経をとき給ふこと八千劫にをこたりたまは
ず、つゐに休廃したまはず。これ経をとき給ふこと




おはりてすなはち静室にいりて禅定に住し給ふ
こと八万四千劫。このときに十六の菩薩沙弥かのほとけ
室にいりて寂然として禅定し給へるをしりて
おのおの法座にのぼりて、また八万四千劫にをいて
四部衆のためにひろくときて妙法華経を分
別す。一々にみな六百万億那由他恒河沙等の






衆生を度し、示教利喜して阿耨多羅三藐三
菩提心をおこさしめき。大通智勝仏八万四千劫を
すぎをはりて三昧よりたちて法座に往詣し
て安祥として坐し、あまねく大衆につげた
まはく、これ十六の菩薩沙弥はなはだこれ希有
なり。諸根通利にして智恵明了なり。




無量千万億数の諸仏を供養し、諸仏のところにして
つねに梵行を修し、仏智を受持し衆生に開示
しそれなんぢらみなまさにしばしば
親近してこれを供養すべし。ゆへいかんとなれば声聞辟
支仏およびもろもろの菩薩の、よくこの十六菩薩
の所説の経法を信じ受持してそしらざらん

513

六四丁ウ

ともはこの人ゝみなまさに阿耨多羅三藐三菩提の
如来の恵をうへしほとけもろもろの比丘につけたまはく
この十六菩薩はつねにねがうてこの妙法蓮華
経をとき一一の菩薩の所化六百万億那由他
恒河沙等の衆生世世所生に菩薩とゝもにして
かれにしたかひて法をきゝてことごとくみな信解

514

六五丁オ

しぬこの因縁をもて四万億の諸仏世尊にあひた
てまつることいまにつきずもろもろの比丘われ
いまなんぢにかたるかの仏の弟子の十六沙弥いま
みな阿耨多羅三藐三菩提をえて十方の国土に
して現在に法をときたまふ無量百千万億の菩
薩声聞ありてもて眷属となせりそのふたり

515

六五丁ウ

の沙弥は東方にしてほとけになりたまふ一をば阿
閦となづく歓喜国にまします二をば須弥頂と
なづく東南方に二仏おはします一をば師子音
となづく二をば師子相となづく南方に二仏
まします一をば虚空住となづく二をば常滅
となづく西南方に二仏おはします一をば帝相

516

六六丁オ

となづく二をば梵相となづく西方に二仏まします
一をば阿弥陀となづく二をば度一切世間苦悩とな
づく西北方に二仏おはします一をば多摩羅跋栴檀
香神通となづく二をば須弥相となづく北方に
二仏まします一をば雲自在となづく二をば雲
自在王となづく東北方にほとけおはしますをば壊一切世

間怖畏となつく第十六はわれ釋迦牟尼佛なり
娑婆國土にして阿耨多羅三藐三菩提をなれり
諸の比丘われら沙弥たりしとき各々に無量
百千万億恒河沙等の衆生を教化しきたれり
われにしたかひて法をきゝしは阿耨多羅三藐三菩提
のためなりこの諸の衆生いまに聲聞地に





住せるものありわれつねに阿耨多羅三藐三菩提
に教化すこの諸の人はまさにこの法をもてやうやく
佛道にいるべしゆへはいかん如来の智恵は難信難解
なるゆへなりそのときの所化無量恒河沙等
の衆生とはなんぢら諸の比丘とわれ滅度
ののち未来世のなかの聲聞の弟子これなり





わが滅度ののちにまた弟子ありてこの經をきかず
菩薩の所行をしらずさとらずみづから所得の功
徳において滅度の想をなして當に涅槃にいる
べしわれ餘國にしてほとけとなりてさらに異
名あらんこの人滅度の想をなして涅槃にいると
いへどもかの土にしてほとけの智恵をもとめて





この經をきくことをえんたゞ佛乗をもて滅度す
さらに餘乗なし諸の如来の方便の説法
をのぞく諸の比丘もし如来みづから涅槃のとき
いたり衆又清浄にして信解堅固にして空法
を了達し深く禪定にいりぬとしろしめすときは
すなはち諸の菩薩および聲聞衆をあつめて

あつめてためにこの經をときたまふ世間に二乗として滅
度をうることなしたゞ一佛乗をもて滅度を
うるのみ比丘まさにしるべし如来の方便ふかく衆生
の性にいりてそのこゝろざし小法をねがひふかく
五欲に着するをしろしめしてこれらのた
めのゆへに涅槃をときたまふこの人もしきゝて



はすなはち信受したとへば五百由旬の険難悪
道の曠絶にして人なく怖畏のところにもし
おほくの衆ありてこの道をすぎて珍寶の
ところにいたらんとせんにひとりの導師あり聰恵
明達にしてよく険道通塞の相をしれり衆人
を將導してこの難をすぎんとす所將の人



衆中路に懈退して導師にまうしていはく
われら疲極ししかもまた怖畏すさらにすゝむ
ことあたはず前路なほとほしいま退還せんとおもふ
ときに導師諸の方便おほくしてこのおも
ひをなさくこれらあはれむべしいかんぞ大珍
寶をすてゝしりぞきかへらんとするこのおもひ



をなしをはりて方便のちからをもて険道のなかに
おいて三百由旬をすぎて一つの城を化作す
もろもろの人につげていはくなんぢらおそるゝこと
なかれ退還することをうることなかれいまこの
大城のなかにとゞまりて心の所作にまかすべし
もしこの城にいりなばこゝろよく安穏なることをえん

りやうすれは寶所にいたりなんとおもふにいたること
うへしこれをきゝに疲極の衆人ともに歡喜し
て未曽有なりと歎すらくわれらいまこれ悪道を
こまぬかれてこゝろよく安穏なることをえたり
諸の衆人すゝむて化城にいりて已度の想を
なし安穏の想をなすそのときに導師この人

衆すてに止息してまた疲倦なきをしりて
すなはち化城を滅してもろ〳〵の人にかた
りていはくなんぢらいさやよ寶處ちかきにあり
さきの大城はわか化作せるところ止息のためなるのみ
なりといへり諸の比丘如来もまたかくのごと
しいまなんぢらかために大導師となりても



しる諸の生死煩悩の悪道険難長遠にしてさるへく
度すへき事をしろしめせりもし衆生たゝ一佛
乗をきかはすなはちほとけをみんとおもはす
またちかつきしたしまんともおもはすこのおもひをなさん佛道は
長遠なりひさしく勤苦をうけてすなはちなることを
うへしとほとけこの心の怯弱下劣なるをしろしめして

方便のちからをもて中道にして止息のためのゆゑに
ゆへに二涅槃をときたまへりもし衆生二地に住しぬれ
は如来そのときすなはちためにときたまはくなん
ぢらは所作いまた辨せすなんぢらか所住の地は
佛恵にちかし當に観察し籌量すへし所
得の涅槃は真實にあらさるへしこれ如来の方便

たゞ一佛乗におきて分別して三と説たまふ
なんぢらが導師なれば止息のためのゆへに大城を化作し
すでにやすみをはりぬとしりてしかもこれにつげて
まさに寶處ちかきにありとのたまふ この城は實に
あらず われ化作せるなりとのたまふがごとし
その時に世尊かさねてこの義をのべんとおぼして




偈をときてのたまはく
大通智勝佛十劫道場に坐して佛法現前せず
佛道をなる事をえざりき もろ〳〵の天神竜
王阿修羅衆等つねに天華をふらしてもってかの
佛に供養したてまつる 諸天天の鼓をうち
ならびにもろ〳〵の伎楽をなしき 香風




しぼめる華をふきて更に新好なるをふらし
十小劫をすぎをはりて すなはち
佛道をなることをえたまへり 諸天および世人
こゝろみな踊躍をいだきき かの佛の十六の子
みなその眷属千万億と圍遶してともに
ゆきて佛所にいたりて頭面に佛足を礼して




轉法輪を請したてまつる 聖師子法雨をもって
我および一切にみてたまへ 世尊にはあひ
たてまつることかたし 久遠にときに一たび現
じたまふ 群生を覺悟せんがために一切を震動したまふ
東方のもろ〳〵の世界五百万億國の梵の
宮殿光曜してむかしよりいまだかつてあらず

七四丁ウ

そのときに梵王ほとけの梵この相で久てほとけをき
けうくかうけの上にいたりてもと散してまつりて
供養しおはりて宮殿を奉上してかのほとけに轉法輪
を請じたてまつりて偈をもつて讃歎しきかのほとけ
ともにいまだいくばくもあらずしてすなはち請じたてまつりて
嘿然して坐したまひて三方おのおの四維上下もと

七五丁オ

またこれらもと散じ宮殿をたてまつりほとけ
轉法輪を請じき世尊はあはれみて衆生のために
おのおのは大慈悲をもつてかの甘露の門を
ひらき無上の法輪を轉じたまへと無量恵の世尊の
ひかりのくにの人請じたてまつりし種々の法諦
十二縁の法おのおのの無明より老死にいたるまで生



七五丁ウ

縁によりてうまれたまふとほとけの過患となん
ちらしたまひてこの法を宣暢したまひしときに
六百万億那由他の衆生苦際をつくしてみな
阿羅漢となりかの第二の説法のときに千万恒沙
の衆諸法において受けずして阿羅漢となる
てそのゝちに得道せしものかずはかりなし

七六丁オ

ことにして一万億劫に算数すとも
そのときに十六王子出家して沙弥となりて
おのおの大乗の法を請じたてまつり
法を演説したまへとわれらもみな營従せん
また仏のかたちをのぞむ世尊の恵眼第
一浄なるをのぞむかの童子の宿世の所行

をしめして無量の因縁種々の語の譬喩をも
もて六波羅蜜およびもろもろの神通の事ともを
真實の法菩薩の所行の道を分別してこの法
華経恒河沙のごときの偈をとき給ひをはりての
かの経をとき給ひをはりて静室にいりて禅
定にいり一心にして一處に坐する事八万四千





劫この諸の沙弥等仏の禅定に入りたまふをしりたま
ひてをのをの無量億の衆のために仏の無上の
恵をときて各各法座に坐してこの大乗をとき
てほとけ寂寞にしてあきらかに宣揚して法化をほどこした
まふ一々の沙弥等の度せしところの諸の衆
生六百万億恒河沙等の衆をしめしてのちに





の滅度ののちにこの諸の法をときしかもその在々諸
仏の土につねに師とともに生しきこの十六の沙弥具
足して仏の道を行していま現に十方にましまして
ともに正覚をなる事をえたまへりそのときに法
をときましますそのはかり諸仏のみもとにありてその
声聞に住する事あるをば漸々におしへて仏





の道にいれ給ふ十六の王子にありてむかしまことな
しらかたにしききたるこれをもつて方便をもて汝等を
みちびき仏恵におもむかしむこの本の因縁をもていま
法華経をときてなんぢらをして仏道にいらしむ
つゝしんで驚懼をいたすことなかれたとへば険悪の
みちはるかにして毒獣おほくまた水草なくして

人の怖畏せらるる所に無数千万の衆この険道を
すぎんとほつす。その道はなはだ曠遠にして五百由旬をふ
ときに一人の導師あり。強識にして智恵あり
明了にして心決定せり。険にありて衆の難を
すくふ。衆人みな疲倦して導師にまうしていはく
我等いま頓乏しぬ。ここよりして退還





せんとほつすと。導師このおもひをなさく
このともがらはなはだあはれむべし。いかんぞ退還し
て大珍宝をうしなはんとほつする。つきてときに方便
をおもふ。まさに神通力をまうくべしとて
大きなる城郭を化作して、もろもろの舎宅を荘厳
して周匝して園林渠流および浴池重門高楼閣





あり。男女みな充満せり。すなはちこの化をなしをはり
て衆を慰していはく、おそるることなかれ。なんぢらこの
城にいりて、おのおの所楽にしたがふべし。諸人すでに
城にいりて、心みなおほきに歓喜し、みな安穏の
想を生じて、みづからすでに度することをえつと
おもへり。導師やすみをはんぬることをしりて、衆をあつ





めていはく、なんぢらまさにすすむべし。これは
これ化城なるのみ。われなんぢらが疲極して中路
より退還せんとほつするをみて、ことさらに方便力を
もてかりにこの城を化作せるなり。なんぢらつとめ
て精進してまさにともに宝所にいたるべし。われも
またかくのごとし。一切の導師

545

八〇丁ウ

ゐる法は此ゆゑにさとりなきを中路にして懈廃して
生死煩悩の諸ゆゑ険道をわたることあたはざるゆゑにて
ことさらに方便力をもてやすめんがために涅槃をとき
てなんぢら八苦滅し所作すでに辨ぜりとのたまふすで
に涅槃にいたり皆阿羅漢をえつとしりぬとしらば
しかうしてのち大衆をあつめてために真実の法をとく

546

八一丁オ

と諸仏は方便力をもて分別して三乗をとき
たまふたゞ一仏乗のみなり息処のゆへに二をとく
いまなんぢがためにまことをとくなんぢらがえたるところは
滅にあらず仏の一切智のためにまさに大精進
をおこすべしなんぢら一切智十力等の仏法を證し
三十二相を具せんときにいましこれ真実の滅

547

八一丁ウ

なるべし諸仏の導師はやすめんがために涅槃をとき
たまふすでにこれやすみをはんぬとしりてのち仏慧に
引入したまふ

妙法蓮華経巻第三

548

遊紙

遊紙

裏表紙見返

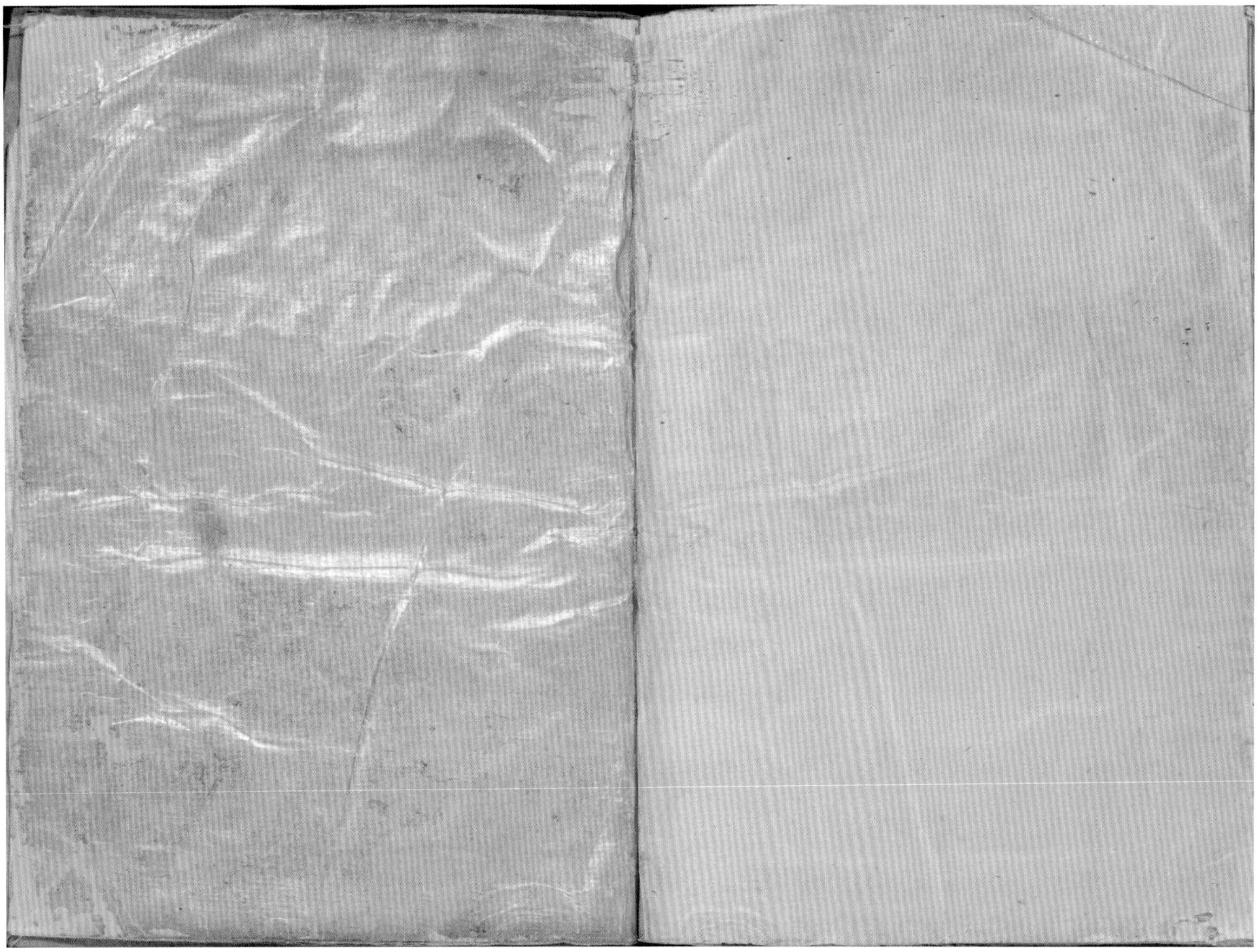

裏表紙見返

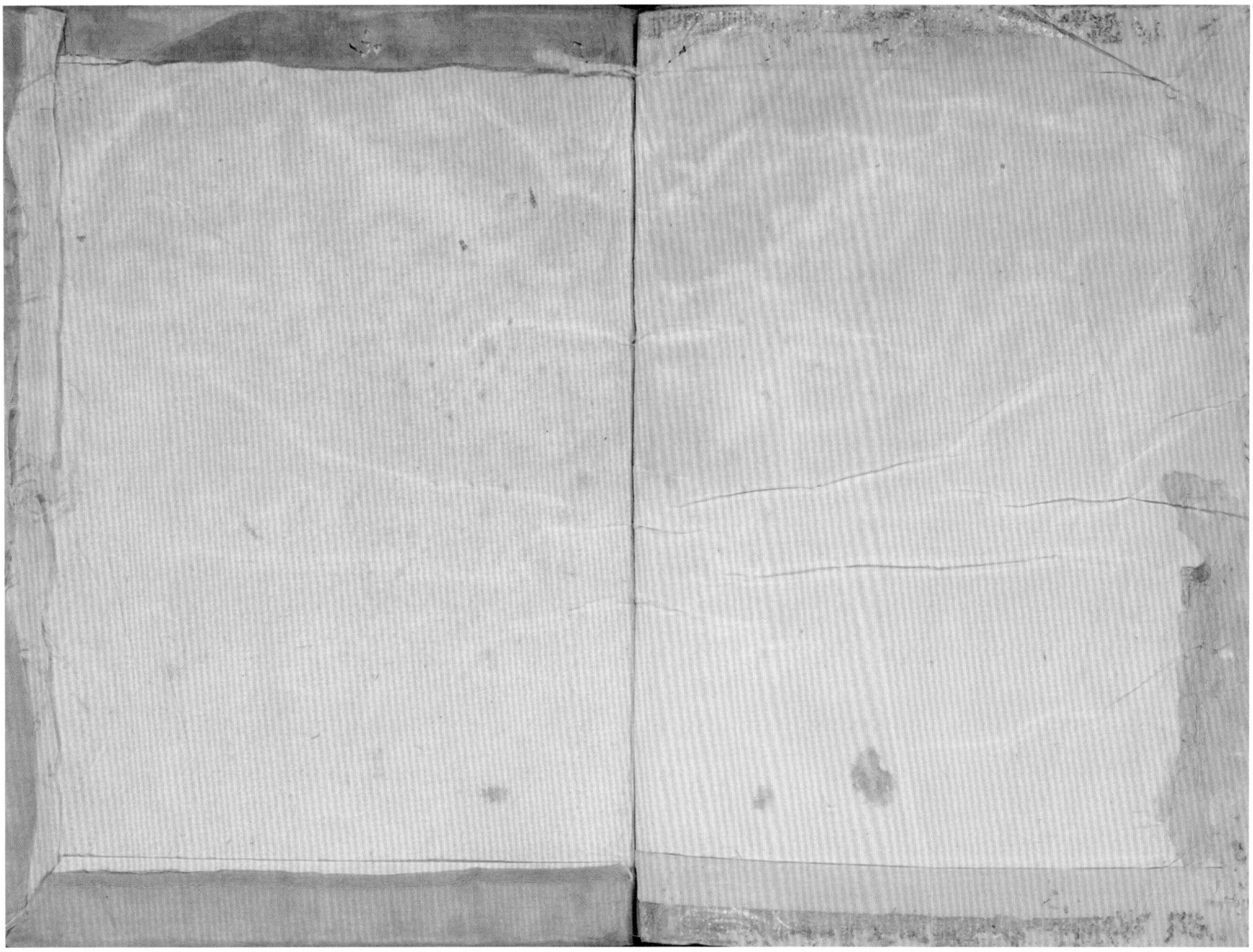

裏表紙見返

裏表紙

404　403

一〇丁オ　九丁ウ

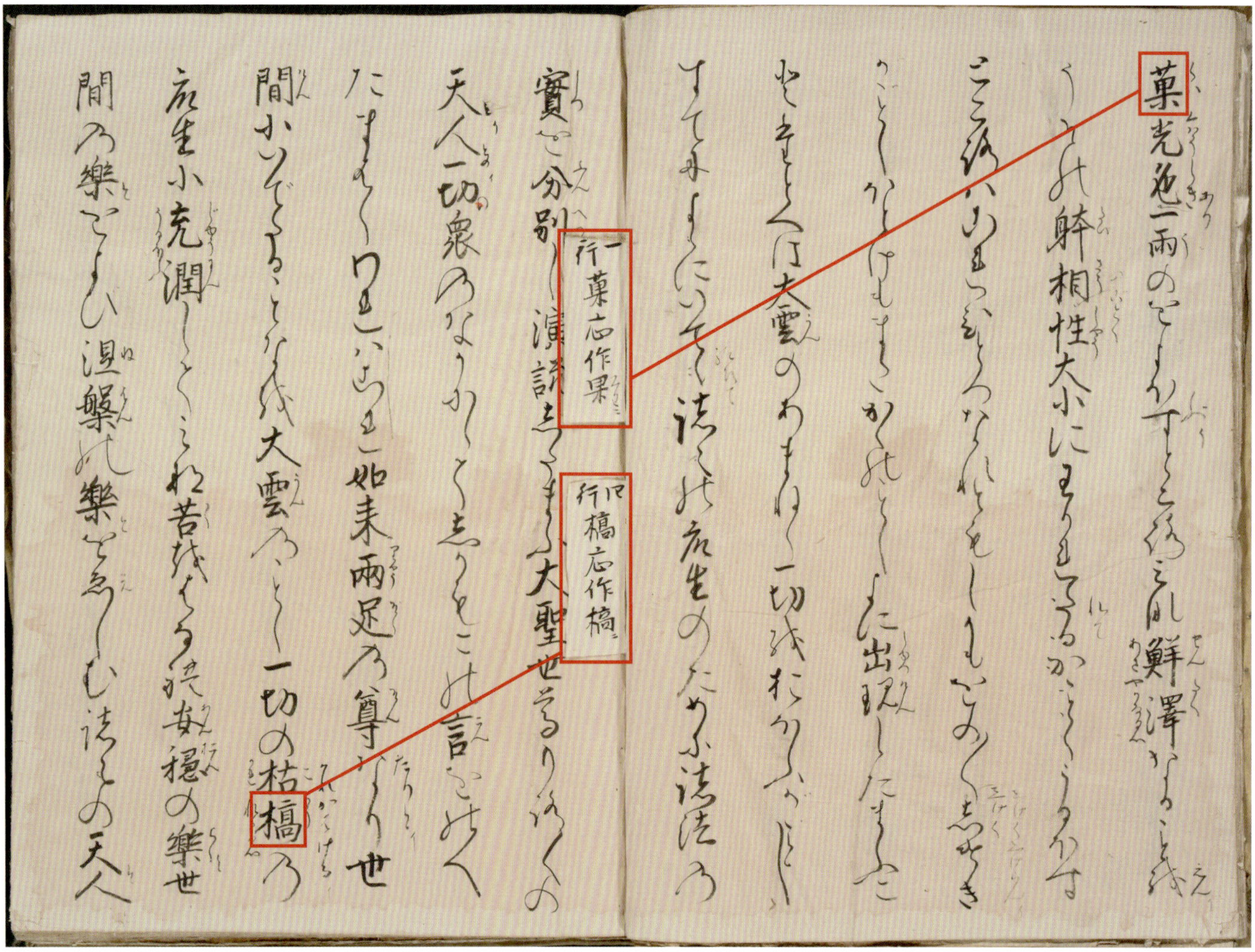

かくしたがひて修行せしことの此叢林薬草を
ゑらぶ所きるの大小にしたがひてうるほしおなじく
おとんなきことをたまふことし諸仏の法にて常に
一味にしてその修し此世間にしてはなはだ具足す
あることをたまふに漸次に修行してこれを道
果を聲聞縁覚の山林に處し最後身を



住して聞法得果することを薬草となし
増長することをたとへたまふつとに法を此かさね
知恵堅固にして三界をさとり了達し最上乗をも
ともしたまふを小樹として増長することをたとへ
なずしまた禅に住して神通力をゑ法法の
空を聞きてんたかかるに歓喜し無数の光り

おとんなき
すつきニ作ルこし

三
行　知恵作智





ぞくもちて法を此衆生を度することはこれをたとへ
樹として増長することをたとへたまひかくのごとく
迦葉かくのごとき此所説の法はたとへば大雲の一
味の雨をもって人華をうるほしかくのごとく
なればしめすことゑしむ迦葉汝まさにしるべし
諸の因縁種々の譬喩をもって仏道を開示



これ我か方便なり諸仏もまたしかなり
なんぢらがために最実事をとくのみ諸の声
聞衆はこれ滅度せるにあらずなんぢらが所行
はこれ菩薩道なり漸漸に修学してみな
ことごとく成仏したまふべし

ハこれ　これニ
行作ルつし

ゑまへ安穏することを得たまへり諸天人民を擁
慈し饒益したまへるをもて偈をときまうさく
世雄は等倫なくましますなり百福をもてみつから
荘厳し無上の智慧をえたまへりねかはくは
世間のためにときたまへわれらおよひ諸
衆生類を度脱したまはんとしてために分別





顕示してこの智慧をえしめたまへもし仏と
なりて衆生もまたしかなるへしせそんは衆生の深心
の所念をしろしめしまた所行の道をしろしめしまた智慧力
をしろしめせり欲楽および修福宿命所行
の業を世尊ことことくすてにしりたまへり
まさに無上輪を転したまふへし

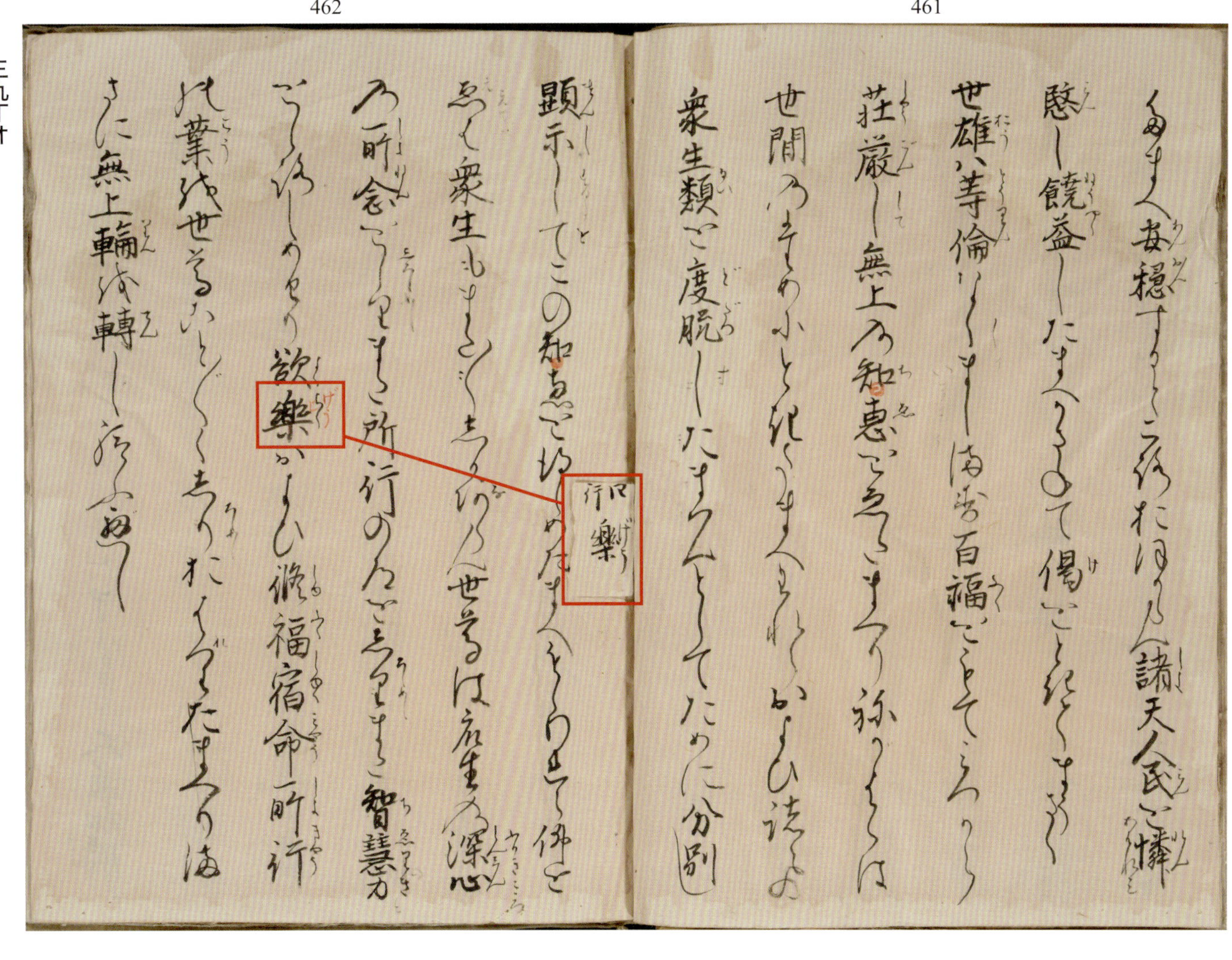

# 妙法蓮華経　巻第四

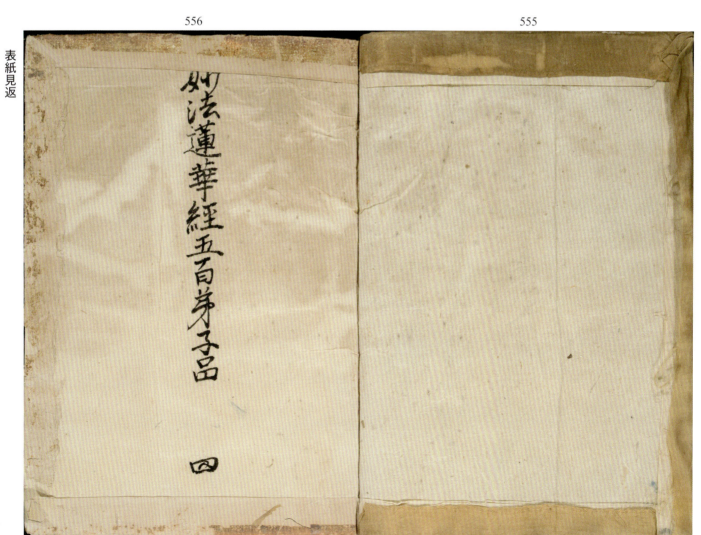

表紙

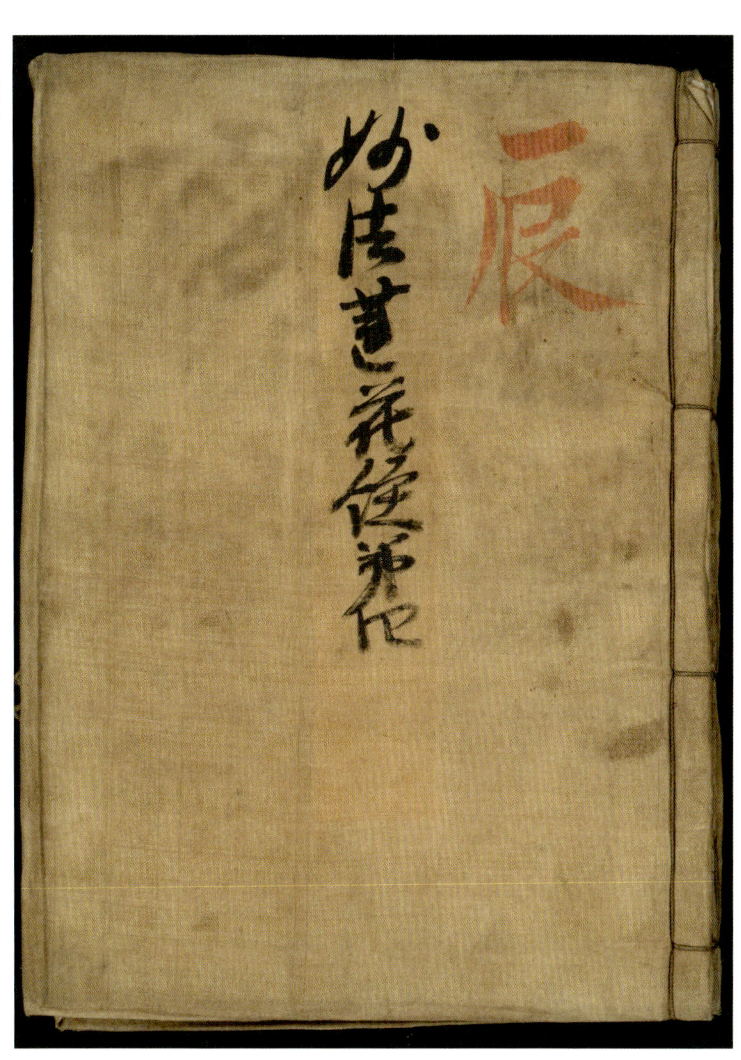

555

表紙裏紙

556

表紙見返

妙法蓮華經五百弟子品

四

遊紙

表紙見返



560

559

遊紙

遊紙

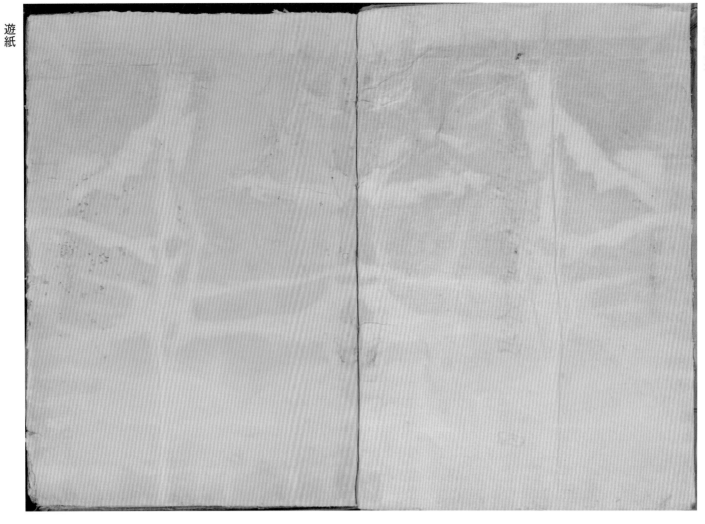

562　　561

一丁オ　　遊紙

妙法蓮華經五百弟子受記品第八

そのときに冨樓那弥多羅尼子はほとけに
したかひたてまつりて此の智恵の方便随宜の説
法をきゝたてまつり給へる大弟子に阿耨多羅三
藐三菩提の記をさづけ給ふをきゝて復宿世
因縁の事をきゝたてまつり諸佛の大自在神通を

564　　563

二丁オ　　一丁ウ

ちからをきゝたてまつりて未曽有なることを
得て心きよく踊躍したてまつり座よりたちて
佛前にいたり頭面にて御足に礼して却て一面に
住し尊顔を瞻仰したてまつりて目しばらくも
すてずして而もおもひらく世尊は
はなはだ奇特にして所為希有にましまし

世間の若干の種性に随順して方便知見をもつて
而ために法をときて衆生の處々の貪着を
抜出し給ふ我等はまことに佛の功徳をことば
をもつてのべたてまつることあたはず唯佛世尊のみ
よく我等が深心の本願をしろしめすなりと
そのときにほとけもろもろの比丘につげたまはく

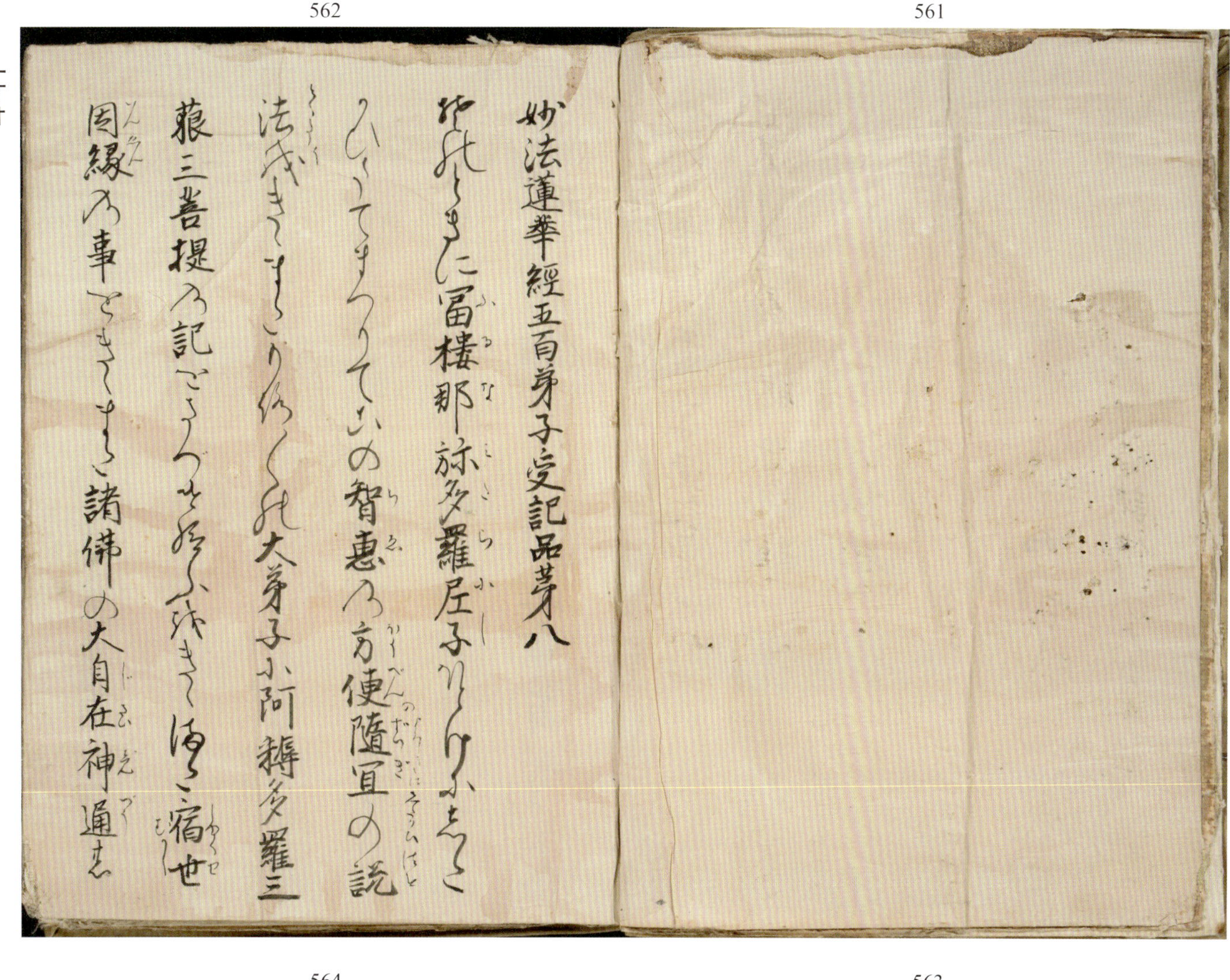

そちこれ冨樓那彌多羅尼子をみるやいなや我
はつねにこれを稱して説法人のなかにおきても
とも第一なりとしまたつねにその種々の功德を歎
じ精勤してわが法を護持助宣しよく四衆に
おいて示教利喜し具足してほとけの正法
を解釋して而も大に同梵行者を饒益す如來を





おきたてまつりてはよくその言論の辯をつ
くすものなしなんぢら冨樓那はたゞよく
わが法をのみ護持助宣すといふことなかれまた
過去九十億の諸佛の所においても佛の正法
を護持助宣しきかの説法人のなかにおいてもまた
もとも第一なりまた諸佛の所説の空法に





おいて明了に通達し四無㝵智をえてつねによく
審諦清浄に法をときて疑惑あることなし菩
薩の神通のちからを具足してその壽命にした
がひてつねに梵行を修しかの佛世の人こと
ごとくみなこれをまことに實にこれ聲聞なり
といふしかも冨樓那はこの方便をもて無量百千の





衆生を饒益しまた無量阿僧祇の人を化して
阿耨多羅三藐三菩提に立せしめき佛土をきよ
めんがためのゆへにつねに佛事をなし衆生を
教化しき諸の比丘冨樓那はまた七佛の説
法人のなかにおきて第一なることをえたりいま
わがところの説法人のなかにおきてもまたこ

569

四丁ウ

也一芽一なり賢劫のうちの当来の諸仏も説法
人のなかにおいてもまた第一にして而これ
仏法を護持助宣せんまた未来にもおいても
無量無辺の諸仏の法をも護持助宣し無量の衆
生を教化し饒益して阿耨多羅三藐三菩提
を立せしめん仏土をきよめんかためのゆへにつねに

570

五丁オ

はげみて精進し衆生を教化し漸漸に菩薩の
みちを具足し無量阿僧祇劫をすぎてまさに
この土に於して阿耨多羅三藐三菩提をうへし
なをは法明如来応供正遍知明行足善逝世間
解無上士調御丈夫天人師仏世尊といはん
かのほとけは恒河沙等の三千大千世界をもつて

571

五丁ウ

一仏土とし七宝をもつて地とし地のたいらかなる
こと掌のことく山陵谿澗溝壑あることなからん七宝の
台観そのなかに充満せん諸天の宮殿ちかく虚
空に処し人天交接してふたつながらあいみる
ことをえん諸の悪道なくまた女人なくして
一切衆生はみな化生して婬欲あることなけん

572

六丁オ

大神通をえて身より光明をはなち飛行自在ならん志念
堅固にして精進智恵ありみなことごとく金色に
て三十二相をもつて而みつからこれを荘厳せんかのくにの
衆生はつねに二食をもてせんひとつには法喜食ふたつには
禅悦食なり無量阿僧祇千万億那
由他の諸の菩薩衆あらん大神通四無礙智

573

六丁ウ

成就して衆生の類を教化せん。その声聞衆算数
校計をもつてしることあたはざるところなり。みな
六通三明および八解脱を具足することをえん。その
仏の国土は七宝をもつて地とし、無量の功徳をもつて
荘厳し成就せん。劫をば宝明となづけ、くにをば
善浄となづけん。その仏の寿命は無量阿僧

574

七丁オ

祇劫にして法の住せんことはなはだひさしからん。
仏の滅度ののちに七宝の塔をたててそのくにに
遍満せん。そのときに世尊かさねてこの義をの
べんと欲して偈をもつてのたまはく、
もろもろの比丘あきらかにきけ。仏子所行の
道は、よく方便を学せるがゆへに思議するにたへ

575

七丁ウ

しんぬ衆の小法をねがひて大智をおそるゝを。
このゆへにもろもろの菩薩声聞縁
覚となりて無数の方便をもつてもろもろの衆生類を
化し、みづから声聞なり、仏道をさる
ことはなはだとをしととく。無量の衆を度脱し
みなことごとく成就することをえせしむ。小欲懈怠

576

八丁オ

なりといへどもやうやくまさに作仏せしむ。
うちには菩薩の行を秘し、ほかにはこれ声聞
なりと現ず。小欲にして生死をいとへども実には
みづから仏土をきよむ。衆に三毒ありとしめし
また邪見の相を現じて、わが弟子かくのごとく
方便して衆生を度するもの具足して種

577

八丁ウ

種の現化の事をとけば衆生これをきゝてその心すなはち疑惑をいだきなん　いまこの冨樓那はむかし千億のほとけにおいてつとめて所行の道を修し諸佛の法を宣護し無上の恵をもとむるためにもろもろの佛のみもとにして弟子のかみに居し多聞にして智恵ありと現す

578

九丁オ

所説におそるゝ所なし　よく衆をして歓喜せしむいまだかつて疲倦あらず　而以佛事をたすけおすでに大神通にいたり四無碍恵を具しもろもろの根の利鈍をしりてつねに清淨の法をときかくのごとき義を演暢して諸の千億の衆をしておしへて大乗の法に住せしめて而みづから佛土を

579

九丁ウ

きよむ未来にもまた無量無數の仏を供養し正法をたすけ宣してまたみづから佛土をきよむつねにもろもろの方便をもって法をとくにおそるゝところなく不可計の衆を度し一切智を成就せしむ如来を供養し法寶の蔵を護持せんその後ほとけになるを

580

一〇丁オ

名て法明といはんその國をは善淨となづく七寶の合成する所なり劫をは宝明となづく菩薩衆はなはだおほくその數無量億にしてみな大神通にいたり威徳力具足してその國土に充滿せん声聞もまた無數にして三明八解脱ありて四無碍智

581

一〇丁ウ

法をもてこれをとりて僧とせんそれらの法よ
衆生ハ婬欲をはなれて断じ純一に変化より
生して相を具してみな荘厳せん法喜禅悦
の食わうしけしに餘食の想なきんとろくまた
女人ひとりもなきまた法との悪んなきん冨楼那
比丘功徳をしく成満してゆきにこの浄土は

582

一一丁オ

かんし賢聖衆ハおほけらかほりくんの井とまき無量ぶ
事のとゆくもとた略しててく
そのときに千二百の阿羅漢の心自在なるものにれ
おもひいなくてもって歓喜して未曽有なれ
ふと法をのえて世尊をそれに授記せられそこに餘
の大弟子のことくならはうれしからんや

583

一一丁ウ

かくのこれかれんの所念を知しめして摩訶
迦葉につげてこれ千二百の阿羅漢にいま
いまおまへに現前に次第に阿耨多羅三藐三菩
提の記を与授せん この衆のなかにて口
我大弟子憍陳如比丘あまたに六万二千億の仏を
供養してそうして仏に成ると法を

584

一二丁オ

号して普明如来応供正遍知明行足善逝
間解無上士調御丈夫天人師仏世尊といはん其
五百の阿羅漢優楼頻螺迦葉伽耶迦葉那提
迦葉迦留陀夷優陀夷阿㝹楼駄離婆多劫賓那
薄拘羅周陀莎伽陀等みなまさに阿耨多羅
三藐三菩提をうべし ことごとくおなじく一号にて

てなをハ普明といひたてまつるへし世尊かさねて
この義をのへんとおほして偈をときてのたま
はく
憍陳如比丘まさに無量の仏をみたてまつり
て阿僧祇劫をすきてすなはち等正覚をなるへし
つねに大光明をはなちもろもろの神通を具足して





名聞十方に遍し一切のうやまふところとなりては
つねに無上の道をとくかゆへになつけて普明と
なつく其国土清浄にして菩薩ミな勇猛なり
おなしく妙楼閣にのほりて十方のくにゝあそ
ひ無上の供具をもつて諸仏に奉献せんこの
供養をなしをハりて心に大歓喜をいたきて須臾に





本国にかへらんかくのことき神力あらん仏の寿は
六万劫ならん正法住する事寿に倍し像法またこれ
に倍せん法滅して天人憂へん其五百の比丘次第に
仏となるへし同じく普明と号し次第に授記せん我
滅度の後は某甲まさに仏となるへし其所化
の世間もまた我か今日のことくならん国土の厳浄





およひ諸の神通力菩薩声聞衆正法および像法
寿命劫の多少ミな上の所説のことし迦葉
なんちすてに五百の自在の者をしる余の諸
声聞衆もまたかくのことくなるへしこれ
この会にあらさるものになんちまさにためにこれを宣
説すへし

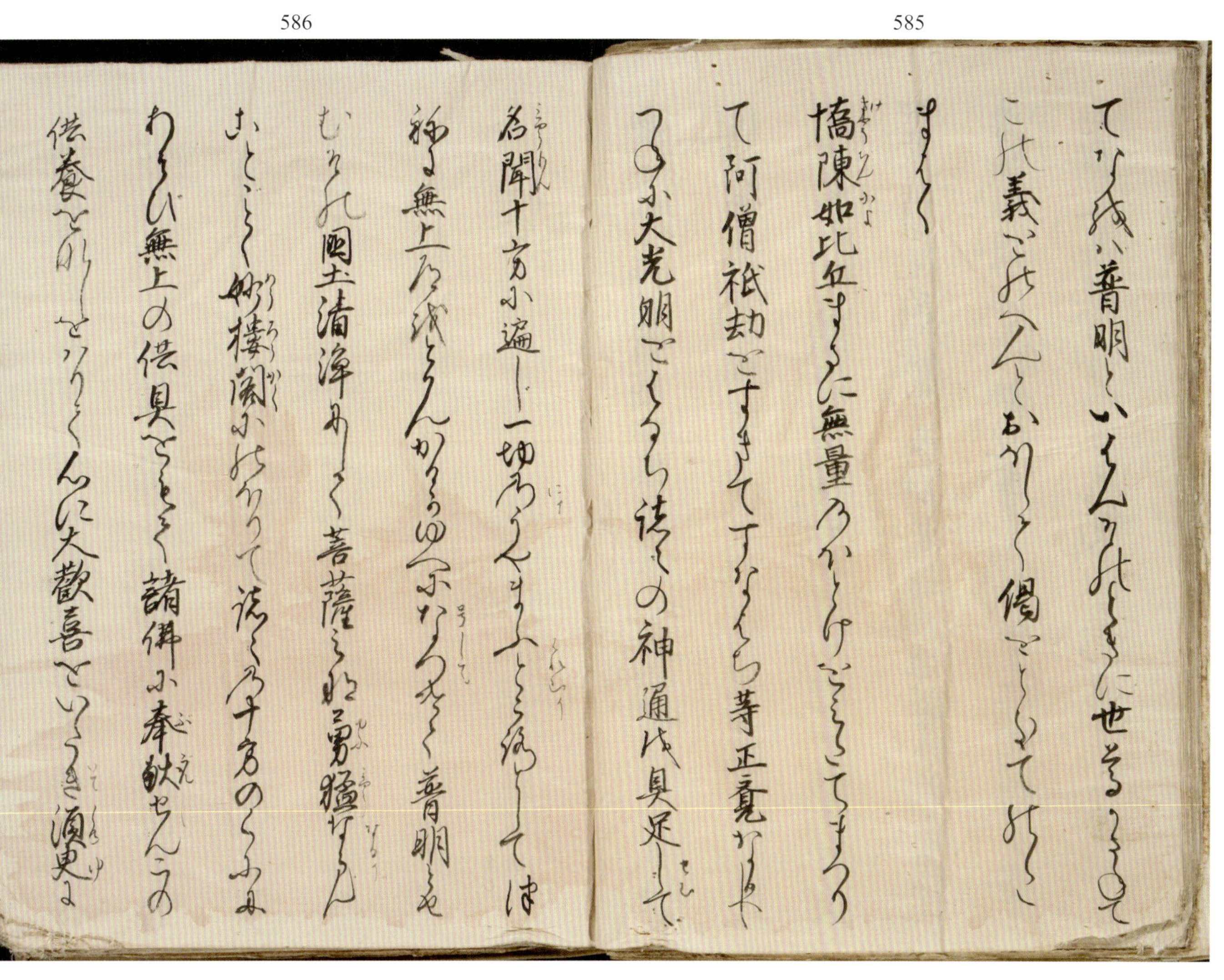

589

一四丁ウ※

そのときに五百の阿羅漢佛前にして受記をえ
をはりて歓喜踊躍しすなはち座よりたちて
佛前にいたり頭面にみあしを礼してとがをくい
みづからせめていはく世尊われらつねにおもひ
て思惟す すでに究竟の滅度をえたりといひ
き いまはじめてしりぬ無智のもののごとし

590

一五丁オ※

ゆへはいかん われらは如来の知恵をうべかりしを すなはち
みづから小智をもつてたれりとせり 世尊たとへば
人ありて親友のいへにいたりて酔酒してふせり
このとき親友官事まさにゆくべし 無価の宝珠
をもつてその衣のうちにかけてこれをあたへて
さりぬ そのひと酔臥して すべて覚知せず おき

591

一五丁ウ

をはりて遊行して他国にいたり衣食のための
ゆへに勤力求索することはなはだ
はなはだ艱難なり もしすこしうるところあれば
もつてたれりとす のちに親友あひて これ
をみて このことばをなす 咄哉丈夫なんぞ
衣食のためにすなはち至かくのごとくなる

592

一六丁オ

なんぢをして安楽なることをえ五欲に自恣ならしめんと
欲して そのとし日月において無価の宝珠をもつて
なんぢが衣のうちにかけたり いまなほ現に在
り しかるになんぢしらずして勤苦憂悩してもつて
自活をもとむること はなはだ癡なりとす なんぢいま
この宝をもつて所須に貿易すべし つねにこころのごとく

ふくして延短十あるに縁なりくしていうんの
こゝかなしもまらかくれらし菩薩とまうしし
それによりて教化して一切智の心おこさ
しめたまひしにのちにはつひに癡妄してすでに
さとり得たりとおもひて阿羅漢の位を得てすでに滅度
せりとおもひて資生艱難にしてちかにやうやく得る





とんに一切智の願いかれはわすれてさとらずいま
世尊これを覚悟してかれらに言ていはく汝ら
諸の比丘なんぢらが得るところは究竟の滅
にあらずわれ久しくなんぢらをしてさとらしめけれ
善根をうへしむれども方便をもつて涅槃
の相をしめしたまふをなんぢらはしりて實に滅度







諸仏のみ前にて世尊にまふし
つぶさに菩薩なりて阿耨多羅三藐三菩提の記を
さづけ給ふことをきゝたまひてこれらの因縁をきゝて
心に歓喜して未曾有なることを得たり
ときにかの阿若憍陳如等この義を
のべんとおもひて偈をときてまうさく





われ無上安穏の授記のことばをきゝて未曾有なり
と歓喜して無量智の仏を礼したてまつる
いま世尊のみまへにして諸の過を懺悔
無量の仏宝においてすこしきの涅槃の分を得
て無智の愚人のごとくしてみづからもて足れりとす
たとへば貧窮の人親友の家にいたる

ゆたかなりしか此家をおほきにとみてもろ〳〵の
肴膳をまうけ無価の宝珠をもつて内衣の
うらに繋着し黙してあたへてすてさりぬときに
ふしてさとりしらずこの人すでにおきて遊行し
て他国にいたり衣食をもとめてみづからすくひ
資生はなはだ艱難なりすこしきをえてすなはち




たれりとしてさらによきものをねがはず内衣
のうらに無価の宝珠あることをさとらず珠をあたへし
親友のちにこの貧人をみてくるしく
切責しおはりてしめすに繋るところの珠をもつてす
貧人この珠をみてその心おほきに歓喜す
とみてもろ〳〵の財物ありて五欲にほしいままにす




われらもまたかくのごとし
世尊長夜につねにあはれみて教化せしめ無
上の願をうゑしめたまへりわれら無知なるがゆゑに
さとらずまたしらずすこしき涅槃の分をえて
みづからたれりとして余をもとめずいま仏
われを覚悟せしめて実の滅度にあらず




仏の無上の恵をえて而してすなはち真
の滅とすとのたまふわれいま仏にしたがひて
きく授記荘厳の事および
転次に受決せんことをききて身心あまねく歓
喜す

# 妙法蓮華經授學無學人記品第九

そのときに阿難羅睺羅このおもひをなさくわれらつねにみつから思惟すらく設授記をえはまたこゝろよからすやすなはち座よりたちて佛前にいたり頭面に足を礼してともにほとけにまうしてまうさく世尊われら





こゝにおいてもまた分あるへし如来をのみまたわれらか歸するところなり又一切世間の天人阿修羅のために知識せられたてまつる阿難はつねに侍者として法蔵を護持す羅睺羅はこれほとけの御子なりもしほとけ阿耨多羅三藐三菩提の記をさつけられなはわか願すてにみちて





衆のねかひもまたたりぬへしそのときに學無學聲聞の弟子二千人みな座よりたちてひとへに右のかたをあらはして佛前にいたりて一心に合掌して世尊を瞻仰したてまつりて阿難羅睺羅の所願のことくにして一面に住立せりそのときにほとけ阿難につけたまはく





なんち来世にほとけとなることをうへし山海慧自在通王如来應供正遍知明行足善逝世間解無上士調御丈夫天人師佛世尊とかうせんまさに六十二億の諸佛を供養し法蔵を護持してしかうしてのちに阿耨多羅三藐三菩提をえて二十千万億恒河沙の諸菩薩等を教

化して阿耨多羅三藐三菩提をえへし くにをは
常立勝幡となづけん その土清浄にして瑠璃を
地とせん 劫をば妙音遍満となづけん その仏の寿
命は無量千万億阿僧祇劫ならん もし人 千万億無
量阿僧祇劫のなかにおいて算数校計すとも しる
ことをうべからず 正法よに住せんこと寿命に





倍し 像法よに住せんこと 又正法に倍せん 阿難こ
の山海恵自在通王仏は 十方の無量千万億恒河
沙等の諸仏如来のともにその功徳を讃
歎し 称せられん ときに世尊ふたゝびこの義
をのべんと欲して偈をときてのたまはく
われいま僧中にしてとく 阿難持法の者 まさに





諸仏を供養して しかうしてのち 正覚をなすべし
なづけて山海恵自在通王仏といはん その国土清浄に
して常立勝幡となづけん その菩薩を教化
せんこと かず恒河のすなのごとくならん 仏に大威徳
有りて名聞十方にみち 寿命はかぎりあることなし
衆生をあはれむをもてのゆへに正法は寿命





に倍し 像法はまたこれに倍せん 恒河沙等のごとくなる
無数の諸衆生 この仏法のなかにおいて
仏道の因縁をうへん
そのときに会の中の新発意の菩薩八千人みな
ことくこのおもひをなさく われらなを もろもろの
大菩薩のかくのごときの記をさづけらるゝこときかず

なにの因縁ありてかしかも諸の聲聞かくのこと
き決をうることをえたるに世尊もろもろの菩薩の心
の所念をしろしめしてこれにつげてのたまはく
もろもろの善男子われと阿難等とむかし空
王仏のみもとにして同時に阿耨多羅三藐三菩
提心をおこしき阿難はつねに多聞をねがひきわれ





はつねに法をもとめて精進しきこのゆへにわれすでに
阿耨多羅三藐三菩提をなることをえたり而阿難は
わが法を護持しまた将来の諸仏の法蔵を護
りてもろもろの菩薩衆を教化し成就すべし
その本願かくのごとしかるがゆへにこの記をう阿難
まのあたり仏前にして自授記および国土





の荘厳をきいて所願具足し心おほきに歓喜
して未曾有なることをえたりすなはち時に
過去の無量千万億の諸仏の法蔵を憶念するに
通達無碍なることいまきくところのことしまた本
願をもしれりそのときに阿難をして偈をときて
いはく





世尊はなはだ希有にましますわれをして過去の無
量の諸仏の法を念せしむることいまきくところのこと
しわれいまやまたうたがひなくして仏道に安住
し方便をもて侍者となりて諸仏の法を護持
せん
そのときに仏羅睺羅につげてのたまはく

来世に於まさにほとけになるべし。蹈七宝華如来應
供正遍知明行足善逝世間解無上士調御丈夫天
人師佛世尊となりたまはん。まさに十世界微塵等
数の諸佛如来を供養しては、つねに諸佛のた
めに、しかも長子となること、いまのごとくなるべし。
この蹈七宝華佛の國土の荘厳寿命ま





劫数所化の弟子正法像法また山海恵自在通王如
来のごとくしてことなることなからん。またこの佛の
ために、しかも長子とならん。これをすぎて已後まさ
に阿耨多羅三藐三菩提をうべし。そのとき世尊
かさねてこの義をのべんとおぼして偈をときて
のたまはく、





われ太子たりしとき、羅睺を長子とし、われいま
佛道をなりぬれば、法をうけて法の子たり。未
来世のなかにおいて、無量億の佛を見たてまつりて
みなその長子として一心に佛道をもと
む。羅睺羅の密行はただわれのみよくこれ
をしれり。現にわが長子となりてもろもろの





衆生にしめさん。無量億千万の功徳かぞふべからず。佛法
に安住してもて無上道をもとむ。
そのときに世尊、學無学二千人を見たまふに
その意柔軟にして寂然清浄に一心に佛を
觀じたてまつる。佛、阿難につげたまはく、
なんぢこれ學無学二千人を見るやいなや。しかなり

さてまた阿難このたひしん人〻はのちに五十世
界の微塵数の諸佛如来を供養し恭敬尊重
し法蔵を護持して末後に同時に十方のくに
於ておの〳〵ほとけになることをえてみなおなしく一
号になるへし名をは寶相如来應供正遍知明行足善逝
世間解無上士調御丈夫天人師佛世尊といはん寿





命は一劫なりん国土の荘厳声聞菩薩正法像法みな
ことことく同等ならんとのたまふに世尊かさねて
この義をのへんとおほして偈をときてのたまはく
此二千の聲聞のいま我まへに住せるにことことく
みな記を與授し未来にほとけになるへし
供養せんところの諸佛はうへにのふる塵数のこと





くわんの法蔵を護持してのちにまさに正
覺なるへしおの〳〵十方のくにゝおいてことことく同一の
名号ならん俱時に道場に坐してもて無上ゑ
恵を證しみななつけて寶相とせん国土および
弟子正法と像法とことことく等しくして異なること
なからんみなことことくもろもろの神通をもて十方の





衆生を度し名聞あまねく遍してやうやく涅槃に
いらん
そのとき学無学二千人仏の授記をききて
て歓喜踊躍して而偈をとききてまうさく世尊は
恵の燈明なり我いま授記のこゑをきゝて
心に歓喜充満して甘露をそゝかるゝかことし

621

三〇丁ウ

妙法蓮華経法師品第十

そのときに世尊薬王菩薩によせて八万の大士に
つけたまはく薬王なんぢこの大衆のなかの無量
の諸天龍王夜叉乾闥婆阿修羅迦楼羅緊那羅
摩睺羅伽人と非人とおよび比丘比丘尼優婆塞優
婆夷の声聞をもとむるもの辟支仏をもとむるもの

622

三一丁オ

と仏道をもとむるものかくのことききの
類ことことく仏前において妙法華経の一偈一句をきいて
て乃至一念も随喜せんものはわれみなために記を
與授すべしまさに阿耨多羅三藐三菩提をうべし
ほとけ薬王につけたまはくまた如来滅度の
ちにもし人ありて妙法華経の乃至一偈一句をきいて

623

三一丁ウ

なし一念も随喜せんものにはわれまたまさに阿耨多羅三
藐三菩提の記を與授すべしもしまた人ありて妙法華
経の乃至一偈をも受持読誦解説書写しこの経
巻においてうやまひみること仏のことくにして種々に
華香瓔珞抹香塗香焼香繒蓋幢幡衣服伎楽
を供養し乃至合掌恭敬せん薬王まさにしる

624

三二丁オ

べしこのもろもろの人はすでにかつて十万億ほとけ
を供養し諸仏のみもとにおいて大願を成就して衆
生をあはれむがゆへにこの人間にむまれきたるなり
薬王もし人ありてなんぞもろもろの衆生の未来世におゐて
にいかなるものかなることをうべきとゝはゞまさにしめすべし
このもろもろの人は未来世においてかならず作

なにをもつてのゆへとならばもしのゆへなりし善男子
善女人法華経においてハ乃至一句をも受持読
誦解説書写し種々に経巻を供養したてまつらん華香
瓔珞抹香塗香焼香繒蓋幢幡衣服妓楽をもつて合
掌恭敬せんこの人ハ一切世間の瞻奉すべきところ
なり如来の供養をもつてこれを供養すべし





まさにしるべしこの人ハこれ大菩薩の阿耨多羅三
藐三菩提成就して衆生を哀愍しねがひて
ここにむまれてひろく妙法華経をのべ分別
す いかにいはんやことごとくよく受持し種
種に供養せんものをや薬王まさにしるべしこの
人ハみづから清浄の業報をすててわが滅度ののち





われに衆生をあはれむがゆへに悪世に生まれてひ
ろくこの経をのぶるなりもしこの善男子善女人
わが滅度ののちにひそかに一人のためにも法
華経の乃至一句をもとかんまさにしるべしこの人ハ
すなはち如来の使なり如来につかはされて如
来の事を行ずいかにいはんや大衆の





なかにおいてひろく人のためにとかんをや薬王もし
悪人ありて不善の心をもつて一劫のなかにおいて
佛前においてつねに仏をそしり毀罵せんそのつみ
なほかろしもし人ひとつの悪言をもつて在家
出家の法華経を読誦せんものを毀呰せんハ
そのつみはなはだおもし薬王それ法華

経を讀誦するものあらんものはまさにしるべし
この人は佛の莊嚴をもて而みづから莊嚴せり
すなはち如来のかたに荷擔し給ふところなり
其の所至の方にはまさにしたがひむかひて礼すべし
一心にたなごゝろをあはせて恭敬供養し尊
重讃歎し華香瓔珞抹香塗香燒香繒蓋幢





幡衣服肴膳をもてし諸の妓樂をなし人
中の上供をもてこれを供養せよ天寶をもちて
これにこれを散ずべし天上の寶聚をもちて奉獻
すべしゆへいかんとなれば、この人歡喜して説法せん須
臾もこれをきかばすなはち阿耨多羅三藐
三菩提を究竟することをうるゆへなりと





ときに世尊かさねてこの義をのべんと欲して
偈をときてのたまはく
もし佛道に住して自然知を成就せんとおもはゞ
つねにまさにつとめて法華を受持せんも
のを供養すべし、それとく一切種の知恵をえんと
欲はゞ、まさにこの経を受持し并に





持者を供養すべし、それもし妙法華経を受持す
る事あらんものはまさにしるべし、佛の使
にて佛の衆生を慜念するなりとしるべし
妙法華経を受持することあらんものは清淨の土
をすてゝ衆をあはれむがゆへにこゝに生ずるなり
まさにしるべしかくのごときの人は生ぜんとおもふ、

633

三六丁ウ

とき給ふに自在ならんをもてまさに此悪世にしても
給ふ無上の法をとくべし天の華香をもつて
天の宝衣服天上の妙宝聚をもつて説法者を
供養すべし我が滅後の悪世によく此経をたもたん
ものをばまさにがつしやうして礼敬して
世尊を供養したてまつるがごとくすべし上饌衆

634

三七丁オ

の甘美および種々の衣服をもつてこの
仏子に供養してしばらくもきくことをえんとねがふ
べしもしよくのちの世に於此経を受持せんものは
われつかはして人中にありて如来の事を
行ぜしむべしもし一劫のなかにおいてつねに不善
の心をいだきて色をなしてほとけをのり

635

三七丁ウ

たてまつらんは無量の重罪をえんそれこの法華
経を読誦し持たもたんものに須臾も悪言
をくはへんはそのつみまたかれにすぎん人ありて
仏道をもとめて而一劫のなかにおいてわれが
まへにがつしやうしてありて無数の偈をもつて讃
せんこの讃仏によるがゆへに無量の功徳をえん

636

三八丁オ

持経者を歎美せんはその福またかれにすぎん
八十億劫において最妙の色声および香味触をもつて
持経者に供養せよかくのごとく供養しおはりて
もし須臾もきくことをえばすなはちみづから
欣慶すべし我いま大利をえたりと薬王いまなんぢ
につぐわが所説の諸の経しかもこの

經のなかに於て法華もとも第一なり

その時に佛また藥王菩薩摩訶薩に

つげたまはく我が所説の經典無量千万億に

して已説今説當説あり　しかもその中に

この法華經もともに難信難解なり　藥

王この經は是諸佛秘要の藏なり　分布して





みだりに人に授與すべからず　諸佛世尊の守護したまふ

ところなり　昔よりこのかたいまだかつて

顯説せず　しかもこの經は如來の現在すら

なほ怨嫉多し　いはんや滅度の後をや

藥王まさにしるべし如來滅後に　よく書持讀

誦供養し他人のためにとかん者は如來すなはち





衣をもてこれをおほひたまふべし　又他方

の現在の諸佛の護念したまふところとならん　この

人は大信力および志願力諸善根力あらん　まさに

しるべしこの人は如來とともに宿するなり　また

ち如來の手をもてそのかうべをなで

られん　藥王在々處々にもしは説





もしは讀もしは誦しもしは書きもしは經巻の住せん

ところにはみな七宝の塔をたてゝきはめて高

廣に嚴飾せしむべし　また舍利を安ずべからず　ゆ

へはいかん　これがなかにはすでに如來の全身います

この塔をば一切の華香瓔珞繒蓋幢幡伎樂歌

頌をもて供養恭敬し尊重讃歎すべし　もし

人ありてこの塔をみたてまつりて礼拝供養せん
ものはまさにしるべしこれらはみな阿耨多羅三藐三菩提
にちかづきぬ薬王おほくの人ありて在家にありても
出家にありても菩薩の道を行ぜんもしこの法華経
を見聞読誦書持供養することをえざらんものは
まさにしるべしこの人はいまだよく菩薩の道





を行ぜざるなりもしこの経典をきくことをうるものは
すなはちよく菩薩の道を行ずるなり
それ衆生ありて仏道をもとめんものこの法華
経をもしはみもしはきゝてきゝをはりて信解し受
持せんものはまさにしるべしこの人は阿耨多羅三藐三
菩提にちかづくことをえたり薬王たとへば人ありて





渇乏してみづをもとめんにかの高原に於て穿
鑿してこれをもとむるになほかはける土を見ては水
なほとをしとしる功をほどこしてやまずしてうた
たうるほへる土を見てつゐにやうやく泥にいたりぬれば其
心決定して水かならずちかしとしらんがごとく菩薩も
またかくのごとしもしこの法華経をいまだきかず





いまだげせずいまだ修習することあたはざら
んはまさにしるべしこの人は阿耨多羅三藐三菩提をさること
なほとをしもしきゝげして思惟し修習することを
えばかならずしる阿耨多羅三藐三菩提にちかづくことを
えたりゆへはいかんとなれば一切の菩薩の阿耨多羅三藐
三菩提はみなこの経に属せりこれ経は方便の門

こゝろよく真実の相をしめすこれ法華経蔵ハ深固幽
遠にして人のよくいたるなしいまほとけ菩薩を教化
し成就して而もために開示したまふ薬王もし菩薩
ありてこの法華経をきゝて敬疑怖畏せんハまさに
しるへしこれハこれ新發意の菩薩なりもし聲聞の人
この経をきゝて驚疑怖畏せんハまさにしるへし





これハ増上慢のものなり薬王もし善男子善女
人ありて如来滅後に四衆のためにこの法華経
をとかんと欲せんものハいかにしてかとくへきこれ善男
子善女人ハ如来室にいり如来衣を着し如来の
座にしてしかうしてすなはち四衆のためにひろ
くこれ経をとくへし如来室といふハ一切衆生のな





かの大慈悲これなり如来衣といふハ柔和忍辱の心
これなり如来座といふハ一切法空これなりこの
なかに安住してのちに不懈怠のこゝろ
をもちゐてもろもろの菩薩および四衆のためにひろく
この法華経をとくへし薬王われ余国にありて
化人をつかはしてそのために聴法の衆をあつめ





むまた化の比丘比丘尼優婆塞優婆夷をつかはしてそれ
これ説法をきかしめんこのもろもろの化人法をきゝて
信受し随順してさからはしもし説法者空閑の
ところにありハわれまたひろく天龍鬼神乾
闥婆阿脩羅等をつかはしてその説法をきかしめ
んわれ異国にありといふとも時々に説法者

はしてその身にて人〱をしてこの経に
ことばの句逗を忘失せば、われまたためにと
きて具足することをえしめんとのたまふに世尊かさね
ての義をのべんとおぼして偈をときてのたま
はく
もろ〱の懈怠をすてんと欲せばまさにこの経を




きくべしこの経はきゝがたし信受またかた
しとしたまへり人の渇して水をもとめんとして高
原に穿鑿してもとむるにかわけるつちをみて
は水なをとをしとしるなりやう〱しめれる
土泥をみては決定して水ちかきをしる
かくのごとし薬王なんぢもまたかくのごとき




とをしと知べし法華経をきゝ得ば仏
智をさとることちかしとしるべしこの深経の
声聞の法を決了してこれ諸経の王なり決
きかばよくて思惟せんものはまさにしるべし
このひとはほとけの智恵にちかづきぬもし人
この経をとかんには如来の室に入如来の衣を着して




而如来の座に坐してまさに衆に処して
おそるゝことなくためにこれを分別して説べし大慈悲を室
とし柔和忍辱を衣とし諸法の空を座とし
これに処してためにこの法をとけもしこの経を
とかんとき人ありて悪口をもて刀杖瓦石
をくわへば仏を念ずるがゆへにしのぶべし

まさに千万億の土に浄堅固の身を現して無量
億劫に於て衆生のために法をときしのち滅度
せんもしこの経をとかんものは我また化の四
衆比丘比丘尼および清信の士女をつかはして法師
を供養せしめもろもろの衆生を引導してこれ
をあつめて法をきかしめんもし人悪刀杖を





および瓦石をくはへんと欲せはすなはち変化の人を
つかはしてこれかために衛護となさんもし説法の
人ひとり空閑のところにありて寂寞として人の声
なきにゐてこの経典を読誦せは我その時
ために清浄光明の身を現せんもし
章句を忘失せは我ためにときて通利せし





めんもし人この徳を具して或は四衆のためにとき
或は空処にして経を読誦せはみな我かたちを見る
もし人空閑にあらは我天竜王夜叉鬼神
等をつかはしてために聴法の衆となさんこの人
このみて説法し分別して罣礙なからん諸仏護
念したまふかゆへによく大衆をしてよろこはしめん





もし法師に親近せはすみやかに菩薩道をえんこの
の師に随順して学せは恒沙のほとけをみたてまつる
ことをえん

妙法蓮華経見寶塔品第十一

その時に仏前に七寶の塔ありたかさ五百
由旬縦廣二百五十由旬なり地より涌出して

空中に住在せり。種々の寶物をもて而もこれを荘
校せり。五千の欄楯あり。龕室千万なり。無数の幢
幡をもて嚴飾とせり。寶瓔珞をたれ、寶鈴万億に
してその上にかけたり。四面にみな多摩羅
跋梅檀の香をいだして世界に充遍す。そのもろもろ
の幡蓋は金銀瑠璃車渠碼碯真珠玫瑰の七寶



をもて合成せり。たかさ四天王宮にいたる。三十三天
曼陀羅華をふらして寶塔に供養す。餘のもろもろ
の天龍夜叉乾闥婆阿修羅迦樓羅緊那羅摩
睺羅伽人非人等の千万億の衆一切の華香瓔
珞幡蓋妓楽をもて寶塔に供養し恭敬尊重
讃歎す。その時に寶塔のうちより大音声



をいだしてほめてのたまはく、よきかなよきかな
釈迦牟尼世尊よく平等大恵教菩薩法佛
所護念妙法華経をもて大衆のためにとき
たまふ。かくのごとしかくのごとし。釈迦牟尼世尊所
説のごときはみなこれ真實なり。そのときに
四衆大寶塔の空中に住在せるをみ、又塔のうち



よりいだしたまふ所の音声をききてみな法喜
をゑて未曽有なりとあやしみて座よりたち
て恭敬合掌して卻きて一面に住しぬ。その時に
ひとりの菩薩摩訶薩ありて大楽説となづく。一切世
間の天人阿修羅等の心の所疑をしりてほとけに
まうしてまうさく、世尊なにの因縁をもてこの

これ寶塔わりて地より涌出しましつるうちより
おほん音聲をいだしたまふそのときにかんけ大樂説
菩薩にはじめてまうさくこれ宝塔のうちに如来の全身
ましますいにしへの往過去に東方の無量千万億阿僧祇の
世界に國あり名を寶淨といふかのくにゝほとけましまし
ますその名をば多寶といふかのほとけの





菩薩の道を行じしときに大誓願をおこさく
われ成仏して滅度しなんのち十方の國土に
しておよそ法華經をとかんところには我塔廟
この經をきかんがためのゆへにこれまへに涌現し
てあかしをなして證明となりて讃して善哉といは
むかしのかのほとけ成道しをはりて滅度のときに





わかれて天人大衆のなかにおほせられいはく比丘
わかならんとて我が滅度ののちわが全身を供
養せんと欲せんものはまさに一の大いなる塔をたつ
べしそのほとけ神通願力をもって十方世界の
在〻處〻にもし法華經をとくことあらばかの
寶塔みなそのまへに涌出し全身塔のうちに





在讃して善哉善哉とのたまふいま大樂説いま多寶如来
の塔法華經をとくをきたまはんがために地より涌
出してかれをして善哉善哉とのたまふなりこの
ときに大樂説菩薩如来の神力をもってのゆへに
ほとけにまうしていはく世尊われらねがはく
はこの佛身をみたてまつらんと欲しておほせ

大樂説菩薩摩訶薩につげたまはくこれ多寶仏
は深重の願ましませりわが寶塔法華經を
きかんがための故に諸佛のまへにいでんとき
そのわが身をもて四衆にしめさんと欲することあらば
かの仏の分身の諸佛十方世界に
ましまして説法したまふをことごとく一處に還




集めてしかうしてのちにわが身乃出現せん
のみ大樂説わが分身の諸佛十方世界に
在して説法したまふものいままさにあつむべし
大樂説仏にまうしてまうさく世尊われ
らまたねがはくは世尊の分身の諸仏を見
たてまつり礼拝供養せんと欲すそのときに佛




白毫のひとつのひかりをはなちたまふにすなはち東
方五百万億那由他恒河沙等の国土の諸佛を
みたてまつるかのもろもろの国土はみな頗梨をもて
地とし寶樹寶衣をもて荘嚴とし無數千
万億の菩薩そのなかに充満せりあまねく寶
幔をはり寶網うへにおほへりかの国の諸佛はお




ほきにたへなるみこゑをもて而諸法をとき
たまふおよび無量千万億の菩薩のもろもろの
国に遍満して衆のために法をことごとくときたまふを
みる南西北方四維上下の白毫相のひかりの所
照のところもまたかくのごとしそのときに
十方の諸佛おのおのもろもろの菩薩につげて

五四丁ウ

のたまはく善男子よわれいま娑婆世界の釋迦牟
尼佛のところにゆきて幷に多寶如来の寶塔を
供養したてまつるべしときに娑婆世界すなはち
へんじて清浄なり瑠璃を地とし寶
樹荘厳し黄金をなはとしてもつて八道をさ
かひもろもろの聚落村營城邑大海江河山川林



五五丁オ

藪なし大寶の香をたき曼陀羅華をしきてその地に
しき寶の網幔をかけてそのうへにおほひもろもろの
寶鈴をかけたりただこの會の衆をとどめて
その余のもろもろの天人をうつして他土におきこのと
き諸佛おのおの一人の大菩薩をひきいてもつて
侍者として娑婆世界にいたりておのおの寶樹



五五丁ウ

のもとにいたりたまふ一々の寶樹たかさ五百由旬枝葉華
菓次第に荘厳せりもろもろの寶樹の下にみな師
子の座ありたかさ五由旬また大寶をもつてこれを
挍餝せりそのときに諸佛おのおのこの座に結跏
趺坐したまふかくのごとく展轉して三千大千
世界に遍満しかもなほ釋迦牟尼佛



五六丁オ

の一方の所分の身にいまだつきたまはず
釋迦牟尼佛所分身の諸佛を容受せんと
のゆへにかさねて八方におのおのさらに二百万億那
由他の國をへんじて皆清浄ならしめたまふ
地獄餓鬼畜生および阿脩羅なくまた
もろもろの天人をうつして他土にをき所化の

ふまさ瑠璃をもって地とし寶樹荘嚴せり木のた
かさ五百由旬枝葉華菓次第に嚴飾せり樹下
みなみな寶師子の坐ありたかさ五由旬種々の寶
をもってかざりとせり荘校としまた大海江河
および目真隣陀山摩訶目真隣陀山鐵圍山須
弥山等の諸山の王なし通して一佛国土となり





なる寶地平正なりたからの交露幔をもってそのうへにおほ
ひおほひもろもろの幡蓋をかけ大寶の香
をたき諸天の寶華あまねくその地にしけり釋迦
牟尼佛諸佛のまさにきたりて坐したまふべ
きがためのゆへにまた八方におのおの二百万億
那由他の國をかへてみな清浄ならしめたまふ





地獄餓鬼畜生なくまた阿修羅なしまた諸の
天人をうつして他土におく所化の國もまた瑠璃を
もって地とし寶樹荘嚴せり樹のたかさ五百由旬
枝葉華菓次第に荘嚴せり樹下にみな寶師子の
座ありたかさ五由旬なりまた大寶をもって校
飾せりまた大海江河なし目真隣陀山摩訶





目真隣陀山鐵囲山大鐵囲山須弥山等の諸山の王なし通
じて一佛國土となりて寶地平正なりたからの交露幔をもって
そのうへにおほひ諸の幡蓋をかけ大寶
香をたき諸天の寶華あまねくその地にしけり
釋迦牟尼佛の所分の身百千万億那
由他恒河沙等の國土のなかの諸佛おのおの説法したまふ

まふに来集ましますかくのことく次第に十方の諸佛これ
ことことく来集して八方に坐したまふそのときに一々の方
の四百万億那由佗の國土に諸佛如来そのなかに遍満ま
しますこのとき諸佛おのおの寶樹のもとにまします師
子の座に坐してみな侍者をつかはして釈迦牟尼佛に
問訊したまふおのおの寶華をもて掬にみてゝこれに





はせてのたまはく善男子なんち耆闍崛山の釈迦牟尼
佛のみもとに往詣してわかことはのことく申せ少病
少悩にして氣力安樂にましますやいなやまた菩薩聲聞衆
はことことく安穏なりやいなやとこの寶華をもて佛に
散して供養し而これ言てかれ某佛のつかひこ
の宝塔をひらかんと與欲すと諸佛のつかひもまた





はしもまたかくのことしそのときに釈迦牟尼佛所分
身の諸佛ことことくすてに来集して各々に師子の
座に坐したまふをきこしめし諸佛のおなしく寶
塔をひらかんと與欲したまふをきこしめしてすなはち
坐よりたちて虚空のなかに住したまふ一切の四衆
起立しておのおの一心にほとけをみたてまつる





かくてそのときに釈迦牟尼佛みきのゆ
ひをもて七寶の塔のとひらをひらきたまふに大音聲
をいたすこと關鑰をひらいて大城の門をひらくかことし
すなはちそのときに一切の衆會これ多寶如来
寶塔のうちにして師子の座に坐して全身散
せさること禪定にいるかことくにましますをみたてまつり

よくすゝめてほうたうのなかの善哉善哉釋迦牟尼佛
こゑをいたしてこれ法華經をとくよのふひとしこの經を
きゝたてまつりておのおのこゝに来至せりとおもふ
そのときに四衆等過去の無量千万億
劫に滅度したまひしほとけのかくのごとき言を
きゝたてまつりて未曾有なりと歎して天の



寶華をもつて多寶佛ならびに釋迦牟尼佛の
うへに散ずるときに多寶佛寶塔のうち
にして半座をわかちて釈迦牟尼佛にあたへ
て而もこの言をなしたまはく釈迦牟尼佛この
座につきたまふべしとそのときに釋迦牟尼
佛その塔のうちに入てその半座に坐して結









跏趺坐したまひぬそのときに大衆二如来の七寶
の塔のなかの師子座のうへにおいて結跏趺
坐したまへるをみたてまつりておのおのこの念をなさく
佛坐高遠なりたゞねがはくは如来神通力を
もつてわれらがともがらをしてともに虚空に
處せしめたまへとすなはちのときに釈迦牟尼佛



神通のちからをもつてもろもろの大衆を接してみな
虚空にありたまふ大音聲をもつてあまねく四
衆につげたまはくたれかよくこの娑婆国土に
おいてひろく妙法華經をとかんいままさしくこれ
ときなり如来ひさしからずしてまさに涅槃に
いるべし佛この妙法華經をもつて付属

わがこゝろざしを欲するのとよに世をさるゝのちにこの
義をのべんとおぼして偈をときてのたまはく聖
主世尊ひさしく滅度したまふといへども寶塔の
うちにましてなほ法のためにきたりたまへり
諸人いかんぞつとめて法のためにせざらんこの仏を
滅度したまひて無央数劫なり處處に聴法せし





阿ふことはかたきをもてのゆへなりかの
ほとけの本願にはわれ滅度ののちゆくところにしたがひて
につねにためにとて法をきかんがためなりまた
わが分身の無量の諸仏恒河沙等のごとき
きたりて法をきゝおよび滅度の多寶如来をみ
たてまつらんと欲しておのおの妙土をすてゝおよび弟





子衆天人龍神もろもろの供養の事をすてゝ
法をしてひさしく住せしめんがためにこゝに来至したま
へり諸仏を坐せしめんがために神通のちから
をもて無量の衆をうつしてくにをして清浄
ならしむ諸仏各各に寶樹のもとに詣したまふ
清涼のいけに蓮華荘厳せるがごとしその寶樹





のもとにもろもろの師子の座あり仏そのうへに
坐したまふ光明厳飾せること夜闇のなかにおほき
なる炬火をともせるがごとしみよりたへなる香をはな
て十方のくにゝ遍しぬ衆生かほりをかうぶり
てよろこびをみづからたへずたとへばおほきなるかぜ
の小樹のえだをふくがごとしこの方便をもて

法をしてひさしく住せしめんとほつし給ふ大衆に
つげたまはくわが滅度ののちたれかよくこの
經を護持讀誦せんいま佛前にしてみづから
誓言をとけかの多寶佛ひさしく滅度
したまへりといへども大誓願を以而師子吼し
給ふ多寶如来をよびわが身の所集の化佛





まさにこの意をしるべしもろ/\の佛子等た
れかよく法をまもらんまさに大願をおこしてひさしく
住することを得せしむべしそれよくこの經法をまもること
あらんものはすなはちこれわれおよび多寶を供養
するになりなんこの多寶佛寶塔に處して常に
あそんで十方にわたりたまふことこの經のためのゆへ





なりまたもろ/\の諸来の化佛のもろ/\の世界を莊嚴
光飾したまふ者をも供養したてまつるなりもし
もしこの經をとかんはすなはちわれと多寶如
来およびもろ/\の化佛をみたてまつるになりなむもろ/\の
善男子おの/\あきらかに思惟せよこれ難事
となりよろしく大願をおこすべし諸餘の經典かず





恒沙のごとしこれをとくといへどもいまだかたし
とするにたらずもし須弥をとりて他方の無數の
佛土になげおかんも又いまだかたしとせずもし足
のゆびをもて大千界をうごかしてとをく他國
になげんもまたいまだかたしとせずもし有頂にたち
て衆のためにあまねく無量の餘經を演説せんもまた

693

六六丁ウ

たゞいまだかたしとせず。もしほとけの滅度に悪世の
なかにしてよくこの經をとかんことこれをかたしとす
たとひ人ありて手に虚空をとりて而て遊
行せんもこれもいまだかたしとせず。わが滅後にみづからかき
もしはみづからもかきたもち、もしは人をして
もかゝしめんことこれをかたしとす。もし大地をも

694

六七丁オ

足のつめのうへにをきて梵天にのぼらんもまた
いまだかたしとせず。ほとけの滅度ののち悪世のな
かにしてしばらくもこの經をよまんことこれをかたしとす。たと
ひ劫燒にかれたる草をおひて
なかにいりてやけざらんもまたいまだかたしと
せず。わが滅度ののちもしこの經をたもちて

695

六七丁ウ

一人のためにもとかんことこれをかたしとす。もし
八万四千の法蔵十二部經をたもちて人のために
演説して、もろ／＼のきく人をして六神通
をえしめん。よくかくのごとくすといふともまたいまだ
かたしとせず。わが滅後にをきてこの經を聽受
しその義趣をとはんことこれをかたしとす

696

六八丁オ

もし人法をときて千万億無量無數恒沙の衆生を
して阿羅漢をえ六神通を具せしめん。この益あ
りといふともまたいまだかたしとせず。わが滅後に
をきてよくかくのごとき經典を奉持せんこ
とこれをかたしとす。われ佛道のために
無量の土にしてはじめよりいまにいたるまで

697

六八丁ウ

も終く諸経でとくちるをかれおうふかきてこたく
経茅一なりとしもたもつことかたしされどもたもち
佛身でたつるいのりの終く此善男子ハ我滅後
おゐきてたれかよくこの経ハ受持讀誦せんい
ま佛前めしこくろつ誓言でとけこの経
はたもつことかてしとしたつともたもつ

698

六九丁オ

この経ハ経をたもちて歓喜して諸佛もまたしかう
なりかくのごときの人ハ諸佛のかめのつとこ
なれハこの人ハすなはち勇猛なりこの人すなはち
ち精進なりこれ戒をたもち頭陀を行ずる
ものなりはやくもとらく無上の佛道成
得つとこれよく来世にてこの経をよくたも

699

六九丁ウ

ちんハまことの佛子なりて淳善の地に住
しぶつのめつど滅度ののちによくその義を解
せんハこれ諸の天人世間のまなこなり恐
畏の世にてよく須臾もこの人ハ一切の天人
これ供養し給ふへし

700

裏表紙見返

妙法蓮華経巻第四

裏表紙

590　589

一五丁オ　一四丁ウ

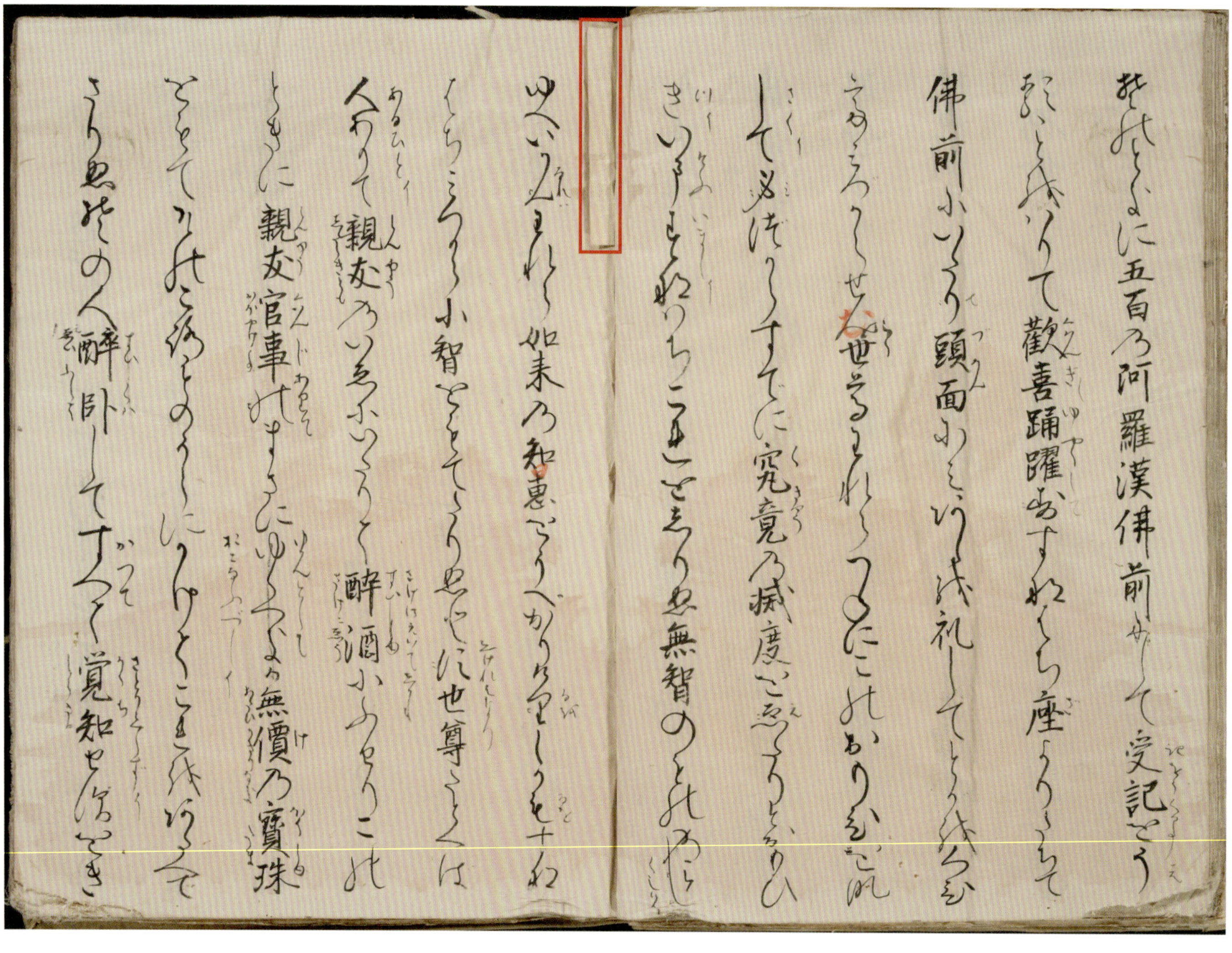

# 妙法蓮華経　巻第五

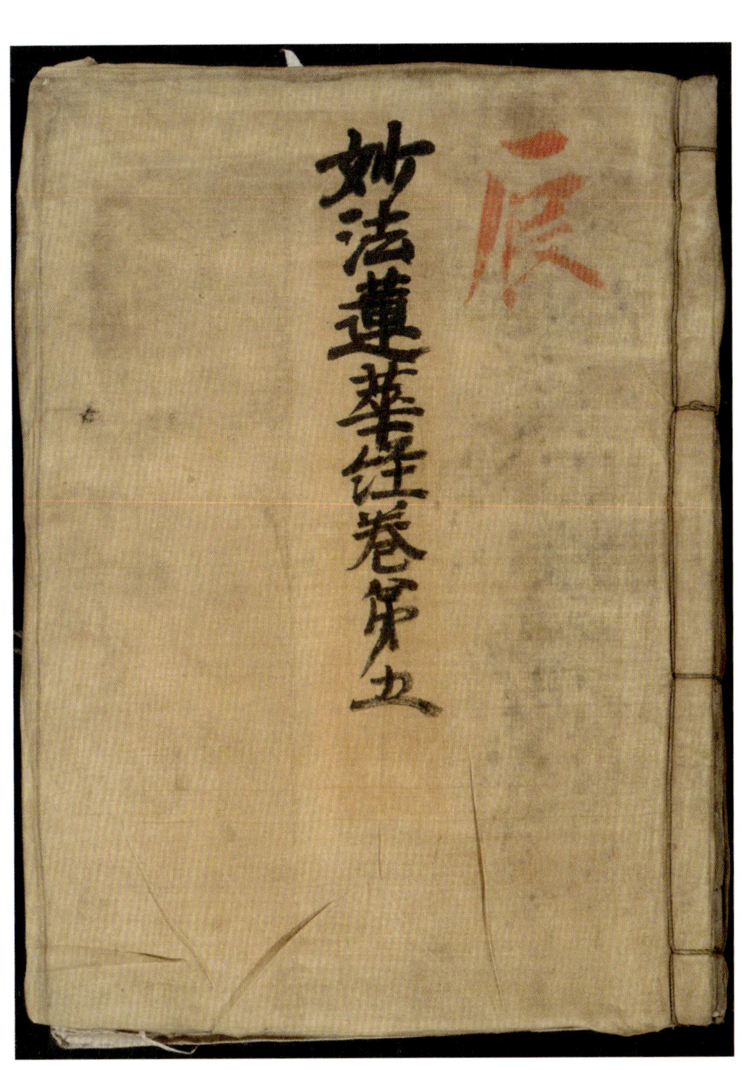


表紙

表紙裏紙

表紙見返

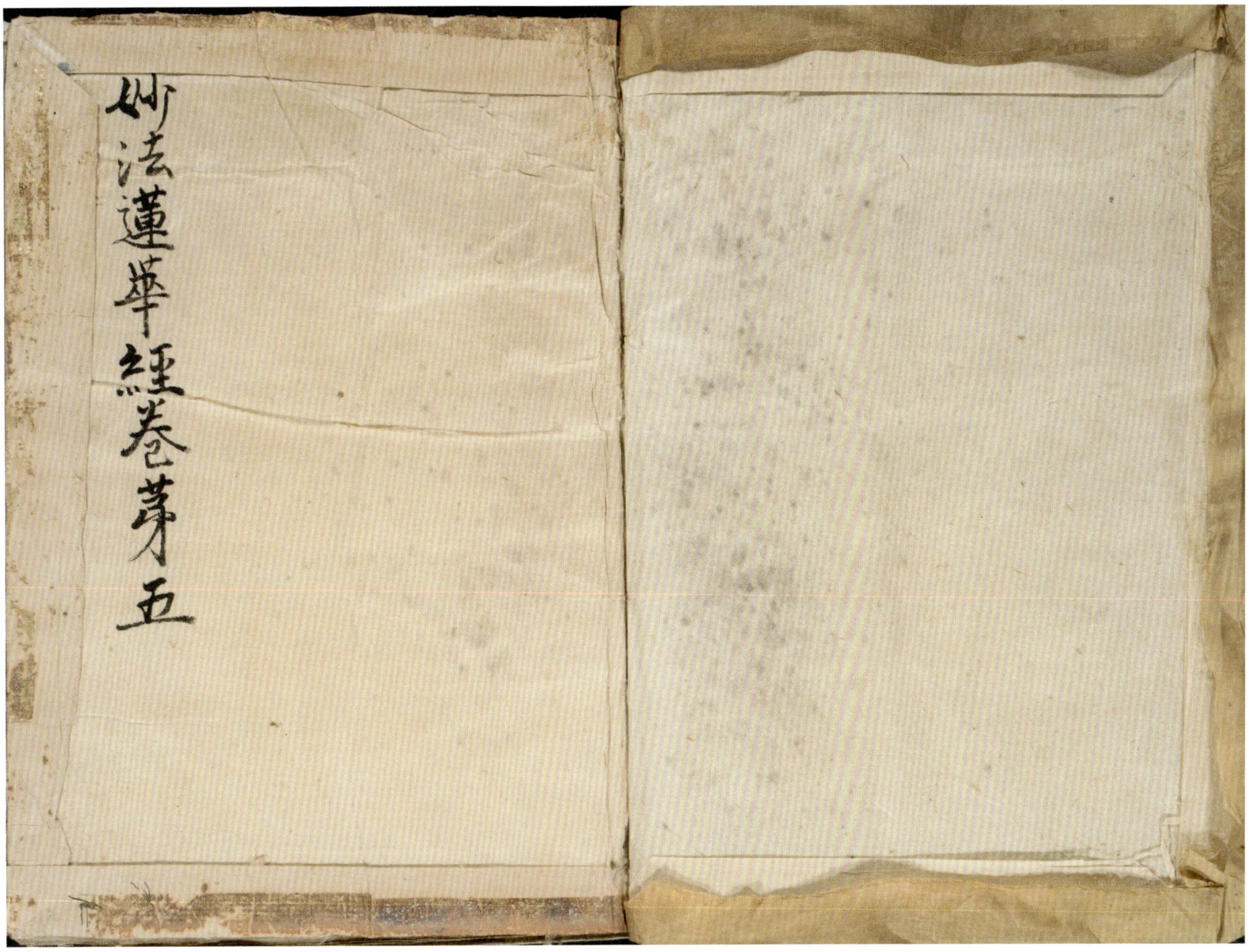

遊紙

表紙見返

708

707

一丁オ

遊紙

# 妙法蓮華經提婆達多品第十二

其時に仏もろもろの菩薩および天
人四衆につげてのたまはく過去無量劫の
なかにおいて法華経をもとめしに懈倦あることなし
多劫のあひだにおいてつねに国王となり
発願して無上菩提をもとめしに心に

退轉せす六波羅蜜を満足せんとおもふかゆへにつねに布
施を勤行しこゝろに象馬七珎国城妻子奴婢
僕従頭目髄脳身肉手足を慳惜することなく
躯命をもおしまざりしときに世の人民寿命
無量なりき法のためのゆへに国位を捐捨し
まつりごとを太子にゆづりてつゞみをうちて宣





令し四方に法をもとめてのたまはくたれかわ
が大乗をとかんものあらば身をおはるまで
供給走使せんとのたまひしときに仙人ありきたりて王にまう
していはく我大乗あり妙法蓮
華経となづくもしわれにたがひそむかずは
さらにまさに宣説すへし王仙の言をきゝて歓喜





踊躍してすなはち仙人にしたがひて所須を供給
このみをとりみづをくみたきゞをひろひ食をまう
け乃至みをもつて牀座となして身心をものうきこと
なかりきときに奉事することは千歳をへしも法
のためのゆへに精勤給侍してとほしきことな
からしめきそのときに世尊このこゝろをのべてこの義を





のべんとおぼしめして偈をときてのたまはく
われ過去の劫をおもふに大法をもとめんがためのゆへ
に国王となりたりしかども五欲の楽にむさぼら
ざりきかねをつきて四方につげしめき大法を
たもてるものありわがために解説せばみを
まさに奴僕となるべしとそのときに阿私仙ありきたりて

われ大王に申さるゝやう微妙の法をたもてり
世間に希有なるをわれにしたがひ修行せば
まさに汝がためにとくべしとのたまふに王
仙人の言をきゝてしんに大喜悦をおこしてすなはち
仙人にしたがひて所須を供給したきゞをひろひ
菓蓏をとりてかくのごとく仙人につかへて恭敬してわす





へ
ひとへに妙法を存せるゆへに身心懈倦なし
すべてもろもろの衆生のために大法を勤求しき
わが身のためならびに五欲の楽のためにもあらず
さらに大国の王となりて勤求してこの法を得て
つゐにほとけになる事をえたりいま
汝がためにとくなり





かくのごとく仏比丘につげたまはくその時の王といふは我身これなり
時の王とはわれなりかの時の
仙人といふはいまの提婆達多これなり提婆達
多が善知識によるゆへにわれ六波羅
蜜慈悲喜捨三十二相八十種好紫磨金色十
力四無所畏四摂法十八不共神通道力を具





足して等正覚を成じ広く衆生を度する
ことみな提婆達多が善知識によるがゆへなりと
仏四衆につげてのたまはく提婆達多は
是より後無量劫をへてまさに成仏
することをえて名をば天王如来応供正遍知明
行足善逝世間解無上士調御丈夫天人師仏世

717

五丁ウ

尊といはん世界をは天道となづけん時に天王
佛よに住せんこと二十中劫ありてひろく衆生
のために妙法をとかん恒河沙の衆生阿羅漢
果を得ん無量の衆生縁覚の心をおこし恒河沙
の衆生無上道の心をおこし無生忍を得不退
転に住せんと時に天王佛般涅槃ののちに

718

六丁オ

正法よに住すること二十中劫ならん全身の舎
利に七宝の塔をたてん高さ六十由旬縦広
四十由旬ならん諸天人民ことごとく雑華抹香焼
香塗香衣服瓔珞幢幡宝蓋妓楽歌頌をもつ
て七宝の妙塔を礼拝供養せん無量の衆生
阿羅漢果を得無数の衆生辟支佛をさとり

719

六丁ウ

不可思議の衆生菩提心をおこして不退転にいたらん
ほとけもろもろの比丘につげてのたまはく未来世
のなかにもし善男子善女人ありて妙法華経
の提婆達多品をきいて浄心に信敬して疑惑を
なさゞらんものは地獄餓鬼畜生におちざらん
十方の佛前に生ぜん所生のところにはつねに

720

七丁オ

この経をきかんもし人天の中に生ぜば勝妙の楽
をうけんもし佛前にあらば蓮華より化生せん
時に下方の多宝世尊の所従の菩薩な
をば知積といふ多宝佛にまうさく本土に
かへりたまふべし釈迦牟尼佛知積につげての
たまはく善男子しばらく須臾をまつて

721

七丁ウ

こゝに菩薩あり文殊師利となづく、ともにあひ
みえて妙法を論説して本土にかへりたまふべし
ときに文殊師利千葉の蓮華の大きさ
車輪のごとくなるに坐し倶来の菩薩も
また寶蓮華に坐して大海の沙竭羅龍宮
より自然に涌出して虚空の中に住して

722

八丁オ

霊鷲山にまうでゝ蓮華よりおりて佛前に
いたり頭面に二世尊のみあしを敬礼してを
はる修敬をはりて智積のところにゆき
ゆきてともにあひ慰問しをはりて一面に坐
せり智積菩薩文殊師利にとひたてまつる龍宮
にゆきて化せるところの衆生そのかずいく

723

八丁ウ

ばくぞ文殊師利のたまはく其数無量にして
称計すべからず口のよくのぶるところにあらず
心のよくはかるところにあらずしばらく須
臾をまちたまへおのづからまさに証あるべしと
のたまふにいまだことばをはらざるに無数菩薩寶蓮華に坐
して海より涌出し霊鷲山にまうでゝ虚空

724

九丁オ

に住在しぬこれらのもろもろの菩薩はみな文殊
師利の化度せるところなり菩薩の行を具
足してみなともに六波羅蜜を論説す本声
聞なりしは虚空のなかにありて声聞の行を
説くいまみな大乗の空の義を修行す文殊師
利智積にかたりたまはく海において教化せる

725

九丁ウ

ことの事をきこしめしをはりてときに智積菩薩
偈をもつてさんたんしていはく
大智の徳勇健にして無量の衆を化度せりいま
このもろもろの大会およびわれみなすでにみたてまつる
實相の義を演暢し一乗の法を開闡して
ひろくもろもろの群生をみちびきてすみやかに

726

一〇丁オ

菩提をじやうぜしむ
文殊師利のいはくわれ海中においてたゞ
つねに妙法華経を宣説しき智積菩薩文
殊師利にとひていはくこの経ははなはだ深く微妙に
して諸経のなかのたから世に希有なるところ
なり頗衆生の勤加精進してこの

727

一〇丁ウ

経を修行してすみやかにほとけをうるものありや
いなや文殊師利のいはく娑竭羅龍王のむ
すめとしはじめて八歳なり智恵利根に
してよく衆生の諸根の行業をしれり陀羅
尼をえて諸佛の所説の甚深の秘蔵をこと
ごとくよく受持せりふかく禅定にいりて諸法

728

一一丁オ

を了達し刹那のあひだにおいて菩提心をおこ
して不退轉をえたり辯才無㝵にして
衆生を慈念すること赤子のごとし功徳具
足してこゝろに念じくちにのぶること微妙
廣大なり慈悲仁譲あり志意和雅にして
よく菩提にいたれり智積菩薩のいはく

729

一一丁ウ

見る釋迦如来をみたてまつれば無量劫より
おいて難行し功をつみ徳をかさねて菩薩の道
をもとめたまふこといまだかつて止息したまはず三
千大千世界を観るに乃至芥子ばかりも
ところとしてこの菩薩の身命をすてたまはぬ
ところはあらず衆生のためのゆへなり

730

一二丁オ

しかうしてのちにまさに菩提の道を成ずることを
えたまへり信ぜじ此女の須臾のあいだに於て
すなはち正覚なることをばと言論いまだおはらざるに
ときに龍王の女たちまちにまへに現じて頭面に
礼敬しをはりて一面に住して偈をもつてさん
じてまうさく

731

一二丁ウ

ふかく罪福の相に達してあまねく十方をてらす
微妙浄法身の相を具すること三十二八十種好
をもて法身を荘厳せり天人の戴仰するところ
龍神もことごとく恭敬す一切衆生の類宗
奉せざるものなしまたきく菩提をなることを
ただ仏のみまさに證知しめすべしわれ

732

一三丁オ

大乗教をひらきて苦の衆生を度脱せん
ときに舎利弗龍女にかたりていはく
なんぢおもへらくひさしからずして無上道をえたりとこのこと
信じがたしゆへいかんとなれば女身は垢穢にして
これ法器にあらずいかんぞよく無上菩提をえん
仏道は懸曠なり無量劫をへて勤苦積行し

つふさに諸度修してしかうしてのちにいまし
なりじやうだうす。女人のみにはなほ五障あり。ひとつには
梵天王となることをえず。ふたつには帝釈、みつには
魔王、よつには轉輪聖王、いつゝには佛身なり。いかん
ぞ女身すみやかに成佛することをえんや。そのとき
に龍女ひとつの寶珠あり。價直三千大千世





界なり。もつて佛にたてまつる。ほとけすなはちこれ
をうけたまふ。龍女智積菩薩尊者舎利弗にいひて
いはく、われ寶珠をたてまつる。世尊納
受したまふ。この事すみやかなりやいなや。こたへて
いはく、はなはだすみやかなり。女のいはく、なんぢが神力をもつてわが
成佛を観よ。またこれよりもすみやかならん







當時に衆會みな龍女のたちまちのあひだに變じて
男子となりて菩薩の行を具してすなはち
南方無垢世界にゆきて寶蓮華に坐して等
正覚をなり三十二相八十種好ありて、あまねく
十方の一切衆生のために妙法を演説するを
みる。そのとき娑婆世界の菩薩聲聞天龍





八部の人と非人と、みなはるかにかの龍女のほとけに
なりて、あまねくときの會の人天のために法をとく
をみて、こゝろおほきに歓喜して、ことごとくはるかに
敬礼す。無量の衆生、法をきゝて解悟し
不退轉をえ、無量の衆生道記をうくることをえつ。
無垢世界六反震動す。娑婆世界の三千衆

衆生不退の地に住し三千の衆生菩提心をお
こして記をうくることをえつ智積菩薩および
舎利弗一切の衆會嘿然として信受し

妙法蓮華経勧持品第十三

そのときに藥王菩薩摩訶薩および大樂説
菩薩摩訶薩二万の菩薩眷屬とともに





みな佛前にしてこの誓言をなしてまうさく
ねがはくは世尊うれへおぼしめしましまさざ
れわれらほとけの滅後にまさにこの経典を奉
持し讀誦しとかんのちの悪世の衆生は善
根すくなくして増上慢におほく供養を貪利
して不善根をまし解脫を遠離せん教化しがたく





きことかたしといへどもわれらまさに大忍力を
おこしてこの経を讀誦し持説書寫し[illegible]
種々に供養して身命をおしまじそのとき
衆のなかの五百人の阿羅漢受記をえたるもの
ほとけにまうしてまうさく世尊われらもまた
みづから誓願す異の国土にしてひろくこの経





をとかんまた學無學八千人の受記をえたるもの
ありて坐よりたちてかつしやうして
ほとけにむかひたてまつりてこの誓言をなさく
世尊われらもまたまさに他国土にして
ひろくこの経をとくべしゆへいかんとなればこれ娑婆
國の人はおほく弊惡にして増上慢をいだ

き功徳浅薄なり諂濁諂曲にして心不實な
るがゆへなれとおほせられけり仏の姨母摩訶婆
闍波提比丘尼學無學の比丘尼六千人とゝもに
坐よりたちて心をひとつにしてたなごゝろ
をあはせて尊顔を瞻仰したてまつりてめし
ばらくもまなこをはなちたまはず世尊憍曇弥につげ





たまはくなにのゆへにか憂色にして如来を見
たてまつるやなんぢがこゝろにおもはく我しかなんぢが
名を説て阿耨多羅三藐三菩提の記をさづけ
ずとおもへるや憍曇弥われさきに
総説して一切の聲聞にさづけをはんぬすでに授記をえたり
なんぢ記をしらんとおもはゞ將来の世において





に六万八千億の諸佛の法のなかにおいて大法師
となるべし又六千の學無學の比丘尼も
ともに法師となるべしなんぢかくのごとく漸々に
菩薩の道を具して當に作佛することを
うべし一切衆生喜見如来應供正遍知明行
足善逝世間解無上士調御丈夫天人師佛世尊





となづけん憍曇弥この一切衆生喜見佛および
六千の菩薩轉次に授記して阿耨多羅三
藐三菩提をえんそのときに羅睺羅の母耶輸陀
羅比丘尼この念をなすらく世尊授記のなかに
ひとりわがなをとかれずとおもへりその時佛耶輸陀羅
につげたまはくなんぢ来世に百千万億の諸

佛の法のなかにして菩薩の行を修し大法師
となりて漸々に佛道を具し善国のなかに
しておまさにほとけになることをうへし具足千
万光相如来應供正遍知明行足善逝世間解
無上士調御丈夫天人師佛世尊となつけん
ほとけのいのち無量阿僧祇劫ならんそのと





きに摩訶波闍波提比丘尼をよひ耶輸陀羅
比丘尼ならひにもろもろの眷属みなおほきに歓喜
して未曽有なることをえつゝ佛前
にして偈をとひてまうさく
世尊導師は天人を安穏ならしめたまふ我等
記をきゝたてまつりてこゝろを具足しぬ





と申し此比丘尼この偈をときをはりて佛に
まうしてまうさく世尊われらまたよく
他方の国土にしてひろくこの経をのへん爾時
に世尊八十万億那由他の諸の菩薩
摩訶薩をみそなはしたまふこれもろもろの菩薩は
これ阿惟越致なり不退の法輪を転し





もろもろの陀羅尼をえたりそのときに座よりた
ちて佛前にいたりて一心に合掌して
このおもひをなさくもし世尊われらにこの経を
持説せよと告勅したまはゝまさに佛のをしへの
ごとくひろくこの法をのへたてまつるへし
この思をなしてかくて仏いま黙然として

749

二一丁ウ

告勅せられしにわれまさにいかゝせんときにしたか
りける菩薩佛意に敬順しならひにみつから
本願を満せんとおもひてすなはち佛前に
して師子吼をなしてしかうして誓言をおこさ
く世尊われら如来滅後におゐて十方世
界に周旋往返してよく衆生をしてこの経を

750

二二丁オ

書写し受持読誦しその義を解説し法のこ
とく修行し正憶念せしめんことみなこれほ
とけの威力ならんたゝねかはくは世尊他方
にましましてもはるかに守護せられよと即時に
もろ／＼の菩薩ともにおなしくこゑを
おこして偈を説てまうさく

751

二二丁ウ

たゝ願はくはおもんはかりをなしたまはさ
れほとけの滅度ののち恐怖悪世のなかにして
われらまさにひろく説へしもろ／＼の無智
の人ありて悪口罵詈等をなしおよひ刀杖をくはふる人
をもわれらみなまさにしのふへし悪世のな
かの比丘は邪智の心諂曲にしていまたえさる

752

二三丁オ

をえたりとおもひて我慢の心充満せんあるひ
は阿練若にありて納衣をきて空閑にありてみつ
から真の道を行すとおもひて人間を軽賤
せんものあらん利養に貪著するかゆへに白衣の
ために法をときよのなかに恭敬せらるゝこと
六通の羅漢のことくならんこの人悪心をいたき

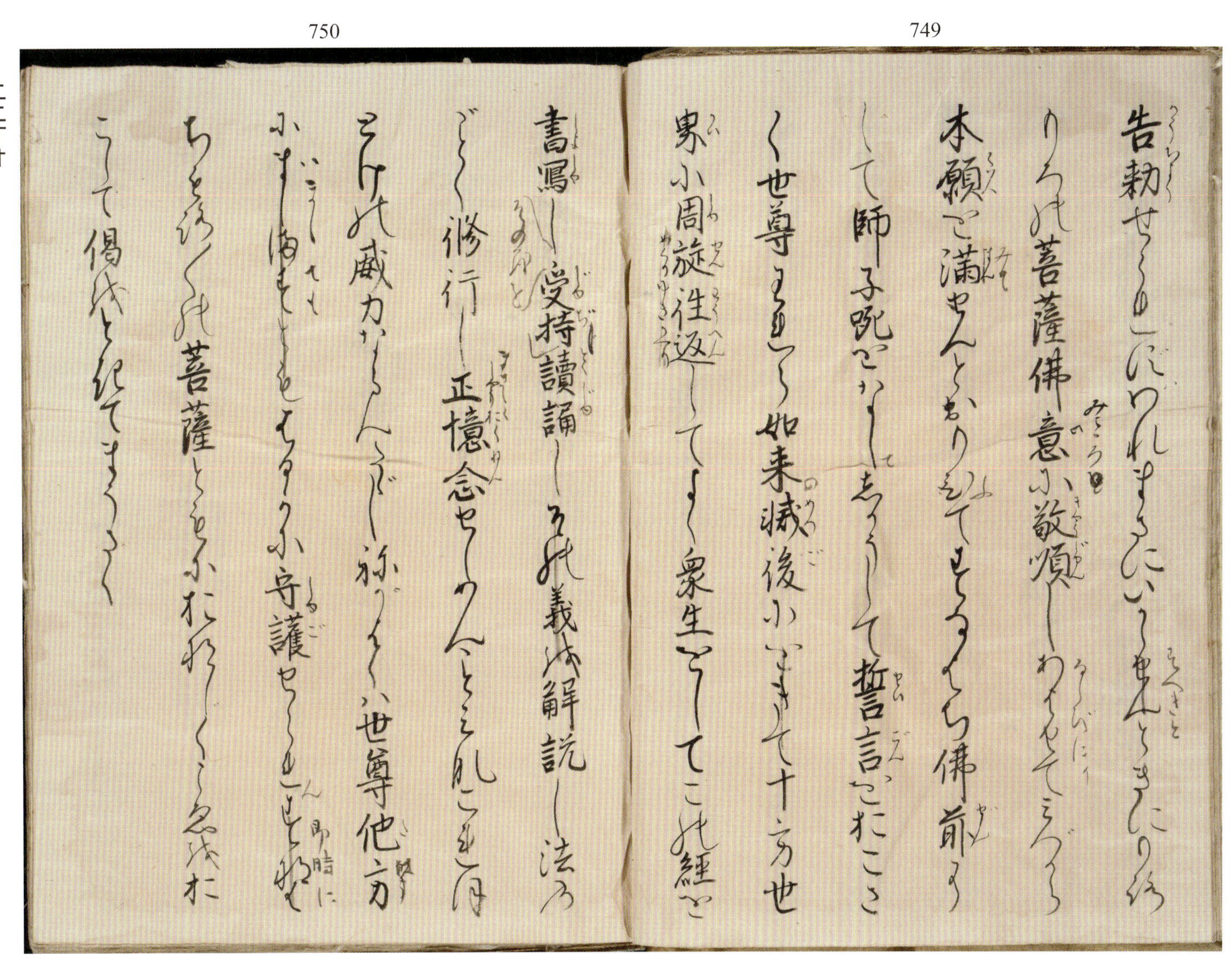

つねに世俗の事をおもひ名を阿練若に
かりてこのんでわれらがとがをいだし、しかも
かくのごときの言をなさん、このもろもろの
比丘等は利養をむさぼるがゆゑに外道
の論議をとく、みづからこの経典をつくりて
世間の人を誑惑す、名聞をもとむるがための





ゆゑに分別してこの経をとく、つねに大衆の
なかにありてわれらをそしらんとおもふがゆゑに
国王大臣婆羅門居士およびあまりの比丘衆に
むかひて誹謗してわが悪をとかん、これ邪
見の人なり外道の論議をとくといはん
われら仏をうやまふがゆゑにことごとく





これらのもろもろの悪をしのぶ、これがために
かろしめられて、なんぢらはみなこれ仏なりと
いはれん、かくのごとき軽慢の言をみなまさにしのびて
うくべし、濁劫悪世の中にはおほく
もろもろの恐怖あらん、悪鬼そのみにいりて
われを罵詈し毀辱せん、われら仏を





敬信してまさに忍辱のよろひをきるべし、この
経をとかんがためのゆゑにこのもろもろの難事をしのぶ
われ身命を愛せず、ただ無上道をおしむ
われら来世において仏の所属を護持せん、世尊みづから
まさにしろしめすべし、濁世の悪比丘は
ほとけの方便、よろしきにしたがひて

てともがらはこれらの法をとくに悪口しまうさむ
顰蹙ししばしば擯出せられ塔寺を遠離せ
むかくのごときのもろもろの悪をもほとけの
告勅をおもふがゆゑにみなまさにこの事を忍
ぶべしもろもろの聚落城邑にそれ法
をもとむるものあらばわれみなそのところに




いたりてほとけの所嘱の法をとかむわれは
これ世尊のつかひなり衆に処しておそるゝ
ところなしわれまさによく法をとくべしねが
はくはほとけ安穏に住したまへわれ世尊の
みまへ諸来十方のほとけにおいてかくのご
ときの誓言をおこすほとけみづからわが






んをしろしめしたまへ

妙法蓮華経安樂行品第十四

そのときに文殊師利法王子菩薩摩訶薩
ほとけにまうしてまうさく世尊これらの
もろもろの菩薩ははなはだこれありがたし
ほとけに敬順したてまつるがゆゑに大誓願をおこ




してのちの悪世にこの法華経を護持し読誦
しとく世尊菩薩摩訶薩ののちの悪世
にいかにしてかよくこの経をとかむほとけ文殊師
利につげたまはくもし菩薩摩訶薩の
のちの悪世にこの経をとかむとおもはばまさに四法
に安住すべしひとつには菩薩の行処親近処

小安住してまさに衆生のためにこの経を演説
すべし。文殊師利、いかんの菩薩摩訶薩の行
處とかなづくるとならば、菩薩摩訶薩忍辱の
地に住し、柔和善順にして卒暴ならず、こゝろま
たおどろかず。また法におきて行ずるところ
なくして諸法の如實の相を観じ、また




行ぜず分別せざる、これを菩薩摩訶薩の
行處となづく。いかなるをか菩薩摩訶薩
の親近處となづくる。菩薩摩訶薩は國王・
王子・大臣・官長に親近せざれ。もろもろの外道・
梵志・尼揵子等、および世俗の文筆讃詠外書
をつくり、および路伽耶陀・逆路伽耶陀のもの




に親近せざれ。もろもろの凶戯ある相扠相
撲、および那羅等の種々の變現のたはぶれ
またともに親近せざれ。旃陀羅および
畜猪羊雞狗畋獵漁捕諸悪律儀に親近せざ
れ。かくのごときの人、きたらばすなはちために
法をときて悕望するところなかれ。また




聲聞をもとむる比丘比丘尼優婆塞優婆夷に親近
せざれ。問訊せざれ。もしは房中にもしは
經行のところにもしは講堂のうちにありてもと
もに住止せざれ。あるときはきたらばよろしきに
したがひて法をときて悕求するところなかれ。
文殊師利、また菩薩摩訶薩は女人の身において

く欲の想をもつて相をとりてために法をとくべからず楽て見んことをねがはざれ他の家に入らんには小女處女寡女等とともにものいはざれ又五種不男の人にちかづきてもつて親厚をなさざれひとり他の家にいることなかれもし因縁ありてひとりいることあらんときはたゞ一心に仏を念じたてまつれもし女





人のために法をとかんには歯をあらはしてゑまざれ胸臆をあらはにせざれ乃至法のためにもなほ親厚せざれいはんやまた餘事をやねがひて年少の弟子沙弥小児をやしなはざれまたともに同師とすることをねがはざれつねに坐禅をこのみて閑なるところにありてその心を修攝せよ







文殊師利これをなづけて初の親近處とすまたつぎに菩薩摩訶薩は一切の法は空なり如実の相をみよ顛倒せず動ぜず退せず轉ぜず虚空のごとくして所有の性なし一切の語言のみちたえて生ぜず出でず起らず無名無相実に所有なし無量無邊無礙無障なり





観ぜよたゞ因縁をもつて有り顛倒より生ずとくがゆゑにつねにねがひてかくのごときの法相を観ずるこれを菩薩摩訶薩の第二の親近處となづくそのときに世尊かさねてこの義をのべんとおぼして偈をといてのたまはくもし菩薩ありて後の悪世に怖畏なき心をもつて

なくしてこれ経をとかんとならば行處といふ
親近處にいたりてはつねに國王および國王子大臣官
長凶險のたぐひにちかづくことなかれおよび旃陀羅外
道梵志にしたしむべからずまた增上慢の人小乘の三
藏に貪着して學するものその破戒の比丘名字
の羅漢および比丘尼の戲笑このむものにも親



近せざれまた五欲に着して現の滅度をもとむ
るもろ／＼の優婆夷にも親近することなかれ
もしこのひとら好心にてきたらば菩薩のと
ころにいたりて佛道をきかんとならば菩薩は
すなはち無所畏のこゝろをもつて悕望をいたさずして
ために法をとけ寡女處女およびもろ／＼の



不男にこれ親近してもつて親厚となすことなかれ
また屠兒魁膾畋獵漁捕利のために殺害する
ものに親近することなかれまた肉をうりてみ
づから活し女色を衒賣するかくのごときの人に
これ親近することなかれまた凶險の相撲種々の嬉
戲をなすもろ／＼の婬女等にことごとく親近することなかれ



またひとり屏處にして女のために法をとくことなかれ
もし法をとかんときには戲笑することなかれ
なかれまた里に入て乞食せんにはひとりの比丘をつれよ
もし比丘なくは一心にほとけを念したてまつ
れこれをすなはちなづけて行處近處とす
この二處をもつてよく安樂にときたまへ　上

中下の法有為無為實不實の法をも行ぜざれ
またこれ男これ女と分別せざれ諸法をも
えざれしらずみずこれをばなづけて菩
薩の行處とす一切の諸法は空にして所有
なし常住あることなしまた起滅することなしこれを
智者の所親近のところとなづく顛倒して





分別して諸法は有なり無なりこれ實なり非實
なりこれ生なり非生なりとおもひはかることなかれよ
ありてその心を修攝せよ安住して動ぜざ
ること須弥山のごとくなるべし一切の法はみな
所有なしとみよ虚空のごとし堅固あることなく
生ぜず出せずして動ぜず退せずして常住





なりと觀ずるこれをも近處となづくべし比丘あり
て我が滅後にこの行處をよび親近處にいりて
この經をとかんときは怯弱あることなからん菩薩
あるときは靜室にいりて正憶念をもて義に
したがひて法を觀じ禪定よりおこりて諸の
國王王子臣民婆羅門等のためにひらき





開化演暢してこの經典をときてその心
安穩にして怯弱あることなからん文殊師利これ
を菩薩のはじめの法に安住してよく後の
よに法華經をとくとなづく
また文殊師利如來滅後に末法のなかにして
この經をとかんとおもはゞ安樂行に住すべし

もしくちに宣説しもしは経をよまんときにこの
んで人およひ経典のとがをとかざれまた諸余
の法師を軽慢せざれ他人の好悪長短をとか
ざれ声聞の人においてもなを称して其の
過悪をとかざれまたなを称して其のよきこ
とを讃歎せざれまた怨嫌の心をなさゞれ





よくかくのごとき安楽の心を修せんがゆへに法を
きくものはその心にさかはじ難問をなす
ことあらば小乗の法をもつてこたふべからず
大乗をもつてためにときて一切種智を
えしめよそのときに世尊かさねてこの義をのべ
んとおぼして偈をときてのたまはく





つねにねがうて安穏にして法をとけ清浄の
地においてしかも牀坐をまうけあぶらをもて身にぬ
り塵穢を澡浴しあたらしききよきころ
もをきて内外ともにきよくして法坐に安処
してとひにしたがうてためにとけもし比丘
および比丘尼もろもろの優婆塞および優婆





夷国王王子群臣士民あらば微妙の義をもつて
和顔にしてためにとけもし難問することあ
らば義にしたがうてこたへよ因縁譬喩をもつ
て敷演し分別せよこの方便をもつてみな
心をおこさしめ漸々に増益して仏道にいら
しめよ嬾惰の心および懈怠の想をのぞきて

もろもろの憂悩をはなれて慈心をもて法をと
きて晝夜につねに無上道の教をとけりもろもろの
因縁無量の譬喩をもて衆生に開示してこ
とごとく歓喜せしむ衣服臥具飲食醫薬
くしかもかれがなかにおいて悕望するとこ
ろなしたゞ一心にねんじて説法の因縁を





もて佛道をなさん衆をしてまたしからしめんとねがふ
これすなはち大利なり安樂の供養
なり我が滅度ののち若し比丘ありてよくこの
妙法華經を演説せんには心に嫉恚諸惱障碍
なくまた憂愁しおよび罵詈するものなく
また怖畏し刀杖等をくはふるものなく





擯出せらるゝことなからん忍に安住するがゆへに智
者かくのごとくよくその心を修してよく安樂
に住せんことわがかみのとくがごとくせよその
人の功徳は千万億劫に筭数譬喩をもてと
くともつくすことあたはじ
また文殊師利菩薩摩訶薩のちの末世に





法滅せんとせんときにこの經典を受持讀誦せん
ものは嫉妬諂誑の心をいだくことなかれまた佛
道を學するものを輕罵してその長短をもとむる
ことなかれもし比丘比丘尼優婆塞優婆夷の
聲聞をもとむるもの辟支佛をもとむるもの
菩薩の道をもとむるものをなやまして

785

三九丁ウ

ごして疑悔せしめてその人にかたりていはくなんぢら
は道をさることとをし つゐに一切種智を
うることあたはじ ゆへはいかんとなれば汝は放逸の
人なり道におひて懈怠なるがゆへなりまた
うべからず またまさに諸法を戯論して諍
競するところあるべからず まさに一切衆生に

786

四〇丁オ

おひて大悲の想をおこしもろもろの如来におい
きては慈父の想をおこしもろもろの菩薩におき
ては大師の想をおこすべし 十方のもろもろの大
菩薩におきてつねに深心に恭敬礼拝すべし
一切衆生におきては平等に法をとけ 法に順
ずるがゆへにおほくもせず すくなくも

787

四〇丁ウ

せず 乃至ふかく法を愛せんものにもまた
ためにおほくとかざれ 文殊師利この菩薩摩
訶薩のちの末世に法滅せんとせんときにこの
第三の安樂行を成就することあらんものは
この法をとかんときにおひて悩乱することなく
よき同学のともにこの経を読誦することを

788

四一丁オ

えん また大衆のきたりて聴受しきゝ
おはりてよく持し持しおはりてよく誦し
誦しおはりてよくときときおはりてよくかき
もしは人をしてかゝしめ経巻を供養し恭
敬尊重讃歎することをえん そのときに世尊
かさねてこの義をのべんとおぼして偈をとき

789

四一丁ウ

きゝあやまちを悔ず
又この經をとかんとおもはんものは嫉恚
慢諂誑邪偽の心をすてゝつねに質直の行
を修すへし人の輕蔑せずまた法を戯
論せざれ他をして疑悔せしめてなんぢらは
道に遠しといふことなかれ此佛子法をとかんには

790

四二丁オ

つねに柔和にしてよく忍び一切に慈悲して
懈怠の心あるべからず十方の大菩薩の衆を
あはれむがゆへに道に行ぜんものに恭敬の心を
なすべしこれすなはちわが大師なりと諸
佛世尊におきて無上の父の想をなし憍
慢の心を破して法をとくに障导なからん

791

四二丁ウ

第三の法かくのごとし智者守護すべし
一心にして安樂に行ぜば無量の衆にうやま
はれんまた文殊師利菩薩摩訶薩のち
の末世に法の滅せんとせんときにおいて法華經を受
持することあらんものは在家出家の人のなか
におきて大慈の心を生じ非菩薩の人

792

四三丁オ

のなかにおきて大悲の心を生ずべしこれかのひとは
おほきにうしなへりかくのごときの人はしらず
きかず如來の方便随宜の説法をしらずして
さとらずとはず信ぜず解せ
ずかの人この經をとはず信ぜず解せずと
いへどもわれ阿耨多羅三藐三菩提を

えんとき、いづれの地にありても
神通力智恵力をもってこれをみちびきてこの法
のなかに住することをえしめん文殊師利この
菩薩摩訶薩如来の滅後にこの第四の法を
成就することあらんものはこの法をとかんに過
失あることなからんつねに比丘比丘尼優婆塞優




婆夷国王王子大臣人民婆羅門居士等のために
供養恭敬し尊重讃歎せられん虚
空の諸天法をきかんがためのゆへにつねに
随侍せんもし聚落城邑空閑林中にあらん
にときに人ありてきたりて難問せんとほつせば
諸天晝夜につねに法のためのゆへにこれを




ことはのために衛護しきく人をしてみな
歓喜することをえせしめんゆへはいかんこの経
はこれ一切の過去未来現在の諸仏の神力
をもってまもり給ふところなるがゆへに文殊師
利この法華経は無量の国の中において
の至名字をだにもきくことをうべからずいはんや




やみることをえて受持讀誦せんや文殊
師利たとへば強力の轉輪聖王威勢をもって
もろもろの国を降伏せんとほつするに
諸の小王その命にしたがはずときに
轉輪王種々の兵をおこしてゆきて討罰す
人に王兵衆のたたかふに功あるものをみては

これをみ、おほきに歓喜して功にしたがひて
賞賜す。あるひは田宅聚落城邑をあたへ、あるひは
あるひは衣服厳身の具をあたへ、あるひは種々
の珍寶金銀瑠璃車渠馬瑙珊瑚虎魄象
馬車乗奴婢人民をあたふれども、髻中の明珠を
ばこれをあたへず。ゆへいかんとなれば、ひとり王の





の頂上にこの一つの珠あり。もしこれを
あたへば王のもろもろの眷属かならずおほきに
おどろきあやしまん。文殊師利如来
もまたかくのごとし。禅定智恵の力をもつて
法の国土をえて三界に王たり。しかる
に諸の魔王あへて順伏せず。如来の





賢聖の諸将これとたたかふに、その功ある
ものは心また歓喜して四衆の中において
ためにもろもろの経をときてその心をよろこばしめ
禅定解脱無漏根力の諸法の財をたまひ
またまた涅槃の城をたまひて
滅度をえたりといひて、その





心を引導して、みな歓喜せしめ、しかも
ために是経をばとかず。文殊師利転輪王の
もろもろの兵衆をみるに大功ある者
には心はなはだ歓喜して、この難信の珠
の久しく髻中にありてみだりに人に
あたへざりしを、いまこれにあたふるがごとく

801

四七丁ウ

如来もまたかくのごとし三界のなかに大法の
王として法をもて一切衆生を敎化し給ふ
賢聖のいくさの五陰魔煩悩魔死魔とたゝ
かふにおほきなる功勲ありて三毒を滅し
三界をいでて魔網をやぶるそのときにしてその
ときに如来またおほきに歓喜してこれ法華

802

四八丁オ

経のよく衆生をして一切智にいたらしめ一切世間
にあたおほくして信じがたくさきにいま
だとかざるところなるをいまこれをとく
なり文殊師利これ法華経はこれもろもろの
如来の第一の説なりもろもろの説のな
かにおいてもこれ甚深なり末後にあたへ

803

四八丁ウ

あたふることかの強力の王のひさしくまもる
明珠をいまとりいだしてあたふるがごとし
文殊師利これ法華経は諸仏如来の秘密
の蔵なりもろもろの経のなかにおいてその
うへにありながき夜に守護してみだり
に宣説せずしてはじめて今日においてなんぢ

804

四九丁オ

らがためにしかもこれを敷演すとのたまふその
ときに世尊かさねてこの義をのべんとおぼし
て偈をときてのたまはく
つねに忍辱を行じ一切を哀愍していまし
よくほとけのほめ給ふところの経を
演説せよのちの末世のときこの経を

四九丁ウ

805

ともがらは家出家および非菩薩にて
まして慈悲を生じくしこれらにこの経をきゝ
ず信ぜずさとらずともわれはこれをきかば
り得佛道ごくえんとゆくも方便をもつて
ふかにこの法をときてそのらに信ぜしめん
たとへば強力の轉輪の王兵をもつて功あるを

五〇丁オ

806

と給へるに象馬車乘嚴身の具および
りらは田宅聚落城邑を賞賜しあるひ
は衣服種々の珎寶奴婢財物を
歓喜してあたへたまふもしいさむ勇健なるもの
ありてよくかたきことをなすものには王髻中
の明珠をとゞめてこれをあたへたまはず

五〇丁ウ

807

如来もまたかくのごとく諸法の王として忍辱
の大力智恵の寶蔵ありて大慈悲をもつて法
のごとく教化し給ふ一切の人のもろもろの
苦惱をうけて解脱をもとめんをみて
ときに魔とたゝかふを見そなはして
の衆生のために種々の法をとき大方便を

五一丁オ

808

とき給ふこの諸經の經をときまする衆生
ののちにわかちおはりて末後にすなはち
これをためにこの法華をときたまふ王の
の明珠をときてこれをあたへ給ふことこの
經はもろもろの諸佛のひみつの藏なり
まりきにつに守護してみだりに開示せず

いまわがときつるがごとくなるべしなんぢら
わがのちにしてわが滅度ののち佛道をもとめん
ものは安穏にこの経を演説せんことをねがはゞ
ともがらはまさにかくのごときの四法に親近す
常にこの経をよまんものはつねに憂悩なく
また病痛なく顔色鮮白にして貧窮





卑賤醜陋にむまれずして衆生このんでみること
賢聖をしたふがごとくならん天のもろもろの
童子もつて給使とせん刀杖もくはへられず
毒も害することあたはじもし人にくみのらば
くちもすなはち閉塞せん遊行せんにおそれなき
ことし師子王のごとくならん智恵の光明は





日のてらすがごとくならんもしゆめのうちに
たゞ妙なることをのみみんもろもろの如来
師子の坐に座してもろもろの比丘衆に圍繞せ
られて法をときたまふをみんまた龍神阿
修羅等のかず恒沙のごとくにして恭敬合掌
せりみづからそのみをみるにしかもためにのり





法をとくとみんまた諸佛身相金色にして
無量のひかりをはなちて一切をてらし梵
音聲をもつて諸法を演説したまふほとけ四衆の
ために無上の法をときたまふにみづからの身衆のなかにあるを
處して合掌して佛をほめたてまつる
法をきゝて歓喜してしかも供養をなして陀

813

五三丁オ

羅尼を得、不退の智を證しけるを、佛
道にふかく入りたることをしろしめして、記をさつけ
たまはく、最正覚をなりなん。なんち善男子、ま
さに来世に無量智ある仏の大道をえて、
国土厳浄にして廣大無比ならん。また四衆あり
て合掌して法をきくをみん。

814

五四丁オ

またわか身山林のなかにありて善法を修習し、
諸法の實相を證し、ふかく禪定にいりて、
十方の仏をみたてまつる。諸佛の身は
金色にして百福の相をもて荘厳したま
へり。法をききて人のためにとく。つねにこの
よき夢あらん。また夢に国王となりて、

815

五四丁ウ

宮殿眷属および上妙の五欲をすてて道場
に行詣し、菩提樹下にありて師子の座に
處して、道をもとむること七日をすぎて、諸佛の
智をえ、無上道をなりをはりて、おきて法
輪を轉し、四衆のために法をとくこと千万億
劫をへて、無漏の妙法をときて、無量の衆生を

816

五五丁オ

度して、のちにまさに涅槃にいること、けふり
のつきてともしびのきゆるかことくならん。もし
のちの悪世のなかにこの第一の法をとかん
人、大利をえんこと、上のもろもろの功徳の
ことくならん。

妙法蓮華經從地涌出品第十五

そのときに他方国土の諸来の菩薩摩
訶薩八恒河沙のかずにすぎたる大衆の
なかに起立しかつしやうして礼をなし
佛にまうしてまうさく世尊もしわれら
ほとけの滅後にこの娑婆世界にありて




勤加精進してこれ経典を護持讀誦書寫
供養せむことをゆるしたまはゞまさにこの土
にしてひろくこれをとかむ。そのときにほとけ
もろもろの菩薩摩訶薩衆につげたまはく
やみね。善男子なんぢらか
この経を護持せむことをもちゐしゆゑは




いかんとなれば我娑婆世界にみづから六万恒河沙
等の菩薩摩訶薩あり。一一の菩薩におのおの
六万恒河沙の眷属あり。これらのひとびと
よくわが滅後に護持讀誦し
ひろくこの経をとかむ。ほとけこれをときたまふとき
娑婆世界の三千大千の国土の




地みな震裂してそのなかより無量
千万億の菩薩摩訶薩ありて同時に涌出せり
このもろもろの菩薩はみな身金色にして
三十二相無量の光明あり。さきにことごとく
娑婆世界のしたこの界の虚空のなかに
ありて住せり。この菩薩は釋迦牟尼佛

乃所説の音聲をきゝてしたより發来せり
一々の菩薩みなこれ大衆の唱導の首とし
てをの〳〵六万恒河沙の眷屬をひきゐたりいはんや
五万四万三万二万一万恒河沙等の眷屬をひ
きゐたるをやいはんやまた乃至一恒河沙半
恒河沙四分が一乃至千万億那由他分が一なる





をやいはんやまた千万億那由他の眷屬
をやいはんやまた億万の眷屬いはんやまた千万
百万乃至一万をやいはんやまた一千一百乃至
一十なるをやいはんやまた將たる五四三二一の弟子
をひきゐたるをやいはんやまた單己にし
て遠離の行をねがふものありかくのごときの





たぐひ無量無邊にして算數譬喩をもしる
ことあたはずこのもろ〳〵のぼさつみな
地よりいでをはりてをの〳〵虚空の七寶の
妙塔の多寶如来釋迦牟尼佛のところに
いたりていたりをはりて二世尊にむかひ
たてまつりて頭面にみあしに礼して乃至





もろ〳〵の寶樹下の師子の座のうへのほとけ
たちのところにいたりてまたみな礼をなしたてまつりて
めぐることと三匝してたなごゝろをあはせもて恭
敬しもろ〳〵の菩薩の種々の讃法をもて
て讃歎したてまつりて一面に住在し
て欣樂して二世尊を瞻仰したてまつる
欣樂し

これらのもろもろの菩薩摩訶薩地より涌出して
諸ぼさつの種々の讃法をもてほめ(?)
たてまつるかくのごときときをへたること
五十小劫ぞありこのときに釈迦牟尼仏
黙然としてざしたまへりおよびもろもろの
四衆もまたみな黙然たること五十小劫なりけるの





神力のゆへにもろもろの大衆をして半日の
ごとしとおもはしむのちに四衆まで(?)
世尊の神力をもてのゆへにもろもろの菩薩
の無量百千万億の国土の虚空に遍満
せられたるこの菩薩衆のなかにおいて
導師ありて一をば上行となづけ二をば無





辺行となづけ三をば浄行となづけ四をば
安立行となづくこの四人の菩薩は
衆のなかにおいてもっとも上首唱導の
師なり大衆のまへにありてともに
合掌しておもてをあはせて釈迦牟尼仏を
みたてまつりて問訊してまうさく世尊





少病少悩にして安楽に行じたまふやいなや
まさに度すべきものをしへをうけやすしや
いなや世尊をして疲労をなさしめたてまつるや
そのときに四大菩薩しかも偈をときてまう
さく
世尊安楽にして少病少悩にましますや

衆生を教化したまふに疲倦なきことをえてまし
ますやまたもろ〳〵の衆生化をうくることやすしや
いなや世尊をして疲勞をなさしめたてまつら
ざるやそのときに世尊もろ〳〵の菩薩大衆の
なかにしてこの言をなしたまはくかくのごと
しもろ〳〵の善男子如来安樂にして少病少





惱なりもろ〳〵の衆生等化度すべきことやすし
疲勞あることなしゆへいかんこのもろ〳〵の衆生世
ゝよりこのかた常に我化をうけたりまた過去の諸佛
においてさらに供養尊重して諸善根をうへ
たりこのもろ〳〵の衆生は始て我身をみ我所説を
きゝて即皆信受して如来の恵にいりぬ





先より修習して小乘を学せるものをばのぞく如是
の人も我いままたこの經をきかしめて佛恵に
いらしむそのときにもろ〳〵の大菩薩しかも偈を説
きていはくよきかなよきかな大雄世尊もろ
〳〵の衆生等化度しつべきことやすしよく
もろ〳〵の諸佛の甚深の智恵をとひたてま





つりきゝおはりて信解しおこなふわれら
隨喜すそのときに世尊上首のもろ〳〵の大菩薩
を讃歎したまはくよきかなよきかな善男子
なんぢらよく如来においてさらに随喜のこゝろをおこせ
りそのときに弥勒菩薩および八千恒
河沙のもろ〳〵の菩薩衆みなこのおもひを

なさしまでむりよりこゝろさしまきす
かくのごとき大菩薩摩訶薩衆は地より
涌出して世尊のみまへに住して合掌し
むかひて供養し如来に問訊したてま
つる。そのとき弥勒菩薩摩訶薩八千恒河
沙のもろもろの菩薩等のみな所念を知





ならびにみづから所疑を決せんとおもひて
たなごゝろをあはせて仏にむかひたてまつりて
偈をもつて問たてまつらく
無量千万億の大衆の諸の菩薩はむかし
よりいまだかつてみざるところなりねがはく
は両足尊ときたまへ。これいづれのところより





きたれるぞ。いかなる因縁をもつてあつ
まれるや。巨身に大神通あり。智恵思議し
がたし。その志念堅固にして大忍辱力ある
衆生のみる事をねがふ。いづくよりかきたれる
ところをしらんとねがふ。一一の諸菩薩の
菩薩の所将の諸の眷属そのかず





かぎりあることなし。恒河沙等のごとし。あるひは
大菩薩あり。六万恒河沙をひきゐたり。かくのごとく
諸の大衆一心に仏道をもとむ。これ諸の
大師等六万恒河沙ともにきたりて
仏を供養したてまつり、およびこの経を護
持す。五万恒河沙をひきゐたるもの

ひきゐたり四万および三万二万より一万を
いたるまで一千一百等乃至一恒沙半および三四
分億万分の一千万那由他万億の諸々の
弟子乃至半億にすぎてそのかずまされり
にもこえたり百万より一万にいたり一千および
び一百五十と一十や乃至三二一あるひは単己





して眷属なくして獨處をねがふものともに
佛の所に来至せる者のかずうへにまさりて
きたりかくのごときの諸の大衆をもしは人籌
をとりてかぞへんこと恒沙の劫をすぐるとも
なほつくしてしることあたはじこの諸々の
大威徳ある精進の菩薩はたれかそれがために





法をときて教化し成就せしめたるやたれにしたがひて
かはじめて心を發せしいづれの佛の法をか稱揚
せられ受持していづれの経をか行ずるいづれの
佛の道をか修習せるかくのごときの諸の菩
薩は神通大智力あり四方の地震裂して
これがなかより涌出せり世尊われむかしより





このかたいまだかつてこの事をみずねがはくは
その所従の国土名号をときたまへわれつねに
諸の国にあそべどもいまだかつてこの
事をみずわれこの衆のなかにおいていま
だ一人をもしらず忽然に地よりいでたり
ねがはくはその因縁をときたまへいまこの

841

六七丁ウ

大會に無量百千億あり、これ法華の菩薩ら
はこれ事ごとくをしりたまふこのゆへに
菩薩衆は本末の因縁あるべし。無量徳の世
尊ねがはくは衆のうたがひを決し
たまへ
その時に釋迦牟尼佛の分身の諸佛

842

六八丁オ

の無量千万億他方の国土よりきたりたまへる
その八方の諸の寶樹の下の師子の
座のうへにましまして結跏趺坐したまへるの
ほとけの侍者各各にこの菩薩大衆の三千大
千世界の四方におゐて地より涌出し安
虚空に住せるをみてをのをのそのほとけ

843

六八丁ウ

にまうしてまうさく、世尊これらの無量
無邊阿僧祇の菩薩大衆はいづくよりか
きたりたまへるぞそのときに諸佛おのおの侍
者につげてのたまはく、諸善男子しばらく須
臾まちたまへ、菩薩摩訶薩あり名づけて
彌勒といひて釋迦牟尼佛に授記せら

844

六九丁オ

れてつぎにほとけになるべしすでにこ
の事をとひたてまつるほとけいまこれにこ
たへ給ふ。なんぢらおのづからまさにこれにより
てきくことを得んと。そのときに釋迦牟尼
佛彌勒菩薩につげてのたまはく、よきかなよきかな
よきかな阿逸多、いましよくほとけにかくの

これ大事をとひたてまつりたまふ汝らまさに
ともに一心にしてよろひをきて精進のよろひを
き堅固の心をおこすへし如来いま諸仏の
智恵諸仏の自在神通の力諸仏の
師子奮迅の力諸仏の威猛大勢の
ちからを顕発し宣示しましまさんとおほして





爾の時に世尊かさねてこの義をのへんと
おほして偈をときてのたまはく
まさに精進して一心なるへしわれこの
ことをとかんとおもふ疑悔あることなかれ
仏智は思議しかたしなんちいま
信力をおこして忍善の中に住せよ





昔よりいまたきかさる所の法いまみなまさに
きくことをうへしわれいまなんちを安慰して疑懼
いたくことなかれ仏は不実の
語なし智恵ははかりかたし得る所の
第一の法は甚深にして分別しかたしかくの
ことき法をいまゝさにとくへしなんちら





心ひとつにしてきくへし
爾の時に世尊この偈をときおはりて
弥勒菩薩につけたまはくわれいまこの
大衆においてなんちらに宣告す阿逸多
この諸の大菩薩摩訶薩無量無数阿
僧祇地より涌出してなんちらむかし

849

七一丁ウ

いまみつるところのものはわれこれ娑婆世
界において阿耨多羅三藐三菩提をえおはりて
これらのもろもろの菩薩を教化示導しそのこ
ゝろを調伏して道のこゝろをおこさしめたり
このもろもろの菩薩ハみなこの娑婆世界
のしたこの界なる虚空のなかにおいて住

850

七二丁オ

せりもろもろの経典においてよく読誦通利し思
惟分別し正憶念せり阿逸多これらのもろもろの
善男子等は衆にありておほく所説ある
ことをねがはずつねにしづかなるところをねが
ふ勤行精進していまだかつて休息
せずまた人天に依止して住せずつねに

851

七二丁ウ

深智をねがひて障碍あることなしまたつね
に諸佛の法をねがひて一心に精進して無上
の恵をもとむそのときに世尊かさねてこ
の義をのべんとおぼして偈をときてのた
まはく
阿逸なんぢまさにしるべしこのもろもろの

852

七三丁オ

大菩薩ハ無数劫よりこのかたほとけの智恵
を修習せりことごとくこれわが所化として大
道心をおこさしめたりこれらはこれわがこなり
これ世界に依止せりつねに頭陀の事を
行してしづかなるところをねがひて
大衆の憒閙をすてゝ所説おほきことをねがはず

ねがはくはこれらの諸子等はわが道法を學習
しつゝ晝夜につねに精進して佛道をもとむ
かるがゆへに娑婆世界にありながら下方空
中にありて住し志念力堅固にしてつねに
智恵を勤求し種々の妙法をときて其の
心おそるゝところなし我は伽耶城菩提樹





下に坐して最正覺なることをえて無上の法
輪を轉じをはりてすなはちこれを教化して
はじめて道心をおこさしめきいまはみな不退
に住せりことごとくまさに佛になることを
うべしわれいま實語をとくなんぢらを
心をひとつにして信ぜよわれは久遠よりこれ





かこれらの衆を教化せりそのときに弥勒
菩薩摩訶薩をよび無數の諸の菩薩
等心に疑惑をなして未曾有なりとおもひて
てこゝろにおもひておもへらくいかんぞ世尊少時の
あひだにをいてかくのごとき無量無邊阿
僧祇の諸の大菩薩を教化して阿耨





多羅三藐三菩提に住せしめ給ふとおもひてすなはち
かくのごとくに佛にまうしてまうさく世尊如來は太子と
いまししときに釋の宮をいでて伽耶城を
さることとをからずして道場に坐して阿耨
多羅三藐三菩提をじやうずることをえたまふ
そのときよりこのかたはじめて四十餘年を

しかるを世尊はいまこれ少時におきておほ
きに佛事をなし給へるほとけの勢力をもてや
ほとけのくどくをもてかくのごとき無量の大
菩薩衆を教化してまさに阿耨多羅三藐
三菩提を成就なさしめ給ふや世尊この大
菩薩衆はたとひ人ありて千万億劫におきて





かぞふるともつくすことあたはじそのかぎりを
えじこれらは久遠よりこのかた無量無邊の諸
佛のところにしてもろもろの善根をうへて
菩薩の道を成就してつねに梵行を修
せり世尊かくのごときの事は世の信じがたき
ところなりたとへば人ありていろうるはしく





かみくろくして二十五なる人百歳の人をさして
これはわが子といはんかの百歳の人もまた
年少なるをさしてこれはわがちゝなりわれらを
生育せりといはんこの事信じがたきがごと
く佛もまたかくのごとし道をえて
よりこのかたその實はいまだひさしからず





しかるにこの大衆の諸菩薩等
はすでに無量千万億劫において佛道
のためのゆへに勤行精進をしてよく無量百
千億の三昧に入出住し大神通をえて
ひさしく梵行を修しよく次第にならひて
の善法をならひて問答にたくみにして人

中にありて一切世間にもはなはだ希有
なるを今日世尊まさに佛道をえたまひ
しときにはじめて發心せしめ教化示道して
阿耨多羅三藐三菩提にむかはしめたまへり
とのたまふ世尊ほとけをえたまへることいまだ
ひさしからざるにすなはちよくこれ大功徳の





事をなしたまへりわれらはまたほとけの随
宜の所説ほとけのいだしたまふことばの
いまだかつて虚妄ならざること
ほとけのしろしめすところはみなことごとく通達
したまふと信ずといへどもしかも諸の新
發意の菩薩ほとけの滅後において





もしこの語をききてはあるひは信受せずして
破法罪業の因縁をおこさんたゞしかなり
世尊ねがはくはわがために解説して
われらがうたがひをのぞきおよび未来世の
諸の善男子この事をききてはまたうたがひ
をしやうぜざらしめたまへそのときに弥勒菩薩





かさねてこの義をのべんとおもひて偈をとき
てまうさく
ほとけむかし釋種より出家して伽耶に
ちかき菩提樹に坐したまへりそれよりこの
かたなほいまだひさしからずこの諸の佛
子等そのかずはかるべからずひさしくすでに

865

七九丁ウ

佛道を行じて神通智力に住しましましかるに
の道を學して世間の法に染せざること蓮華
の水にあるがごとくして地より涌出してみな
恭敬の心をおこして世尊のまへに住せり
この事思議しがたしいかにしてか信ずべき
ほとけ道をえたまへることははなはだちかし

866

八〇丁オ

成就したまふところはなはだおほしねがはく
は衆のうたがひをのぞかんがためにまことのご
とく分別してときたまへたとへばわかくさかり
なる人のとしはじめて二十五なる人に
示したまふ百歳の子ありてかみしろくおもてしわより
これらはわれしてこれはわが所生なり

867

八〇丁ウ

といひ子はまたちゝなりといふちゝはわかくして子は
おいたるよこぞりて信ぜざるがごとくなるべし
かくのごとく世尊もまたかくのごとし道をえたま
ひてよりこのかたはなはだちかしこの諸
菩薩等は心ざしかたくして怯弱なし無量
劫よりこのかた菩薩の道を行ぜり難問

868

八一丁オ

答にたくみにしてその心おそるゝところなし
忍辱の心ありて決定せり端正にして威徳あり
十方の仏のほめたまふところなりよく
分別してときたまへり人衆にあることをねがはず
つねにこのんで禅定にあり佛道を
もとむるがゆへに下方の空中に住せり

八一丁ウ

まてハかれらにきこえたてまつりてきく
此事にてきさうらうかゝるし祢りそくは
かしこき本来のまゝに演説して開解せ
しめたまへこの経にてきゝそうらひ
ごかうも信やぶるさまもの人のなさとれと
ち侮たに悪道におつ令し祢りそくはい

八二丁オ

まさにみへに解説するくこの無量の菩
薩をばしうみむつ時にてきて教化し
え無發心やうりうして不退の地に住
せしめたまへと

八二丁ウ

裏表紙見返

裏表紙見返

裏表紙裏紙

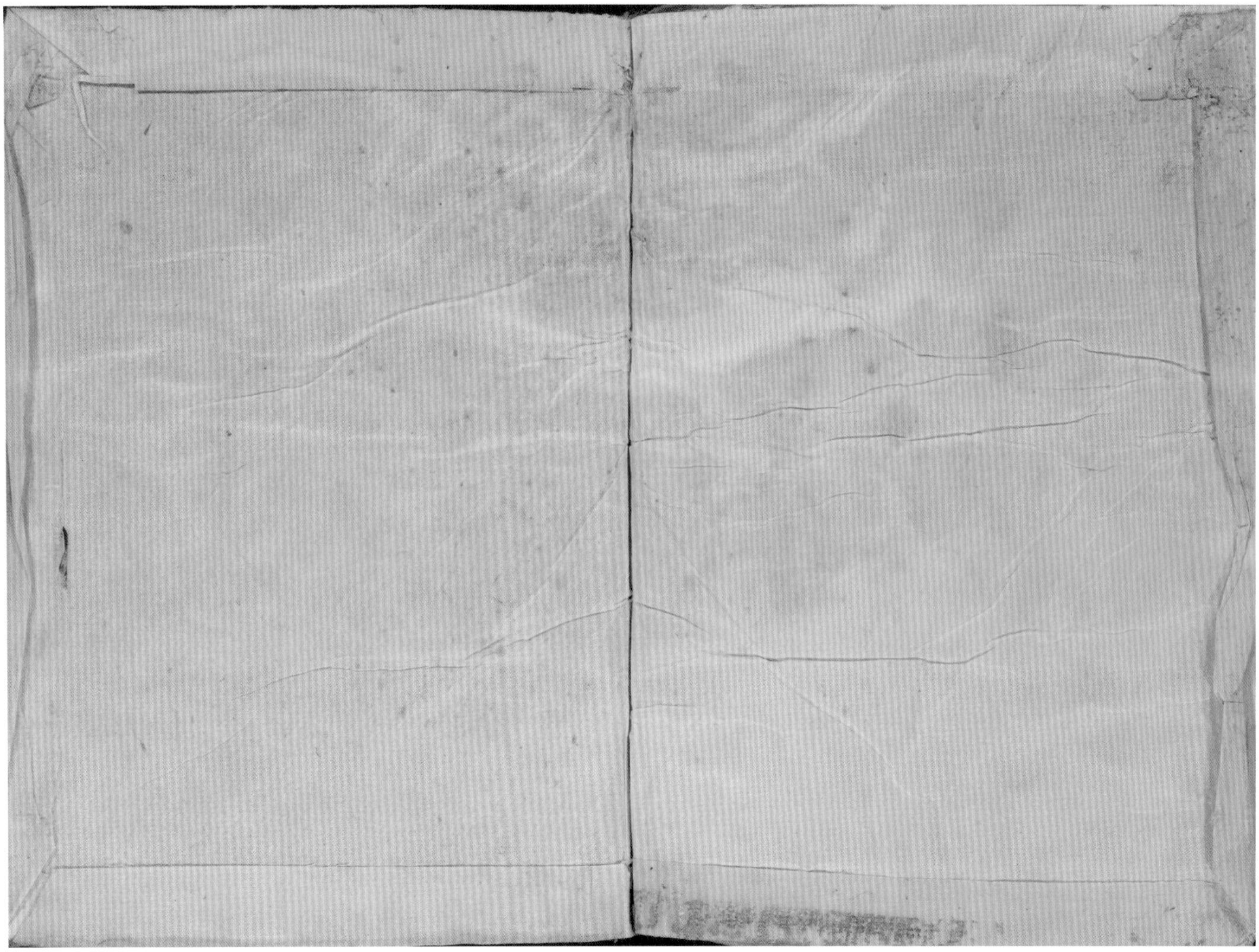

裏表紙

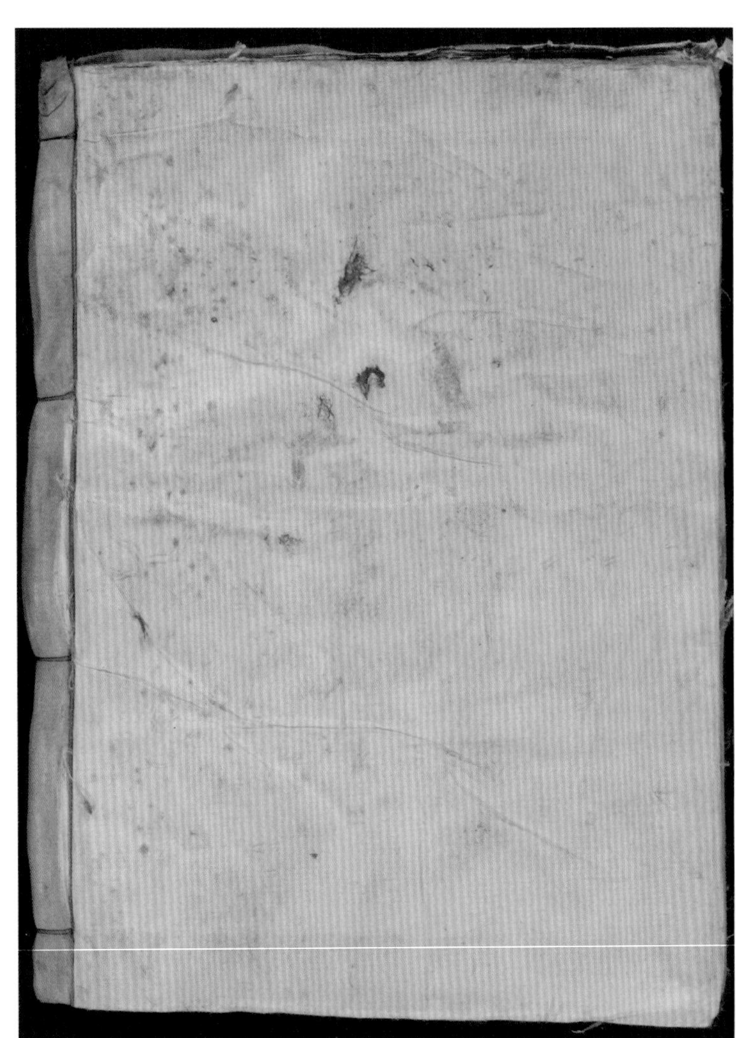

# 妙法蓮華経　巻第六



表紙

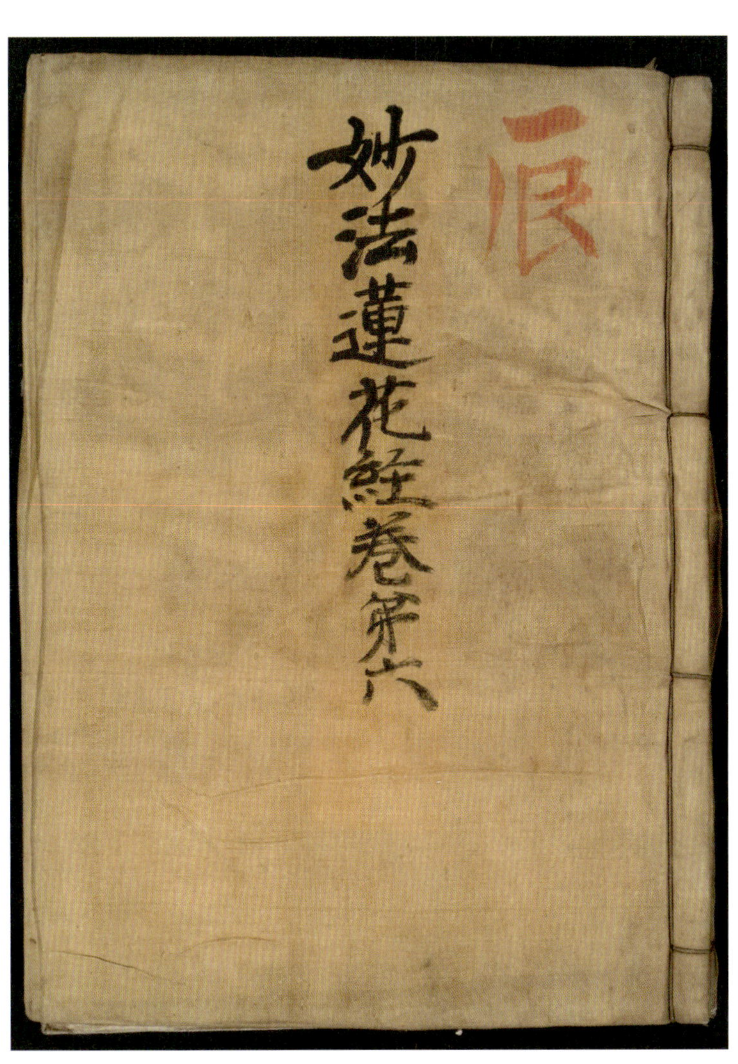


表紙見返

表紙裏紙

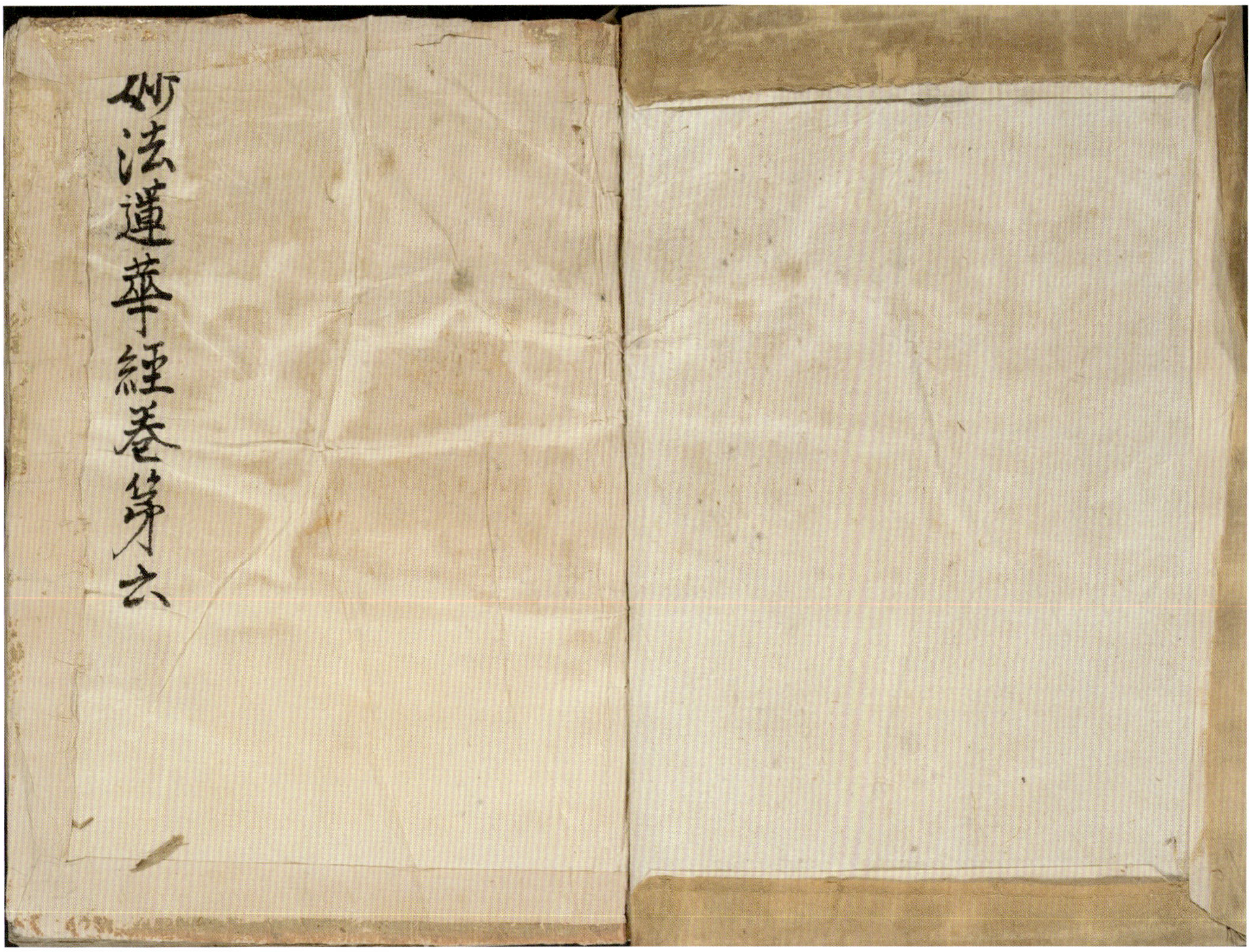

一丁オ

妙法蓮華経如来壽量品第十六

そのときにほとけもろもろの菩薩および
一切の大衆につげたまはくもろもろの善男子
なんぢらまさに如来の誠諦のことばを
信解すべしまた大衆につげたまはく
なんぢらまさに如来の誠諦のことばを



一丁ウ

信解すべしまたもろもろの大衆につげたまはく
なんぢらまさに如来の誠諦のことばを
信解すべしこのときに菩薩大衆
弥勒をはじめとしてたなごころをあはせて
ほとけにまうしてまうさく世尊ただ
ねがはくはこれをときたまへわれらまさに



二丁オ

ほとけのみことばを信受したてまつるべしかくのごとく
三たびまうしをはりてまたまうさくただねがはくは
これをときたまへわれらまさにほとけの
みことばを信受したてまつるべしそのときに世尊
もろもろの菩薩みたびこひてやまざることを
しろしめしてこれにつげてのたまはく

たちあきらかにきけ如来の秘密神通の
ちからを一切世間の天人および阿修羅は
みないまの釋迦牟尼佛は釋氏の宮を
いでゝ伽耶城をさることとをからずして
道場に坐して阿耨多羅三藐三菩提をえ
たまへりとおもへりしかるに善男子われ實に




ほとけになりてよりこのかた無量無邊百
千万億那由他劫なりたとへば五百千万億那
由他阿僧祇の三千大千世界をたとひ人
ありて抹して微塵となして東方の五百千
万億那由他阿僧祇のくにをすぎてすなはち
一塵をくだすかくのごとくひんがしにゆきて




この微塵をつくさんがごとしもろもろの善男
子いかにおもふやこのもろもろの世界をば
思惟校計してそのかずをしりうべしや
いなや彌勒菩薩等ともに佛にまうして
まうさく世尊このもろもろの世界は無
量無邊にして算數のしるところにあらず




また心力のおよぶところにあらず一切の聲聞
辟支佛無漏智をもつても思惟してその限
數をしることあたはずわれら阿惟越致の地
に住せりこの事のなかにおいてもまた達
せざるところなり世尊かくのごときもろもろの
世界無量無邊なりそのときに佛大菩薩

衆につげてのたまはくもろ〳〵の善男子いま當に
分明に汝等に宣語すべしこれもろ〳〵の
世界の若は微塵をつけたる及びつけざるとの
盡以塵となして一塵を一劫とせんわれ佛に
なりてより已来ましこれにすぎたること百千
万億那由他阿僧祇劫なりこれよりこのか




われつねにこの娑婆世界にありて說法教
化しまた餘處の百千万億那由他阿僧
祇の國にしても衆生を道利してもろ〳〵の
善男子これ中間にをきてわれ燃燈佛
とうをとかまた涅槃にいりきといひき
かくのごときはみな方便をもて分別せ




しなりもろ〳〵の善男子もし衆生ありてわが
みもとに来至するにわれ佛眼をもてその
信等の諸根の利鈍を觀じて度すべき
ところにしたがひて處々にみづから名字の
不同年紀の大小をとき又現じて
また涅槃にいるべしといひまた種々の方便




をもて微妙の法をときて衆生をして
觀喜の心をおこさしむもろ〳〵の善男子如
来もろ〳〵の衆生の小法をねがふ德薄
垢重のものを見てこの人のためにわれ
わかくして出家して阿耨多羅三藐
三菩提をえたりととくしかるにわれ實に

かくのごとくなりてよりこのかた久遠なること
かくのごとし。たゞし方便をもて衆生を教化し
て佛道にいらしめんとて、かくのごとき説をな
す。諸の善男子、如来のゝべたまふところの
経典は、みな衆生を度脱せんがためなり
あるひは己身をとき、あるひは




他身をとき、あるひは己身をしめし
あるひは他身をしめし、あるひは己事をし
めし、あるひは他事をしめす。もろもろの
言説するところ、みな實にしてむなし
からず。ゆへいかんとなれば、如来は實のごとく三界
の相を知見したまふ。三界の相無有生




死の、あるひは退、もしは出あることなし。また在
世および滅度のものなし。實にあらず、虚にあ
らず、また如にあらず、異にあらず。三界のごとく
三界をみるにあらず。かくのごとき事を如来はあ
きらかにみそなはして錯謬あることなし
もろもろの衆生に種々の欲、種々の行、種々の




憶想分別あるをもってのゆへに、諸の善根
を生ぜしめんがために、若干の因縁譬喩
言辞をもって種々に法をとき、なす所の佛事
いまだかつてしばらくもすてたまはず
かくのごとく我成仏してよりこのかた
はなはだ甚大久遠なり。寿命無量阿僧祇劫

895

八丁ウ

常住にして滅せざりつるの善男子われ
もと菩薩の道を行ぜしとき成ぜしところ
の寿命いまだつきずまたかみのかず
に倍せりしかるをいま実の滅度に
あらざれどもしかもすなはちとなへて当
まさに滅度をとるべしといふ如来はこの方便

896

九丁オ

をもつて衆生を教化したまふゆゑはいかんとなれば
もしほとけひさしく世に住したまはば薄徳の
人善根をうゑずして貧窮下賤にして五欲に
貪着し憶想妄見のあみのなかにいりなん
もし如来つねにありて滅したまはずと
みてはすなはち憍恣をおこして厭怠

897

九丁ウ

をいだいて難遭のおもひ恭敬の心をなすこと
あたはじこのゆゑに如来方便をもつてとく比丘
まさにしるべし諸仏の出世には値遇すべき
こと難しゆゑはいかん薄徳の人は無量
百千万億劫をすぎてあるいはほとけをみる
あるいはみざるものありこの事をもつてのゆゑ

898

一〇丁オ

我この言をなすもろもろの比丘如来はみたてまつる
ことえがたしとこの衆生
等かくのごとき語をききてはかならずまさに難
遭のおもひをなし心に恋慕をいだき仏を
渇仰してすなはち善根をうゑん
このゆゑに如来は実に滅せずといへども

899

一〇丁ウ

をしても滅度すといふ善男子諸佛如
来ハ法みなかくのことし衆生を度せんかためなれは
みな實にしてむなしからすたとへハ良醫の
ありて智恵聰達にしてあきらかに方薬を練して
よく衆の病を治すかの人に諸の子息おほく
あり或は十二十乃至百數なりしに縁あつて

900

一一丁オ

とをくいたりて餘国にいたりし後諸子のちに
に他の毒薬をのみて薬發悶乱して地
に宛轉すこのときにちゝ還来して
いゑにかへる諸子毒をのみてあるひは本
心をうしなひあるひはうしなはさるものあり
はるかにちゝをみてみなおほきに歡喜

901

一一丁ウ

し拜跪問訊してよく安穩にかへりたま
へりわれら愚癡にしてあやまりて毒藥を
服せりねかはくは救療せられてさらに
壽命をたまへちゝ子ともの苦惱をみること
かくのことくなるをみてもろもろの經方によりて
よき藥草の色香美味ことく

902

一二丁オ

みなことく具足せるをもとめて擣簁和合して
こにあたへて服せしむしてこの言を
なすこの大良藥ハ色香美味ことく
具足せりなんちら服すへしはやく
苦をのそいてまたもろもろのうれへなからん
その諸子のなかに不失心のものはこれ

903

一二丁ウ

良薬は色香ともによきをみてすなはち
これを服してやまひことごとく除愈しぬ
餘の失心のものはそのちゝのきたるを
みてもまた歓喜し問訊してやまひ
を治せんことを求索すといへども
そのくすりをあたふるにしかもあへて

904

一三丁オ

服せずゆへいかんとなれば毒の氣ふかくいりて本心
をうしなへるがゆへにこのよき色香ある
くすりにおいてよからずとおもへりちゝこの
おもひをなすらくこのこはあはれむべし毒に
あたられて心みな顚倒せり
われをみてよろこびて救療せんと

905

一三丁ウ

ことを求索すといへどもかくのごとき
くすりをしかもあへて服せずわれいま
まさに方便をまうけてこのくすりを服
せしむべしすなはちこの言をなさく
なんぢらまさにしるべしわれいま衰老して
死の時すでにいたれりこのよき良

906

一四丁オ

薬をいまとゞめてこゝにおくなんぢとりて服
すべしいえじとうれふることなかれ
しめをなしをはりてまた他国にいたり
使をつかはしてかへりてつげしむなんぢが
ちゝすでに死しぬこのときに諸子の
ちゝ背喪しぬときゝて心おほきに憂

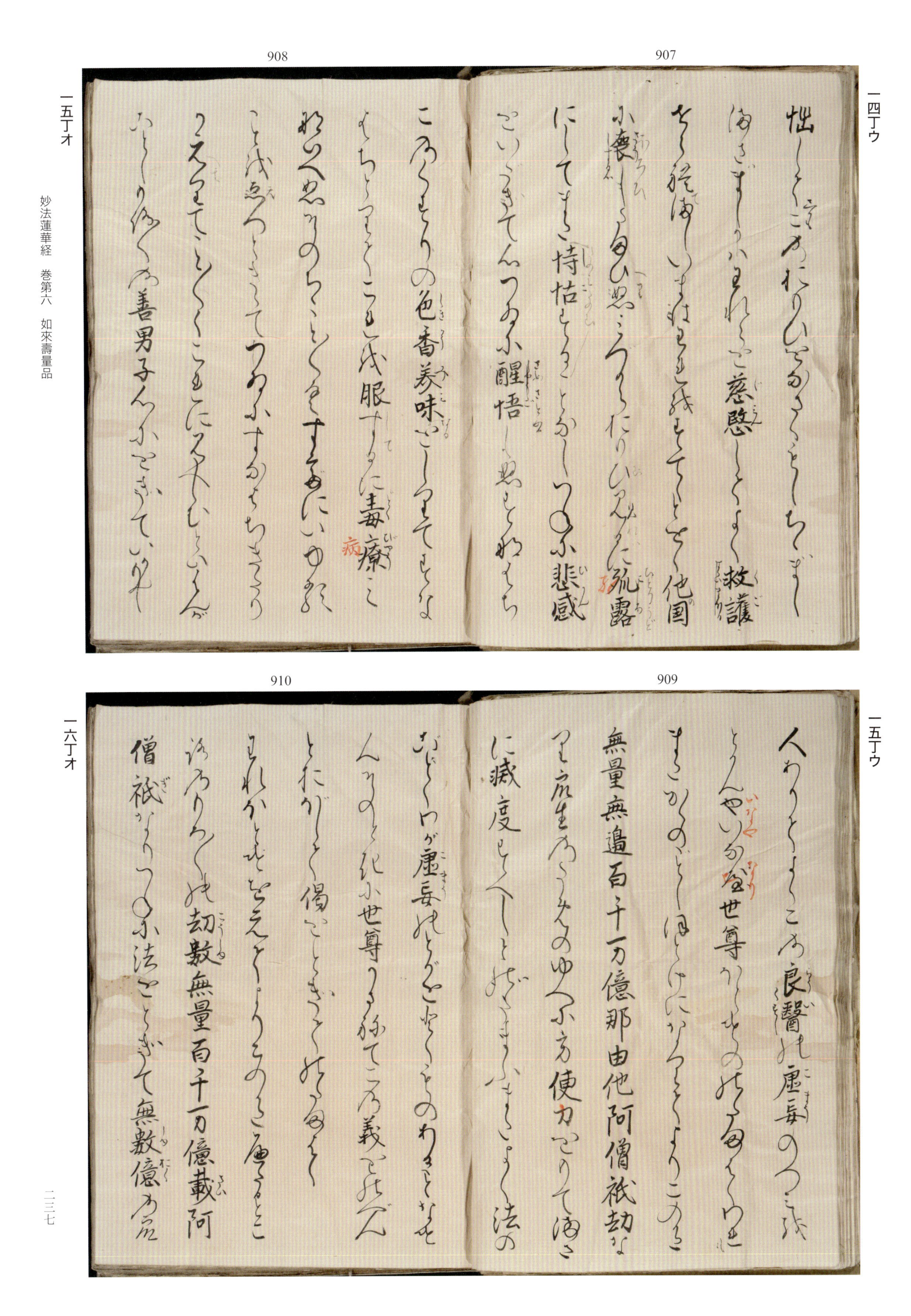

907

一四丁ウ

908

一五丁オ

909

一五丁ウ

910

一六丁オ

一六丁ウ

生を教化して佛道にいらしむ。それよりこのかた無量劫なり。衆生を度せんがためのゆへに方便をもつて涅槃を現ずれども、實には滅度せず。つねにこゝに住して法をとく。われつねにこゝに住すれども、もろもろの神通力をもつて顛倒の衆生をしてちかしと



一七丁オ

いへどもしかもみざらしむ。衆わが滅度をみて、ひろく舎利を供養し、ことごとくみな戀慕をいだきて渇仰の心を生ず。衆生すでに信伏し、質直にしてこゝろ柔軟に、一心にほとけをみたてまつらんとおもひて、みづから身命をおしまず。ときにわれおよび



一七丁ウ

衆僧ともに霊鷲山にいづ。われときに衆生にかたる。つねにこゝにありて滅せず、方便力をもつてのゆへに滅不滅ありと現ず。餘国に衆生の恭敬し信樂するものあれば、われまたかのなかにおいて、ために無上の法をとく。なんぢらこれをきかずして、たゞ



一八丁オ

わが滅度すとおもへり。われもろもろの衆生をみれば苦海に没在せり。かるがゆへにために身を現ぜずして、それをして渇仰を生ぜしむ。その心戀慕するによつて、すなはちいでて、ために法をとく。神通力かくのごとし。阿僧祇劫においてつねに霊鷲山

一八丁ウ

餘のもろもろの住處にありき衆生は劫つき
て大火にやかるゝと見る時もわがこの土安穏にして
天人つねに充滿し園林もろもろの堂閣種
々のたからをもて莊嚴し寶樹華菓おほく
して衆生の遊樂するところなり
諸天は天のつゞみをうちてつねにもろもろの



一九丁オ

妓樂をなし曼陀羅華をふらしてほとけ
およひ大衆に散ずわが淨土はやぶれざれども
しかも衆はやけつきて憂怖もろもろの苦惱
かくのごとくことごとく充滿せりとみるこの
もろもろのつみの衆生は惡業の因緣をもて
阿僧祇劫をすぐれども三寶の名をきかず



一九丁ウ

きもろもろの功德を修し柔和質直
なるものはすなはちみなわが
身こゝにありて法をとくとみるあるときは
この衆のためにほとけのいのち無量
なりととくひさしくありていましほとけを
みたてまつるものにはためにほとけには



二〇丁オ

あひがたしととくわが智の力かくのごとし慧光てら
すこと無量に壽命無數劫なりひさしく業を
修してえたるところなりなんぢら智あらん
ものこゝにおきてうたがひをなすことなかれまさに
たち斷してながくつきしむべし佛語は
實にしてむなしからずくすしのよき方便

かるかゆへに狂子を治せんかためのゆへに実には在
れとも死すといふ虚妄なりと
いふことなしわれもまたよの父として
もろもろの苦患をすくふものなり凡夫の顛
倒せるかためにまことにはあれども滅すと
いふつねにわれをみるをもてのゆへにしかも





憍恣の心を生し放逸にして五欲に著して
悪道のなかにおちなんわれつねに衆生の
道を行し道を行せさるをしりてよろしく
度すへきにしたかひてためにくさくさ
の法をとく毎自このおもひをなさくいかにしてか
衆生をして無上道にいることをえてすみやか





佛身を成就せしめんと也

妙法蓮華經分別功德品第十七

その時に大會仏の壽命の劫數長
遠なることかくのことくなるをときたまふをき
きて無量無邊阿僧祇の衆生大饒益を
えつその時に世尊彌勒菩薩摩訶薩にのたまはく
阿逸多我この如来の壽命長遠なる
ことをとくときに六百八十万億那由
他恒河沙の衆生無生法忍をえつまた
千倍の菩薩摩訶薩ありて聞持陀羅
尼門をえつまた一世界の微塵數の菩薩摩
訶薩ありて樂說無礙辯才をえたまふ

一世界の微塵数の菩薩摩訶薩ありて百
千万億無量の旋陀羅尼をえたまふ三千
大千世界の微塵の数なる菩薩摩訶薩あ
つてよく不退の法輪を転じたまふ二千
中国土の微塵数の菩薩摩訶薩ありてよ
く清浄の法輪を転じたまふ小千国土の微




塵数の菩薩摩訶薩ありて八生にまさに阿耨
多羅三藐三菩提をうべし復四々天下の微
塵数の菩薩摩訶薩ありて四生にまさに阿
耨多羅三藐三菩提をうべし復三四天下の
微塵数の菩薩摩訶薩ありて三生にまさに
阿耨多羅三藐三菩提をうべし復二四天下の






微塵数の菩薩摩訶薩ありて二生にまさに阿
耨多羅三藐三菩提をうべし復一四天下の微
塵数の菩薩摩訶薩ありて一生にまさに阿耨
多羅三藐三菩提をうべしまた八世界の微塵数
の衆生ありてみな阿耨多羅三藐三菩提
心をおこすほとけこの諸の菩薩摩




訶薩の大法利をうることをときたまふに
虚空のなかより曼陀羅華摩訶曼陀羅
華をふらしてもて無量百千万億の宝樹下の
師子の座のうへの諸仏に散じまたもて七
宝の塔のうちの師子の座のうへの釈迦牟
尼仏ならびに久滅度の多宝如来に散し

927

二四丁ウ

またもろもろの大菩薩およひ四部衆
に散しまた細抹の栴檀沈水香等をふらし
虚空のなかにして天の鼓おのつから
なりてたへなるこゑ深遠なりまた千種の
天衣をくたしもろもろの瓔珞真珠瓔珞摩尼
珠瓔珞如意珠瓔珞をたれて九方に遍し

928

二五丁オ

衆寳の香爐に無價の香をたいて自然
にあまねくいたりて大會に供養す一々の佛の
上にもろもろの菩薩ありて幡蓋を執持して
次第にしてのほりて梵天にいたる
このもろもろの菩薩妙音聲をもつて無量
の頌を歌してもろもろの佛を讃歎したてまつる

929

二五丁ウ

そのときに弥勒菩薩座よりたちてひとへにみ
ぎのかたをあらはしてたなごゝろをあはせて
ほとけにむかひたてまつりて偈をときてい
はく
ほとけ希有の法をときたまふむかしより
いまだかつてきかざるところなり世尊は大

930

二六丁オ

力ましますなり寿命もはかるへからす無数のもろもろの
佛子世尊の分別して法の利をときたまふを
きゝたてまつりて歓喜みに充遍すあるひ
は不退の地に住しあるひは陀羅尼をえあるひは
無碍楽説万億の旋摠持をえあるひは大千
界の微塵数の菩薩ありて各々によく

不退の法輪を転ず又中千界の微塵数
の菩薩ありて各々にみなよく清浄の法
輪を転ず又小千界の微塵数の菩薩
ありておのおの八生ありてまさに仏
道をなることをうべしあるひは四三二のかくのごと
四天下の微塵数の菩薩ありてかずにしたがひて生身




ずるありて仏になるべしあるひは一四天
下の微塵数の菩薩のこり一生あることあり
てまさに一切智をなるべしかくのごときの衆
生かほとけのいのち長遠なることをききて無
量無漏の清浄の果報をえつ又八世界の
微塵数の菩薩ありてほとけの寿命を




ときたまふをききてみな無上の心をおこしつ
世尊無量不可思議の法をときたまふに
おほく饒益したまふところあること虚空の
無辺なるがごとし天の曼陀羅摩訶曼陀
羅をふらし釈梵恒沙のごとく無数の仏土
よりきたる又栴檀沈水をふらして繽紛として




そらよりおつることとりの飛してかける
がごとくして諸仏に供散し天のはうゑ虚空
のなかよりして自然にくだるところの天衣
千万億にして旋転して来下し衆宝の
妙なる香炉に無価の香をたきて自然に
あまねく周遍しておほくの世尊に供養

しかうしてもろもろの大菩薩衆ハ七寶の幡

蓋の高妙にして万億種なるをとりて次第

に梵天までにいたる一々の諸佛のみまへに

寶幢に勝幡をかけまつる千万の偈をもて

もろもろの如来を歌詠したてまつる

かくのごとき種々の事むかしよりいまだあらず





ほとけのいのちの無量な

るをききて一切みな歡喜をなしたてまつれり

十方にきこえをひろく衆生を饒益し

たまふ一切善根を具して無上の心

をたすく

そのときに佛ハ彌勒菩薩摩訶薩





にのたまはく阿逸多それ衆生ありて

ほとけの壽命長遠なることをききて

乃至一念の信解をおこさは

その人の所得の功徳限量あることなけん

善男子善女人ありて阿耨多羅三藐三

菩提のためのゆへに八十万億那由他劫に





おきて五波羅蜜を行ぜん檀波羅蜜尸

羅波羅蜜羼提波羅蜜毗梨耶波羅蜜禅

波羅蜜なり般若波羅蜜をばのぞくこの功

徳をもてさきの功徳にくらぶるに百分千分

百千万億分にしてその一にもおよばず

乃至算数譬喩もしることあたはざるところなり

939

三〇丁ウ

もし善男子のかくのごとき功徳ありて阿耨
多羅三藐三菩提にをきて退することこの
あるべからずと。そのときに世尊かさね
てこの義をのべんとおぼして偈をもつてのた
まはく
もし人佛恵をもとめんとして八十万億那

940

三一丁オ

由他劫数に五波羅蜜を行ぜんに。このもろもろの
劫のうちにおいて仏および縁覚の弟
子ならびにもろもろの菩薩衆に布施し
供養せん。珍異の飲食上服と臥具と栴
檀をもつて精舎をたて園林をもつて荘厳
せん。かくのごときの布施種々にみな微妙

941

三一丁ウ

なるをこのもろもろの劫数をつくしてもて佛
道に迴向せん。もしまた禁戒をたもち清浄
にして缺漏なく無上道の諸佛のほめたまふ
ところなるをもとめん。もしまた忍辱を行
して調柔のちに住したとひもろもろの
悪きたりてくはふともその心傾動せざらん

942

三二丁オ

もろもろの得法のものありて増上慢をいだけ
るものにこれがためにかろしめなやまされん
もかくのごときをもまたよくしのばん。もしまた
つとめて精進し志念つねに堅固にして無量
億劫において一心にして懈怠せざらん。また
無数劫において空閑のところに住してもしは

943

三二丁ウ

坐しもしは経行しねぶりをのぞきてつね
に心をおさむこの因縁をもつてのゆへによく
諸の禅定を生じ八十億万劫安住して
こゝろみだれざらんこの一心の福をたもちて
無上道を願求すらく我一切智をえて
諸の禅定の際をつくさんとこの人は

944

三三丁オ

百千万億劫数のなかにおいてこの諸の
功徳を行ぜんこと上の所説のごとくならん
善男女等ありて我が寿命をとくをききて
乃至一念も信ぜんその福かれにすぎたり
もし人ことごとく一切の諸の
疑悔あることなくして深心に須臾も信ぜん

945

三三丁ウ

その福かくのごとくならんそれ諸の菩薩
の無量劫に道を行ぜるありて我が寿命
をとくをききてこれすなはちよく信受せん
かくのごとき諸人等この経典を頂受して
ねがはくは我未来に長寿にして衆生を度せ
んこと今日の世尊の諸釈の中の王として

946

三四丁オ

道場にして師子吼し法をときて畏なかれ
われらもかくのごとくならんわれらも未来世に
一切に尊敬せられて道場に坐せんとき寿
をとかんこともまたかくのごとくならんもし
深心ある人ありて清浄にして質直に多聞
にしてよく総持あり義にしたがひて仏語

947

三四丁ウ

信解せんは、そのふくのさいはひこゝに
きゝてうたかひのこゝろなからん
また阿逸多よ、しかけの壽命長遠なる
ことをきゝて、その言趣を信解することあらん
この人の所得の功徳限量あることなくして
よく如来の無上の恵をおこさんにいたらんや

948

三五丁オ

ひろくこの經をきゝてもしは人にきかしめても
もしはみつからたもち、もしは人にたもたし
めても、もしはみつからかき、もしは
人にかゝしめても、もしは華香瓔珞
幢幡繒蓋香油蘇燈をもつて經巻に供養
せん、この人の功徳は無量無邊にしてよく一

949

三五丁ウ

切種智を生ぜん。阿逸多よ、善男子善女
人わが壽命長遠なることをきかんもの
深心に信解せんは、すなはちほとけのつねに
耆闍崛山にましまして大菩薩もろもろの
聲聞衆とともに圍遶せられて説法を
したまふをみん。またこの娑婆世界はその

950

三六丁オ

地瑠璃にして坦然平正なり。閻浮檀金をもつ
て八道をさかひ、寶樹行列し、諸臺樓觀み
なことごとくたからをもつて成して、その菩薩
衆みなことごとくそのなかに處せりとみん。もし
よくかくのごとく觀ずることあらん人をば、まさに
しるべしこれを深信解の相となづく。又如來滅

951



後にもしこの経をきゝて毀呰せずして随喜の
こゝろをおこさんはまさにしるべしすでに深
信解の相となづくいかにいはんやこれを讀誦し
受持せん人をやこの人はすなはち如来を
頂戴したてまつるになりぬ阿逸多この善
男子善女人はわがためにまた塔寺をたて

952



および僧坊をつくり四事をもつて衆僧を供
養することをもちゐずゆへいかんとなればこの善男
子善女人この経典を受持讀誦せんはすでにこれ
塔をたて僧坊を造立し衆僧を供養に
なりぬるなりすなはち佛舎利をもつて七
寶の塔をたてゝ高廣漸小にして梵天ま

953



ゑにいたりもろもろの幡蓋をかけもろもろの
寶鈴をかけ華香瓔珞抹香塗香焼香衆
鼓伎樂簫笛箜篌種々の舞戯をもて妙
音聲をもて歌唄し讃頌するになりぬ
すなはちすでに無量千万億劫にこの供養を
なしたるになりぬ阿逸多もしわが滅後

954



この経典をきゝてよく受持しもしはみづから
もかきもしは人にもかゝしむること
あらんはすなはちこれ僧坊を起立し赤栴
檀をもつて諸の殿堂をつくること三十
有二にしてたかさ八多羅樹高廣厳好に
して百千の比丘そのなかにおいて園林浴池

経行禅窟衣服飲食床褥湯薬一切の
楽具そのうちに充満せるなりこれを
僧坊堂閣若干百千万億にしてその
無量なることこれをもて現前にわが
比丘僧に供養するになりこのゆへに
わが如来滅後にもしは受持読誦し他人





のためにとき若しはみづからもかきもしは人を
してもかかしめん経巻を供養せんことあらばまた
また塔寺をたてて僧坊をつくり衆僧
を供養することをもちゐずいはんやまた
人ありてよくこの経をたもちて布施
持戒忍辱精進一心智恵を行ぜんはその徳





最勝にして無量無辺ならんたとへば虚空
の東西南北四維上下無量無辺なるがごとく
此人の功徳もまたかくのごとし無量無辺
にしてとく一切種智にいたらんもし人この
経を読誦し受持し他人のためにときもしは
みづからもかきもしは人をしてもかかしめても





かかしめまたよく塔をたてて及び僧坊をつく
りて声聞衆僧を供養讃歎しまた百千
万億の讃歎の法をもて菩薩の功徳を
讃歎しまた他人のためにたねたねの因縁をも
て義にしたがひてこの法華経を解説し
またよく清浄持戒にして柔和なるものと

しかもやはらに同止し忍辱ならしていかりす
志念堅固ならしてつねに坐禅をたふとひ諸の
深定をゑ精進勇猛ならしてもろもろの善法
を摂し利根智恵ならしてよく問難にこた
えん阿逸多もしわか滅後にもろもろの善
男子善女人この経典を受持読誦せんもの





またかくのことくもろもろの善功徳あらん人は
まさにしるへしこの人はすてに道場におもむき
阿耨多羅三藐三菩提にちかつき道樹下
に坐せるなり阿逸多この善男子善女人
あるは坐しあるは立しあるは経行せんと
ころにこの中にはまさに塔をたつへし





一切の天人みな供養すること仏の塔のこと
くすへしそのときに世尊かさねてこの義を
のへんとおほしめして偈をときてのたまはく
もしわか滅度のゝちよくこの経を奉持せん
この人の福無量なることさきの所説のこと
くなりこれすなはち一切のもろもろの供養を具





足し舎利をもつて塔をたて七宝をもつて
荘厳し表刹はなはた高広に漸小にして
梵天にいたり宝鈴千万億にして風の
うこきをもつてたへなるこゑをいたすまた無量劫
にしてもこの塔に花香もろもろの瓔珞天
衣もろもろの妓楽をもつて供養し香油蘇燈をもつて

かけて周帀してつねに照明とならん
悪世末法のときにこの経をたもたんものは
すなはちすでにかくのごとく供養
を具足するになりぬもしこの経をも
たもたん人はすなはちほとけの現在に牛頭栴檀を
もてゝ僧坊をつくりて供養し堂三十二あり





たかさ八多羅樹上饌みめうの衣服床臥みな
具足し百千の衆の住処園林の諸の
浴池および経行のところおよび禅窟にして
種々にみな厳好ならんもしこゝろに
信解ありてこのうへに受持読誦しおよびか
かん人さらにかゝしめおよび経巻を





供養し華香抹香を散じ須曼瞻蔔阿提
目多伽の薫油をもつてつねにこれをともさん
かくのごとく供養せんものは無量の功徳をえ
ん虚空の無辺なるがごとくその福もまた
かくのごとしいはんやまたこの経をたもちて
て布施持戒忍辱ありて禅定をねがひ





いからず悪口せずして塔廟を恭敬しもろもろの
比丘に謙下し自高の心を遠離してつねに
智恵を思惟し問難ありともいからずして
随順してためにために解説せんもし
この行を行ぜん功徳はかりがたからんこの
法師のかくのごとく徳成就せんを見ては天

967　四四丁ウ

968　四五丁オ

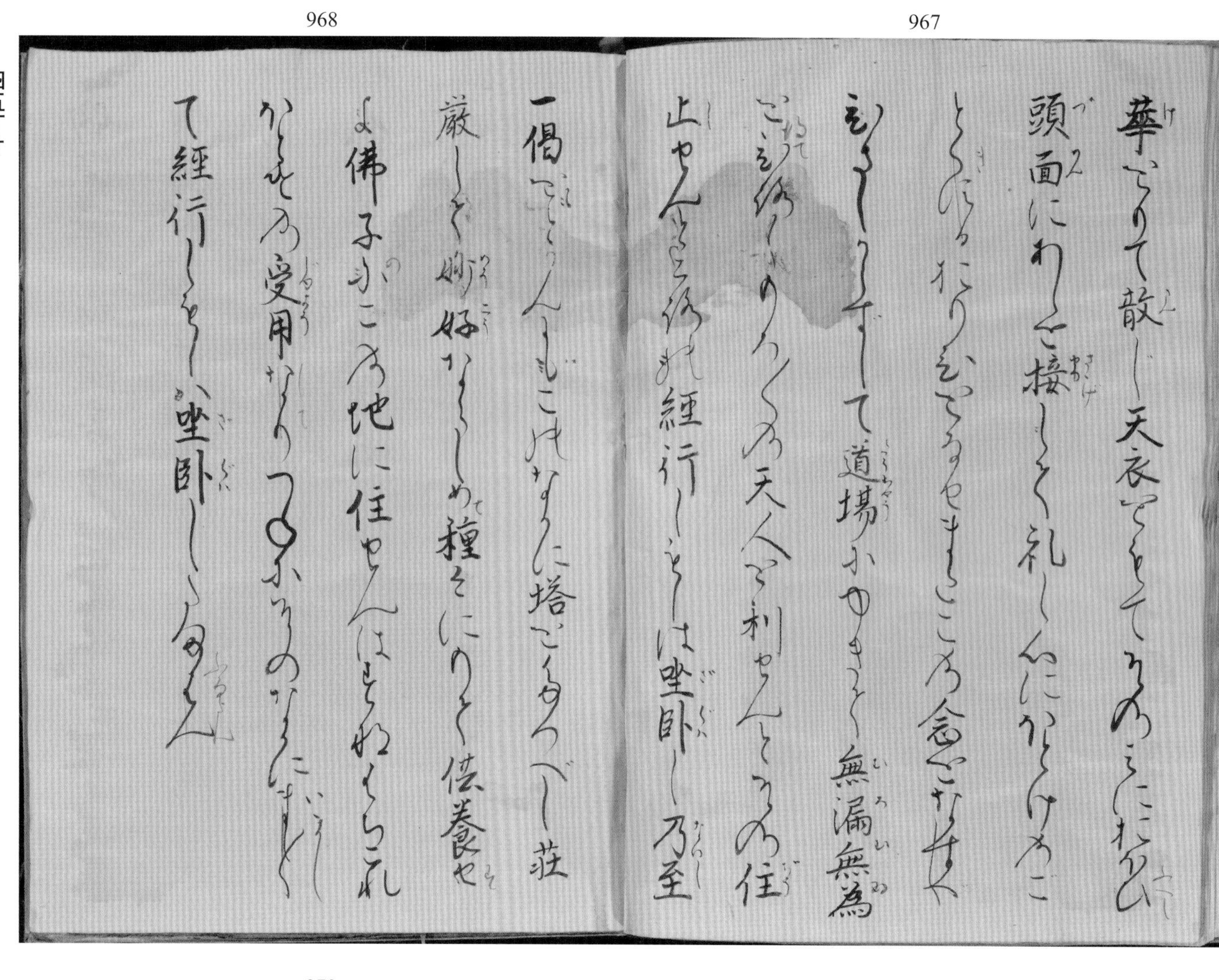

969　四五丁ウ

妙法蓮華経随喜功徳品第十八

そのときに弥勒菩薩摩訶薩ほとけにまう
してまうさく世尊もし善男子善女
人ありてこの法華経をききて随喜せん
ものはいくばくの福をかうべきとまうし
偈をもて申ていはく

970　四六丁オ

世尊滅度のゝちにこの経をきくこと
ありてもし随喜せんものはいくばくの
福をかうべき
そのときにほとけ弥勒菩薩摩訶薩
にのたまはく阿逸多如来滅後にもし
比丘比丘尼優婆塞優婆夷およひ餘の

智者のもしハ長もしハ幼この經をきゝて随
喜しおはりて法會よりいでゝ餘處にいたり
もしハ僧坊にありもしは空閑の地にもしは
城邑巷陌聚落田里にしてその所聞のご
く父母宗親善友知識のためにちからにしたか
ひてこゝろをもて演説せんこのもろもろの人





きゝおはりて随喜しまたゆきて轉教せ
ん餘人きゝおはりてまた随喜し轉教せん
かくのごとく展轉して第五十にいたる阿逸
多その第五十の善男子善女人随喜の功
徳をわれいまこれをとかんなんぢよく
きくべしもし四百万億阿僧祇の世界の六趣





四生の衆生卵生胎生濕生化生もしハ有形
無形有想無想非有想非無想無足二足四足多
足かくのごときもろもろの衆生かずにあらん
ものに人ありて福をもとめんとてその所欲にし
たがひて娯楽の具ことごとくこれを給與せん一々
の衆生に閻浮提にみてる金銀瑠璃車渠





馬瑙珊瑚虎珀もろもろのたへなる珍寶をよび
象馬車乘七寶所成の宮殿樓閣等これ
をあたへんこの大施主かくのごとく布施して
八十年をみてゝこのおもひをなさく
われすでに衆生に娯楽の具をほどこして
その人の所欲にしたがふしかれどもこの衆生

又年すでに衰老して八十にすぎかみ
しろくおもてしわみて死せん事ちかし
われまさに佛法をもてこれを
訓導すべしとおもひて此衆生をあつめて
法化を宣布して示教利喜して一時にみな
須陀洹道斯陀含道阿那含道阿羅漢





道をえしめ給ひ有漏をつくして深禅定にみなことごとく
みな自在をえて八解脱を具せしめんなんぢが心
におきてはいかにこの大施主の所得の功徳むしろ
おほしやいなや弥勒仏に白して
まうさく世尊この人の功徳はなはだおほくして
無量無邊なりとこの施主たゞ衆生に一切





の楽具を施すさへも功徳無量なるべし
いはんや阿羅漢果をえしめんをやと仏弥勒
につげたまはく我いま分明になんぢにつぐる
この人一切の楽具をもて四百万億阿僧祇
の世界の六趣の衆生にほどこしまた阿羅
漢果をえしめたる功徳はこの





第五十の人の法華経をきく一偈をききて随喜
せる功徳にはしかじ百分千分百千万億分にして
その一にもおよばず乃至算数譬喩
もしるところにあらず阿逸多かくのごとく
のごとく第五十の人の展轉して法華經を
きくを随喜せん功徳なほ無量無邊

979

五〇丁ウ

阿僧祇なりいはんや最初の會の中にして随喜せんものはその福まさ
ること無量無邊阿僧祇なりてた
くらぶることうべからずまた阿逸多もし人
この經のためのゆへに僧坊に往詣して
もしは坐しもしは立しばらくも須臾も聽受せんは

980

五一丁オ

この功徳によりて身を轉じてむまれん
ところにはよき上妙の象馬車乘珎寳輦
輿をえおよび天宮にのぼらんまたもし
ひとありて講法のところに坐せんにのちに人の
きたることあらんにすゝめて坐してきかしめ
もしは坐をわかちて坐せしめんこの人は

981

五一丁ウ

功徳は身を轉じて帝釋の坐處もしは
梵天王の坐處もしは轉輪聖王の所坐の
ところをえん阿逸多もしまた人ありて
餘人にかたりていはく經あり名て法華と
なづくともにゆきてきくべしとすゝめ
かの人をしへをうけて乃至須臾のあひだも

982

五二丁オ

きかんこの人の功徳は身を轉じて陀羅尼
菩薩とともに一處に生ずることをえん利根
智恵ありて百千万世につゐに瘖瘂ならじ
くちのうちくさからずしてつねにやまひ
なくくちのうちにもやまひなし歯はあかつき
くろからずきばめならずまばらならずかけおちず

ちゞまず、くちびるたれず、またかゞまり
ちゞまらず、あらくしぶからず、
瘡胗ならず、またかけやぶれず、また喎邪
ならず、あつからず、おほきならず、またくろ
くろまだらならず、もろ〳〵のにくむべきことなし。
鼻は匾𠸪ならず、また曲戾ならず、おも





てのいろくろからず、またせばくながからず、またくぼく
ゆがめることなし。一切不可喜の相あることな
し。脣舌牙齒ことごとくみな嚴好ならん。
鼻修高直にして面貌圓滿ならん。まゆ
たかくしてながく、ひたひひろく平正にして
人相具足せん。世々に生ぜんところには





見佛聞法し、教誨を信受せん。阿逸多、な
んぢしばらくこれを觀ぜよ。一人にすゝめて
ゆきて法をきかしむる功德かくのごとし。
いかにいはんや一心にきゝ、とき、
讀誦し、大衆にしてひとのために
分別し、說のごとく修行せんをや。そのとき





世尊かさねてこの義をのべんとして偈をといて
のたまはく、
もし人法會にしてこの經典をきくこと、乃至一偈なりとも
きくことをえて、随喜して他のためにとかん。
かくのごとく展轉してをしへて第
五十にいたらん。最後の人の福をえんこと

[illegible]分別しえんなりし大施主
ありて無量の衆に供給することつきに
八十歳にいたりてしんの所欲にしたがひぬるの
衰老の相あらはしてたちまち[illegible]
[illegible]枯竭せる[illegible]
[illegible]





道果をえしむべしとおもひてすなはち
ためにはうべんして涅槃真実の法をとき
く世はみな牢固ならざる水沫泡焔のご
としなんぢらことごとくすみやかに厭離の心
を生ずべしと諸人この法をきゝてみな阿羅
漢をえて六神通三明八解脱を具足せん最





後第五十の人の一偈をきゝて随喜せんこの人
の福はなほまされること譬喩をもてたとへ
がたし展転しておほくのものの福
なほ無量なりいはんやはじめ法会にして
まのあたりきゝて随喜せんものをや一人
ことさら将引して法華をきかしむる[illegible]





ありていはくこの経は深妙なり千万劫にも
あふことかたしとすなはち教をうけてゆきて
きかん乃至須臾もきかんにこの人の福報は
[illegible]分別[illegible]
[illegible]歯は[illegible]
[illegible]相[illegible]

舌ハかはきくろみみじかゝらずはなハたかく
なかくしてなほくひたいハひろくして
平正なり面目ことごとく端厳にして人の
みんとねがふところとなるべしくちのいき
くさくけがれたることなし優鉢華の香は
つねにくちよりいでん[illegible]





僧坊にゆきて法華経をきかんとおもひて
須臾もきゝて歓喜せんハいまその福
をとくべしのちに天人のなかに生じてよく
妙なる象馬車珍宝の輦輿をえおよび天の
宮殿にのらんもし講法のところにゆきて人
をすゝめて坐して経をきかしめんこの福





の因縁によりて釈梵転輪の座をえんいかに
いはんや一心にきゝてその義趣を
解説し説のごとくして修行せんはその
福はかるべからず

妙法蓮華経法師功徳品第十九

そのときに仏つげ常精進菩薩摩訶薩





につげたまはく善男子善女人この法華
経を受持しもしはよみもしは誦しもしは解
説しもしは書写せんこの人は八百の眼
の功徳千二百の耳の功徳八百の鼻の功徳
千二百の舌の功徳八百の身の功徳千二
百の意の功徳をうべしこの功徳をもて

六根を荘厳してみな清浄ならしめんこの
善男子善女人は父母所生の清浄の肉眼にて
みるに三千大千世界の内外所有の山林河
海をみんしもは阿鼻地獄にいたりかみは有
頂にいたらんまたそのなかの一切衆生をみ及
び業因縁果報生処ことごとくみんことごとく




しらんそのときに世尊かさねてこの義をの
べんとおぼして偈をときてのたまはく
もし大衆のなかにして無所畏のこゝろをもて
この法華経をとかんなんぢその功徳をき
けこの人は八百の功徳殊勝の眼をえん
これをもて荘厳するがゆへにそのまなこはなは




清浄ならん父母所生のまなこをもてことごとく
三千界の内外弥楼山須弥および鉄囲および
諸々の餘の山林大海江河水をみん
しもは阿鼻獄にいたりかみは有頂天にいた
らんそのなかのもろもろの衆生を一切みなことごとく
みんいまだ天眼をえずといへども肉眼のち




からかくのごとくならん
また次に常精進もし善男子善女人この
経を受持しもしはよみもしは誦しもしは
解説しもしは書写せん千二百の耳の功
徳をえんこの清浄の耳をもて三千大千世
界のしもは阿鼻地獄にいたりかみは有頂に

999　六〇丁ウ

いたるまてそのなかの内外の種々の所有の語
音聲象聲馬聲牛聲車聲啼哭聲愁歎
聲螺聲鼓聲鐘聲鈴聲笑聲語聲男声
女聲童子聲童女聲法聲非法聲苦聲樂
聲凡夫聲聖人聲喜聲不喜聲天聲龍
聲夜叉聲乾闥婆聲阿修羅聲迦樓羅聲

1000　六一丁オ

緊那羅聲摩睺羅伽聲火聲水聲風聲地獄
聲畜生聲餓鬼聲比丘聲比丘尼聲聲聞声辟支佛
聲菩薩聲佛聲をきかん要をとてこれを
いはゝ三千大千世界のなかの一切の内外所
有のもろ〳〵のこゑいまた天耳をえされ
いへとも父母所生の清浄のつねのみゝをもて

1001　六一丁ウ

ことことくきゝしらんかくのことく種
種の音聲を分別すといへとも耳根をやふ
らしそのときに世尊かさねてこの義をの
へんとおほして偈をときてのたまはく
父母所生のみゝ清浄にして濁穢なし
このつねのみゝをもて三千世界のこゑを

1002　六二丁オ

きく象馬車牛のこゑ鐘鈴螺鼓のこゑ
琴瑟箜篌のこゑ簫笛の音聲清浄なる
よきうたふこゑこれをきゝてしかも
著せし無數種の人のこゑきゝてことことく
よく解了せんまた諸天のこゑ微妙のう
たのこゑをきかんおよひ男女のこゑ童子

1003

六二丁ウ

童女のこゑをきゝん山川嶮谷のなかの迦陵
頻伽のこゑ命々等の諸鳥をことごとくその
音声をきゝん地獄のもろもろの苦痛種々
の楚毒のこゑ餓鬼の飢渇にせめられもと
めて飲食を求索するこゑもろもろの阿修
羅等の大海のほとりに居在してとも

1004

六三丁オ

ともに言語するとき大音声をいだすと
なすもろもろのこゑを說法者はこゝにおいて
安住してはるかにこのもろもろのこゑを
きゝて耳根をやぶらじ十方世界のなかの
禽獣のなきてあひよばふをその說法
の人はこゝにありてことごとくこれをきゝん

1005

六三丁ウ

のもろもろの梵天上光音および遍淨乃至
有頂天の言語の音声法師はこゝに住して
ことごとくみなこれをきくことをえん一切の
比丘衆およびもろもろの比丘尼のもしは經典を讀
誦しもしは他人のためにとかん法師はこゝに
に住してことごとくみなこれをきくことをえん

1006

六四丁オ

またもろもろの菩薩ありて經法を讀
誦しもしは他人のためにとき撰集して
その義を解せんかくのごときもろもろの音
声ことごとくみなこれをきくことをえん諸
佛大聖尊の衆生を教化したまふものもろもろの
にして大會のなかにして微妙の法

1007



能演説しまふこれ法華をたもたんもの
はこゝろみにこゝにきくをきかん三千
大千界の内外のもろもろの音声しもは
阿鼻獄にいたり上有頂天にいたるまで
そのなかの音声ことごとくきゝても耳根は
やぶれずこの聴利なるがゆへにことごとくよ

1008



く分別しきらんこの法華をたもたんもの
はいまだ天耳をえずといふともたゞ所生
の耳をもりて功徳をそふることかくのごとくならん
またつぎに常精進よ善男子善女人
この経を受持しもしはよみもしは誦しもし
は解説しもしは書写せんは八百の鼻の功

1009



徳を成就せんこの清浄の鼻根をもて
三千大千世界の上下内外の種々の諸の
かをきかん須曼那華香闍提華香末利
華香膽蔔華香波羅羅華香赤蓮華
青蓮華香白蓮華香華樹香菓樹香栴
檀香沈水香多摩羅跋香多伽羅香およ

1010



び千万種の和香もしは抹もしは丸もしは
塗香この経をたもたんものはこのあひだに
住してことごとくよく分別せんまた衆生
の香象香馬香牛羊等の香男香女香童
子香童女香および草木叢林の香をかぐ
もしはちかくもしはとほく所有の

りやうのかをりをもきゝわきまへて分
別してしらんまたこの経をたもたん人はこゝに
住せりといへどもしかも天上の諸天のかを
りをかぐ波利質多羅拘鞞陀羅樹香および曼陀
羅華香摩訶曼陀羅華香曼殊沙華香
摩訶曼殊沙華香栴檀沈水種々の抹香




もろもろの雜華香かくのごときの天香和
合していだすところのかをりきかずといふ事な
し又諸天の身の香釋提桓因の勝殿の
うへにおいて五欲に娯樂嬉戲するときのか
をりもしは妙法堂のうへにおいて忉利の諸
天のために説法したまふときのかをりもしは諸




の園におゐて遊戲するときのかをりおよび餘の
天等の男女身のかをりみなことごとくはるかに
きく如是展轉して乃至梵天上至
有頂にいたるまで諸天の身のかをりもまた
みなこれをきくならびに諸天のたくところの香およ
び聲聞の香辟支佛の香菩薩




の香諸佛の身香もまたみなはるかにきゝて
其所在をしる此香をきくといへども
しかも鼻根においてやぶれずあやまらず分別して
他人のためにとかんとおもはゞ憶念してあやまらず
その時に世尊かさねてこの義を
のべんとおぼしめして偈をときてのたまはく

1015

六八丁ウ

この人は鼻清浄なるゆへにこの世界のなかに
もしはかうはしきもしはくさきもの種々
ことごとくきゝしらん須曼那闍提多摩
羅梅檀沈水および桂香種々の華菓の香
および衆生の男子女人のかうを説法者は
とをく住してかうをきゝて所在をしらん

1016

六九丁オ

大勢の轉輪王小轉輪およびこ群臣もろ〳〵
のこうや人かうをきゝて所在をしらん身にきたる
ところの珍寶およびちのなかの寶藏轉
輪王の寶女かうをきゝて所在をしらん諸
の人の嚴身の具衣服および瓔珞種々に
ぬるところのかうをきゝてそれ〳〵の

1017

六九丁ウ

きゝしらん諸天もしは行も坐し遊戯し
および神變をなすこの法華をたもたん人はかう
をきゝてことごとくよくしらんもろ〳〵のきの
華菓實および蘇油の香氣持經者はこゝに
住してことごとくその所在をしらんもろ〳〵の
やまのふかくけはしきところに梅檀樹の花

1018

七〇丁オ

さけるに衆生のなかにあるものゝかをかぎてよく
これもしらん鐵圍山大海地のなかの諸
衆生を持經者はかうをかぎてことごとくそ
の所在をしらん阿修羅の男女およびそ
れのもろ〳〵の眷屬の鬪諍し遊戯の
ときもかうをかぎてみなよくしらん曠野嶮

隘のかをかぎて師子象虎狼野牛水牛等の
かをかぎて所在をしらん懐妊のもの
ありていまだその男女無根および非人を
わきまへずともかをかぎてことごとくよくしらん
かをかぐをもってのゆへにそのはじめて懐
妊せる成就不成就安楽にして福子をうむ





をしらんかをかぐをもってのゆへに
その男女の所念染欲癡恚の心をしり又
また善を修するものをしらん地中の
諸の伏蔵の金銀諸の珍寶銅器に
もれる所かをかぎてことごとくよくしらん
種々の諸の瓔珞のそのあたひをしるもの





しるものなからんもかをかぎて貴賤出處をしり
所在をしらん天上の諸華等の曼陀曼殊
沙波利質多樹かをかぎてことごとくよくしらん
天上のもろもろの宮殿の上中下の差
別もろもろの寶華をもって荘厳せるをか
をかぎてことごとくよくしらん天の園林勝殿諸





観妙法堂のなかにありて娯楽するをか
をかぎてことごとくよくしらん諸天のもしは法
をきゝあるひは五欲をうくるとき来往行坐
臥をかをかぎてことごとくよくしらん天女のき
るところの衣もよき華香をもって荘
厳して周旋遊戯するときかをかぎて

1023

七二丁ウ

おとゞをよくしんのくれゐく展轉して
あがりては梵天にいたるまで入禅出
禅のものゝかをかぎてことごとくよくしりなん
光音遍浄天乃至有頂までの初生およ
び退没のかをかぎてことごとくよくしりなん
もろもろの比丘衆等の法においてつねに

1024

七三丁オ

精進しもしは坐しもしは経行しおよび経
法を読誦しあるひは林樹下にありて専
精にして坐禅する持経者はかをかぐに
ことごとくその所在をしりなん菩薩の志
堅固にして坐禅しもしは読経しあるひ
は人のために説法するをかぎてことごとく

1025

七三丁ウ

おのおの在その方の世尊一切に恭敬せられ
て衆をあはれみて説法し給ふことを
かぎことごとくよくしりなん衆生の佛前にありて
経をききてみな歓喜し法のごとくに
修行するをかぎてことごとくよくしりなん
いまだ菩薩の無漏法性の鼻をえずといへども

1026

七四丁オ

しかもこの持経者はまづこの鼻の
相をえん
又つぎに常精進もし善男子善女
人のこの経を受持しもしはよみもしは
誦しもしは解説しもしは書写せん千二
百の舌の功徳をえんもしは好もしは醜も

しは美きは不美でもろもろのにがくしぶき
ものそれ舌根にあれはみな變
じて上味となりて天甘露のごとくして美な
らざるものなからん舌根をもつて大衆の
なかにして演説するところあらば深妙の
こゑをいだしてよくその心にいりてみな



歓喜快楽せしめんまたもろもろの天子天
女釋梵諸天この深妙の音聲の演説次
第の言論の次第をきゝてみなきたり
ておよびもろもろの龍々
女夜叉夜叉女乾闥婆乾闥婆女阿脩羅
阿脩羅女迦樓羅迦樓羅女緊那羅緊那



羅女摩睺羅伽摩睺羅伽女聴法のためのゆへにみな
きたりて親近し恭敬供養せんおよび
比丘比丘尼優婆塞優婆夷国王王子群臣
眷屬小轉輪王大轉輪王七寶千子内外の
眷屬その宮殿に乗じてともにきたりて
法をきかんこの菩薩よく法をとく



ゆへに婆羅門居士国内の人民その
形壽をつくすまで随侍供養せんまた諸
の聲聞辟支佛菩薩諸佛つねにこれ
をみんことをねがはんこの人の所在の方面
は諸佛みなそのところにむかひて法をと
きてことごとくよく一切の佛法を受持せん

1031

七六丁ウ

ゑんまんして深妙の法音をいだしてきくもの
ときに世尊かさねてこの義をのべんとおぼ
して偈をときてのたまはく
この人は舌根きよくしてつゐに悪味をう
けずその食噉するところのものことごとく
みな甘露となる深浄のめうなるこゑ

1032

七七丁オ

をもて大衆にして法をとかん諸の因縁
たとひをもて衆生の心を引導せんきかん
ものみな歓喜してもろもろの上供養を
まうけんもろもろの天龍夜叉および阿修
羅等みな恭敬の心をもちてともにきたり
て法をきかんこの説法の人もしめうおん

1033

七七丁ウ

こゑをもて三千世界に遍満せんとおもはゞ
こゝろにしたがひてすなはちいたらん大小
の轉輪王および千子眷属合掌し恭敬の
心をもてつねにきたりて法を聴受せん
もろもろの天龍夜叉羅刹毗闍舎また歓喜
の心をもてつねにねがひきたりて供養せん

1034

七八丁オ

梵天王魔王自在大自在かくのごときの諸の
天衆つねにそのところに来至せん諸仏およ
び弟子その説法のこゑをきゝてつねに念
て守護しあるときにはためにその身をげんぜ
ん
またつぎに常精進もし善男子善女人

1035

七八丁ウ

この経を受持しもしは読しもしは誦し
もしは解説しもしは書写せん八百の身功徳
をえん清浄の身の浄瑠璃のごとくにして
衆生みなみんことをねがはんその身きよきが
ゆへに三千大千世界の衆生の生ずるとき
と死するときと上下好醜善処悪処に生ずる

1036

七九丁オ

ことごとくなかに現ぜんまたは鉄囲山大
鉄囲山弥楼山摩訶弥楼山等の諸々の山
王およびそのなかの衆生ことごとくなかに
現ぜんしもは阿鼻地獄にいたりかみは有頂に
いたるまでの所有およびに衆生ことごとく
なかに現ぜんもしは声聞辟支仏菩薩諸

1037

七九丁ウ

仏の法をとくこれ身の中にしてその色
像を現ぜんそのときに世尊かさねて此義
をのべんとおぼして偈をときてのたまは
く
もし法華経をたもたんものはその身はなは
だ清浄なることかの浄瑠璃のごとくにして

1038

八〇丁オ

衆生みなみんことをねがはんまたきよき
あきらかなるかゞみのごとくもろもろの色像を
みるがごとし菩薩浄身にみな世の
所有をみんたゞひとりみづから明了に
して余人はみざるところなり三千世界の
なかの一切のもろもろの群萌天人阿修

羅地獄鬼畜生のかれらか諸の色像あら
身中に現せん諸天等の宮殿よりし有頂
にいたるまて鐵圍ならびに弥樓摩訶弥樓
山もろもろの大海水等みな身中に現せん
諸佛ならびに声聞佛子菩薩等のたくひ
はかりのほかにまします衆にわかちくせん





法をとくそれぞれ現せんつまし無漏
法性の妙身ことばを清浄の身
の躰とそなし一切のかれらに現せん
またはさらに常精進よし善男子善女人如
来滅後にこの経を受持しよみはしめ
しは誦しかくし解説しかくし書寫せむ





ん千二百の意の功徳をえんこの清浄の
意根によりて乃至一偈一句をきくとも無量
無邊の義を通達せんこの義をさとりおは
りてよく一句一偈を演説すること一月四月
乃至一歳ならんもろもろの所説の法
その義趣にしたがひてみな實相とあひ





違背せじもし俗のなかの經書治世の
語言資生の業等をとかんもみな正法に
順ぜん三千大千世界の六趣の衆生の心
の行ずるところ心の動作するところ心
の戯論するところこれをことごとくしる
いまだ無漏の智恵をえずといふ

とふかくさとるもろもろの意根清浄なる人のその
くれくしこの人思惟し籌量し言説する
ことあらゆるはみな一佛法にして真實
ならすといふことなし過去の先佛の
經の中の所説明らかにわれ世尊の
このこれ義このへんをかりて偈の





あらためてこの人のあらゆる清浄に明利
にして穢濁なしこれらの意根をもて
上中下の法をきき乃至一偈をきゝて無量
義を通達せん次第に法のことくとかん
月四月より歳にいたらんこれ世界の内外
の一切あらゆる衆生もしは天龍および





ひ人夜叉鬼神等の六趣のなかにあら
所念若干種法華によりたん報に一時にし
らんこれらの人十方無數の佛の百
福莊嚴の相にしてや衆生のために法
をとき給ふをきゝてことくく受持せん
無量の義を思惟し法をとかん事も無





量なれは終始わすれあやまらす法華による
つねとてのゆふところを諸法の相によ
義にしたかひて次第をさとり名字言語
を達しとしるところにしたかひて演說せん
この人ところあらゆるはみなこれ先佛
の法なりにこの法をとかふゆへにてのなかにふ

衆ふところをことごとく絲らん人法華経
をたもたんものは意根きよらかにして
かくのごときも無漏ならざることも
ちかくみな相わかるこれらの人この経
をたもちて希有の地に安住してこの一切
衆生の為に歡喜しく愛敬せらる

能く種々乃善巧語言をもて分別
しく演説せん人法華経ことごとくみな

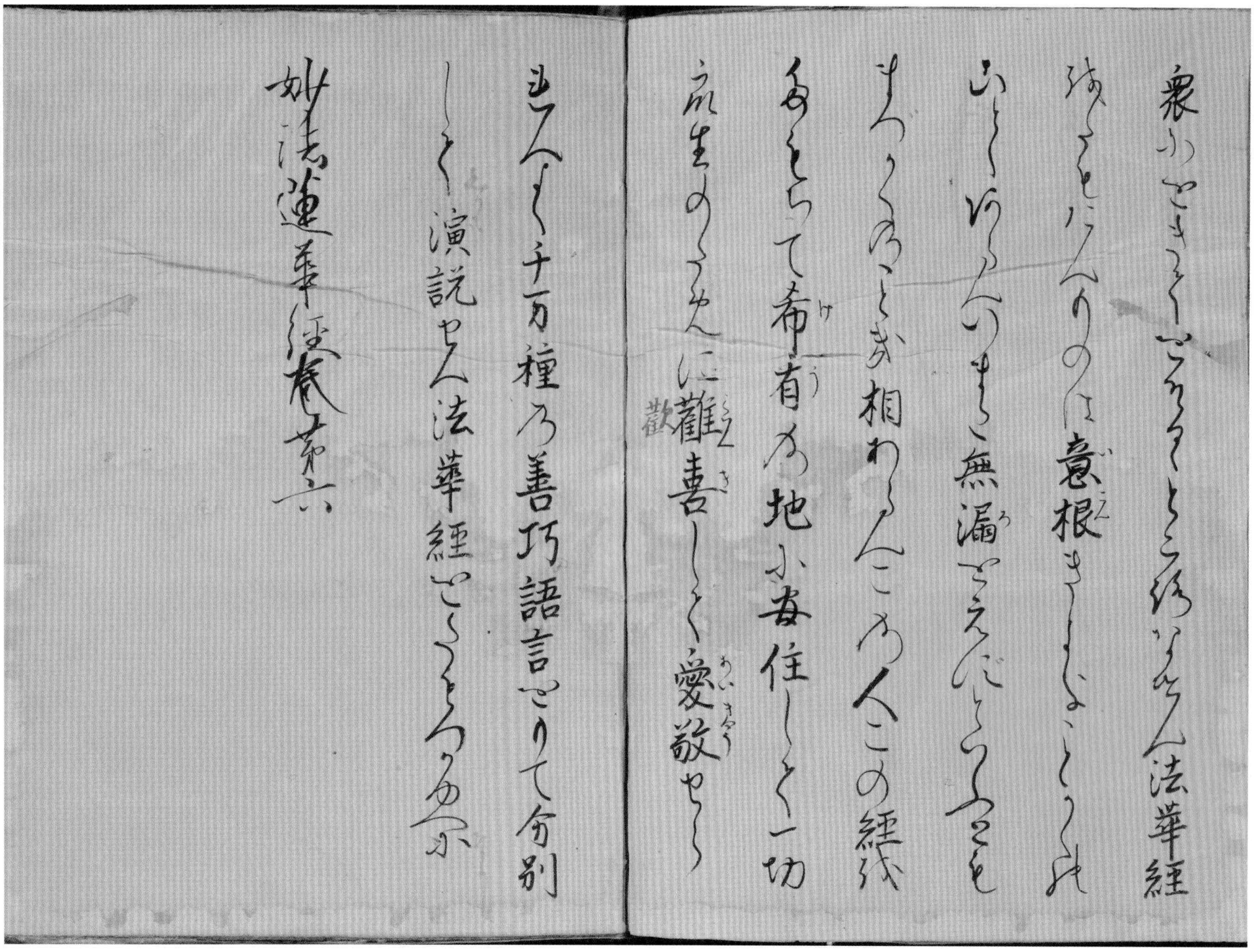

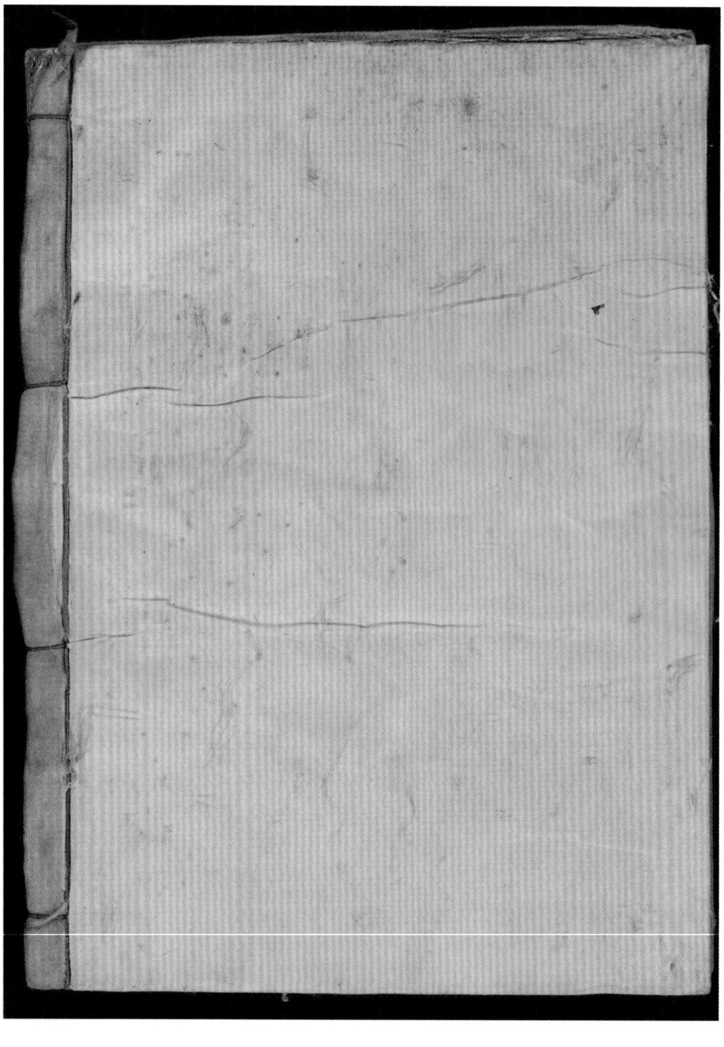

# 妙法蓮華経　巻第七

表紙

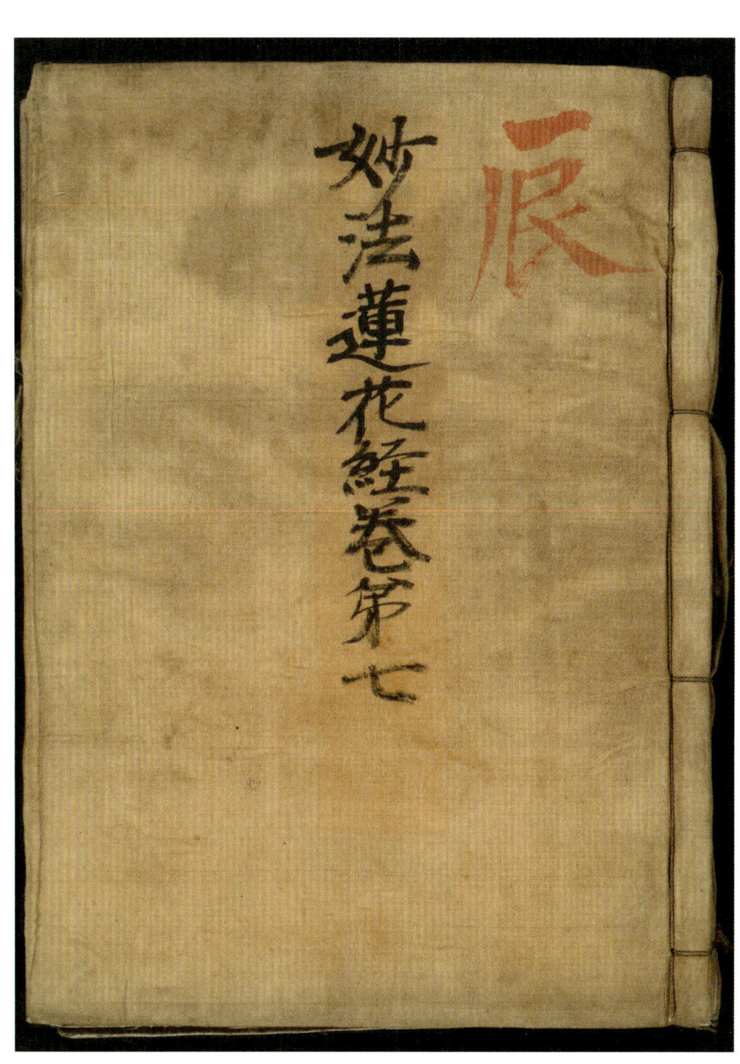


表紙見返

表紙裏紙

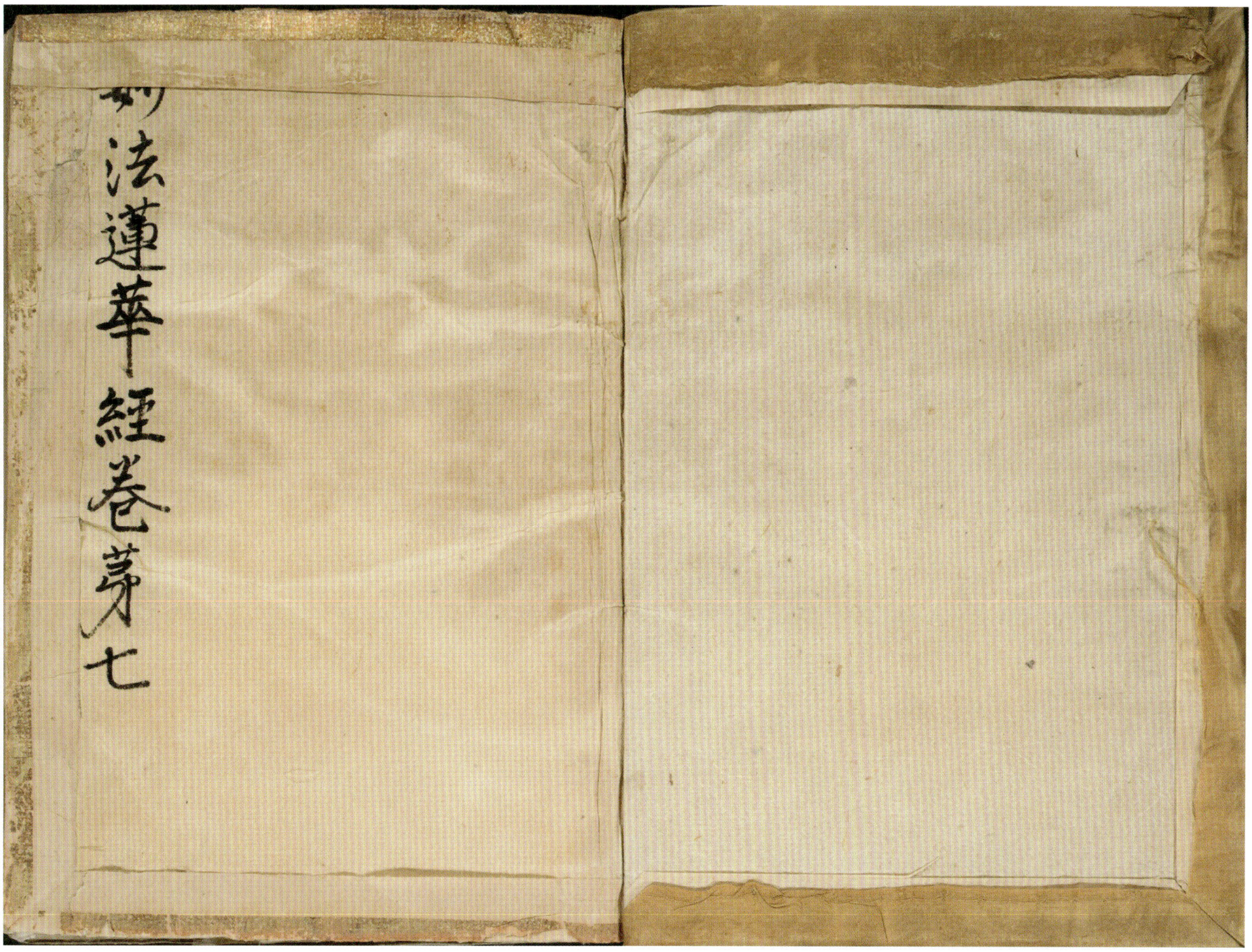

遊紙

表紙見返

1056

1055

一丁オ

妙法蓮華経常不輕菩薩品第二十
そのときにほとけ得大勢菩薩摩訶薩
につげたまはく、なんぢいまさにしるべし
もし比丘比丘尼優婆塞優婆夷の法華
経をたもたむものをそしり悪口罵詈誹謗
せんものは大罪報をうることさきのごとし

遊紙

1057　一丁ウ

このほけきやうをたもつ所得の功徳はさきに
とくところのごとく眼耳鼻舌身意清浄
なるへし得大勢乃往古昔無量無邊不可
思議阿僧祇劫をすぎてほとけいましき
威音王如来應供正遍知明行足善逝世
間解無上士調御丈夫天人師佛世尊なり

1058　二丁オ

なりそのときの劫をば離衰となづけくに
をば大成となづけきその威音王佛のよの
なかにして天人阿脩羅のために法をとき
給ひし声聞をもとむるもののためには應
ぜる四諦の法をときて生老病死をわたし
涅槃に究竟せしめ辟支佛をもとむるもの

1059　二丁ウ

ためには應ぜる十二因縁の法をときたまひ
もろもろの菩薩のためには阿耨多羅三藐三菩
提によせて應ぜる六波羅蜜の法をとき
て佛恵に究竟せしめたまひき得大勢こ
の威音王佛のいのちは四十万億那由他恒河
沙劫なり正法よに住せし劫數は一閻浮提の

1060　三丁オ

微塵のごとし像法よに住せし劫數は四天下の
微塵のごとくなりかのほとけ衆生を饒益し
をはりてのちしかうしてのちに滅度したま
いぬ正法像法滅盡してのちこの国土に
またほとけいでたまふことありきまた威音
王如来應供正遍知明行足善逝世間解無

上士調御丈夫天人師佛世尊となつけたてまつりて
まつかくのことく次第に二万億のほとけ
ましましきこれおなしく一号なり最初の
威音王如来もすでに滅度しをはりて正
法滅してのち像法のなかに増上慢の比
丘大勢力ありそのときにひとりの





菩薩比丘あり常不軽となつく得大勢な
んの因縁をもて常不軽となつくるそ
この比丘はおよそ見るところの若は比丘
比丘尼優婆塞優婆夷をみなことことく
礼拝讃歎してこの言をなしていはく
われふかくなんちらをうやまふあへて軽慢せす





ゆへはいかんとなれはなんちらはみな菩薩の道を行し
てほとけにかならすなることをうへけれはなり
しかもこの比丘はもはら経典を読誦せす
たゝ礼拝を行しき乃至とおく四衆
をみてもまたことさらにゆきて礼拝讃
歎してこの言をなすわれあへてなんちらをかろしめすなん





ちらはみなほとけになるへしといふにかけ
おなしくきゝて四衆のなかに瞋恚を起して
心不浄なるものありて悪口罵詈していは
くこの無智の比丘いつくよりきたるそ
みつからわれなんちらをかろしめすといひ
てわれらかために記をさつけたまふに

1065

五丁ウ

かならずさうぶつしたまふべしといへば
かくのごときの虚妄の授記をうけたまはらじとて
かく多年を経歴してつねに罵詈せらるれども
しかれども瞋恚をおこさずしてつねにこの
言をなしてなんぢまさにほとけになるべしと
ときこの語をとくときに衆人あるひは杖木

1066

六丁オ

瓦石をもてこれを打擲すれどもさりて
はるかにとをく住してなを高聲にとなへて
いはくわれあへてなんぢらをかろしめず
みなまさにほとけになるべしとつねには
かくのごとくの語をなせるをもてのゆへに増上慢
の比丘比丘尼優婆塞優婆夷これを號して

1067

六丁ウ

常不輕といふこの比丘をはりなんとせし
とき虚空のなかにしてつぶさに
威音王佛のさきにときたまひし
所の法華経の二十千万億偈をきゝて
ことごとくよく受持してすなはちかみの
ごとくの眼根清浄耳鼻舌身意根清浄

1068

七丁オ

をえたりこの六根清浄をえをはりて
さらに壽命をますこと二百万億那由他歳
ひろく人のためにこの法華経をときて
ときに増上慢の四衆比丘比丘尼優婆塞
優婆夷のこの人を軽賤して不輕のなを
為作せしものそのえたる大神通力楽説辯力

1069　七丁ウ

大善寂力をえたるゆへにその所説をき
きてみな信伏随従しぬこの菩薩また
千万億の衆を化して阿耨多羅三藐
三菩提に住せしむ命終ののち二千億の
ほとけにあふことをえたてまつるみな日月燈明
となづけたてまつるその法のなかに

1070　八丁オ

してこの法華経をとくこの因縁をもつてま
た二千億のほとけにあひたてまつるおなじく
しと雲自在燈王となづけたてまつる
この諸仏の法のなかにして受持読誦
しもろもろの四衆のためにこの経典をとくがゆへに
このゆへにこの常眼清浄に耳鼻

1071　八丁ウ

舌身意の諸根清浄なることをえて四衆の
なかにして法をときしに心おそるゝところ
なかりき得大勢この常不軽菩薩摩
訶薩はかくのごとき若干の諸仏を供養し
たてまつり恭敬尊重讃歎したてまつりて
善根をうへてのちにまた千万億の仏に

1072　九丁オ

あひたてまつりて諸仏の法のなかにして
この経典をとくに功徳成就してまさにほとけ
になることをえたり得大勢こゝろにおいて
いかんそのときの常不軽菩薩はあにこと
人ならんやすなはちわが身これなり
もし宿世にこの経を受持読誦し他人の

すみやかにとくべしまうしはやく阿耨多羅三
藐三菩提をうることをえたりわれさき先佛の
みもとにしてこの經を受持讀誦し人ゝに
ためにとききかせたるがゆへにとく阿耨多羅三藐
三菩提をえたり得大勢そのときの四衆の比
丘比丘尼優婆塞優婆夷瞋恚の心をもて



われをもてまし輕賤せしがゆへに二百億劫を
つねにほとけにあはず法をきかず僧をみず千劫
阿鼻地獄にして大苦惱をうけこのつみをはり
をはりてまたふたゝびまた常不輕菩薩の阿
耨多羅三藐三菩提に教化せらるゝにあふ
き得大勢なんぢがこゝろにいかん





そのときの四衆のつねにこの菩薩をかろ
めしものはあに人ならんやいまこの會の
なかの跋陀婆羅等の五百の菩薩師子月
等の五百の比丘尼思佛等の五百の優婆
塞これ阿耨多羅三藐三菩提にをいて
退轉せざるもののこれなり得大勢まさに



しるべしこの法華經はおほきにもろもろの菩
薩摩訶薩を饒益してよく阿耨多羅
三藐三菩提にいたらしむこのゆへに諸の菩
薩摩訶薩如來滅後にをいてつねにこの經を受
持讀誦解說書寫すべしそのときに世尊
かさねてこの儀をのべんとおぼして偈をと

1077

一一丁ウ

とけるのち法を
過去にかぎりなきほとけまします威音王となづけ
奉る神智無量にして一切を将導し
天人龍神のともに供養したてまつるところ
このほとけのめつ後に法つきんと
する時に一人の菩薩あり常不

1078

一二丁オ

軽となづく時にもろもろの四衆法に計着
せり不軽菩薩そのところに往てかれらに
語て云くわれなんぢをかろしめずなんぢら
なんぢら道を行じてみな作仏すべきゆへなり
もろもろの人聞をはりて軽毀
し罵詈せしに不軽菩薩よくこれを忍受

1079

一二丁ウ

しきそのつみ已におはりて命終のときにのぞみ
て此経をきゝて六根清浄
なり神通力のゆへに寿命を増益して
またもろもろの人のためにひろくこの経を
ときし諸の着法の衆みな菩薩の教化成
就して仏道に住せしむ

1080

一三丁オ

不軽命終して無数のほとけにあひたてま
つりこの経をときしゆへに無量の福をえ
ぜんく功徳を具して疾く仏道をなりき
そのときの不軽はすなはち我身これな
りそのかみの四部の衆の着法のものの不軽の
なんぢをかろしめずといひし

きしはこれ因縁によりて無數のかゝけり
あひしたてまつるこの會の菩薩五百の衆
およびそのほかの四部の清信の士女ありいま
わがまへにして法をきくものこれすなはち往
前世にこれらのもろもろの人をおしへてこの經の
第一の法を聽受せしめ人に開示しかして





涅槃に住せしめ世々にうまれしかの經典を受
持しき億々万劫より不可思議にいたりて
ときにいましこれ法華經をきくことをえう億
億万劫より不可議にいたりて諸佛世尊と
きにこの經をときたまふこのゆへに行者ほと
けの滅後にかくのごとき經をきゝて疑惑を





なかれまさにこゝろをいつにしてひろく
この經をとくべし世々にほとけにあひたてまつり
すみやかに佛道をなりなん

妙法蓮華經如来神力品第二十一

そのときに千世界の微塵等の菩薩摩
訶薩の地より涌出せるものみな佛前





にして一心に合掌しすゝんで尊
顔を瞻仰したてまつりほとけにまうしてまうさく
世尊われらほとけの滅後世尊の分
身の所在の國土滅度のところにして
まさにひろくこの經をとくべしゆへいかんとなれば
われらもまたみづからこれ真浄の大法をえて

妙法蓮華経　巻第七　如來神力品

1085

一五丁ウ

受持讀誦解説書冩して、これを供養し
たてまつらんとおもふ。そのときに世尊、文
殊師利等の無量百千億の舊住娑
婆世界の菩薩摩訶薩、および諸
の比丘比丘尼優婆塞優婆夷天龍夜叉
乾闥婆阿修羅迦樓羅緊那羅摩睺

1086

一六丁オ

羅伽人非人等の一切の衆のまへにして大神
力を現じたまふ。廣長舌をいだしてうへ梵世に
いたらしめ、一切の毛孔より無量無數色
のひかりをはなちて、ことごとくあまね
く十方世界をてらしたまふ。諸の寶樹下の
師子座上の諸佛もまたかくのごとく

1087

一六丁ウ

廣長舌をいだし、無量のひかりをはなち
たまふ。釋迦牟尼佛および寶樹下の諸
佛、神力を現じたまふとき、百千歳を
満ずべし。しかうしてのちにまた舌相をおさめ
て一時に謦欬し、ともに彈指したまふ。
このふたつの音聲あまねく十方の諸

1088

一七丁オ

佛の世界にいたりて、地みな六種に震動す。
そのなかの衆生天龍夜叉乾闥婆阿修
羅迦樓羅緊那羅摩睺羅伽人非人等
ほとけの神力をもてのゆへにみなこの
娑婆世界の無量無邊百千萬億の諸
の寶樹下の師子座上の諸佛をみて

一七丁ウ

1089

まつりし釋迦牟尼佛と多寶如来
ともに寶塔のうちにましまして師
子の座に坐しゐましますをみたてまつり
又無量無邊百千万億の菩薩摩訶
薩およひ諸の四衆の釋迦牟尼佛を恭敬
し圍遶したてまつるをみたてまつること

一八丁オ

1090

ざるものをえてみなおほいに歓喜
しく未曾有なることをえつ。たちまちの
ときに諸天虚空のなかにして高聲に
となへていはくこれの無量無邊百千万億
阿僧祇の世界をすぎて國あり娑婆と
なづくこのなかに佛まします釋迦

一八丁ウ

1091

牟尼となづけたてまつるいまもろもろの
菩薩摩訶薩のために大乘經の妙法
蓮華教菩薩法佛所護念となづくるを
ときたまふなんぢらまさに深心に随喜し
又まさに釋迦牟尼佛を礼拝し
供養したてまつるべし諸の衆生虚空の

一九丁オ

1092

なかのこゑをききおはりて合
掌して娑婆世界にむかひてかくのごとき言
をなさく南無釋迦牟尼佛南无釋迦牟
尼佛と種々の華香瓔珞幡蓋および諸
の嚴身の具珍寶妙物をもてみなともに
はるかに娑婆世界に散じ散ずるところの

1093

一九丁ウ

諸のそれ十方よりきたれるたからハくもの
あつまるがごとくにして變じて寶帳となり
てあまねくこれらこの諸佛のうへを
おほふときに十方の世界通達して無礙なる
こと一佛土のごとしそのときに佛上行
等の菩薩大衆につげたまはく諸佛の神

1094

二〇丁オ

力はかくのごとく無量無邊不可思議なり
もしこの神力をもつて無量無邊百千万億
阿僧祇劫にをいて屬累のためのゆへにこの
この經の功德をとくともなをつくすべからず
かうじて要をもつてこれをいはゞ如来の一切
の所有の法如来の一切の自在神力如

1095

二〇丁ウ

来の一切の秘要の蔵如来の一切の甚深の
事みなこの經にをいて宣示顯說す
このゆへになんぢら如来の滅後にまさ
に一心に受持讀誦解說書寫
し說のごとく修行すべし所在の國土にも
受持讀誦解說書寫し說のごとく修行せる

1096

二一丁オ

ことあらんもしは經巻の所住のところにもしは園の
なかにしてもあるひははやしのなかにしても
あるひは樹下にしてもあるひは僧坊
にしてもあるひは白衣舍にもあるひは
殿堂にありてもあるひは山谷曠野にも
あるひはこのなかにみな塔をたてゝ供養すべし

1097



ゆへハいかん當にしるへしこのところハすなハちこれ
この處道場なり諸佛こゝにおいて阿耨多
羅三藐三菩提を得たまふ諸佛こゝにおいて
法輪を轉したまふ諸佛こゝにおいて般涅槃
したまふそのときに世尊かさねてこの義
をのへんとおほして偈をときてのたまはく

1098



諸佛救世者大神通に住して衆生をよ
ろこばしめんための故に無量の神力
を現したまふ舌相梵天までいたり身よ
り無數のひかりをはなち佛道をもとむ
るもののためにこの希有の事を現したまふ
諸佛謦欬のこゑおよび彈指のこゑ

1099



あまねく十方のくにゝきこえて地みな
六種にうごく佛の滅度ののちよくこ
の經をたもつをもてのゆへに諸佛みな
歡喜して無量の神力を現したまふ
この經を屬累せんがゆへに受持者を讃美
すること無量劫のなかにおいてもなほ

1100



つくすことあたはじこのひとの功
德ハほとりなくきはまりあることなし十
方の虚空の邊際をうへからざるがごとし
よくこの經をたもつものハすなハちすで
にわれをみるとなす多寳佛をもおよびもろもろの
分身者をもみる又われ今日教化する諸

1101

二三丁ウ

の菩薩をけうけするをみるよくこの経を
たもたんものはわれおよびふんじん滅度の多
寶佛をして一切みな歡喜せしめん十
方現在のほとけならびに過去未来をも
またみまたくやうしまたよろこびを歡
喜せしめん諸佛の道場に

1102

二四丁オ

坐してえたまへる秘要の法を
この経をたもたんものはひさしからずしてま
たまさにうべしよくこの経をたもたんも
のは諸法の義名字および言辞において
樂説窮盡なからんかぜの空中において
一切障礙なきがごとくならん如来滅後に

1103

二四丁ウ

ほとけの所説の経の因縁およひ次第を
しりて義にしたがひて實のごとくにとかん
日月の光明のよく諸幽冥をのぞくがごと
くこの人世間に行じてよく衆生の闇
を滅し無量の菩薩ををしへてつゐに畢竟
して一乗に住せしめんこのゆへに有智の

1104

二五丁オ

ものこの功徳の利をききてわが滅度の
のちにこの経をうけたもつべしこの人は佛道に
おいて決定してうたがひあることなからん

妙法蓮華経屬累品第二十二

そのときに釋迦牟尼佛法坐より

座

1105

二五丁ウ

もちて大神力を現したまふことありて
ごとく無量の菩薩摩訶薩のいたゞきを
なでゝこれ言をなしたまはくわれ無量
百千万億阿僧祇劫にこのえがたき阿
耨多羅三藐三菩提の法を修習せりいま
もつてなんぢらに付属すなんぢらまさに

1106

二六丁オ

一心にしてこれ法を流布してひろく
増益せしむべしかくのごとくみたびもろもろ
の菩薩摩訶薩のいたゞきをなでゝこの
言をなしたまはくわれ無量百千万億阿僧
祇劫にこのえがたき阿耨多羅三藐三
菩提の法を修習せりいまもつてなんぢ

1107

二六丁ウ

らに付属すなんぢらまさに受持読誦
しひろくこの法をのべて一切衆生をして
あまねく聞知することをえしむべしゆへハ
いかん如来ハ大慈悲ましまして諸の慳悋な
くまたおそるゝところなしよく衆生に仏
の智恵如来の智恵自然の智恵を

1108

二七丁オ

あたへたまふ如来ハこれ一切衆生の大施主
なりなんぢらもまたしたがひて如来の法を
学すべし慳悋をしやうずることなかれ未来世に
もし善男子善女人の如来の智恵を信
ずるものあらんにはまさにためにこれ法華経
を演説して聞知することをえしむべし

1109

二七丁ウ

その人をして佛恵をきゝしらしめんためのゆゑ
なり。もし衆生信受せざらんものには、まさに
如来の餘の深法のなかにおいて示教利
喜すべし。なんぢらもしかくのごとく
せばすなはちこれすでに諸佛の恩を報じ
たてまつるなり。ときにもろもろの菩薩摩

1110

二八丁オ

訶薩、佛のこの説をなしたまふをきゝた
てまつりをはりて、みな大いなる歓喜その身に
遍満しぬ。ますます恭敬をくはへて、み
をまげ、かうべをたれ、たなごゝろをあはせて
佛にむかひたてまつりて、もろともにこゑ
をはなちてまうさく、世尊の勅のごとくま

1111

二八丁ウ

さにつぶさに奉行すべし。ゆゐねん
世尊、ねがはくはうらおもひしたまふことなか
れ。諸菩薩摩訶薩衆、かくのごとく
三反ともにこゑをはなちてまうさく、世
尊の勅のごとくまさにつぶさに奉行すべし。
ゆゐねん世尊、ねがはくはうらおもひしたまふ

1112

二九丁オ

ことなかれ。そのときに釈
迦牟尼佛、十方よりきたりたまへる諸の
分身の佛をして、おのおの本土にかへら
しめんとして、この言をなしてのたまはく、
諸佛おのおの所安にしたがひたまへ。多宝
佛塔かへりてもとのごとくしたまふべし

こ乃語をときたまふ時十方の無量乃
分身乃諸佛の寶樹下乃師子乃坐のう
座に座したまへるものおよび多寶佛
ならびに上行等乃無邊阿僧祇の菩薩大
衆舎利弗等乃聲聞四衆および一切世間の
天人阿修羅等かのほとけの所説をききたまひ



てみなおほきに歡喜しき

妙法蓮華經藥王菩薩本事品第二十三

そのときに宿王華菩薩ほとけにまうして
まうさく世尊藥王菩薩はいかにしてか娑
婆世界にあそび給ふ世尊この藥王菩薩若



干乃百千万億那由他難行苦行あるやよき
かな世尊ねがはくはすこしき解説し給へ
諸天龍神夜叉乾闥婆阿修羅迦樓羅
緊那羅摩睺羅伽人非人等および他の国
土乃諸来乃菩薩ならびにこの聲聞衆きゝて
みなみな歡喜せんとなりそのときにほとけ宿王



華菩薩につげたまはく乃往過去無量
恒河沙劫にほとけましましき日月淨明
德如来應供正遍知明行足善逝世間解
無上士調御丈夫天人師佛世尊とがうす
そのほとけに八十億乃大菩薩摩訶薩
七十二恒河沙乃大聲聞衆ありきほとけの

1117



いのちは四万二千劫なり菩薩の壽命も
またひとしかりきかのくにには女人地獄餓
鬼畜生阿修羅等およひもろもろの難あ
ることなし地のたひらかなる事常のことく
して瑠璃にてなれり寶樹荘嚴し
て寶帳そのうへにおほひたれは華幡をたれ

1118



寶瓶香爐國界に周遍せり七寶を臺と
しておよそひとつの樹にひとつの臺ありその
き臺をさることを盡一箭道なりこの諸
の寶樹にみな菩薩聲聞ありてこれを
に坐せり諸寶臺のうへにおのおの百億の
諸天ありて天の伎樂をなしほとけを歌

1119



歎してもつて供養とすそのときにかの
ほとけ一切衆生喜見菩薩およひ諸
菩薩もろもろの聲聞衆のために法華経
をときたまふこの一切衆生喜見菩薩
ねかひて苦行をならひ日月淨明徳佛
の法のなかにして精進經行し一心にほとけ

1120



をもとむること一万二千歳をみちをはりて現
一切色身三昧をえたりこの三昧をえをは
りて心おほいに歡喜してすなはち
念言をなさくわれ現一切色身三昧をえ
たることはみなこれ法華経をきくことをえた
ちからなりわれいま日月淨明

1121

三三丁ウ

徳佛をしゆ法華経を供養したてまつる
あつしおはりてよにこれ三昧にいりて
虚空のなかより曼陀羅華摩訶曼陀
羅華細抹堅黒栴檀をふらして虚空の
なかにみちてくものごとくにしてくだりき
海此岸栴檀の香をふらしきこの香六銖は

1122

三四丁オ

價直娑婆世界なりもつてほとけに供養し
たてまつるこの供養をなしをはりて三昧
よりいでてみづから念言すらく我
神力をもつてかくのごとく供養したてまつれ
ども身をもつて供養したてまつ
らんにはしかじとてもろもろの香栴檀薫陸

1123

三四丁ウ

兜樓婆畢力迦沈水膠香を服し又瞻蔔
の諸華香油をのむこと千二百歳を満じ
おはりて香油をみにぬりて日月浄明
徳佛のみまへにして天の寶衣をもて
みづからみにまとひもろもろの諸香油をそ
そぎ神通力の願をもつてみづからみを

1124

三五丁オ

もやし光明あまねく八十億恒河沙の世
界をてらすその中の諸佛同時にほめて
のたまはくよいかなよいかな善男子これ
これ真精進なりこれを真法をもて如来を
供養したてまつるとなづくもし華香瓔
珞焼香抹香塗香天繒幡蓋をもし海此

三五丁ウ

岸梅檀の香のきぬ、かやうの種々の諸物を
もつて供養すとも、およぶことあたはざる
ところなり。たとひ国城妻子をもて布
施するとも、またおよばざるところなり。善
男子これを第一の施となづく。もろもろの
施のなかにおいて最尊最上なり。法をもて



三六丁オ

諸の如来を供養したてまつるゆへに。この語を
なしをはりて、おのおの黙然したまひぬ。その
身もゆること千二百歳。これをすぎてのち
その身すなはちつきぬ。一切衆生喜見菩
薩かくのごとき法の供養をなしをはりて命
終ののちに、また日月浄明徳仏のくにの



三六丁ウ

なかに生れて、浄徳王のいへにおいて結跏趺
坐して忽然に化生し、すなはちその父のた
めにしかも偈をときていはく
大王いまゝさにしるべし　われかのところにして経行し　すなはち一切現
諸身三昧をえたり　つとめて大精進を行じて
所愛の身をすてたり



三七丁オ

この偈をときをはりて父にまうしてま
うさく、日月浄明徳仏いまなほ現にましま
す。われさきに仏を供養したてまつり
をはりて解一切衆生語言陀羅尼をえたり。
またこの法華経の八百千万億那由他甄迦
羅頻婆羅阿閦婆等の偈をきけり。大王

三七丁ウ

まさにかへりてこのほとけを供養し
たてまつるべしとまうしをはりてすなはち七寶
の臺に坐して虚空に上昇することたかさ七多
羅樹なりほとけのところにゆきいたりて頭面に
あしを礼して十の指爪をあはせて偈をもて
ほとけをほめたてまつりて



三八丁オ

容顔はなはだ奇妙にして光明十方をてらし
われさきにしばし供養したてまつりき
いままたかへりて親近したてまつるなりと
ときに一切衆生喜見菩薩この偈をときをはりて
ほとけにまうしてまうさく
世尊世尊なほいまに世にましますやそのときに



三八丁ウ

日月淨明德佛一切衆生喜見菩薩につげ
たまはく善男子われ涅槃のときいたり
滅盡のときいたりぬなんぢ牀座を安施すべし
われ今夜においてまさに般涅槃すべし
また一切衆生喜見菩薩に勅してのたまはく
善男子われ佛法をもてなんぢに屬累す



三九丁オ

およびもろもろの菩薩大弟子とならびに阿
耨多羅三藐三菩提の法またもて三千大千の七
寶の世界もろもろの寶樹寶臺および給
侍の諸天をもてことごとくなんぢにつくるわが
滅度ののちあらゆる舍利もまたなんぢに付屬
すまさに流布せしめてひろく供養を設

其若干乃千の塔ところさしくのちに日
月浄明徳佛一切衆生喜見菩薩に勅し
たまふことをはりて夜の後分に涅槃にいりた
まひぬそのときに一切衆生喜見菩薩仏の
その滅度をみて悲感懊悩してほとけを
戀慕したてまつりすなはち海此岸栴檀





をもてつみとして佛身に供養して
しかもこれを焼たてまつる火滅し
おはりてのちに舎利をおさめとりて八万
四千の宝瓶をつくりてもて八万四千の塔を
たつるたかさ三世界表刹荘厳して諸の
幡蓋をかけ衆の宝鈴をかけたり





その時に一切衆生喜見菩薩またみづから
念言すらくわれこの供養をなすと
いへども心なほいまだ足らずわれ今
まさにさらに舎利を供養したてまつるべし
すなはちもろもろの菩薩大弟子および
天龍夜叉等の一切の大衆にかたりた





まはくなむぢらまさに一心に念ずべしわれ今日月浄
明徳佛の舎利を供養したてまつらん
この語をなしをはりてすなはち八万四
千の塔のまへにして百福荘厳のひぢを
ともすこと七万二千歳もてして供養
したてまつる無数の声聞をもとむる衆無

四一丁ウ

量阿僧祇の人をして阿耨多羅三藐三
菩提心をおこさしめ、みな現一切色身三
昧に住することをえしめき。そのときに諸
の菩薩天人阿脩羅等、その臂なきを
みて憂悩悲哀してこの言をなさく
これ一切衆生喜見菩薩は、これわれらが

四二丁オ

師なり。われらを教化したまふもの也。しか
るにいま臂をやきて、身具足したまはず
と。そのときに一切衆生喜見菩薩、大衆の
なかにおいてこの誓言をたつ。われ両の臂
をすてて、かならずまさに仏の金色の
身をうべし。もしまことにしてむなしからず



四二丁ウ

は、わが両の臂をして還復すること
もとのごとくならしめんと。このちかひをなしをはりて
自然に還復しぬ。これ菩薩の福徳
智恵淳厚なるによりていたすところなり。
そのときにあたりて三千大千世界六種に
振動し、天より宝華をふらし、一切の天人

四三丁オ

未曾有なることをえて。仏、宿王華菩
薩につげたまはく、なんぢが心において
いかん、一切衆生喜見菩薩、あに異人ならんや。
いまの薬王菩薩これなり。その身をすてて
布施すること、かくのごとく無量百千
万億那由他数なり。宿王華、もし発心

1141

四三丁ウ

しらん阿耨多羅三藐三菩提をえんと
おもはんものはよく手のゆび乃
至足の一のゆびをともして佛塔に
供養しても国城妻子および三
千大千国土の山林河池のもろもろの珎宝
物をもて供養せんものにまさらんと

1142

四四丁オ

もし人ありて七寶をもて三千大千世
界にみてゝ佛および大菩薩辟支佛
阿羅漢に供養せんこの人の所得の功
徳もこの法華経の乃至一四句偈
を受持せんにはその福にしかじもつとも多し
宿王華たとへば一切の川流江河諸水

1143

四四丁ウ

のなかに海これ第一なるがごとくこの法華
経もまたかくのごとしもろもろの如来の所
説の経のなかにもつともこれ深大なり
また土山黒山鐵圍山大鐵圍山および十寶山
衆のなかに須弥山これ第一なるがごとく
この法華経もまたかくのごとしもろもろの経の

1144

四五丁オ

なかにもつともこれそのかみなり又もろもろの衆
星のなかに月天子もつともこれ第一なるがごとく
この法華経もまたかくのごとし千万億
種のもろもろの経法のなかにもつともこれ
照明なりまた日天子のよくもろもろの
闇をのぞくがごとくこの経もまたかくのごとく

よく一切の不善の闇を破す。また諸
の小王のなかに轉輪聖王もっとも第一
なるがごとく、この経もまたかくのごとし。諸
経のなかにおいてもっともこれ尊なり。
また帝釋の三十三天のなかにおいて
王たるがごとく、この経もまたかくのごとし。





諸経の中の王なり。また大梵天王の一切
衆生の父たるがごとく、この経もまたかくの
ごとし。一切の賢聖学無学および菩
薩の心をおこせるものの父なり。また一切
の凡夫人のなかに須陀洹斯陀含阿那含
阿羅漢辟支佛第一なるがごとく、この経





もまたかくのごとし。一切の如来の所説もし
は菩薩の所説もしは声聞の所説の
諸の経法のなかにもっとも第一なり。よくこ
の経典を受持することあらん者もまたかく
のごとし。一切衆生のなかにおいてまた
第一なり。一切の声聞辟支佛のなかに





菩薩第一なるがごとく、この経もまたかくのごと
く、一切の諸の経法のなかにおいてもっとも
第一なり。佛はこれ諸法の王たるがごとく
この経もまたかくのごとし。諸経
の中の王なり。宿王華、この経はよく一
切衆生をすくうものなり。この経は

1149

四七丁ウ

よく一切衆生をしてもろもろの苦悩をは
なれしめ給ふ此経はよくおほいに一切
衆生を饒益してその願を満しめ給ふ
清涼の池のよく一切のもろもろの渇乏
のものゝみつるかことくさむきものゝ火
をえたるかことくはたかなるものゝ衣を

1150

四八丁オ

えたるかことくあき人のぬしをえたるかことく
子の母をえたるかことくわたりにふねをえたる
かことく病にくすしをえたるかことく闇に
ともしひをえたるかことくまつしきにたからを
えたるかことくたみの王をえたるかことく賈
客の海をえたるかことくともしひの闇を

1151

四八丁ウ

のそくかことくこの法華経もまたよく
のこりなく衆生をして一切の苦一切の病
痛をはなれしめて一切の生死の縛をとかし
めたまふもし人この法華経をきくことを
えてもしはみつからかきもしは人をしてかゝ
しめは所得の功徳は仏の智恵をもて

1152

四九丁オ

はかりて多少を籌量すともそのかきりをえし
らしもしこの経巻をかきて華香瓔珞焼香
抹香塗香幡蓋衣服種々のともしひ蘇燈
燈油燈諸香油燈瞻蔔油燈須曼那油
燈波羅羅油燈波利師迦油燈那婆
摩利油燈をもて供養せん所得の

功徳まさに無量なるべし宿王華もし人あり
てこれ藥王菩薩本事品をきく人あらば
また無量無邊の功徳をえんもし女人あり
てよくこれ藥王菩薩本事品をきゝて
受持せばこの女身をつくしてのちにまた
うけじもし如来滅後のちの五百歳の





なかにもし女人ありてこれ經典をきいて説
のごとく修行せばこゝに命終してすなはち
安樂世界の阿彌陀佛の大菩薩衆
に圍遶せられてまします住處にゆきて蓮
華のなかの寶座のうへに生ぜんまた
貪欲のためになやまされずまた





瞋恚愚癡のためになやまされずまた
憍慢嫉妬諸垢のためになやまされず
菩薩の神通無生法忍をえんこの忍を
うることをえをはりて眼根清淨ならんこの
清淨の眼根をもつて七百万二千億那由
他恒河沙等の諸佛如来をみたてまつらん





このときに諸佛はるかにともにほめ
てのたまはくよきかなよきかな善男子
なんぢよく釋迦牟尼佛の法のなかにおいて
よくこれ經を受持し讀誦し思惟して
他人のためにときしめす所得の福德無
量無邊なり火もやくことあたはず水も

1157

五一丁ウ

うけたもちとくしゆしかんちの功徳をは
千佛ともにとくともつくすことあたはさる
ところなりなんちいますでによくもろもろの
魔賊を破し生死のいくさをやふりゝ諸
餘の怨敵をことことくみな摧滅しぬ
善男子百千の諸佛神通力をもって

1158

五二丁オ

ともになんちを守護したまふ一切世間
天人のなかにおいてなんちにしくものは
なしたゝし如来をはのそいてその
もろもろの声聞辟支佛乃至菩薩の智
恵禅定なんちとひとしきものあることなし
宿王華この菩薩ハかくのことき功徳智

1159

五二丁ウ

恵のちからを成就せりもし人ありてこ
の薬王菩薩本事品をきゝてよく随喜
し讃善せんはこの人現世にくちのなかより
よりつねに青蓮華の香をいたし身の毛
孔よりつねに牛頭梅檀の香をい
たさん所得の功徳ハかみの所説のこと

1160

五三丁ウ

しこのゆへに宿王華これ薬王菩薩本事
品をもってなんちに屬累すわか滅度の
のちのちの五百歳のなかに閻浮提に廣宣
流布して断絶せしむる事なかれ悪魔々民もろもろの
天龍夜叉鳩槃荼等をしてそのたよりを
えしむることなかれ宿王華なんち

五三丁オ

汝また神通のちからをもつてこの経を守
護すへしゆへいかんとなれはこの経はすなはち閻
浮提の人のやまひの良薬なりもし人
やまひあらんにこの経をきくことをえはやまひ
すなはち消滅して不老不死ならん
宿王華なんちもしこの経を受持する人



五四丁オ

あらんをみてはまさに青蓮華をもつて抹香を
もりてそのうへに供散すへし散し
をはりてまさにこの念言をなすへしこの人ひさし
からすしてまさに草をとりて
道場に坐してもろもろの魔軍をやふりて
まさに法のほらかいをふき大法のつゝみをうち



五四丁ウ

て一切衆生の老病死海を度脱すへしこのゆへ
に仏道をもとめんものこの経典を受持する
人をみてはまさにかくのことく
恭敬の心をなすへし　薬王菩薩本事品
ときにこの品をときたまふときに八万四千の菩薩解
一切衆生語言陀羅尼をえたり多宝如来宝



五五丁オ

塔のうちにおいて宿王華菩薩をほめて
のたまはくよいかなよいかな宿王華なんち不
可思議の功徳を成就してすなはちよく
釈迦牟尼仏にかくのことき事をとひて
て無量の一切衆生を利益したまへり

1165

五五丁ウ

妙法蓮華経妙音菩薩品第二十四
そのときに釈迦牟尼仏大人相の肉髻
の光明をはなちたまひ眉間の白毫相
の光をはなちてあまねく東方百八万
億那由他恒河沙等の諸仏の世界を

1166

五六丁オ

てらしたまふこのかずをすぎて世
界あり浄光荘厳となづくそのくにゝ
ほとけましますの浄華宿王智如来応供
正遍知明行足善逝世間解無上士調
御丈夫天人師仏世尊となづく無
量無辺の菩薩大衆にくゐに恭敬し

1167

五六丁ウ

囲遶せられてために法をときたまふ
釈迦牟尼仏の白毫の光明あまねく
そのくにをてらしたまふそのときに一切
浄光荘厳国のなかにひとりの菩薩あり
なをは妙音といふひさしくすでにもろもろの
徳の本をうへて無量百千万億の諸仏を

1168

五七丁オ

供養し親近したてまつりてことごとく
甚深の智恵を成就し妙幢相三
昧法華三昧浄徳三昧宿王戯三昧無縁
三昧智印三昧解一切衆生語言三昧集一
切功徳三昧浄三昧神通遊戯三昧恵炬三
昧荘厳王三昧浄光明三昧浄蔵三昧不

共三昧日旋三昧をえたりかくのことき(の)
百千万億恒河沙等の諸大三昧をえたり
釈迦牟尼仏のひかりそのみをてらし給ふ
すなはち浄華宿王智仏に白してまうさく
世尊われまさに娑婆世界に往詣
して釈迦牟尼仏を礼拝し親近供





養したてまつりおよび文殊師利法王子
菩薩薬王菩薩勇施菩薩宿王華菩薩
上行意菩薩荘厳王菩薩薬上菩薩を
みたてまつらんとすそのときに浄華宿王智仏妙
音菩薩につげたまはくなんちかの国を
かろしめて下劣の想ひをなすことなかれ







善男子かの娑婆世界は高下不平にして
土石諸山ありて穢悪充満し仏身卑小に
して諸の菩薩もそのかたちまた小なり
しかるになんちが身は四万二千由旬
わが身は六百八十万由旬なりなんちが身は
第一端正なり百千万の福ありて光明





殊妙なりこのゆへになんちゆきてかの国を
かろしめて仏菩薩および国土に下劣の
想をなすことなかれ妙音菩薩その仏にまう
して申さく世尊われいま娑婆
世界にゆかんとするはこれ如来のちから
如来の神通遊戯如来の功徳智恵荘厳

1173

なりんてに妙音菩薩座をたゝずして動揺
せずして三昧にいる三昧のちからをもつて
耆闍崛山にさきて法座をさることとを
からずして八万四千の衆宝蓮華を化作す
閻浮檀金をくきとし白銀を葉とし金
剛をひげとし甄叔迦宝をもつてその臺

1174

とせりそのときに文殊師利法王子この
蓮華をみてほとけにまうしてまうさく
世尊これなんの因縁ありてかまづこの瑞
を現ずる若干の千万の蓮華ありて閻
浮檀金をくきとし白銀を葉とし金剛
をひげとし甄叔迦宝をもつてその臺

1175

とせりそのときに釈迦牟尼仏文殊師
利につげてのたまはく妙音菩薩摩
訶薩の浄華宿王智仏のくにより八万
四千の菩薩のためにかこまれてこの
娑婆世界に来至してわれを供養し
親近来拝せんとほつしまた法華経を供

1176

養しきゝたてまつらんとほつす文
殊師利ほとけにまうしてまうさく世尊
この菩薩はいかなる善本をうゑなんの功徳を
修してかよくこの大神通力あり
いかなる三昧をか行ずる願はくはわれ
らがためにこの三昧の名字をときたまへ

六一丁ウ

われらまたはげみてこれを修行したまふ
これ三昧を行じてすなはちよくこれ菩薩
の色相の大小威儀進止をみることをえんたゞねがは
くは世尊神通力をもつてかの菩薩のきた
らしめたまへてわれをしてみることをえしめ
たまへそのときに釋迦牟尼佛文殊師

六二丁オ

利につげたまはくこれ久滅度の多寶
如来まさになんぢらがためにしかも相を現
じたまふ時に多寶佛かの菩
薩につげたまはく善男子きたれ文殊
師利法王子なんぢが身をみんとおもへり
ときに妙音菩薩のかのくにより没して八



六二丁ウ

万四千の菩薩とともに發来したまふ所經の諸國
六種に震動してみなことごとく七寶
蓮華をふらし百千の天の樂うたざるに
おのづからなるこの菩薩のめは廣大なる
青蓮華の葉のごとしたとひ百千万の
月を和合せるともその面貌端正なること

六三丁オ

またこれにすぎたらん身は真金のい
ろにして無量百千の功徳荘嚴せり威
徳熾盛にして光明照曜し諸相具足
せること那羅延堅固の身のごとし七寶の
臺にいりて上昇せり地をさることと七
多羅樹もろもろの菩薩衆恭敬し圍

1181

六三丁ウ

遠してこの娑婆世界の耆闍崛山に来
詣しおはりたまひて七寶の臺よ
りおりて價直百千の瓔珞をとりても
ちて釋迦牟尼佛のみもとにいたり給
頭面に足をいたして礼して瓔珞を奉上し
しかうしてほとけにまうしてまうさく世尊

1182

六四丁オ

淨華宿王智佛世尊を問訊したまふ
少病少惱起居輕利にして安樂に行
じたまふやいなや四大調和しますや
いなや世の事はしのびつべしやいな
や衆生は度しやすしやいなや貪欲瞋恚
愚癡嫉妬慳慢おほき事なしやいなや

1183

六四丁ウ

父母に敬せず沙門をうやまはず邪見な
ることなしやいなや善心ならずやいなや五情
を攝するやいなや世尊衆生はよく諸
の魔怨を降伏するやいなや久滅度の多
寶如来七寶の塔のうちにましましてきた
りて法をきゝたまふやいなやまた多寶

1184

六五丁オ

如来を問訊したまふ安穏小惱にして堪忍
しひさしく住したまふやいなや世尊
われいま多寶佛の身をみたてまつらん
とおもふねがはくは世尊われにしめ
してみえしめたまへそのときに釋迦
牟尼佛多寶佛にかたりたまはくこの

1185

六五丁ウ

妙音菩薩わしんしてまつることをこえんと
おもふときに多寶佛妙音につげて
のたまはくよきかなせんなんしきたれ釋迦
牟尼佛を供養したてまつりおよび法
華經をきゝたてまつりあはせて文殊師利等をみん
かためのゆへにこゝに来至せりとのたまふ

1186

六六丁オ

ときに華徳菩薩ほとけにまうしてまう
さく世尊この妙音菩薩はなんの善根を
うゑなんの功徳を修してかこの神力ある
ほとけ華徳菩薩につげたまはく過去に
ほとけましましき雲雷音王多陀阿伽度
阿羅呵三藐三佛陀となづけたてまつる



1187

六六丁ウ

くにをば現一切世間となづけ劫をば喜
見となづく妙音菩薩一万二千歳において
もて十万種の妓樂をもて雲雷音王佛を
供養したてまつりあはせて八万四千の
七寶の鉢を奉上しきこの因縁果報を
もていま浄華宿王智佛のくにゝ生

1188

六七丁オ

まるこの神力あり華徳なんぢがこゝろにおい
ていかんそのとき雲雷音王佛のみもとにして
妙音菩薩として妓樂をもて供養し
寶器を奉上せしはあに異人ならんや
いまこの妙音菩薩摩訶薩これなり
華徳この妙音菩薩はむかし無量の諸

1189

六七丁ウ

佛に供養し親近したてまつりて徳の本
をうへたてまつりて恒河沙等の百千万億那
由他のほとけにあひたてまつれり華徳よなんぢたゞ妙音
菩薩ハその身こゝにありとのみ見るしかるに
この菩薩ハ種々の身を現じて處々
にもろ/\の衆生のためにこの經をとく

1190

六八丁オ

あるひハ梵王の身を現じあるひハ帝釋の
身を現じあるひハ自在天の身を現じある
ひハ大自在天の身を現じあるひハ天大將軍の
身を現じあるひハ毘沙門天王の身を現じある
ひハ轉輪聖王の身を現じあるひハ諸の
小王の身を現じあるひハ長者の身を現

1191

六八丁ウ

じあるひハ居士の身を現じあるひハ宰官の
身を現じあるひハ婆羅門の身を現じ
あるひハ比丘比丘尼優婆塞優婆夷の身を現
じあるひハ長者居士の婦女の身を現じある
ひハ宰官の婦女の身を現じあるひハ
婆羅門の婦女の身を現じあるひハ童男

1192

六九丁オ

童女の身を現じあるひハ天龍夜叉乾闥
婆阿脩羅迦樓羅緊那羅摩睺羅伽
人非人等の身を現じてこの經をとく
諸有の地獄餓鬼畜生およびもろ/\の
難處にあるをみな救濟す乃至王の後宮
にしては變じて女身となりてこの經を

1193

六九丁ウ

よく華徳この妙音菩薩ハよく娑婆世
界のもろもろの衆生を救護するものな
りこの妙音菩薩ハかくのごとく種々に
變化して身を現じてこの娑婆国土に
ありてもろもろの衆生のためにこの経
典をときたまふ神通變化智恵において

1194

七〇丁オ

損減するところなしこれ菩薩ハ若干
の智恵をもてあきらかに娑婆世界を
てらして一切衆生をしておのおの所知を
えしむ十方恒河沙世界のなかにおいて
もまたかくのごとしもし声聞のかた
ちをもて得度すべきものには声聞の

1195

七〇丁ウ

かたちを現じてために法をとく辟支仏
のかたちをもて得度すべきものには辟
支仏のかたちを現じてために法をとく
菩薩のかたちをもて得度すべきもの
には菩薩のかたちを現じてために法
をとくほとけのかたちをもて得度すべ

1196

七一丁オ

きものには即ほとけのかたちを
現じてために法をとくかくのごとく種々に
度すべきところにしたがひて
ためにかたちを現ず乃至滅度を示現す
華徳妙音菩薩摩訶薩ハ大神通
智恵のちからを成就せるところの事か

1197

七一丁ウ

くゐとしみたまふに華徳菩薩ほとけ
に申してまうさく世尊この妙音菩薩
はふかく善根をうへたり世尊この菩薩は
いかなる三昧に住してかくのごとく
變現してところに衆生を度脱したまふ
ほとけ華徳菩薩につげてのたまはく善

1198

七二丁オ

男子その三昧をば現一切色身となづく
妙音菩薩この三昧のなかに住して
かくのごとく無量の衆生を饒益す
これ妙音菩薩品をとかせたまひしとき
妙音菩薩とともにきたれるもの八万四
千の人みな現一切色身三昧をえたりこの

1199

七二丁ウ

娑婆世界の無量の菩薩またこれ三昧
および陀羅尼をえつそのときに妙音菩
薩摩訶薩釋迦牟尼佛および多寶仏
塔を供養したてまつりをはりてまた本
土に還歸したまふ所經のくにくに六種に
震動して寶蓮華をふらし百千万

1200

七三丁オ

億の種々の伎楽をなすすでに本国にい
たりて八万四千の菩薩のために圍遶
せられて浄華宿王智佛のみもとに
いたりてほとけにまうしてまうさく世尊
われ娑婆世界にいたりて衆生を饒益
釋迦牟尼佛をみたてまつりおよび

1202

1201



多寶佛塔にまうでてまはりて礼拝供
養しおはりて文殊師利法王子菩薩にこと
かしこ薬王菩薩得勤精進力菩薩勇施菩薩等と
あんこここの八万四千の菩薩にして現一切
色身三昧をえしめここの妙音菩薩来往
品をとくときにしかし四万二千の天子無





生法忍をえ華徳菩薩法華三昧をえ
[illegible]
妙法蓮華經巻第七

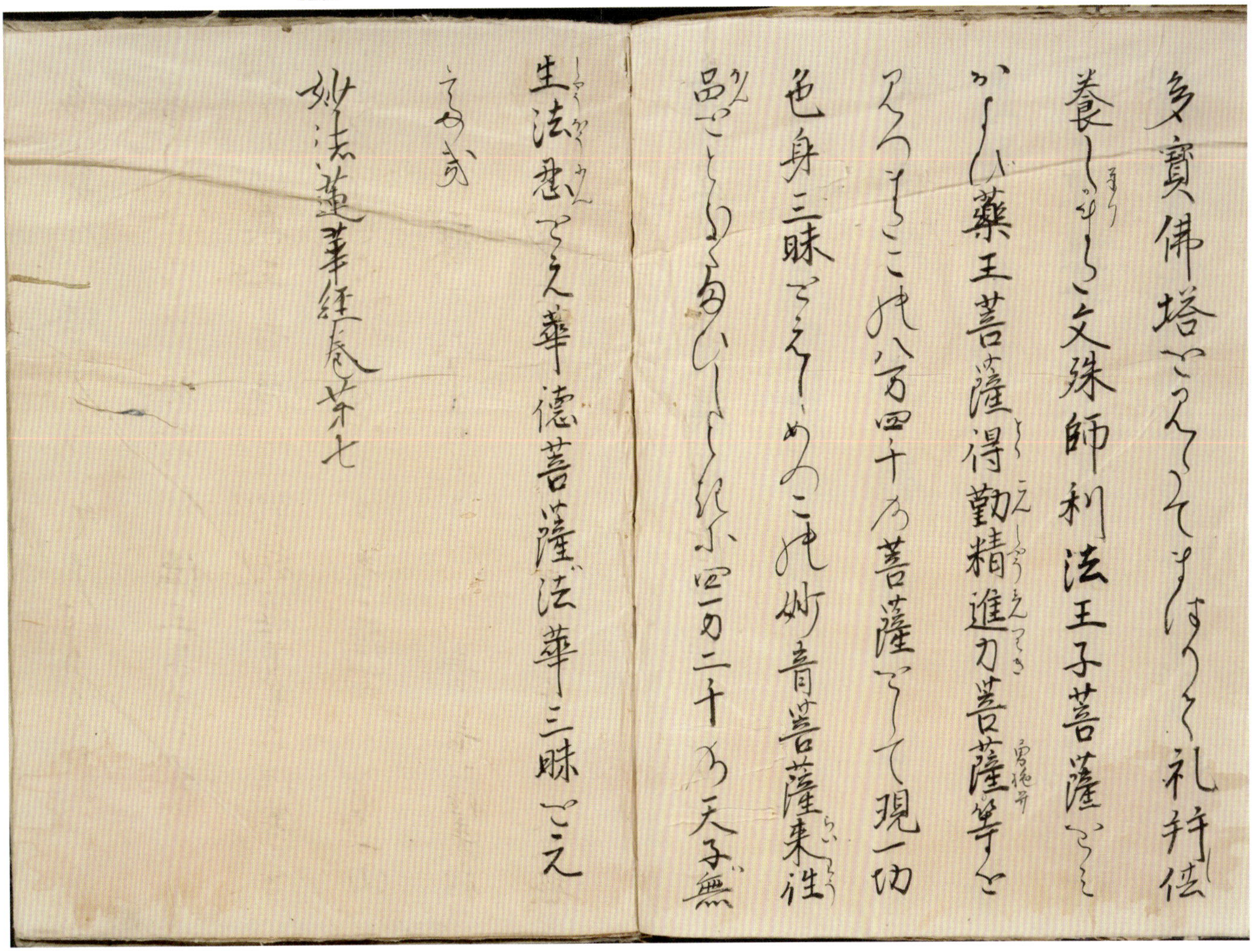

裏表紙

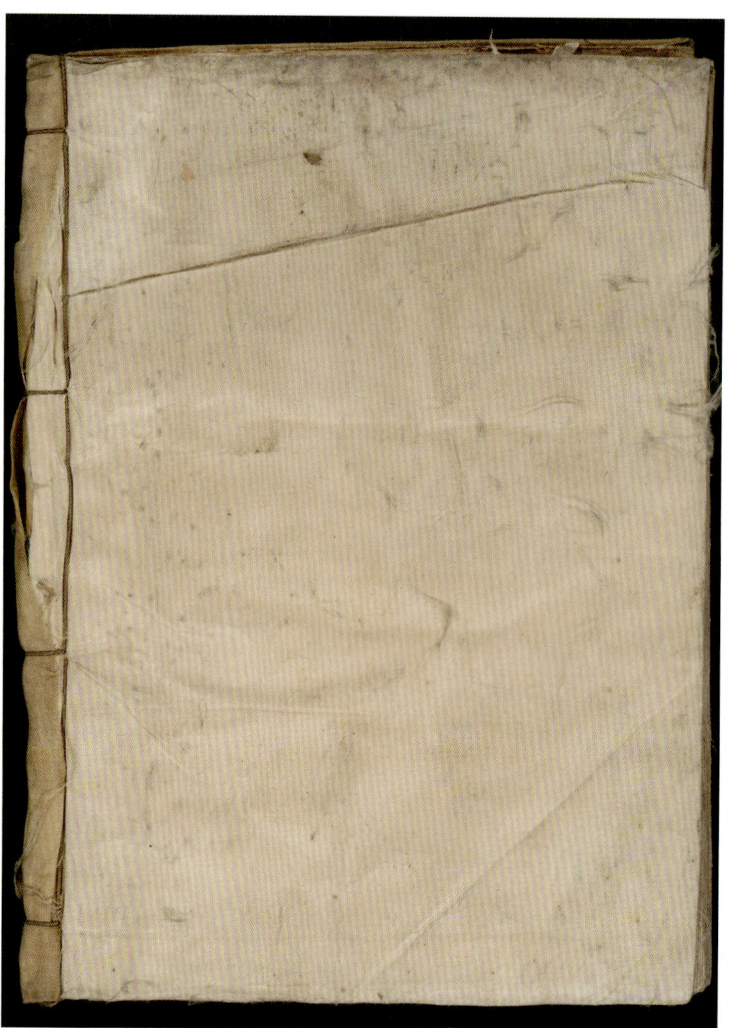

# 妙法蓮華経　巻第八

表紙

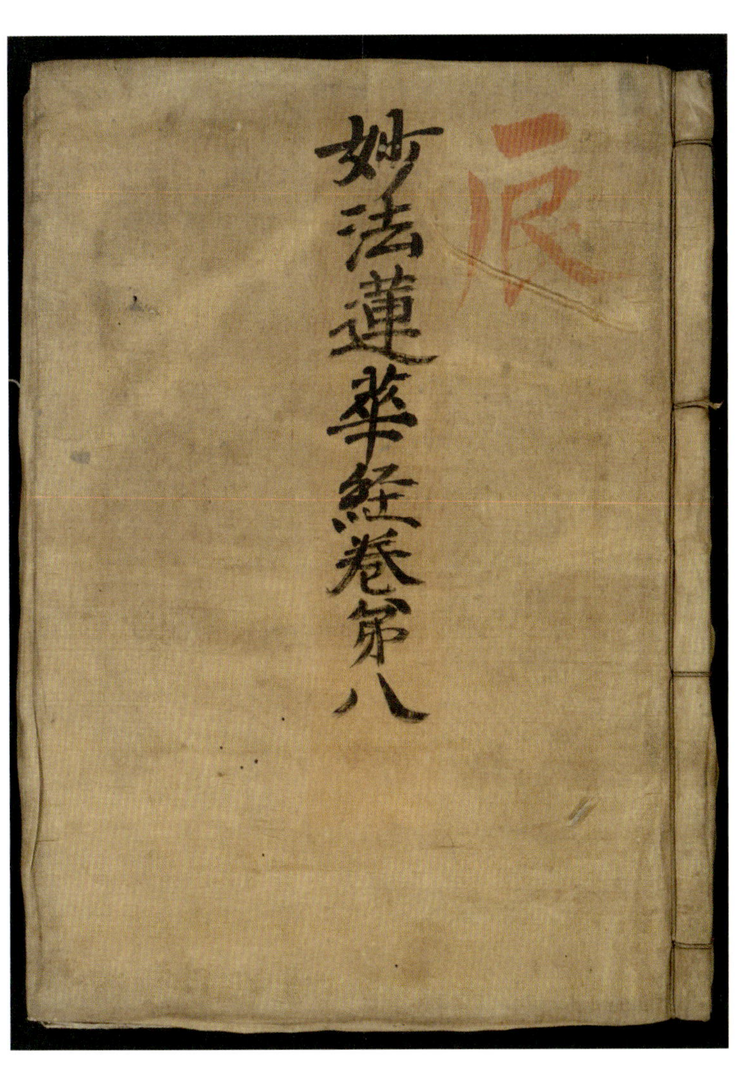


表紙見返

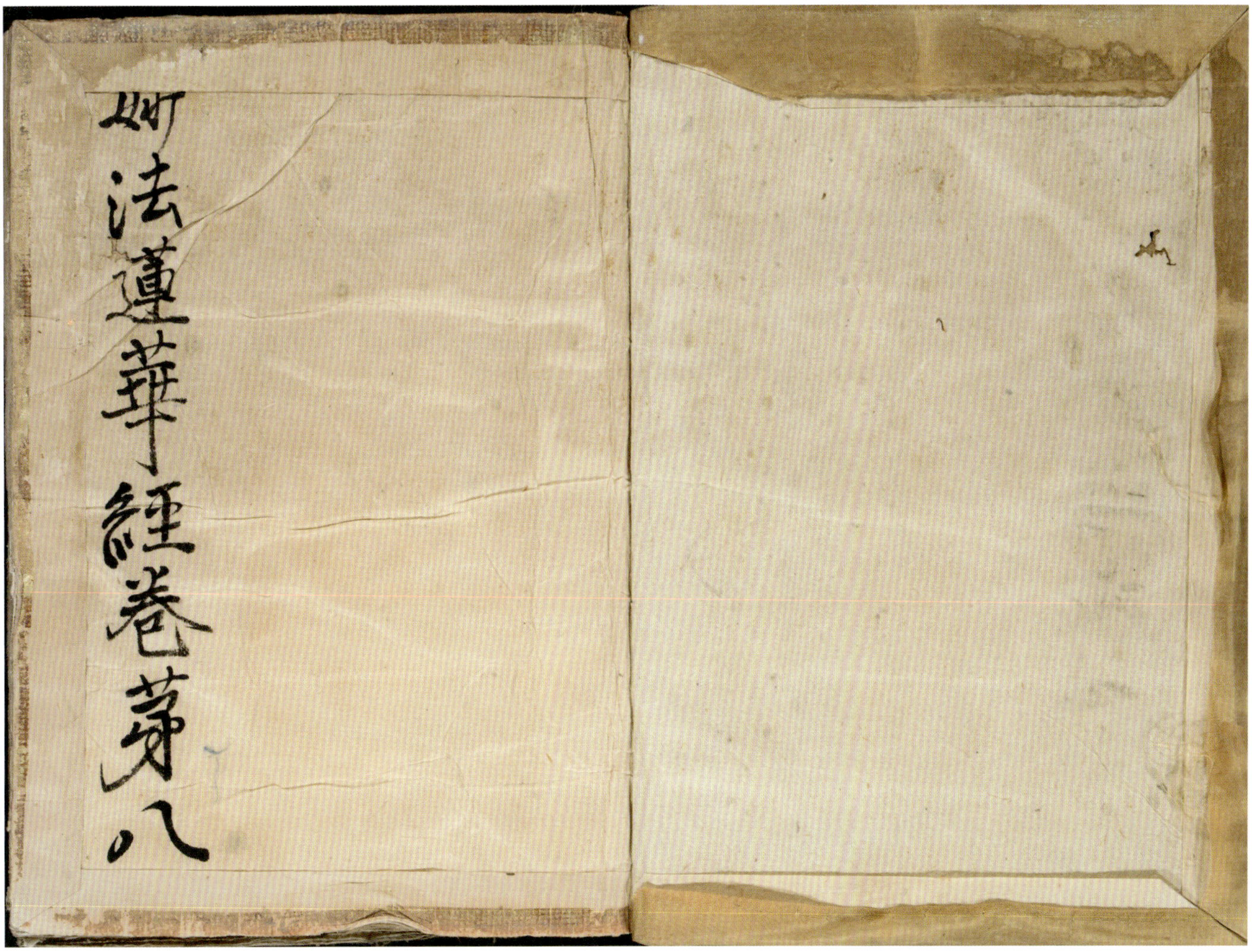

表紙見返

1207

表紙見返

1208

一丁オ

妙法蓮華経観世音菩薩普門品第二十五
そのときに無盡意菩薩すなはち座より
たちてひとへにみぎのかたをはだぬぎて
たなごゝろをあはせてほとけにむかひたてまつり
まうしてこの言をなさく世尊観世音菩
薩はいかんの因縁ありてかなを観世音となづくる

1209

一丁ウ

ほとけ無盡意菩薩につげてのたまはく善男子
もし無量百千万億の衆生ありてもろもろ
の苦悩をうけんにこの観世音菩薩をきゝて
一心にみなを称せば観世音菩薩すなはちその音
聲を観じてみな解脱をえしめん
もしこの観世音菩薩のみなをたもつこと

1210

二丁オ

あらんものはたとひ大火にいるとも火もやく
ことあたはじこの菩薩の威神のちからゆ
へなりもし大水のためにたゞよはさ
れんもその名號を称せばすなはちあさき
ところをえんもし百千万億の衆生ありて
金銀瑠璃車渠馬瑙珊瑚虎珀真珠等の

1211

二丁ウ

たとひもろ〳〵の人大海にいりなんとせんに
黒風その船舫をふきて羅刹鬼のくにゝ飄
堕せんにそのなかにもし乃至一人ありて観
世音菩薩の名を稱せばこのもろ〳〵の人
らみな羅刹の難を解脱することを
えん。この因縁をもつて観世音となづく

1212

三丁オ

また人ありてまさに害せらるべきにのぞんで
観世音菩薩の名を稱せばかのとるところ
の刀杖つゐで段々に壊して解脱
をえん。もし三千大千国土のなかに
みてらん夜叉羅刹きたりて人をなやまさ
んとせんにその観世音菩薩の名を稱するを

1213

三丁ウ

きかばこのもろ〳〵の悪鬼なをあしきま
なこをもてこれをみることあたはずいはんや
また害をくはへんや。たとひまた人ありて
もしはつみありてもしはつみなくても杻械枷
鎖にてそのみを検繋せられんに観世音菩
薩の名を稱せばみなこと〴〵く断壊して

1214

四丁オ

すなはち解脱することをえん。もし三千大
千国土のなかにみてらん怨賊にひとりの商主
ありてもろ〳〵の商人をひきゐて重寶を
賷持し険路をへてすぎんそのなかに一人この
唱言をなさんもろ〳〵の善男子恐怖する
ことをうることなかれなんぢらまさに

1215

四丁ウ

こゝろをひとつにして観世音菩薩の名号を称し
すべしこの菩薩はよく無畏をもて衆生
にほどこしたまふなんぢらもし名を称せば
この怨賊においてまさに解脱することを
うべし諸の商人きゝてともにこゑを
はつしていはく南無観世音菩薩とその

1216

五丁オ

名を称するがゆへにすなはち解脱をうることを
えん無尽意観世音菩薩摩訶薩は
威神のちから巍々たることかくのごとし
もし衆生ありて婬欲おほからんにつねに念
じて観世音菩薩を恭敬せばすなはち
欲をはなるることをえんもし瞋恚おほからん

1217

五丁ウ

につねに念じて観世音菩薩を恭敬せば
すなはち瞋をはなるることをえんもし愚
癡おほからんにつねに念じて観世音菩薩を
恭敬せばすなはち癡をはなるることをえん
無尽意観世音菩薩はかくのごときらの
大威神力ありて饒益するところおほし

1218

六丁オ

このゆへに衆生つねにこゝろに念ずべし
女人ありてもし男をもとめんとほつして
観世音菩薩を礼拝し供養せばすなはち
福徳智恵の男を生ぜんもしは女
をもとめんとほつせばすなはち端正有相の
女のむかし徳の本をうへて衆人に愛敬せ

1219　六丁ウ

あいきやうを生しせん無盡意観世音菩薩は
かくのことくちからあり衆生ありて観
世音菩薩を恭敬礼拝せは福不唐捐ならし
このゆへに衆生みな観世音菩薩の
名号を受持すへし無盡意もし人ありて
六十二億恒河沙の菩薩の名字を受持

1220　七丁オ

まつりそのいのちをつくるまて飲食衣服臥具
醫藥をもて供養せんなんちか心においていかんこの
善男子善女人の功徳おほきやいなや無盡
意のまうさくはなはたおほし世尊ほとけ
のたまはくもし又人ありて観世音菩
薩の名号を受持し乃至一時も礼拝し

1221　七丁ウ

供養せんこの二人の福正等にしてことなることなし
ともせん百千万億劫にきはむへからす
す無盡意観世音菩薩の名号を受持せは
かくのことき無量無邊の福徳の利をえん
無盡意菩薩ほとけにまうしてまうさく
世尊観世音菩薩はいかにしてこの娑婆

1222　八丁オ

世界にあそひいかにしてか衆生のため
に法をとき方便のちからその
事いかんほとけ無盡意菩薩につけたまはく
もし善男子ありし国土の衆生ありて佛
身をもて得度すへきものには観世音菩
薩すなはち佛身を現してために法を

1223

八丁ウ

もし辟支佛の身をもつて得度すべきもの
にはすなはち辟支佛の身を現してた
めに法をとく声聞の身をもつて得度すべき
ものにはすなはち声聞の身を現して
ために法をとく梵王の身をもつて得度すべ
きものにはすなはち梵王の身を現して

1224

九丁オ

ために法をとく帝釈の身をもつて得度
すべきものにはすなはち帝釈の身を
現してために法をとく自在天の身をもつて
得度すべきものにはすなはち自在天の
身を現してために法をとく大自在天の
身をもつて得度すべきものにはすなはち

1225

九丁ウ

大自在天の身を現してために法をとく天
大将軍の身をもつて得度すべきものには
すなはち天大将軍の身を現してために法
をとく毘沙門の身をもつて得度すべきもの
にはすなはち毘沙門の身を現してため
に法をとく小王の身をもつて得度すべ

1226

一〇丁オ

きものにはすなはち小王の身を現してために
法をとく長者の身をもつて得度すべきもの
にはすなはち長者の身を現してために
法をとく居士の身をもつて得度すべきもの
にはすなはち居士の身を現してために
法をとく宰官の身をもつて得度すべき

きものはすなはち宰官の身を現してた
めに法をとく婆羅門の身をもて得度
すべきものはすなはち婆羅門の身を
現してために法をとく比丘比丘尼優婆
塞優婆夷の身をもて得度すべきもの
はすなはち比丘比丘尼優婆塞優婆





夷の身を現してために法をとく長者居
士宰官婆羅門の婦女の身をもて得
度すべきものはすなはち婦女の身を
現してために法をとく童男童女の身を
もて得度すべきものはすなはち童男
童女の身を現してために法をとく





天龍夜叉乾闥婆阿修羅迦楼羅緊那羅
摩睺羅伽人非人等の身をもて得度す
べきものはすなはちみなこれを現じて
ために法をとく執金剛神をもて得度
すべきものはすなはち執金剛神を
現してために法をとく無尽意この観





世音菩薩はかくのごとき功徳を成就して
種々の形をもてもろもろの国土にあそ
ひて衆生を度脱すこのゆへになんぢら
まさに一心にして観世音菩薩を供
養すべしこの観世音菩薩摩訶薩は
怖畏急難のなかにおいてよく無畏を

1231

一二丁ウ

かるかゆへにこれみなこの娑婆世界にはこれを
こゝをなつけて施無畏者といふ無盡意
菩薩ほとけにまうしてまうさく世尊われ
いまゝさに観世音菩薩を供養し
たてまつるへしとすなはちくびの衆の寶珠
の瓔珞の價直百千両のこかねにあたるを

1232

一三丁オ

もてこれをあたへてこの言をなさく
仁者この法施珍寶の瓔珞をうけたまへと
ときに観世音菩薩あへてこれをうけたまはす
無盡意またまた観世音菩薩にまうしてまう
さく仁者われらをあはれむかゆへに
この瓔珞をうけたまへとそのときにほとけ観

1233

一三丁ウ

世音菩薩につけたまはくまさにこの無盡
意菩薩およひ四衆天龍夜叉乾闥婆阿
脩羅迦樓羅緊那羅摩睺羅伽人非人
等をあはれむかゆへにこの瓔珞をうけよ
ときにすなはち観世音菩薩もろもろの
四衆および天龍人非人等をあはれみて

1234

一四丁オ

其の瓔珞をうけてわかちて二分になして
一分をは釋迦牟尼佛にたてまつり一分
をは多寶佛塔にたてまつる無盡意観世
音菩薩はかくのことき自在神力あつて
娑婆世界にあそふそのときに無盡意菩
薩偈をもつてとひてまうさく

1235

一四丁ウ

世尊妙相具わたらせ給ふにとひた
てまつる佛子なんの因縁ありてか名づけて
観世音とする具足妙相の尊偈をもつて
無盡意にこたへ給はく汝ち観音の行を
きけよく諸の方所に應ぜし弘誓の
ふかきことうみのごとし劫をへて思議せず

1236

一五丁オ

かずおほくの千億の仏につかへて大清浄
の願をおこせり我汝がために略して
ときあかさん名をきゝ及び身をみて心に念ずる
にむなしくすぐさずして諸有の苦を滅す
たとひ害の心をおこしておとしいれて火坑
におしいるゝともかの觀音を念ぜん

1237

一五丁ウ

ちからに火坑變じて池となりなん或は
巨海に漂流して龍魚の諸の鬼難あり
ともかの觀音を念ぜんちからに波浪没す
ることあたはじ或は須弥の峯にありて
人のためにおとされんもかの觀音を念
ぜんちからに日のごとくにして虚空に住せん

1238

一六丁オ

或は悪人におはれて金剛山より堕落
せんもかの觀音を念ぜんちからに一の
毛をも損することあたはじ或は怨賊の
かこみてをのをの刀をとりて害をくは
へんに遭ふもかの觀音を念ぜんちからに
ことごとくみな即ち慈心をおこさしめん

は王難の苦にあひて刑にのぞみていのちた
えなんとするものの観音を念ぜんちから
につるぎはきれて段段に壊しなんあるひは枷
鎖に囚禁せられ手足に杻械をうくるとも
かのかの観音を念ぜんちからに釈然と
して解脱をうるべしとぞ呪詛の諸の





毒薬にてみを害せんとおもふものも
観音の念ぜんちからにかへりて本人につき
なんあるひは悪羅刹毒龍の諸の鬼
等にあふともこの観音を念ぜんちからに
ときにみなあへて害せじもしはあしき
けだものに囲遶せられてときばつめの





つめおそるべくともかの観音を念ぜ
んちからにてすみやかに無辺の方にはしりさらん
蚖蛇および蝮蝎の気毒煙火のもゆるとも
かの観音を念ぜんちからに
こゑにつきてみづからかへりさらん
くもいかづちなりはためきいなび





かりしはげしくあめふるとも
かの観音を念ぜんちからに時に応
じて消散すべし衆生困厄にあひ
て無量の苦にみをせめられんも観音
妙智のちからはよく世間の苦をすくふ
神通のちからを具足しひろく智

方便ハ修して十方のもろもろの国土に刹
として身ハ現ぜずといふことなし　種々の
諸の悪趣地獄鬼畜生生老病死の苦をも
て漸くことごとく滅せしむ　真観清浄観
廣大智恵観悲観および慈観あり　つねに
ねがひつねに瞻仰すべし　無垢清浄の





ひかり恵日諸の闇を破して　災の風火を
伏してあまねくあきらかに世間をてらす
悲の躰の戒ハいかづちのごとくふるひ慈
意ハたへなる大くものごとくにして
甘露の法雨をそゝきて煩悩のほのほを滅
除す　諍訟して官處にへ軍陣の





なかに怖畏せんもの観音の力を念ぜんに
かの衆怨ことごとく退散しなん　妙音観世
音梵音海潮音勝彼世間音あり　このゆへ
にすべからくつねに念ずべし　念々にうたが
ひをなすことなかれ　観世音浄聖ハ苦
悩死厄においてよくために依怙となれり





一切の功徳を具し慈眼をもて衆生をみる福
聚の海無量なり　このゆへに頂礼すべし
その時に持地菩薩すなはち座よりた
ちてすゝみて仏にまうしてまうさく
世尊もし衆生ありてこの観世音菩薩
品の自在之業普門示現神通のちから

1247

二〇丁ウ

をきかんとするハまさにしるべしこの人ハ功德す
くなからずほとけこの普門品をときたまふ時
くに衆のなかに八万四千の衆生みな無等
等阿耨多羅三藐三菩提心をおこしつ
妙法蓮華經陀羅尼品第二十六
そのときに藥王菩薩すなはち座より

1248

二一丁オ

たちてひとへにみぎのかたをあらはし
手をあはせてほとけにむかひたてま
つりてほとけにまうしてまうさく世尊も
し善男子善女人のよく法華經を受持
することあらんもしハ讀誦し通利し
もしハ經巻を書寫せんいくばくの所福を

1249

二一丁ウ

えんかほとけ藥王につげたまはくもし
善男子善女人ありて八百万億那由他恒河
沙等の諸佛を供養せんなんぢがこゝろに
おもひいかんそのうる所の福むしろおほ
かしやいなやはなはだおほし世尊ほとけ
のたまはく善男子善女人のよく

1250

二二丁オ

この經におきて乃至一四句偈をも受持し
讀誦し解義し説のごとく修行せんは
功德すなはちはなはだおほからんそのときに藥王
菩薩ほとけにまうしてまうさく世尊われ
いますでに説法者に陀羅尼呪をあたへ
もてこれを守護せんとてすなはち

1251

二二二丁ウ

呪をとかせてのたまハく

安尒一 曼尒二 摩祢三 摩摩祢四 旨隷五

遮梨第六 賒咩羊鳴音七 賒履因雉反 多瑋八 羶輪千反

帝九 目帝十 目多履一十 沙履二十 阿瑋

沙履三十 桑履四十 沙履五十 叉裔六十 阿叉

裔七十 阿耆膩八十 羶帝九十 賒履十二 陀羅

1252

二二三丁オ

尼一二十 阿盧伽婆娑蘇奈反 簸蔗毗叉膩二二十

祢毗剃三二十 阿便哆都餓反 邏祢履剃四二十

阿亶哆波隷輸地途賣反五二十 漚究隷六二十 牟

究隷七二十 阿羅隷八二十 波羅隷九二十 首迦差初几反三十

阿三磨三履一三十 佛駄毗吉利袠帝二三十

達磨波利差猜離反 帝三三十 僧伽涅

1253

二二三丁ウ※

瞿沙祢四三十 婆舍婆舍輸地五三十 曼哆羅六三十

曼哆羅叉夜多七三十 郵楼哆八三十 郵楼哆

憍舍略盧遮反九三十 悪叉羅十四 悪叉冶多冶一四十

阿婆盧二四十 阿摩若荏遮反 那多夜三四十

世尊この陀羅尼神呪八六十二億恒河

沙等の諸佛の所説なりとこの法

1254

二二四丁オ※

師を侵毀せんものハすなハちこれ

の諸佛を侵毀しをハれるになりけれハ

ときに釋迦牟尼佛薬王菩薩にかたりて

のたまハくよきかなよきかな薬王なんぢこの法

師を慈念し擁擁護せんがゆへにこの陀羅尼

をとくゆへに衆生にをいて饒益する

1255

二四丁ウ

そのときに勇施菩薩ほとけ
にまうしてまうさく世尊われもまた法華
経を読誦し受持せんものを擁護せんが
ために陀羅尼をとかんもしこの法師この
陀羅尼をえばもしは夜叉もしは羅刹
もしは富単那もしは吉遮もしは鳩槃荼

1256

二五丁オ

もしは餓鬼等のその短をうかゞひもとむるも
よくたよりをうることなからんとすなはち仏前にお
いて咒をときてのたまはく
座 誓螺反 隷 一 摩訶座隷 二 郁枳 三 目枳 四
阿隷 五 阿羅婆第 六 涅隷第 七 涅隷
多婆第 八 伊緻 猪履反 柅 九 韋緻柅 十 旨

1257

二五丁ウ

緻柅 十一 涅隷墀柅 十二 涅犁墀婆底 十三
世尊この陀羅尼神咒は恒河沙等の諸
仏の所説なりまたみな随喜したまへ
りこの法師を侵毀せることあらんもの
はすなはちこの諸仏を侵毀したてまつる
になりなんとそのときに毘沙門天王護世

1258

二六丁オ

者ほとけにまうしてまうさく世尊われ
もまた衆生を愍念しこの法師を擁
護せんがためのゆゑにこの陀羅尼をとか
んすなはち咒をときていはく
阿梨 一 那梨 二 嵬那梨 三 阿那
盧 四 那履 五 拘那履 六

1259



世尊これ神咒をもつて法師を擁護せ
んがためにまさにこの経を持せ
むものを擁護して百由旬のうちに諸の
衰患なからしむべし
そのときに持国天王この會のなかに有し
倶して千万億那由他の乾闥婆衆とゝ

1260



ともに恭敬し圍遶せられてまへにすゝみて佛所
にまうでゝたなごゝろをあはせてほとけに白
してまうさく世尊我また陀羅尼神
咒をもつて法華経をたもたんものを擁護
せんとすなはち咒をときていはく
阿伽祢 一 伽祢 二 瞿利 三 乾陀利 四

1261



旃陀利 五 摩蹬耆 六 常求利 七 浮
樓莎柅 八 頞底 九
世尊これ陀羅尼神咒は四十二億の諸
佛の所説なりもしこれ法師を侵毀
せんものはすなはちこの諸
佛を侵毀したてまつるなり

1262



そのときに羅刹女等あり一をば藍婆と
なづく二をば毘藍婆となづけ三をば曲歯
となづく四をば華歯となづけ五をば黒
歯となづけ六をば多髪となづけ七をば無
厭足となづく八をば持瓔珞となづけ九
をば皐諦となづけ十をば奪一切衆生

精氣をとりつくこの十羅刹女鬼子母ならびに
およびその子ども眷屬ともに佛所に詣
うでゝこゑをおなじうしてほとけにまうして
いはく世尊われらもまた法華經を
讀誦し受持せんものを擁護してそ
の衰患をのぞかんと欲す法師の短を





うかゞひもとむるにたよりをえ
さらしめんとすなはち佛前に於して咒をとき
ていはく
伊提履一　伊提泯二　伊提履三　阿提
履四　伊提履五　泥履六　泥履七　泥履八
泥履九　泥履十　樓醯十一　樓醯十二　樓醯





十三　樓醯十四　多醯十五　多醯十六　多醯十七　兜
醯十八　兔醯十九
むしろわれがかうべのうへにのぼるとも
法師をなやますことなかれもしは夜叉もし
は羅刹もしは餓鬼もしは富單那もし
は吉蔗もしは毗陀羅もしは揵駄もし





は烏摩勒伽もしは阿跋摩羅もしは
夜叉吉蔗もしは人吉蔗もしは熱病もしは
もしは一日もしは二日もしは三日もし
は四日乃至七日もしはつねに熱病もしは
男形もしは女形もしは童男形もしは
童女形乃至ゆめのなかにおいてもまた

1267

三〇丁ウ※

なやましむることなからしめんとすなはち佛前
にをいて偈をといてのたまはく
もしわが呪に順ぜずして説法者を悩乱
せばかうべわれて七分なること阿梨樹
のえだのごとし父母をころせるつみの
ごとくまたあぶらをおすわざはひ斗秤をもて

1268

三一丁オ※

人を欺誑し調達が僧を破せしつみのごとく
この法師をおかさんものはまさにかくのごと
きつみをえべし
諸の羅刹女この偈をときおはりてほとけにまう
してまうさく世尊われら
まさにみづからこの経を受持読

1269

三一丁ウ

誦し修行せんものを擁護して安穏
ならしめもろもろの衰患をはなれ諸
の毒薬を消せしめんとほとけ諸の
羅刹女につげたまはくよきかなよきかな
なんぢら法華のなを受持せんもの
を擁護せんすら福はかるべからずいはん

1270

三二丁オ

いはんや具足して受持し経巻に華香
瓔珞抹香塗香焼香幡蓋伎楽をもて供養
し種々のともし蘇燈油燈諸香油燈蘇
摩那華油燈瞻蔔華油燈婆師迦華
油燈優鉢羅華油燈をともしかくのごとき
らの百千種をもて供養せんものは

擁護せんとや皐諦女をもちてしも眷属
ゆゑにかくのごとき法師を擁護すべし
この陀羅尼品をときたまふときに六万八千
人無生法忍をえたりき

# 妙法蓮華経妙荘厳王本事品第二十七

そのときにほとけもろもろの大衆には





つげ給く乃往古世無量無辺不可思
議阿僧祇劫をすぎてほとけましま
す雲雷音宿王華智多陀阿伽度阿羅
呵三藐三仏陀となづけたてまつる
くにをは光明荘厳となづけ劫をは
喜見となづくかのほとけの法のなかに





王ありなを妙荘厳となづくその王の夫人
をはなづけて浄徳といふふたりの子あり
一をは浄蔵となづけ二をは浄眼となづ
くこのふたりの子大神力福徳智恵の
あつてひさしく菩薩の所行の道を修
せりいはゆる檀波羅蜜尸羅波羅蜜羼





提波羅蜜毗梨耶波羅蜜禅波羅蜜般
若波羅蜜方便波羅蜜慈悲喜捨な
ど乃至三十七品助道法みなことごとく
明了に通達せりまた菩薩浄三昧
日星宿三昧浄光三昧浄色三昧浄照
明三昧長荘厳三昧大威徳蔵三昧に

えこれ三昧につきてことごとく通達
せりき。又この仏かの妙荘嚴王を
引導し及衆生を愍念したまはんと欲ふがゆへ
にこの法華経をとききかせ給ふ。浄蔵
浄眼ふたりの子母のもとにいたりて
ゐて十指爪掌をあはせて申してまう



さく。ねがはくは母雲雷音宿王華智仏
のみもとに往詣したまへ。我らもまたこ
ゝろに侍従親近し供養礼拝せん。
ゆへいかんとなればこの仏一切の天人衆のなか
にして法華経をときたまふ。よろしく
聴受したまふべし。母子につげていはく、なんぢ



ちがちは外道を信受して、ふかく婆羅
門法に著せり。なんぢらゆきてちゝ
にまうしてともにゆかしめよ。浄蔵浄眼十
指爪掌して母にまうさく、我ら
はこれ法王の子なり。しかるにこの邪
見の家に生まれたり。母子につげていはく、な



んぢちゝをおもひて、ためにちゝを愍念して、た
めに神変を現ずべし。もしみることをえ
ては、心かならず清浄ならん。あるひは
我らが仏所にゆくことをゆるさん。こゝ
においてふたりの子そのちゝをおもふがゆへ
に虚空に踊在して、高さ七多羅樹

1279

三六丁ウ

て種々の神變を現じ虚空のなかにして
行住坐臥し みのうへより水をいだし
みのしたより火をいだし みのしたより水を
いだし みのうへより火をいだし あるいは大身
を現じて虚空のなかにみち しかうして
また小を現じ 小にしてまた大を現ず

1280

三七丁オ

空中にして滅し 忽然として地にあり
地に入ること水のごとく 水をふむこと地の
ごとくなり かくのごときら種々の神變を
現じて そのちゝの王をしてこゝろきよく
信解せしむ ときにちゝこの神力かくの
ごとくなるをみて こゝろおほいに歓喜

1281

三七丁ウ

して未曾有なることをえて 合掌して
わが子にむかひていはく なんぢらが
師はこれたれとかなす たれが弟子ぞ
二の子まうしてまうさく 大王 かの雲雷音
宿王華智佛 いま七寶菩提樹下法
座のうへにましまして坐し 一切

1282

三八丁オ

世間天人衆のなかにして 法華經を
ひろくとき給ふ これわれらが師なり われは
これ弟子なり ちゝ子にかたりていはく われ
いままたなんぢらが師を見たてまつらんと欲ふ
ともにゆくべし ここにふたりの子空中より
おりて そのはゝのもとにいたりて

はゝの所にいたりて、はゝに申さく、ち
ゝ王いますでに信解して阿耨多羅
三藐三菩提心をおこし給ふに堪任し
給へり。われらちゝのためにすでに佛事をなし
しつ。ねがはくははゝゆるされよ。かのほ
とけのみもとにして出家修道せんとなり。





ふたりの子かさねてこのこゝろをのべんと欲
して偈をもつてはゝに申さく
ねがはくははゝ、われらをはなちて出
家して沙門とならん。諸佛にはなはだ
あひがたし。われらほとけにしたがひてま
はやく學せん。優曇波羅はいとかたき





にあふことはまことにまれなり。もろもろの
難をまぬかるゝこともまたかたし。ねがはくは
わが出家をゆるし給へ。はゝ
すなはちつげていはく、なんぢが出家
をゆるす。ゆへはいかんとなれば、ほとけにはあひがたき
まうすことをうけて、ふたりの子





父母に申してまうさく、よきかな父母。ね
がはくはときに雲雷音宿王華智佛
のみもとに往詣して親覲供養した
てまつり給へ。ゆへはいかん、ほとけにはあひ
がたきこと、優曇波羅華の
ごとし。また一眼の龜の浮木のあなに

いふがいしさうにありて宿福深厚
にして、うまれて佛法にあへりこのゆへ
に父母済させまいらせて出家
すへきことをゆるしたまへといへは諸佛に
あひたてまつることはかたしといふ
ことはりのことくに妙荘厳王後宮の





八万四千人のみなことくくこの法華経を
受持しつへきに堪任し浄眼菩薩は法華
三昧においてひさしくすてに通達せり浄
蔵菩薩はすてに無量百千万億劫を
すきて離諸悪趣三昧を通達せり一切
衆生をしてもろもろの悪趣をはなれし





めんとなりふたりの王の夫人は
諸佛集三昧をえてよく諸佛の秘密
の蔵をしりたまへりふたりの子はかくのことく方
便力をもつてよくそのちゝを化して心を
して佛法を信解し好楽せしむこ
こに妙荘厳王は群臣眷属とともに





浄徳夫人は後宮の采女眷属とともに
その王のふたりの子は四万二千人とともに
して一時にともに佛所にいたりておいたり
おはりて頭面に足を礼し佛をめくる
めくること三匝してしりそきて一面に住し
そのときにかの佛王のために法をとき

きこし示教利喜したまふに王おほきに歓
悦をおこしてときに妙荘厳王ならびにその夫
人くびの真珠瓔珞の價直百千なる
ごとくをとりて佛上に散じ虚空のなか
にして化して四柱の寶臺となる臺
のうちに大寶の牀ありて百千万の天衣



をしきてその上に佛ましまして結跏
趺坐して大光明をはなち給ふそのと
きに妙荘厳王この念をなして佛身
は希有にして端嚴殊特なり第一微
妙の色を成就したまへりときに雲雷
音宿王華智佛四衆につげてのたま



はくなんぢらこの妙荘厳王のわがまへ
に合掌してたてるをみるやいなやこの王
はわが法のなかにして比丘となり精勤修
習して佛道の道法をたすけてまさに
ほとけになることをうべし娑羅樹王とな
づけんくにをば大光となづけ劫をば大高王



となづけんその娑羅樹王佛は無量の
菩薩衆およびに無量の聲聞あらんその
くに平正ならん功徳かくのごとしその
王すなはちくにをもておとうとにさづけて
につけて王と夫人と二子ならびに諸の
眷屬佛法のなかにして出家修道して

王出家しおはりて八万四千歳つねに
つとめて精進して妙法蓮華経を修行
す。これをすぎて已後一切浄功徳荘厳
三昧をえつ。すなはち虚空にのぼること
たかさ七多羅樹にしてほとけにまう
してまうさく世尊このわがふたりの子





すでに仏事をなし神通変化をもて
わが邪心を転じて仏法のなかに安住
することをえて世尊をみたてまつることを
えしめつ。このふたりの子はこれわが善知
識なり。宿世の善根を発起してわれ
を饒益せんと欲するがゆへにわがいへに





来生せり。そのときに雲雷音宿王華
智仏妙荘厳王につげてのたまはく
かくのごとしかくのごとしなんぢがいふところのごとし
もし善男子善女人善根をうへつるがゆ
ゑに世々に善知識をう。その善知識は
よく仏事をなして示教利喜して阿





耨多羅三藐三菩提にいれしむ。大王まさに
しるべし善知識はこれ大因縁なり。いはゆる
化導してほとけをみることをえ阿耨多
羅三藐三菩提心をおこさしむるなり。
大王なんぢこのふたりの子をみるやいなや
このふたりの子はすでにかつて六十五百

1299

四六丁ウ

千万億那由他恒河沙の諸佛を供養
したてまつり親近恭敬し諸佛のみ
ところにて法華経を受持し邪見の衆
生を愍念して正見に住せしむ妙荘厳
王すなはち虚空のなかよりくだりて
ほとけにまうしてまうさく世尊如来は

1300

四七丁オ

ためしなき希有にましますかな功徳智恵を
もてのゆへに頂上の肉髻光明あきらかに
てらしたまふそのまなこながくひろくして
紺青のいろなり眉間の毫相しろきこ
と珂月のごとし歯しろくひとしく斉密にし
てつねに光明ありくちびるのいろあ

1301

四七丁ウ

かくうるはしきこと頻婆菓のごとしそのと
きに妙荘厳王かくのごときらの
無量百千万億の功徳を讃歎したて
まつりをはりて如来のみまへにおいて
こゝろをひとつにしてたなごゝろをあはせて
またほとけにまうしてまうさく世尊は

1302

四八丁オ

未曾有なり如来の法は不可思議の微妙
の功徳を具足し成就したまへり教誡所
行安穏快善にましますわれ今日より
またみづからこゝろにしたがひて行ぜ
邪見憍慢瞋恚諸悪のこゝろを生ぜじこ
の語をときをはりてほとけを礼して

1303

四八丁ウ

そのときほとけ大衆につげてのたまはく
こゝろいかん妙荘厳王はあにことひとならんや
いまの華徳菩薩これなり。その浄徳
夫人はいまの仏前の光照荘厳相菩
薩これなり。妙荘厳王およびもろもろの
眷属を哀愍せんがゆへにかのなかに生ぜ

1304

四九丁オ

り。その二子はいまの薬王菩薩薬
上菩薩これなり。この薬王薬上菩薩は
かくのごときのもろもろの大功徳を成就して
すでに無量百千万億の諸仏のみもとにして
もろもろの徳の本をうへて不可思議
のもろもろの善功徳を成就せり。もし人

1305

四九丁ウ

ありてこの二菩薩の名字をしらんものは
は一切世間の諸天人民またまさに礼拝すべし
ほとけこの妙荘厳王本事品をときたまふ
時に八万四千人遠塵離垢して
諸法のなかにをいて法眼浄をえたり
妙法蓮華経普賢菩薩勧發品第二十八

1306

五〇丁オ

そのときに普賢菩薩自在神通のちか
ら威徳名聞をもて大菩薩の無量無辺
不可稱数なると東方よりきたる。經るところの諸
国あまねくみな震動し宝蓮華をふ
らし無量百千万億の種々の伎楽をなして
また無数のもろもろの天龍夜叉乾闥婆

1307

五〇丁ウ

阿修羅迦楼羅緊那羅摩睺羅伽人の
非人等の大衆のかこみ囲遶せられたてまつりて
おのおの威徳神通のちからを現じて
娑婆世界の耆闍崛山のなかにいたりて
頭面に釈迦牟尼仏を礼したてまつりて右にめ
ぐること七匝して仏にまうしてまうさく

1308

五一丁オ

世尊われ宝威徳上王仏のくにゝ
てはるかにこの娑婆世界に法華経を
ときたまふをきゝて無量無辺百千万億
のもろもろの菩薩衆とともにきたりて
聴受しきたれりねがはくは世尊まさに
これをときたまふべしもし善

1309

五一丁ウ

男子善女人如来滅後にいかにしてか
この法華経をえんほとけ普賢菩薩に
つげたまはくもし善男子善女人四法を
成就せば如来滅後にまさにこの
法華経をうべしひとつには諸仏に
護念せらるゝふたつにはもろもろの徳の本

1310

五二丁オ

をうゆるみつには正定聚にいるよつには
一切衆生をすくふ心をおこすなり善男
子善女人かくのごとく四法を成就せば
如来の滅後にかならずこの経をうべしその
ときに普賢菩薩ほとけにまうして
まうさく世尊ののちの五百歳濁悪世

1311

五二丁ウ

ろなるに於る世にこの經典を受持せるもの
あらんものをはわれまさに守護してそ
れ衰患をのそき安穏なるゝことをえて
しめんてうかゝひもとむるものそのたよりをうる
ことなからしめんもしは魔もしは魔子
もしは魔女もしは魔民もしは魔のために

1312

五三丁オ

たん不着せらるゝものもしは夜叉もし
しは羅刹もしは鳩槃茶もしは毗舍闍
もしは吉蔗もしは富單那もしは韋陀羅
等のもろもろの人をなやますものみなた
よりをえしこの人もしは行もしは立
てこの經を讀誦せはわれそのときに

1313

五三丁ウ

六牙の白象王にのりて大菩薩衆ともに
そのところにいたりてみつから身を現
し供養し守護してそのこゝろを安慰
せん法華經を供養せんかためのゆへ
にこの人もし坐してこの經を思惟せはその
ときにわれまた白象王にのりてその人

1314

五四丁ウ

のまへに現せんその人もし法華經に於
きて一句一偈をも忘失することあらは
われまさにをしへてともに讀誦
してかへりて通利せしむへしそのときに
法華經を受持讀誦せんものわか身を
みることをえてはなはたおほきに歡喜

し轉またしやうじんせんわれをみるをもて
ゆへにすなはち三昧およひ陀羅尼を
えん。なづけて旋陀羅尼百千万億旋
陀羅尼法音方便陀羅尼といふ。かくの
ごときらの陀羅尼をえん。世尊もし
のちのよのち五百歳濁悪世のなかに





比丘比丘尼優婆塞優婆夷の求索せ
んもの受持せんもの讀誦せんもの書寫
せんものこの法華経を修習せんと欲せは
三七日のなかにおいて一心に精進すへし
三七日みてをはりなんにわれまさに六牙
の白象にのりて無量の菩薩のともに





しかもみづから圍遶せられて一切衆生
のみんとねがふところの身をもてその人の
まへに現じてそのために法をとき示教利
喜せしめん。またまた陀羅尼呪を
あたへん。この陀羅尼をうるがゆへに非人の
よく破壊するものあることなし。また女





人のために惑乱せられじ。わか身もまた
つねにこの人をまもらん。たゞねがはく
は世尊このの陀羅尼呪をとかんことを
ゆるしたまへ。すなはち佛前において呪をとき
ていはく
阿檀地 途賣反 一 檀陀婆地 二 檀陀婆帝 三

1319

五六丁ウ

檀陀鳩賖賒 四 檀陀修陀賒 五 修陀賒 六
修陀羅婆底 七 佛駄波羶祢 八 薩婆陀
羅尼阿婆多尼 九 薩婆婆沙阿婆多尼 十
修阿婆多尼 十一 僧伽婆履叉尼 十二 僧伽
涅伽陀尼 十三 阿僧祇 十四 僧伽波伽地
十五 帝隸阿惰僧伽兜略叉盧遮阿羅帝

1320

五七丁オ

波羅帝 十六 薩婆僧伽三摩地伽蘭地 十七
薩婆達磨修波利刹帝 十八 薩婆
薩埵樓駄憍舍略阿㝹伽地 十九 辛阿
毘吉利地帝 二十
世尊もし菩薩ありてこの陀羅尼を
きくことえんものは知るべし普賢

1321

五七丁ウ

の神通のちからなりとしるべし法華経の
閻浮提に行ぜんに受持せんものあらん
ものはこれ念ずるべしみなこれ普賢
の威神のちからなりとしるべし受持読誦し
正憶念しその義趣を解し説のごとく
修行せんものはまさにしるべしこの

1322

五八丁オ

ひとは普賢の行を行ずるなり無量無
邊の諸佛のみもとにしてふかく善根をう
へたりもろもろの如来のたなごころにて
そのかうべをなでらるべしもし
ただ書寫せんにこの人命終してはまさに忉
利天上に生ずべしこのときに八万四千の

1323



天女もろ〳〵の妓樂を奏してきたりむかへ
ん。このときこの人すなはち七寶の冠を
きて采女のなかにして娯樂快樂せ
ん。いかにいはんや受持讀誦し正憶念し
その義趣を解し説のごとく修行せん
をや。もし人ありて受持讀誦しその義

1324



趣を解せん。この人は命終せんとき千佛の
手をさづけたまひて恐怖
せしめず惡趣におちざらしめん。すなはち兜率
天上の彌勒菩薩のみもとにゆかん。彌勒
菩薩三十二相まし〳〵て大菩薩衆に
ともに圍遶せられたまひて百千萬億の

1325



天女眷屬ありしかもそのなかに生ぜん。かく
のごときの功徳利益あらん。このゆへに
智者まさにこゝろをひとつにしてみづから
かき、もしは人をしてかゝしめ
受持讀誦し正憶念し説のごとく修行
すべし。世尊、われいま神通力をもつてこの

1326



ゆへにこの經を守護して如來滅後に
閻浮提のうちにひろく流布せしめて
断絶せざらしめん。
そのときに釋迦牟尼佛ほめてのたま
はく、よきかな〳〵普賢、なんぢよく
この經を護助しておほくの衆生を

六〇丁ウ

1327

安樂し利益せしむ。なんぢすでに不
可思議の功德深大の慈悲を成就せり
久遠よりこのかた阿耨多羅三藐三菩
提のこゝろをおこして志をもてこの神
通の願をなしてこの經を守護したまへ
われいま神通力をもつて普賢菩薩

六一丁オ

1328

の名をよく受持せん者を守護すべし普
賢よりこれ法華經を受持讀誦し
正憶念し修習し書寫することあらん者は
まさにしるべしこの人はすなはち釋迦牟
尼佛をみたてまつるなりほとけの
くちよりこの經典をきくがごとしまさに

六一丁ウ

1329

しるべしこの人は釋迦牟尼佛を供養し
たてまつるなりまさにしるべしこの人をほ
とけ善哉とほめたまふなりまさにしるべしこ
の人は釋迦牟尼佛の御手をもてその
かうべをなでられたてまつるなりまさに
しるべしこの人は釋迦牟尼佛のころ

六二丁オ

1330

もにおほはれたてまつるなりかくのごと
きの人はまた世の樂に貪着せじ外
道の經書手筆をこのまじまたちかづ
いてその人およびもろもろの惡者もしは
屠兒もしは猪羊雞狗をやしなふもの
もしは獵師もしは女色を衒賣するもの

1331

六二丁ウ

に親近せしこの人は心意質直にして正憶
念ありて福徳力あらんこの人ハ三毒のなやめ
になやまされずまた嫉妬我慢邪慢増
上慢のなやみになやまされずこの人ハ少欲
知足にしてよく普賢の行を修せん普
賢もし如来滅後のちの五百歳にも

1332

六三丁オ

人ありて法華経を受持読誦せんをみて
まさにこのおもひをなすべしこの人は
ひさしからずしてまさに道場にいたりて諸
の魔衆を破し阿耨多羅三藐三菩
提をえ法輪を轉し法のつゞみをうち
法のかひをふき法のあめをふらしてま

1333

六三丁ウ

さに天人大衆のなかの師子法座のうへに坐
すべし普賢もしのちの世にこの経典
を受持読誦せんをみんこの人はまた衣服
臥具飲食資生のものに貪着せじ所
願むなしからじまた現世にその福報
をえんもし人ありてこれを軽毀して

1334

六四丁オ

いはくなんぢは狂人なるのみむなしく
この行をなしてつゐにうるところなからん
かくのごとき罪報ハまさに世々にまなこ
なかるべしもしこれを供養し讃歎す
るものあらバまさに今世に現の果
報をうべしもしまたこの経典を受持

せんものをみてこれ過悪をとかんことあらんハ
實にもあれ又ハ不實にもあれこの
人現世に白癩の病をうべしまたこれ
を輕笑せることあらんものハまさに世々に
牙齒ハ疏かけ醜脣平鼻にして
手脚繚戾し眼目角睞にして身躰





くさくけがらハしく悪瘡膿血水腹短氣
もろもろのおもき重病あるべしこのゆへに
普賢もしこれ經典を受持せんものを
みてハまさにたちてとをくむかへ
まさにほとけをうやまふがごとくすべし
これ普賢勧發品をとかせたまひしとき





恒河沙等の無量無邊の菩薩百千万
億旋陀羅尼をえ三千大千世界の微
塵等の諸の菩薩普賢の道を具
しかとけこの經をとかせたまふとき
普賢等の諸菩薩舍利弗等の諸
聲聞をよびもろもろの天龍人非人等一





切の大會みなおほきに歓喜して佛
語を受持し禮をなしてさりにき

妙法蓮華經巻第八

1340　1339

裏表紙見返

六六丁ウ

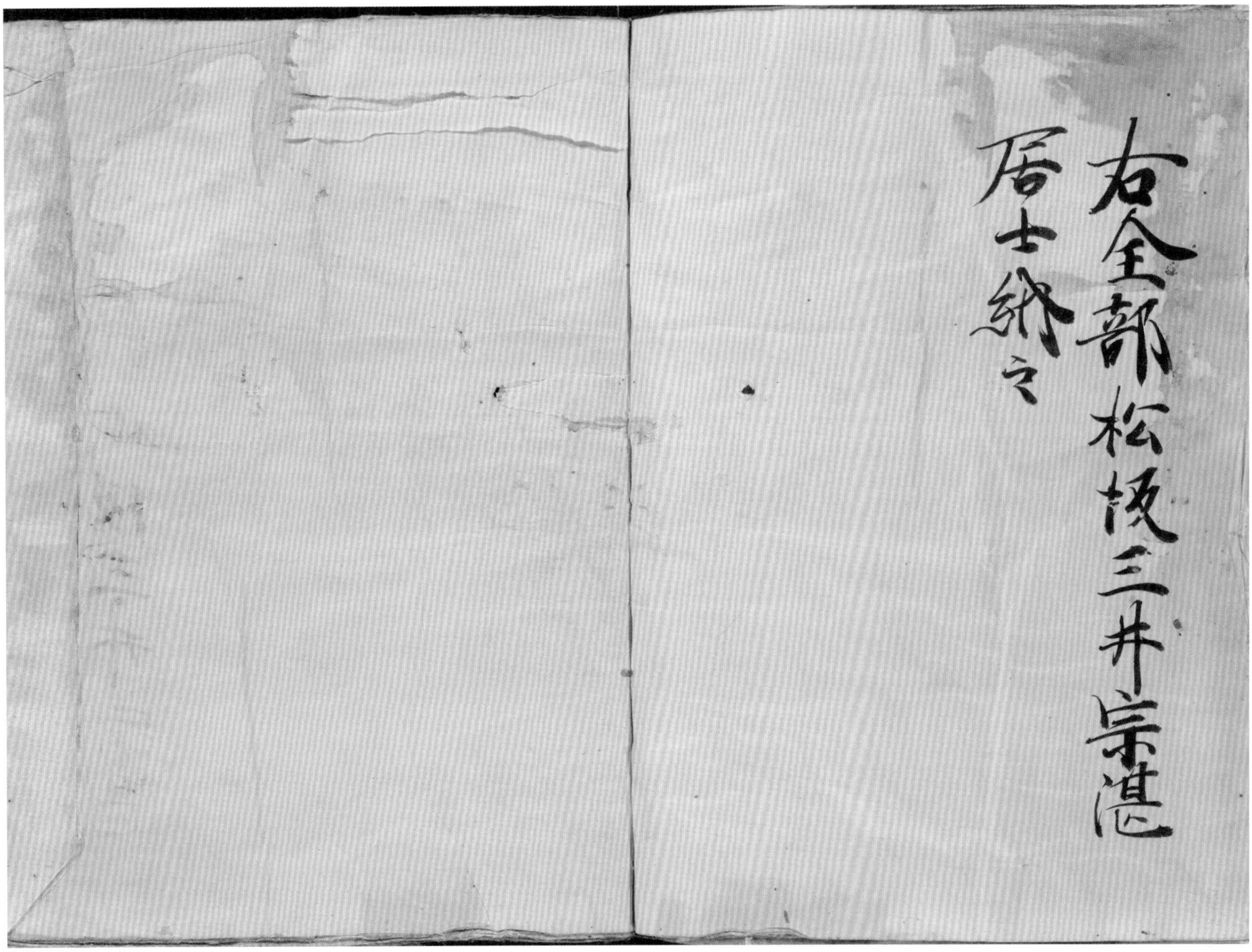

右全部松坂三井宗湛
居士納之

裏表紙

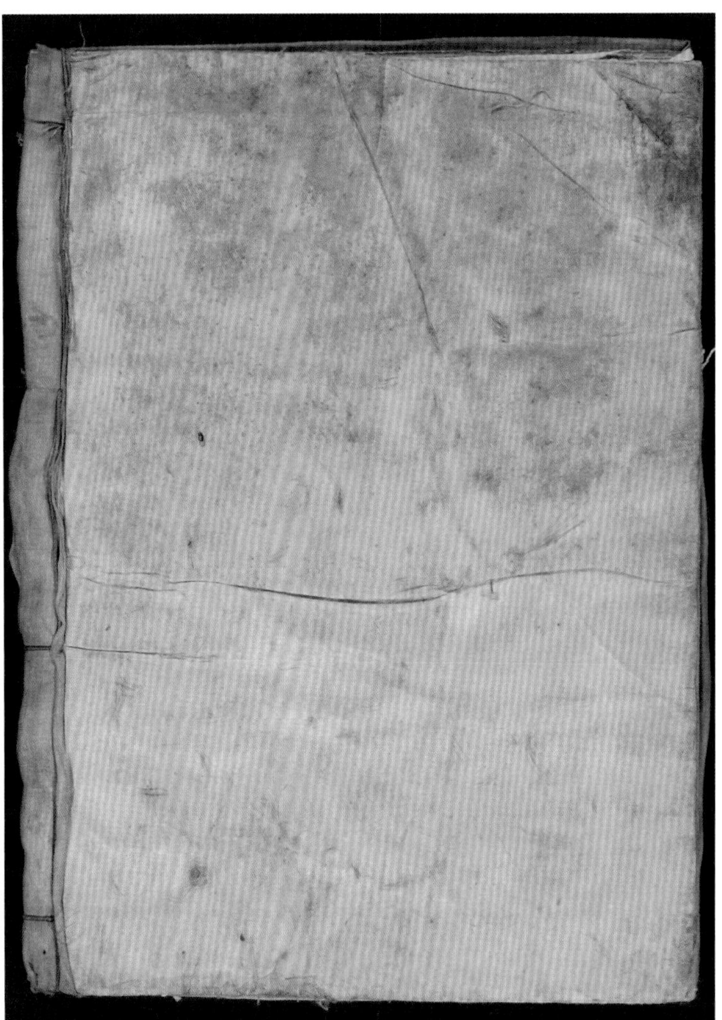

二三丁ウ

瞿沙祢 三十四 波舎婆舎輸地 三十五 曼哆羅 三十六
曼哆羅叉夜多 三十七 郵樓哆 三十八 郵樓哆
憍舎略 盧遮反 三十九 悪叉羅 四十 悪叉冶多冶 四十一
阿婆盧 四十二 阿摩若 荏遮反 那多夜 四十三
世尊これ陀羅尼神咒ハ六十二億恒河
沙等の諸佛の所説なりもしこの法



二四丁オ

師を侵毀せんものはこれすなはち
諸佛を侵毀したてまつるになりぬれ
ときに釋迦牟尼佛藥王菩薩にかたりて
のたまはくよいかな〳〵藥王なんぢこの法
師を愍念し擁護せんがためにこの陀羅尼
をときたまふもろ〳〵の衆生において饒益する



三〇丁ウ

なやましみだらんものはすなはち佛前
において偈をとりて申さく
もしわが咒に順ぜずして說法者を惱亂
せば頭やぶれて七分となること阿梨樹
の枝のごとくならん父母をころすつみの
ごとくまたあぶらをおすわざはひのごとく斗秤をもて



三一丁オ

人
陀羅尼品二十六
妙莊嚴王品二十七
勧発品二十八
了
のごとく
諸の羅刹女この偈をときおはりて
佛にまうしてまうさく世尊われら
またみづからこの經を受持讀

# 附録　法華篇音義　長禄年間

表紙

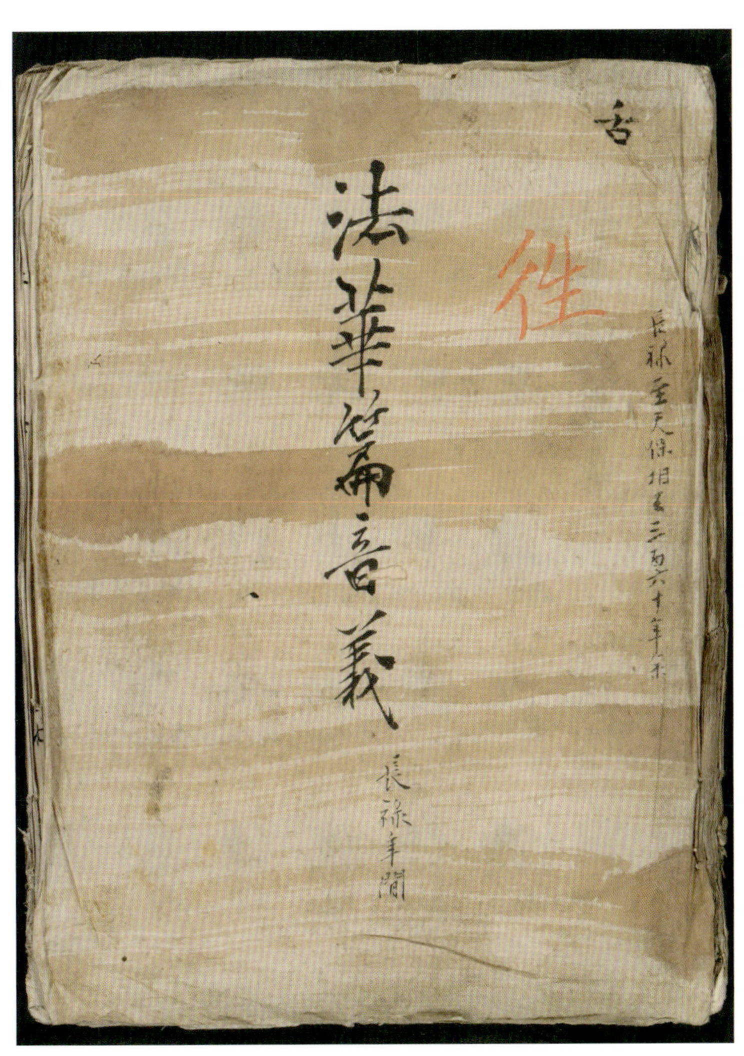

表紙裏

一丁オ

一丁ウ

二丁オ

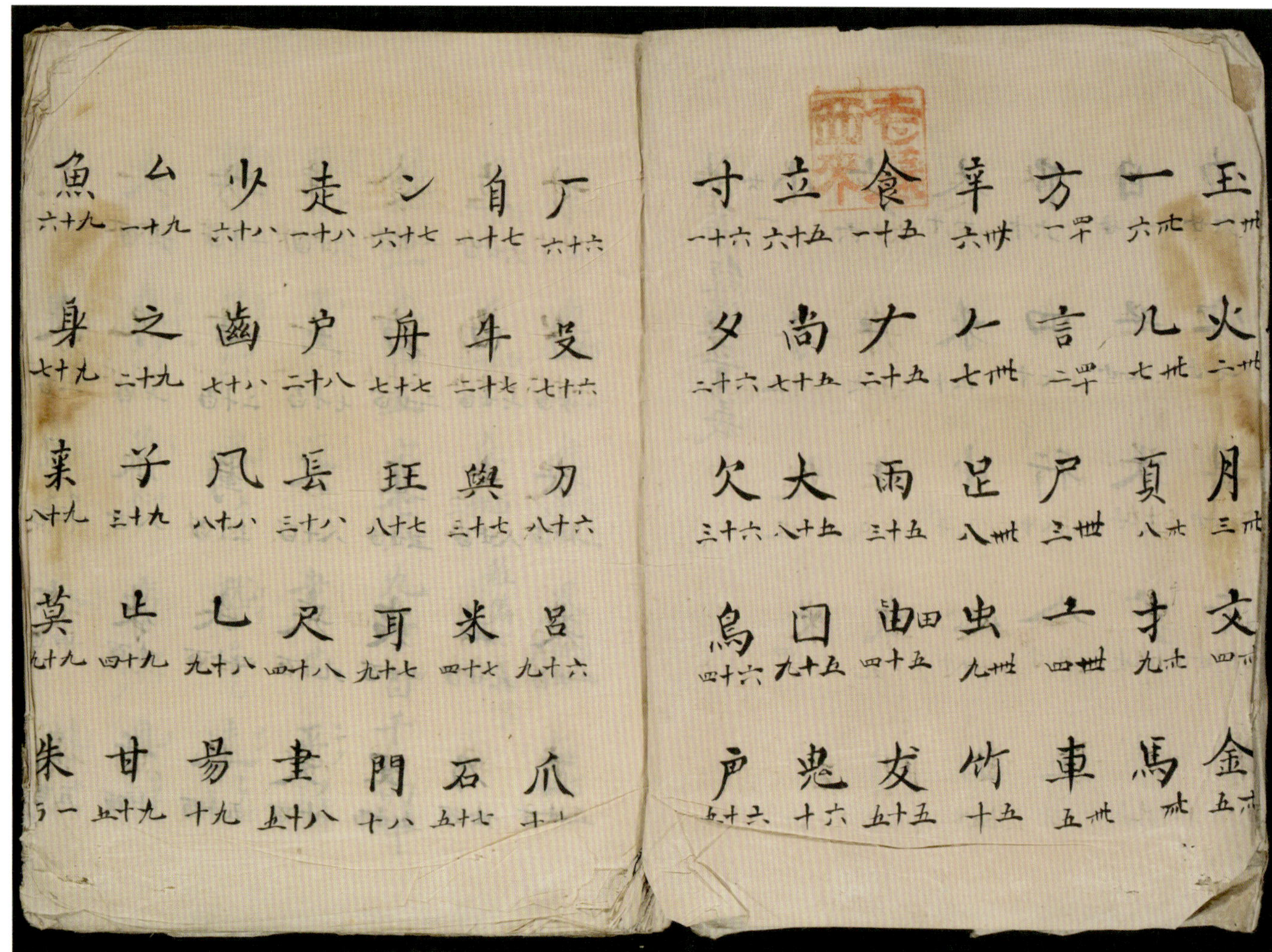
玉 一卅　火 二卅　月 三卅　文 四卅　金 五卅
一 六卅　几 七卅　頁 八卅　才 九卅　馬 卅
方 一卌　言 二卌　尸 三卌　土 四卌　車 五卌
辛 六卌　人 七卌　足 八卌　虫 九卌　竹 十五
食 一十五　大 二十五　雨 三十五　㽕 四十五　友 五十五
立 六十五　尚 七十五　大 八十五　口 九十五　鬼 十六
寸 一十六　夕 二十六　欠 三十六　鳥 四十六　戸 五十六

厂 六十六　殳 七十六　刀 八十六　呂 九十六　爪 十七
自 一十七　牛 二十七　與 三十七　米 四十七　石 五十七
冫 六十七　舟 七十七　玨 八十七　耳 九十七　門 十八
走 一十八　户 二十八　長 三十八　尺 四十八　聿 五十八
少 六十八　歯 七十八　風 八十八　乚 九十八　易 十九
厶 一十九　之 二十九　子 三十九　止 四十九　甘 五十九
魚 六十九　身 七十九　粟 八十九　莫 九十九　朱 百一

二丁ウ

三丁オ

幸 一百　鼠 二百　畢 三百　六 四百　見 五百
久 六百　斤 七百　瓜 八百　皮 九百　千 十百
血 一十百　世 二十百　蜀 三十百　矢 四十百　巳 五十百
卓 六十百　至 七十百　瓦 八十百　夾 九十百　丈 廿百
光 一廿百　白 二廿百　真 三廿百　叀 四廿百　里 五廿百
瓦 六廿百　由 七廿百　夂 八廿百　君 九廿百　乃 卅百
斗 一卅百　画 二卅百　母 三卅百　关 四卅百　酉 五卅百

王 六卅百　曲 七卅百　隹 八卅百　奚 九卅百　匕 卌百
卜 一卌百　豸 二卌百　丘 三卌百
雑篇七十四字
以一二三四五六七八九十百千萬中
又　多　返　韋　平
疑　了　叉　瞽　遠
表　直　為　事　具
此　出　内　入　外

三丁ウ

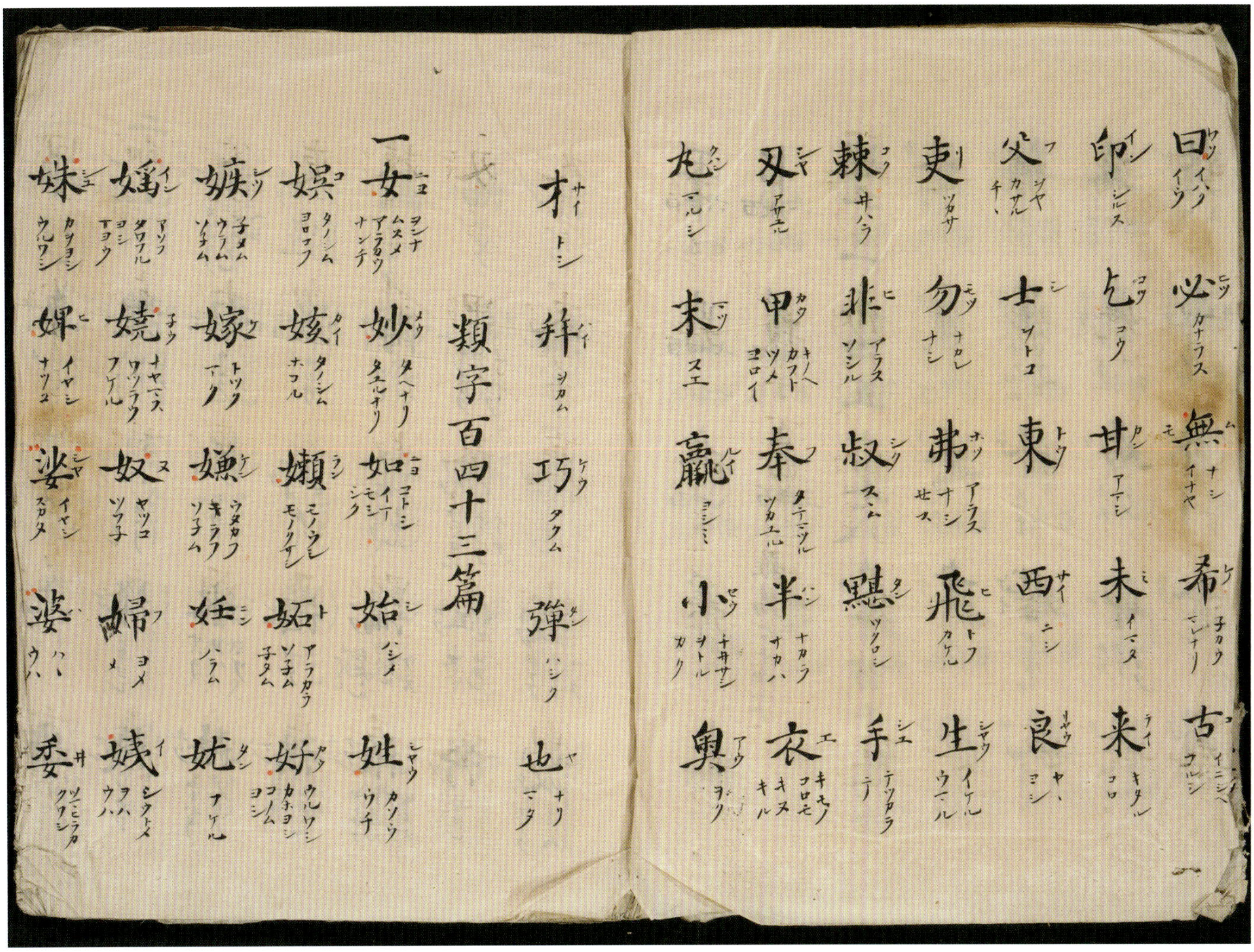

曰 必 無 希 古
卬 乞 甘 未 来
父 士 東 西 良
吏 勿 弗 飛 生
棘 非 叔 黠 手
叉 甲 奉 半 衣
丸 末 亀 小 奥

四丁オ

才 弁 巧 弾 也
類字百四十三篇
一 女 妙 如 始 姓
娯 姟 嬾 姤 好
嫉 嫁 嫌 妊 妣
媼 嬈 奴 婦 娥
姝 婢 婆 婆 委

四丁ウ

要 妻 妾 妄 安
二 氵 灑 清 浄 淺
須 澍 沙 水 法
溢 汝 河 酒 滿
潤 海 漢 漏 灌
油 涌 濇 江 汚
漆 洒 涼 泣 汲

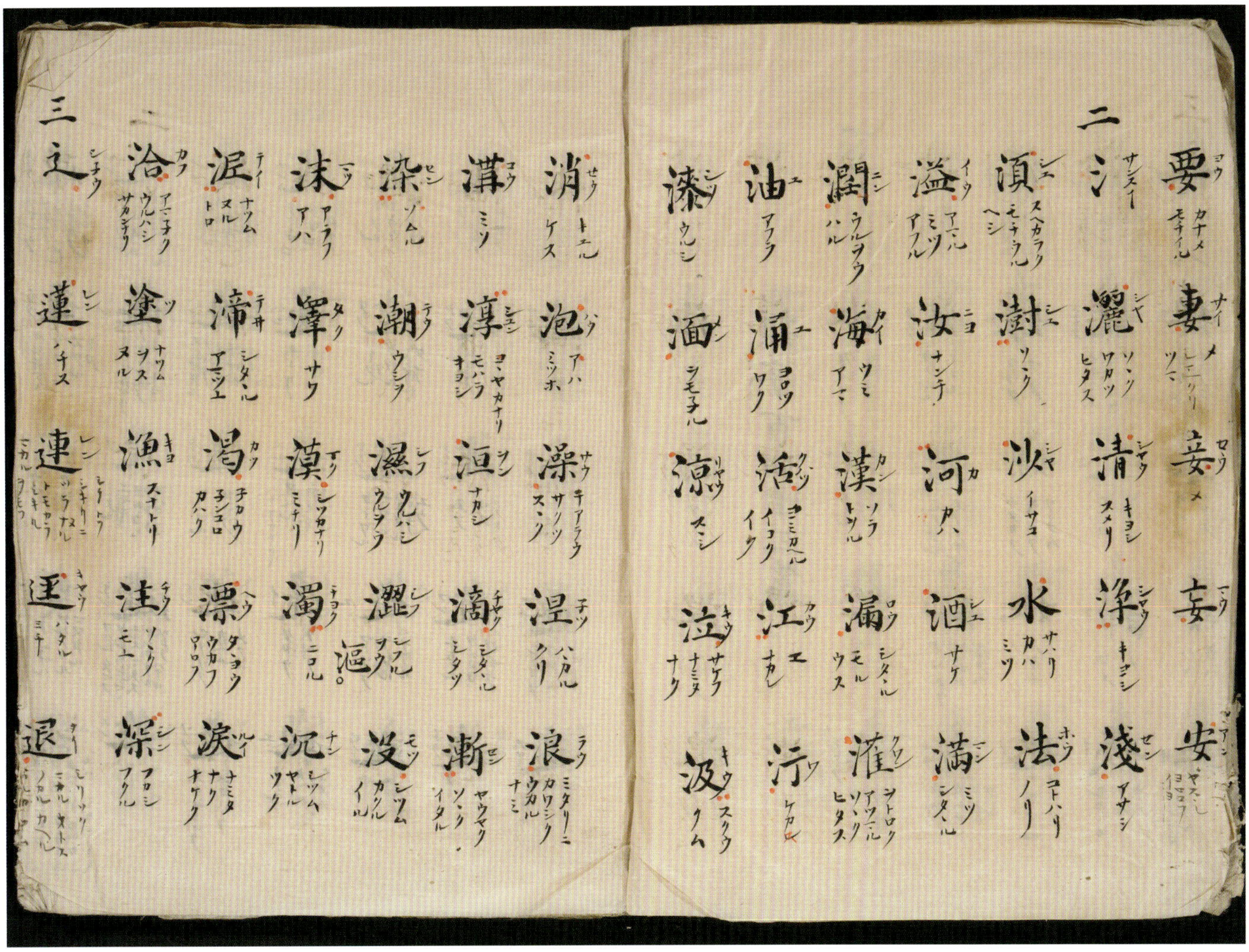

五丁オ

消 泡 澡 涅 浪
準 淳 洹 滴 漸
深 潮 濕 澀 没
沫 澤 漢 濁 沉
泥 滞 渇 漂 涙
洽 塗 漁 注 深
三 辶 蓮 連 逞 退

五丁ウ　六丁オ

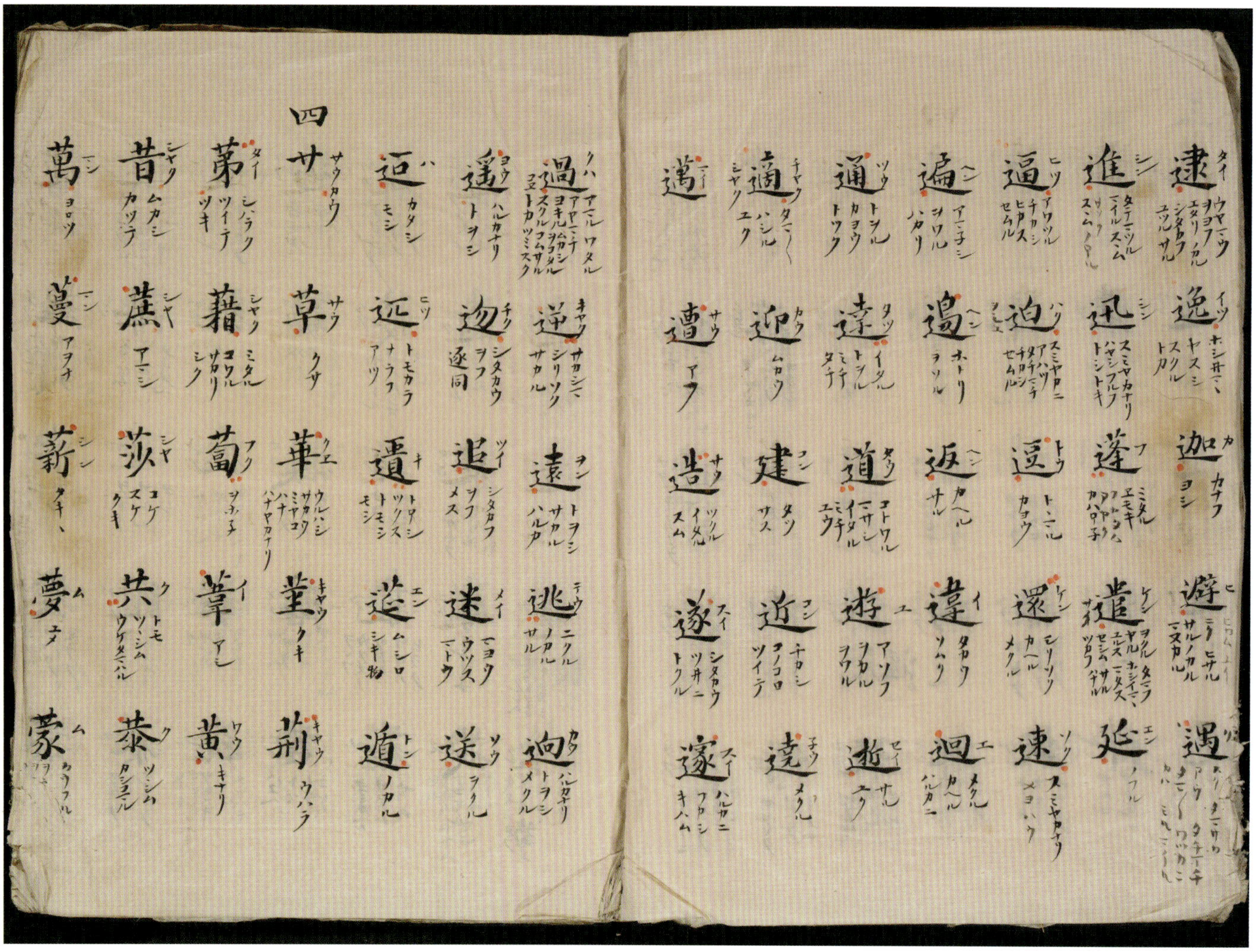

六丁ウ　七丁オ

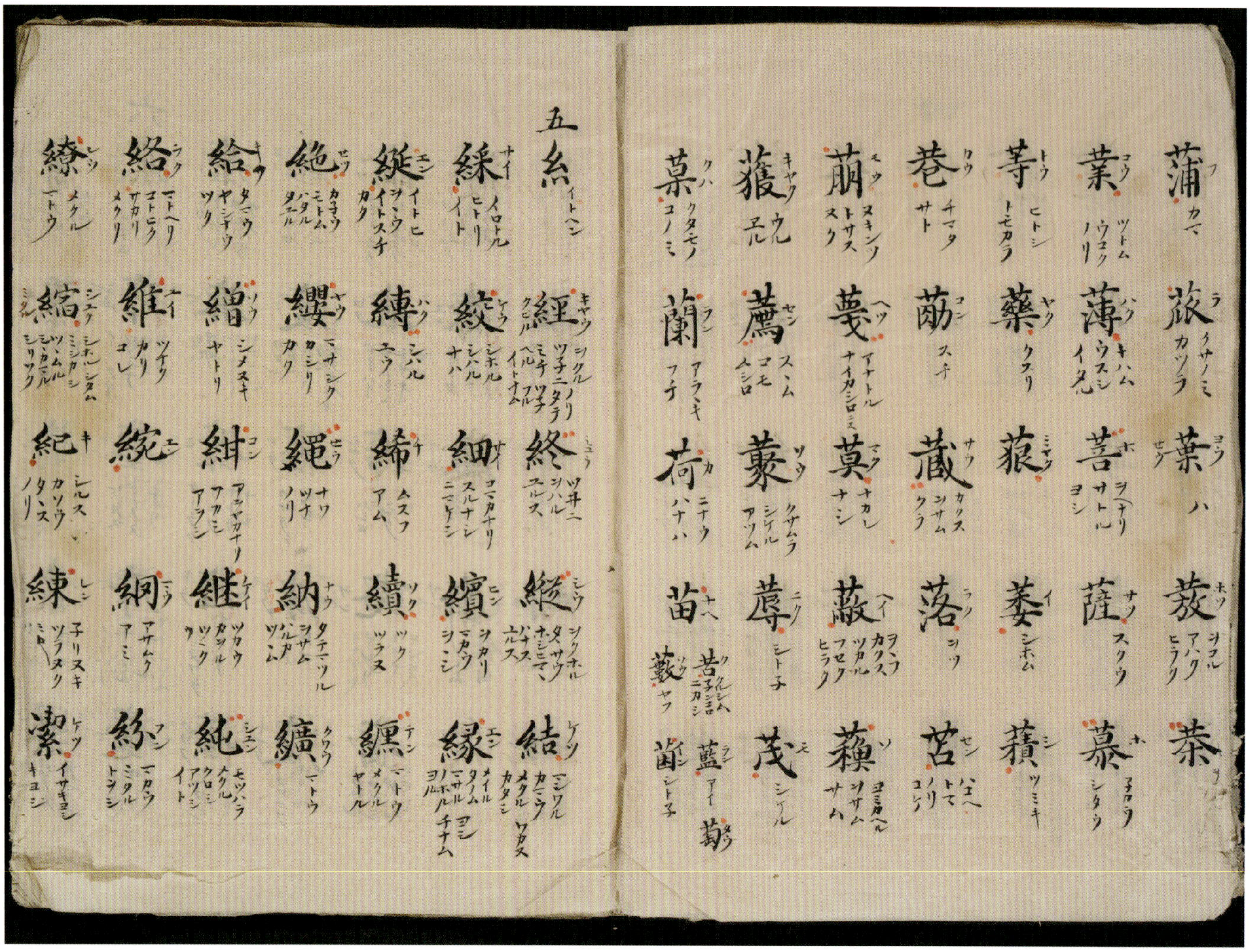

七丁ウ

緊　繫　紫　索　累

六　广

序　塵　摩　魔

磨　麻　靡　唐　廣

座　度　應　床　慶

廟　鹿　席　庵　腐

庫　厭　[illegible]　齋

七　口

品　啼　呵　唱

八丁オ

唾　嗚　呼　嘿　叫

唼　咽　咤　囑　咄

鳴　吹　喚　喩　咀

啄　嚼　嘷　吠　喝

味　坐　唄　吼　噉

嚴　唯　哭　嚬　[illegible]

器　咒　單　号　邑

八丁ウ

足　[illegible]　告　舌　吉

吾　啓　谷　咎　各

名　君　句　向　郡

[illegible]　吟　喧　言　昇

八　日

是　星　晃

曼　曇　量　且　暁

昧　曜　暗　時　皆

九丁オ

暫　響　習　音　普

香　智　者　旬　易

明

九　戈

我　載　成　盛

戰　戒　[illegible]　威　滅

或　戴　惑　咸　滅

感　[illegible]　戲　哉　式

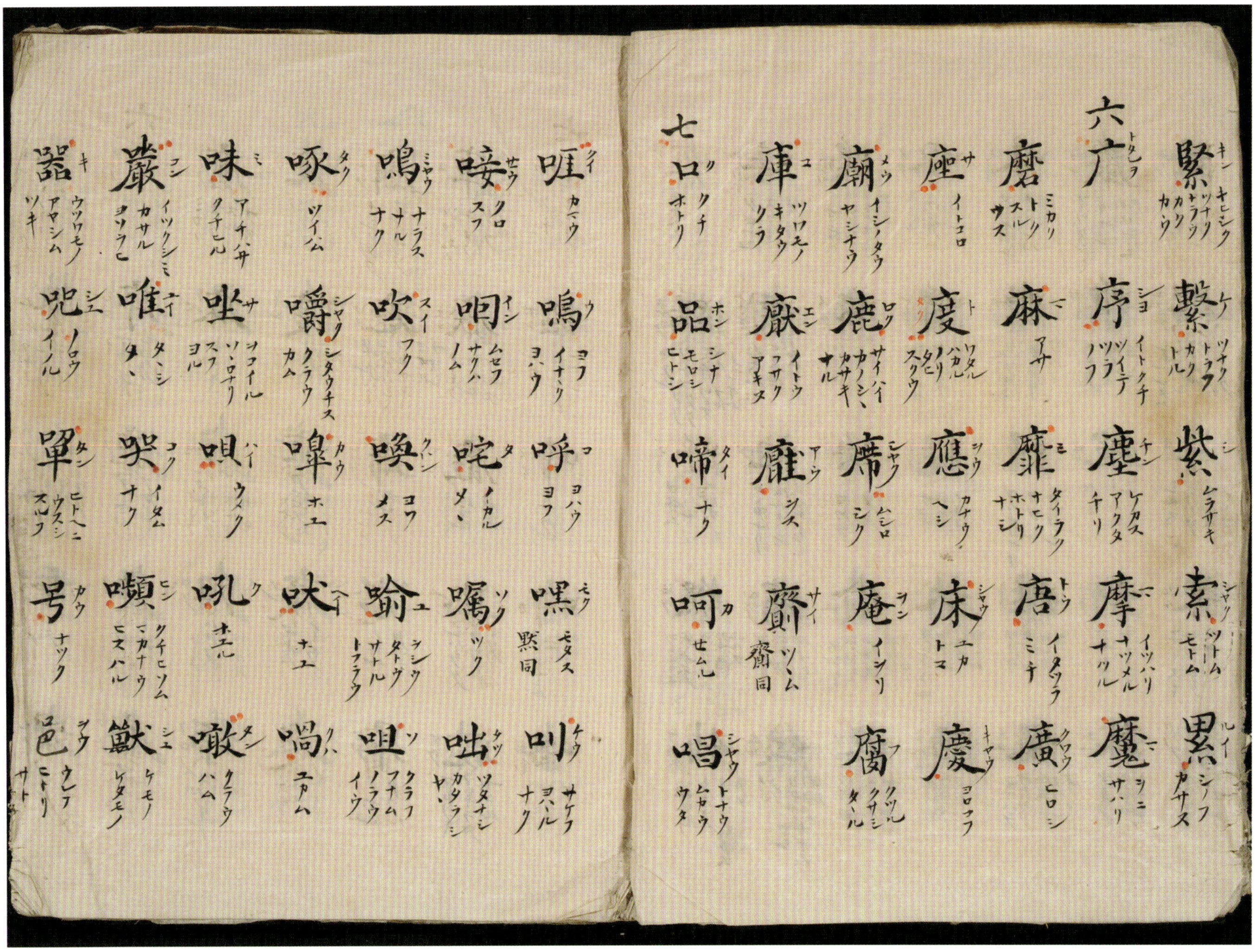

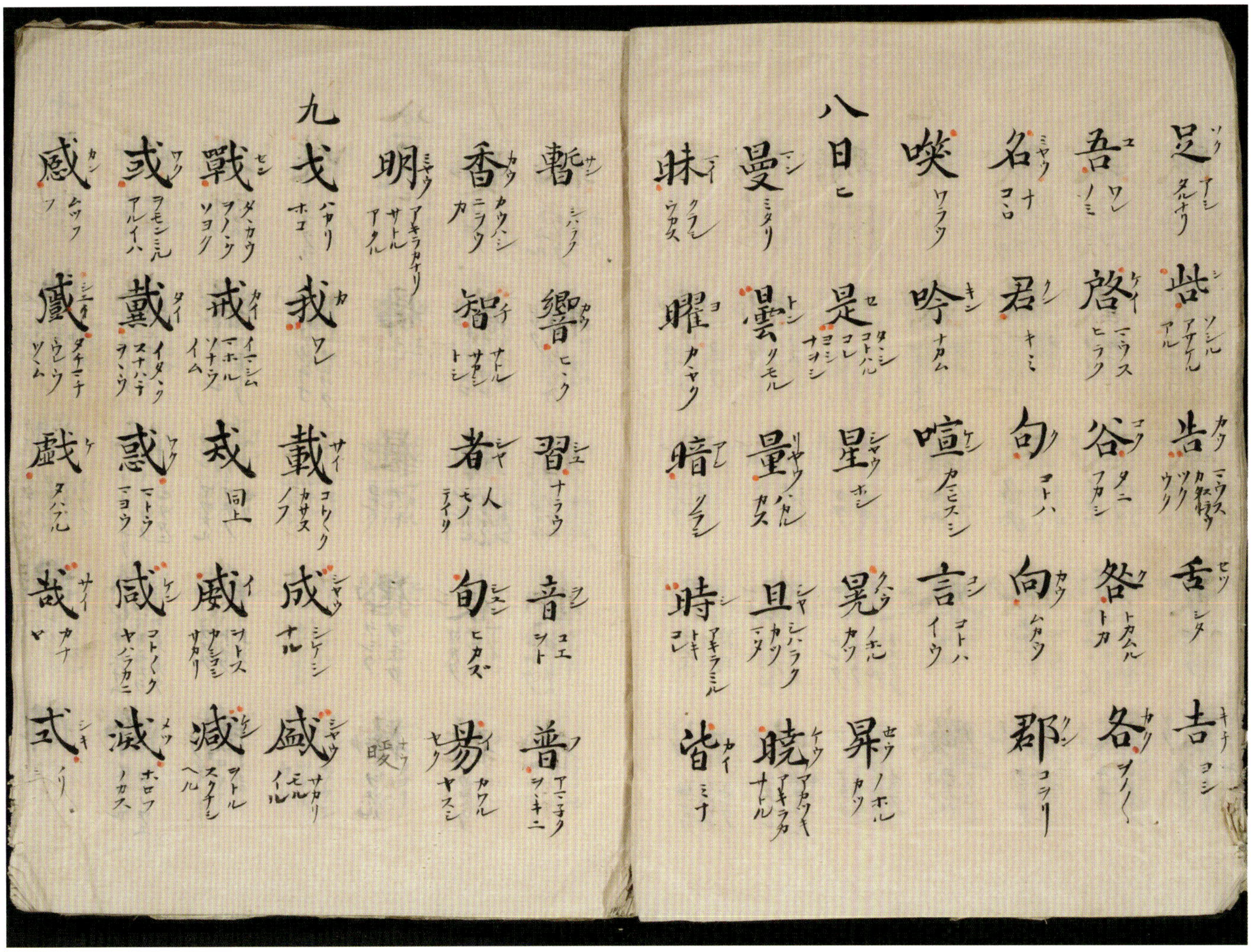

九丁ウ

十 門
門　聞　悶　闇　闡
開　間　閑　闘　閣
闊　闇　閑　問　閲
問　閤

十一 人
佛　佳　化　佉
伽　何　侍　使　伺
住　借　傷　儀　伎

一〇丁オ

仙　倫　俱　休　傴
供　仁　信　付　佶
優　作　侵　儐　便
他　值　保　僮　倦
側　俗　傳　偏　倫
伶　位　但　倒　仰
佐　僧　傍　像　偈

一〇丁ウ

價　假　傳　偽　億
伏　依　傾　倍　低
僕　任　備　似　健

二十 禾
私　秘　種　移
穢　和　穏　稲　稚
稱　積　秤　香　馞
穂　褥　利　稠

一一丁オ

三十 忄
惱　憐　恠　惟　惶
性　情　惨　慞　懼
慢　慎　怖　悕　悟
怙　惰　憶　愕　惰
惓　怯　惜　憎　懈
悴　悵　憶　恒　忖
憯　怕　慄　憤　懐

一一丁ウ

恃 恨 懊 慳 怯
快 憧 悚 悦 愧
慚 懺 悔
十四 心 戀 怠 慈 悲
思 憙 愚 恐 愁
忍 意 慙 慰 慇
懃 愍 急 惣 忿

一二丁オ

恩 懃 懸 恚 悪
忘 忽 息 慧 恣
志 患 悉 想 應
十五 山 崛 嶮 岸 崩
峯 豈 垂 幽 出
十六 都 阿 陳 際 陋
降 限 随 陁 陵

一二丁ウ

隣 除 陸 隱 陌
墜 隘 陰 陛 障
邪 鄙 耶 那
十七 羅 詈 罵 置 罣
罰 罪 盈 盗 盤
皿
十八 彳 行 街 復 彼

一三丁オ

衢 修 得 徳 微
後 從 律 往 徐
御 衛 待
十九 舎 全 尒 命 食
今 會 愈 倉 合
金 含 禽 貪 念
龕 令

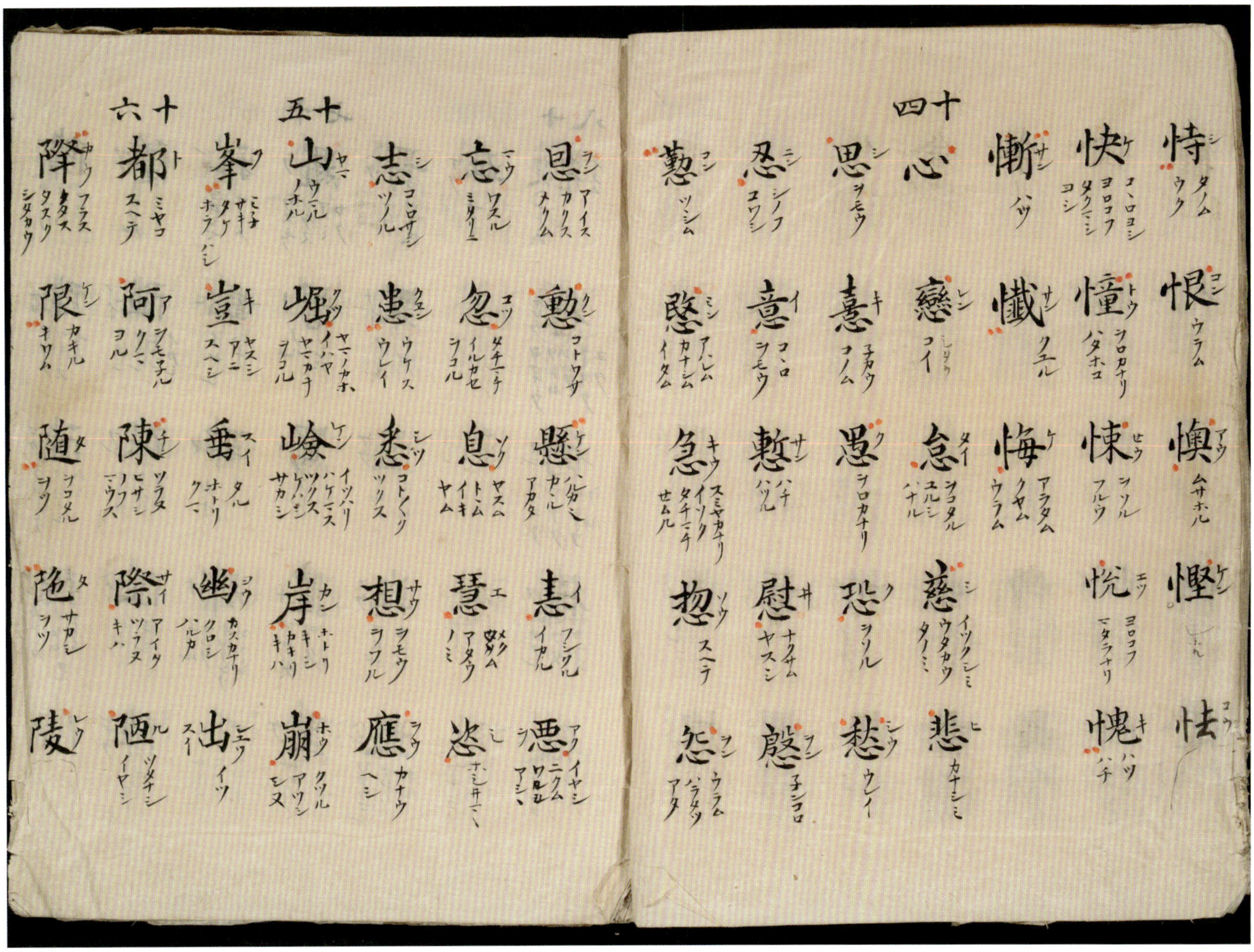

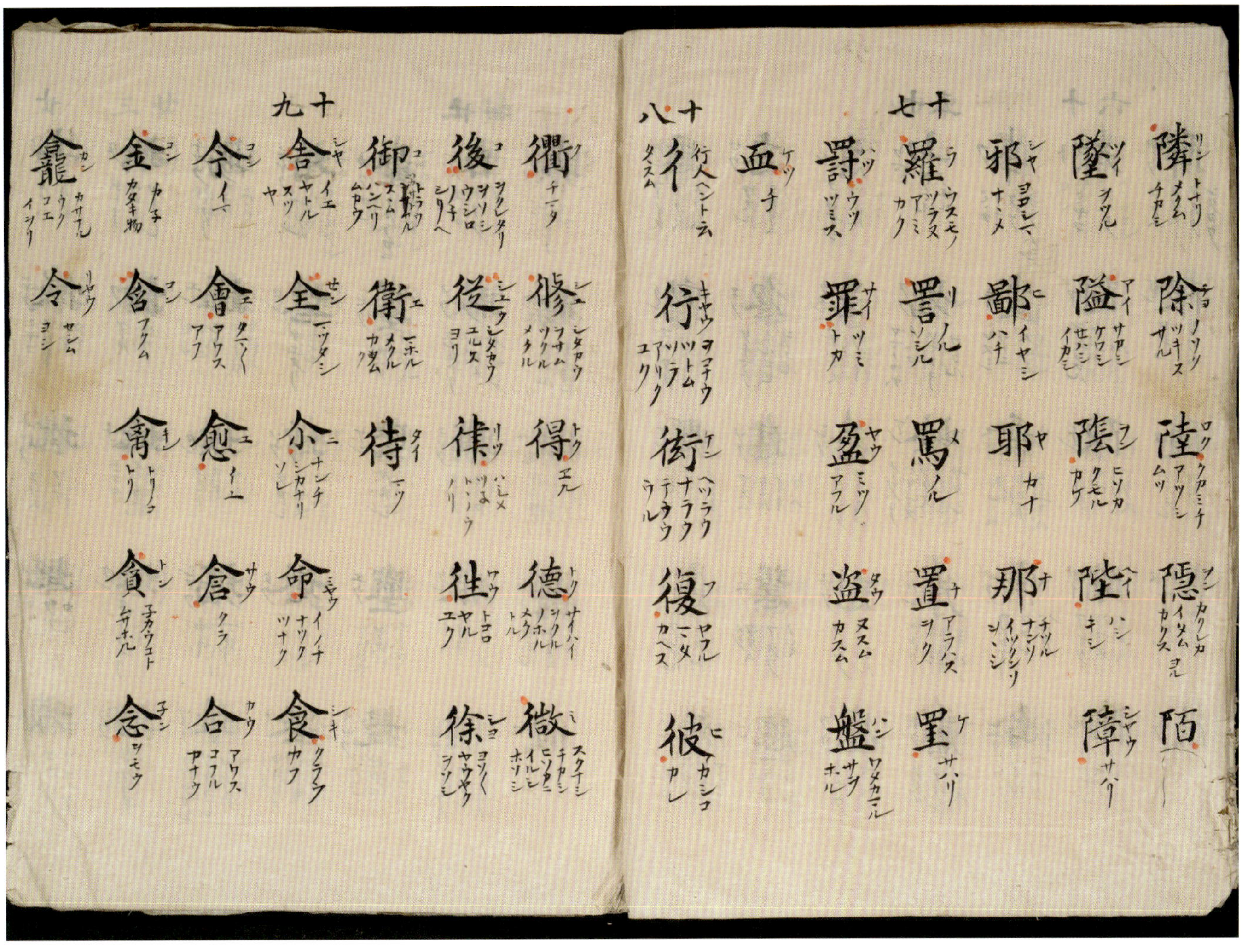

一三丁ウ

一四丁オ

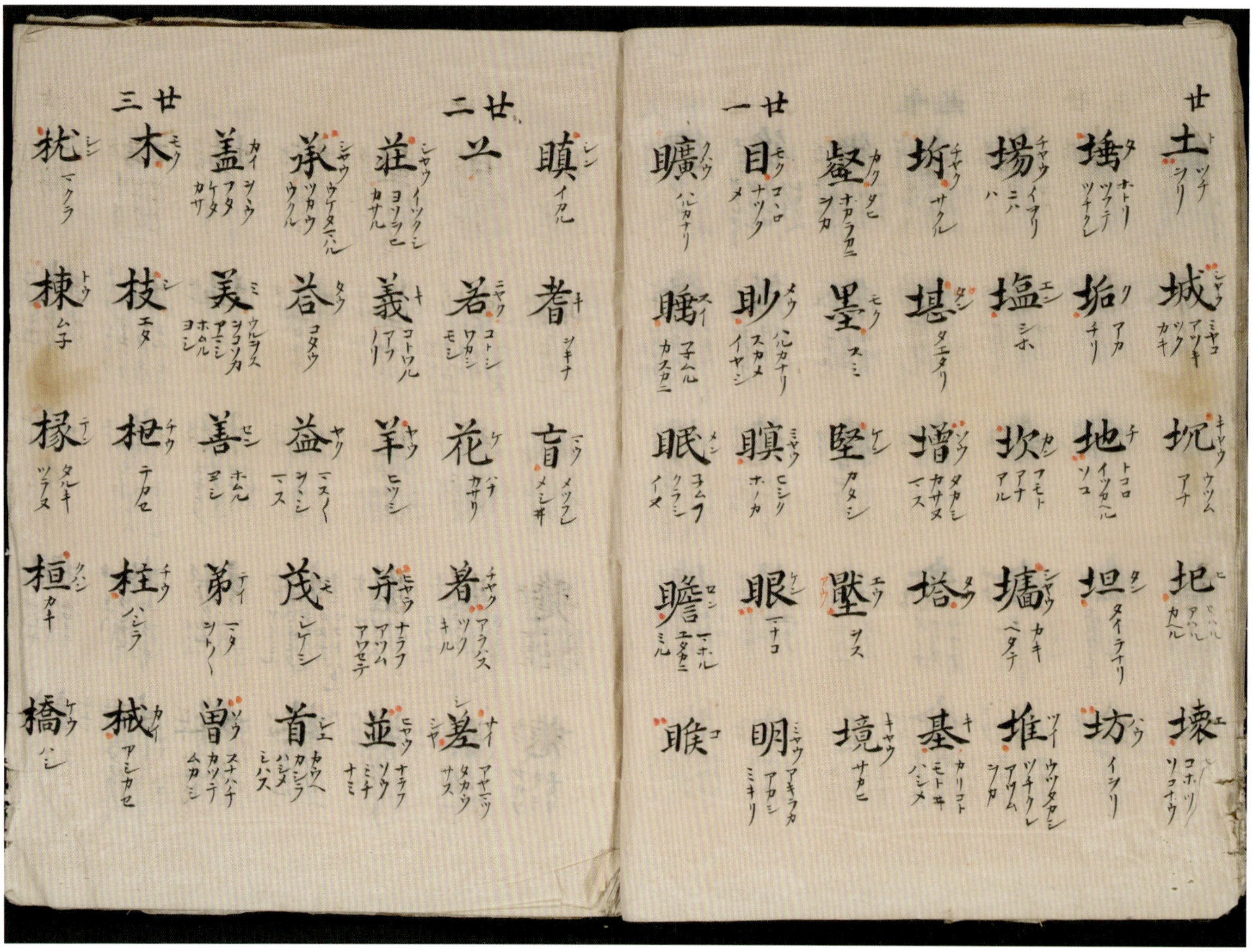

一四丁ウ

一五丁オ

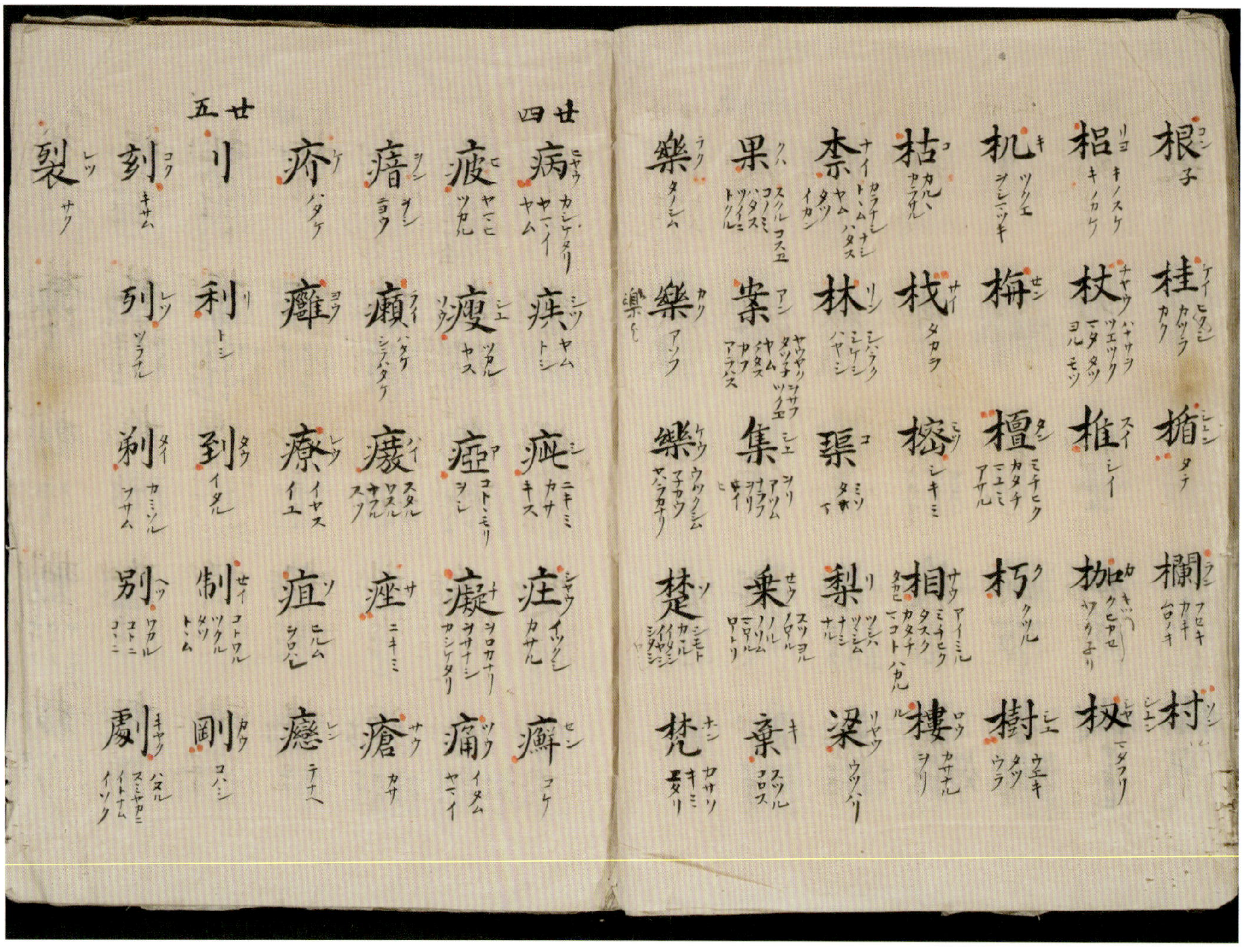

一五丁ウ

一六丁オ

一六丁ウ

一七丁オ

一七丁ウ

卅二
火　熕 ホン ツクル ハケム　熾 シ サカリ　炬 コ タイマツ トモシヒ タテアカシ　爐 ロ
爆 ハク アフル ハタメク　㷔 ナン ヤハラカナリ　燢 コク キユム ツクス　燒 セウ ヤク タク　燈 トウ トホシヒ
燥 サウ カハク モユ　焰 エン ホノホ　烟 エン ケムリ カマト　焱 コウ ホノホ　燄 エン ホノホ
勞 ラウ ツカル イタハル　榮 ヤウ サカユ　營 ヤウ イトナム ツクル マトウ　焚 ホン ヤク　蒸 シヨウ トモカラ カシク ヤク ムス
熱 子ツ アツシ　熟 シユク ツクル ナル　照 セウ アキラカ テラス ヒカリ　燋 セウ コカス　黒 コク クロシ
煎 セン イル ニル　焚 ホン ヤク アフル　點 テン シルス　然 セン モユ

卅三
月　肸 キン クチヒヽ　膝 シツ ヒサ　臆 ヲク ムネ　服 フク キモノ

一八丁オ

卅四
腹 フク ハラ　脚 キヤク アシ　脫 タツ ヌク ハツク トク　胼 ヘン ヒラミ　腠 ソウ ニクノ カタシ
腦 ナウ ウミコ ナウキ　肥 ヒ ハタヘ コヱタリ　膳 セン ソナヘ　勝 シヨウ スクル マサル タヘタリ カツ　胎 タイ ハラコモリ ヤシナウ ハラム
腓 ヒ ヒラム　膾 クワイ ナマス　膿 ナウ ウミコ　腫 シユ ハレモノ　肯 コウ アヘテ ウケカウ
背 ハイ セナカ ソムク ウシロ　育 イク ヤシナウ ソタツ　有 ウ タモツ ミテリ アリ　青 セイ アヲシ　胸 ケウ ムネ コヽロ
脣 シン クチヒル　肩 ケン カタ　肴 カウ サカナ　臂 ヒ ヒチ　靜 セイ シツカナリ
龍 リウ タツ　能 ノウ アタウ ヨシ タヘ　體 タイ スカタ　髓 スイ ナツキ　骨 コツ ホ子
文 モン ブン アヤ フミ　敬 キヤウ ウヤマウ ツヽシム　敓 セツ コロス キル　致 チ イタス ツサム　救 キウ スクウ タスク

一八丁ウ

敷 フ シク ハカツ　教 ケウ ヲシエ ノリ　敏 ヒン トシ

卅五
金 コン コカ子　鏡 キヤウ カヽミ アキラカ ミル　鍮 チウ カタカ子　鐘 シユ アタツ ツキカ子　鎧 カイ ヨロイ カブト
銖 シユ カク　鈍 トン ニフシ ナマリ　鉛 エン クロナマリ　鑰 ヤク トサシ　銅 トウ アカヽ子
鈴 リヤウ レイ スヽ　錯 シヤク ミカク シロナマリ チリハム アヤマリ　錫 シヤク シロナマリ　銀 コン シロカ子　鏁 サ カナクサリ クサリ トツ
鑞 ラウ スヽカ子 ナマリ　銳 エイ ナマリ トシ　鐵 テツ クロカ子 カナツチ　鋈 シヤク サクル
卅六
一 イチ ハシメ　所 シヨ トコロ ミモト　可 カ ヨシ ヘシ　不 フ アラス イナヤ　死 シ シヌル カル
至 シ イタル　[illegible] ケ　憂 ウ ウレイ　面 メン ヲモテ　更 キヤウ ハシメ サラニ ヨル

一九丁オ

帀 サウ　正 シヤウ タヽス　下 ケ シタ シモ クダス　而 ニ シカモ シカリ シテ　天 テン アマ

卅七
几 キ ツクエ　凡 ボン ヲヨソ　兊 アシ　兒 ニ ワラヘ チコ　兔 トン ウサキ
虎 コ トラ　兜 ト カブト　先 セン サキタツ マツ　光 クワウ ヒカリ ミテリ

卅八
貞 チヤウ サダム　頻 ヒン シキリニ シツカ　顯 ケン アラハス ヒカリ ミル　顔 ケン カホ カツハセ　煩 ハン ワツラフ ヒトヘ
領 リヤウ コロモノクヒ アツカル カエル　頭 ツ カシラ ホトリ カウヘ ハシメ　頑 クワン カタクナ　項 カウ イタヽキ　順 シユン シタカフ メクル
傾 キヤウ カタフク　項 カウ コロフイ　頓 トン タチマチ ニワカ　頜 コウ クヒ　頽 タイ カタフク クツヲヘル アラハス
頌 シユ ウタフ ホム　須 シユ スヘカラク スヘテ モチヰル　額 カク ヒタイ ヌカ　頸 キヤウ クヒ カシラ　類 ルイ タクヒ トモカラ

一九丁ウ

二〇丁オ

二〇丁ウ

二一丁オ

二二丁ウ

二二丁オ

二二丁ウ

二三丁オ

飢

五十二
布 在 喪 直 真
弁 南 存 左 右
赤

五十三
雨 露 震 霞 雹
電 雷 雲 靈 靉
靆





五十四
田 毗 畋 略 畏
界 男 畀 鞞 戰

五十五
友 支 氏 求 就
壽 致 獻 民

五十六
立 奇 産 妾 童
帝 竟 章 商 端
渇 竸



五十七
尚 常 嘗 尚 掌
賞 當 堂 黨

五十八
大 太 本 奮 丈
奪 奔 夫

五十九
口 因 國 圓 圍
固 圖 困 園

六十
鬼 魑 魅 魍 魎



魁 魔

六十一
寸 寺 專 尋 尊
导 導 對

六十二
夕 弘 終 殊 殃
殖 残 外

六十三
欠 歌 次 欺 欣
歃 歡 欲

二五丁ウ

二六丁オ

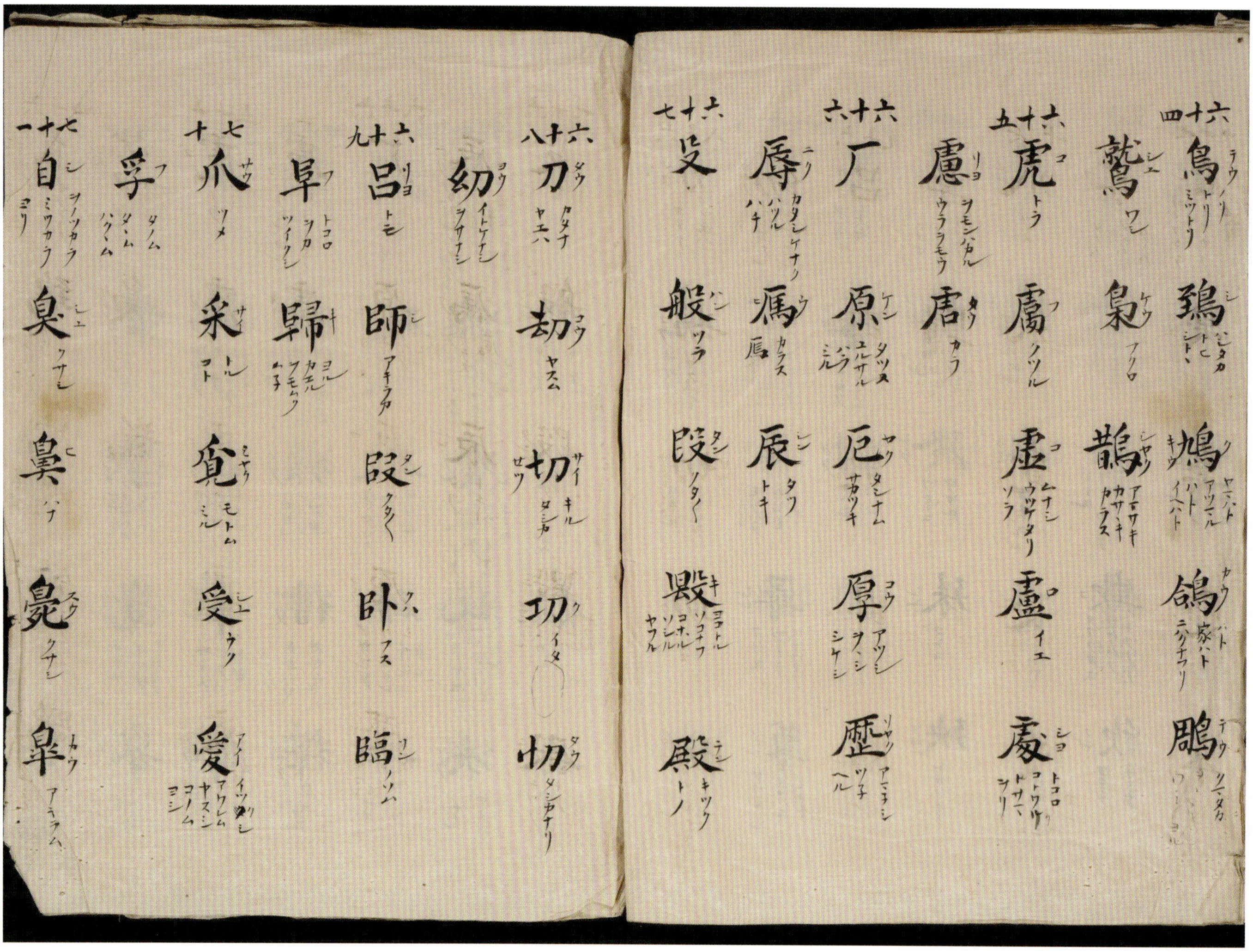

二六丁ウ

二七丁オ

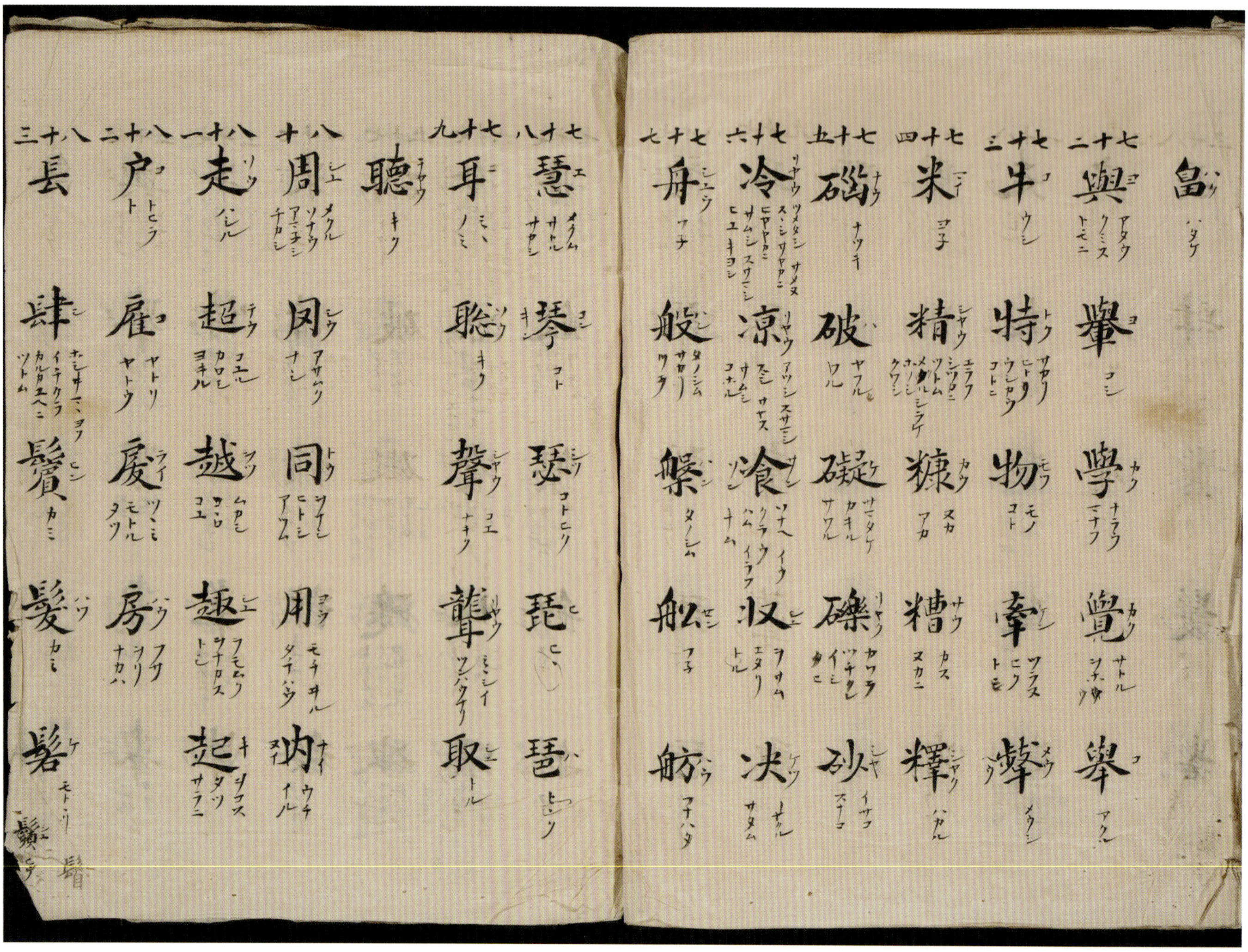

二七丁ウ

二八丁オ

二八丁ウ

二九丁オ

二九丁ウ

三〇丁オ

三〇丁ウ

裏表紙裏

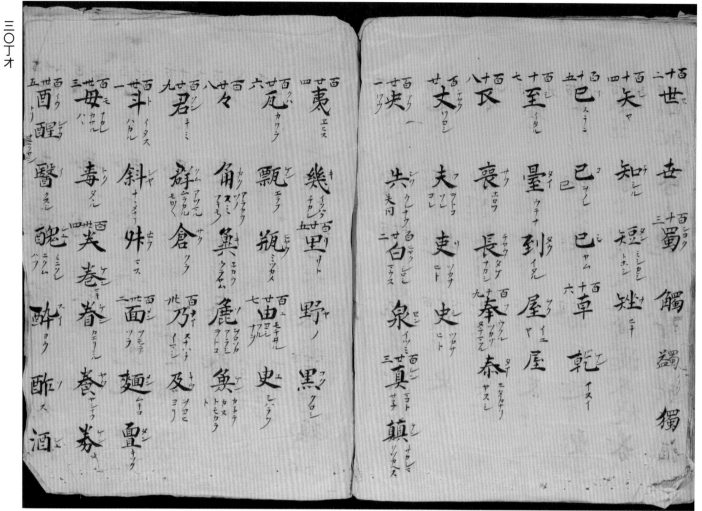

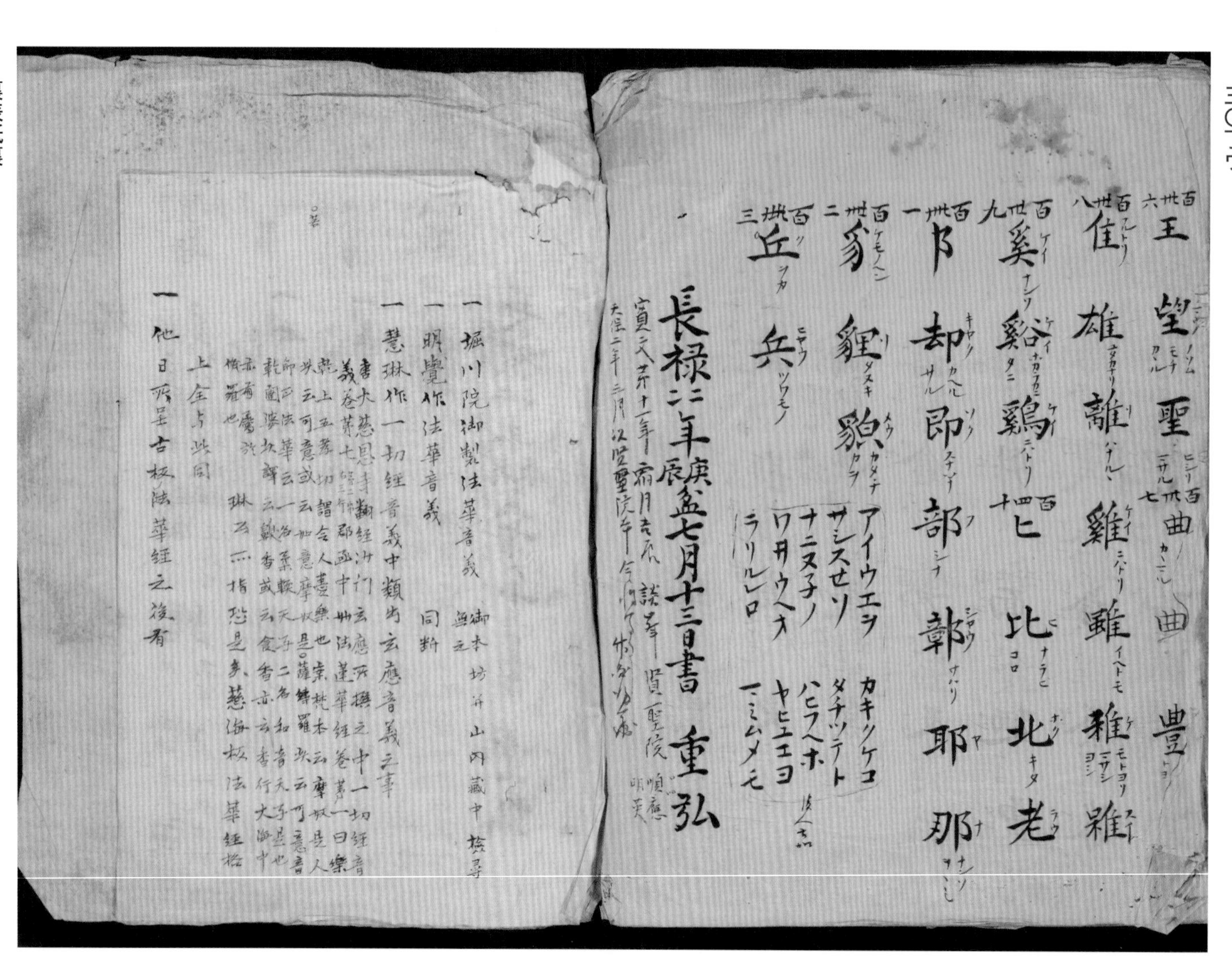

裏表紙裏

三〇丁ウ

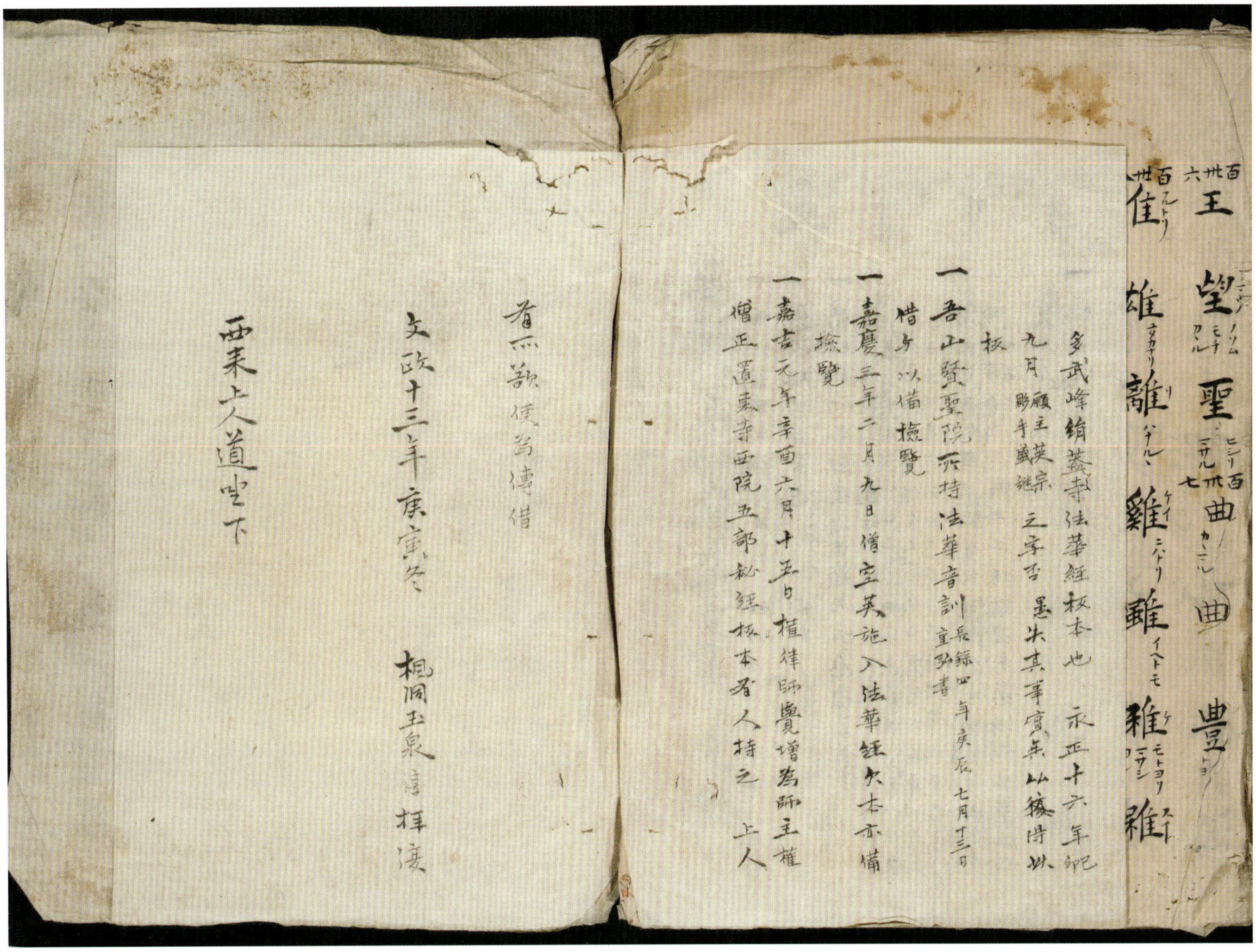

多武峰鎖蓮寺法華経板本也　永正十六年己卯九月　願主英宗　勝手盛継　三字写　墨失其筆實矣以後得此板

一吾山賢聖院所持法華音訓　長禄四年庚辰七月十三日　重弘書

借与以備撿覧

一嘉慶三年二月九日僧空英施入法華経欠本亦備撿覧

一嘉吉元年辛酉六月十五日権律師覚増為師主権僧正道東寺西院五部秘経板本者人持之　上人

右所欲便為傳借

文政十三年庚寅冬

楓洞玉泉　　拝復

西来上人道坐下

裏表紙裏

三〇丁ウ

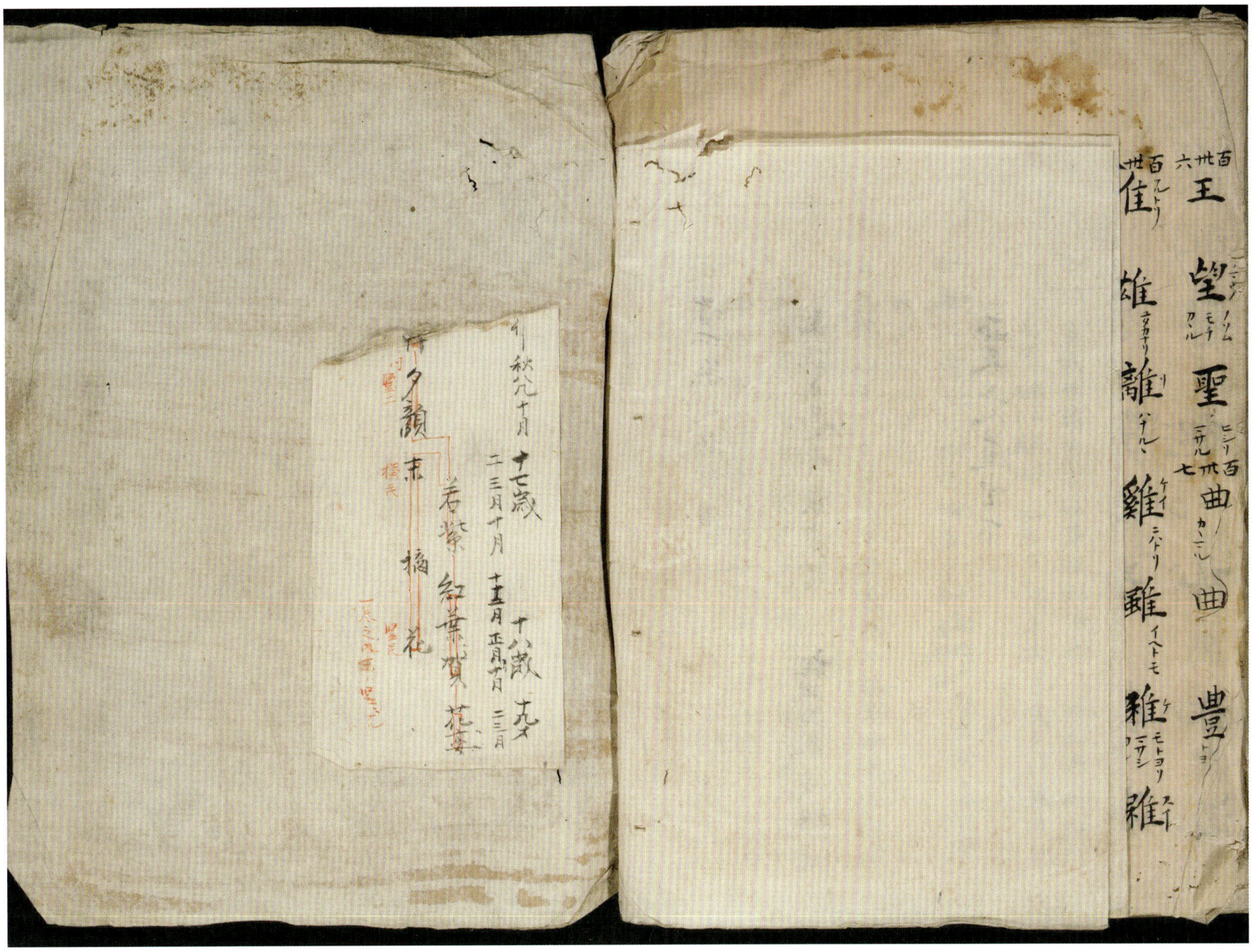

裏表紙裏

三〇丁ウ

王　望　聖　曲　曲　豊

隹　雄　離　維　雖　稚　雛

裏表紙

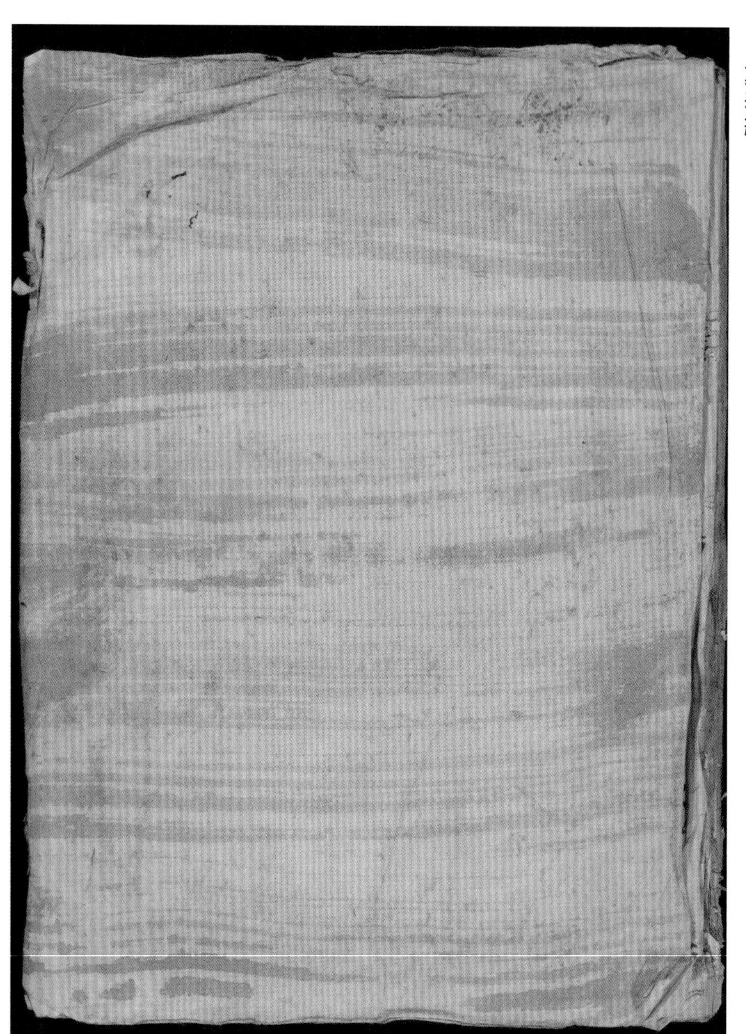

# 解題

## はじめに

『妙法蓮花経』のなかでも仮名書きで書写された資料が重要な国語史資料として学界に知られるようになり、昨今注目視されてきている。現今知られた仮名書きの法華経資料を先ず掲げてみると、

（1）足利本仮名書き法華経

①兜木正亨氏「鍐阿寺本仮名書法華経」

翻学校注（序品〜化城喩品）

（『宗教文化誌法華』昭和四〇年七月〜四二年六月）

②中田祝夫編『足利本仮名書き法華経』影印・翻学・索引編

（勉誠社刊・昭和四九年〜五二年）

（2）天理図書館蔵『仮名書き法華経』（巻三）

影印未刊

（3）妙一記念館蔵『仮名書き法華経』

中田祝夫編『妙一記念館本仮名書き法華経』影印・翻字・索引編

（霊友社刊・平成元年）

（4）瑞光寺本『仮名書き法華経』（巻六・巻七の九品九軸伝存）

影印未刊

①兜木正亨博士紹介［印度学仏教学研究］（昭和三三年三月）

③野沢勝夫氏［昭和学院短期大学紀要24 25 26 27号］

（5）唐招提寺本断簡（二葉）

（6）守屋本『仮名書き法華経』（二巻）

陀羅尼品・普賢菩薩勸勸發品

室町時代写

となる。

これに加えて、今回紹介する『仮名書き法華経』は、三重県津市の西來（せいらい）寺（じ）竹圓坊所蔵の写本（以下、西來寺本と略称する）である。この書は、三井宗湛が真阿宗淵上人に寄贈申し上げたもので、妙一本（巻三化城喩品第七の巻末を欠く）よりは、完本となっている。これに時の真阿宗淵上人が他の写本と校合した書込みや付箋紙による書付が見られる、最初の『仮名書き法華経』の研究本ともいえるものである。ここでこの所蔵者であった真阿宗淵上人と三井宗湛との関係について略記しておくことにする。

三井宗湛は、松坂来迎寺の筆頭檀家（財閥三井家の一統）で、

涌山庵海誉宗湛居士（天保九年四月二十四日寂）

とあり、当時の住職妙有上人に帰依した人物である。この妙有上人と真阿宗淵上人とは、同時代の信仰学問に相交流のあった間柄であることからして、宗湛の所持していた『仮名書き法華経』は、妙有上人を介在して法華経研究に邁進する真阿宗淵上人に渡ったものと思われるのである。

次に、西來寺本の特徴について記しておく。

まず、書写年代は江戸時代と他のものに較べると新しいものであるが、巻一から巻八までの全てをみたした完本であり、今日知られている上記の諸本中、妙一本に近い善原本を書写したものと考えられる。さらに、所蔵者である真阿宗淵上人が異本校合加筆していて、この書込みは現存する立本寺本に近接し、また異本とは、現存する瑞光寺本に近いものであることが今回の調査によって明らかとなった。これらを検証する意味で、次に主だった特徴を述べておく。

### 一　西來寺本と妙一本との関わり

妙一本は、書写年代の識語を欠く完本で、元徳二年（一三三〇）の識語

を有する足利本の年代を基準にそれ以前のものか否かを言語内容に従って国語史のなかで決定してきた。その拠り処としては、次の八項目が考えられてきた。

①「聞きたまふ」と「聞きたまふる」
②「〜ことを得」
③「したがふたてまつる」
④「なんだち」と「なんぢら」
⑤「かうぶる」と「かぶる」
⑥形容動詞ナリ活用とタリ活用
⑦音便形の有無
⑧入声音〔—t〕の表記

この点を西來寺本ではどのようになっているかを明らかにしておく。

**①「聞きたまふ」と「聞きたまふる」**

下二段活用の助動詞「たまふ」か中世の新しい語法である四段活用の「たまふ」を使用するかによって、妙一本と足利本の年代推定を行なったものであるが、これをみるに、

**1如是我聞**〈巻一序品第一〉

かくのことききことを、われ、ききたまへりき。　［妙一本三2］
かくのごときことを、われ、きゝたまへりき。　［西來寺本四2］
かくのことききことを、われ、きゝたまゑりき。　［足利本巻1一］

**2我聞聖師子　深浄微妙音　喜称南無仏**〈巻一序品第一〉

われ、聖師子の深浄微妙のみこゑをききたまへて、よろこひて南無仏と称しき。　［妙一本一五七1］
われ、聖師子の深浄微妙のミこゑをきゝたまへて、よろこびて南无佛と稱しき。　［西來寺本一八二6］
われ、しやうしゝのふかくきよくたゑなるみこゑをきゝたまひて、よろこひてなむふつとゝなへき。　［足利本巻1一一五三］

**3今従世尊聞此法音　心懐踊躍得未曾有**〈巻二譬喩品第三〉

いま、世尊にしたかふたてまつりて、この法音をききたまへて、こころに踊躍をいたき、未曾有なることえつ。　［妙一本巻一七一6］
いま世尊に、したがひたてまつりて、この法音をきゝ給ひて、心に踊躍をいだき、未曾有なることをゑつ。　［西來寺本二〇四6］
いま、世尊にしたかひたてまつ□て、この法音をきゝたまひて、心にゆやくをいたき、みそうなることゑつ。　［足利本巻2六］

**4我聞是法音　得所未曾有**〈巻二譬喩品第三〉

われこの法音をききたまへて、未曾有なるところをえつ。
［妙一本一七六4］※「ま」は「こ」誤記
われこの法音をきゝ給ひて、未曾有なるところゑ徒。
［西來寺本二〇九1］※「ひ」を「へ」「徒」を「つ」に訂正
われこの法音をきゝたまひて、未曾有なるところをえつ。　［足利本2・三三］

**5聞如是法音　疑悔悉已除**〈巻二譬喩品第三〉

かくのごとき法音をききたまへて、疑悔こと〳〵くすてにのそこほる　［妙一本一八三1］
かくのごとき法音をきゝいて、疑悔こと〴〵くすでにのそこほる
［西來寺本二一四6］※真阿上人「給へ」書込み
かくのことき法音をきゝたまひて、きくゑことことくのそこほる　［足利本2七四］

**6聞仏所説皆大歓喜**〈巻七嘱累品第二十二〉

ほとけの所説をききたまへて、みな、おほきに歓喜しき。　［妙一本一一三二4］

ほとけの所説をきゝたまひて、みな、おほきに歓喜しき。　［西來寺本一一一三6］※「ひ」を「へ」に訂正

〈足利本欠〉

7今聞仏音声　随宜而説法〈巻二譬喩品第三〉

いまほとけの音聲をきゝたまふれば、よろしきにしたかひて法をときたまひけり。　［妙一本一一八〇6］

いまほとけの音聲をきゝたてまつれば、よろしきにしたかひて法をとき給ひけり。　［西來寺本二一一5］※「たまへて」に訂正

いまほとけのをんしようをきゝたまうは、よろしきにしたかひて法をときたまひけり。　［足利本2五九］

8初聞仏所説　心中大驚疑〈巻二譬喩品第三〉

はしめ仏の所説をききたまへて、こころのうちにおほきに驚疑しき　［妙一本一八三3］

はじめほとけの所説をきゝ給ひて、こゝろのうちにおほいに驚疑して、　［西來寺本二一五1］※朱で「ヒ」の符号

はしめほとけの所説をきゝたまひて、心のうちにおほきにおとろきうたかひき　［足利本2七六］

9我自昔来　未曾従仏聞如是説〈巻一方便品第二〉

われむかしよりこのかた、いまたかつて、ほとけにしたかふたてまつりて、かくのことき説をききたまへす。　［妙一本九二3］

われ、むかしよりこのかた、いまたかつて、ほとけにしたがひたてまつりて、かくのごとき説をきかず。　［西來寺本一〇五3］

われ、むかしよりこのかた、いまたかつて、ほとけにしたかひたてまつりて、かくのことときのせつをきゝたまはす。　［足利本1六五六］

10而含於世前　聞所未聞　皆堕疑惑〈巻二譬喩品第三〉

いま、世尊のみまゑにして、いまたきかさりしところをききたまへて、みな疑惑におちぬ。　［妙一本二〇六3］

いま、世尊のみまへに於して、いまたきかざりしところきゝて、みな、疑惑に堕せり。　［西來寺本二三七1］

いま、世尊のみまゑにして、いまたきかさるところをきゝたまひて　［足利本2二三二］

11数聞世尊説　未曾聞如是　深妙之上法〈巻二譬喩品第三〉

しはしは、世尊の説をききたまへしかとも、いまたかつて、かくのことくの深妙の上法をはききかさりき。　［妙一本二〇三2］

しば〱世尊の、説をきゝたてまつるにいまだかつて、かくのごとき深妙の上法をはきかず。　［西來寺本二三三6］

しはしは、世尊のせつをきゝしかとも、もいまたかつて、かくのことくのしんめうの上法をきかす。　［足利本2二一〇］

12我聞授記音　心歓喜充満如甘露見灌〈巻四授學無學人記品第九〉

われ、授記のみこゑをききたまへて、こころに歓喜充満して、甘露をそそかるかことし。　［妙一本六三一3］

われ授記のミこゑをきゝて、心に歓喜充満して、甘露をそゝかるゝかごとし。　［西來寺本六二〇5］

われ、しゆきのみこゑきゝたまひて、心にくはんきしゆまむして、かんろをそゝかるゝかことし。　［足利本4四四一］

13我等今日　聞仏音教　歓喜踊躍　得未曾有〈巻二信解品第四〉

われら、今日ほとけの音教をききたまへて、歓喜し踊躍して未曾有なることえつ。　［妙一本三三六1］

われら、今日ほとけの音教をきゝたまひて、歓喜し踊躍して未曾有なることをゑつ　［西來寺本三五二6］※ひ→へ（補写）

われら、今日ほとけのをんけうをきゝ、くはんきゆやくしてみそうなることとえつ　［足利本2一〇三八］

**14 阿難面於仏前自聞授記及国土荘厳**〈巻四授學無學人記品第九〉

阿難、まのあたり、仏前にして、みつから授記、およひ囻土の荘厳をききたまへて、所願具足し、こころ、おほきに歓喜して、未曾有なることとえつ。　［妙一本六二〇3］

阿難、まのあたり、佛前に於、ミづから授記、をよび國土の荘厳をきゝ給ひて、所願具足し、心、おほきに歓喜して、未曾有なることをゑつ。　［西來寺本六一一1］

あなん、まのあたり、佛前にして、みつからしゆきをよひこくとのしやうこむをきゝたまひて、所くはん、くそくし、心、をゝきにくはんきして、みそううなることとえつ。　［足利本4三六八］

**15 爾時学無学二千人　聞仏授記歓喜踊躍　而説偈言**〈巻四授學無學人記品第九〉

そのときに、学・無学二千人ほとけの授記おききたまへて、歓喜踊躍して、偈をときてまうさく、　［妙一本六三〇5］

そのときに、學・無學の二千の人とほとけの授記をきゝ給ひて、歓喜し踊躍して、而、偈をときてまうさく、　［西來寺本六二〇3］

そのときに、學・無學二千人ほとけのしゆきをきゝたまひて、くはんきゆやくして、けをときてまうさく、　［足利本4四三八］

**16 爾時釈迦牟尼仏　見所分身諸仏悉已来集各各坐於師子之座　皆聞諸仏与欲同開宝塔　即従座起住虚空中**〈巻四見寶塔品第十一〉

そのときに、釋迦牟尼佛所分身の諸佛、ことことくすでに来集して、各各に師子の座に坐したまへるおみそなはし、みな、諸仏のおなしく寶塔おひらかん、与欲したまふをききたまひて、すなはち、座よりたちて、虚空のなかに住したまふ。　［妙一本六九六3］

そのときに、釋迦牟尼佛所分身の諸佛、こと〳〵くすでに来集して、各各に師子の座に坐したまへるをミそなハし、ミな、諸佛乃おなしく寶塔をひらかんと、與欲したまふをきゝたまひて、すなはち、坐座よりたちて、虚空のなかに住したまふ。　［西來寺本六七九4］※異本に「きこしめして」

そのときに、しやかむに佛、所分身の諸沸、こと〳〵くすてにらいしうして、をの〳〵にしゝのさにさし給えるをみそなはし、みな、諸仏のをなしくほうたうをひらかんと、よよくし給うをきゝ給いて、すなはち、さよりたちて、こくうの中に住し給う。　［足利本4九〇二］

**17 久滅度多宝如来在七玉塔中来聴法不**〈巻七妙音菩薩品第二十四〉

久滅度の多寶如来、七寶の塔のうちにましまして、きたりて法をききたまふや、いなや。　［妙一本一一九八4］

久滅度の多寶如来、七寶の塔のうちにまし〳〵て、きたりて法をきゝ給ふや、いなや』。　［西來寺本一一八三6］

くめつとのたほう如来、七ほうのたうのうちにましまして、きたりて、法をきき給うや、いなや』。　［足利本7六六八］

西來寺本は、妙一本にある十三例の「ききたまへて」のところを、「きゝたまへて」が二例、「きゝたまひて」の右に「へ」を補写したのが三例、「きゝ」が二例、「きゝたてまつる」が一例、「きゝたまひて」としている。妙一本は十六だけが「ききたまひて」で、後は「ききたまへて」で書写されている。足利本は「きゝたまひて」で表記される事例のなかにあって、この双方に傾斜していることに気づくのである。このことは、西來寺本が最初のところでは古形を忠実に守って書写されたのが、しだいに古形に従わずに、四段型の形態で書写していく過程として伺えるのである。この古形に真阿上人が氣付き、見せ消ちにて補正していることも見逃せない。それと、「たまふ」のところに「たてまつる」が用いられるのも注意しておきたい。

② 「～ことを得」

西來寺本における「ことう…」と「ことをう…」の用法について見ておくと、次の語表となる。

西來寺本「ことう」「ことを得」の語法表

| 通番 | 語 | ことう | こと得 | ことをう | ことを得 |
|---|---|---|---|---|---|
| | 下接語 | 27 | 1 | 17 | 3 |
| 1 | 。 | 1 | 1 | 1 | 0 |
| 2 | たり | 0 | 0 | 0 | 3 |
| 3 | べから | 3 | 0 | 0 | 0 |
| 4 | べかり | 0 | 0 | 1 | 0 |
| 5 | べき | 1 | 0 | 2 | 0 |
| 6 | べし | 12 | 0 | 9 | 0 |
| 7 | べけれ | 0 | 0 | 1 | 0 |
| 8 | る | 10 | 0 | 3 | 0 |
| 合計 | 48 | 27 | 1 | 17 | 3 |

※此の表に所載しなかった連用形「ことえ」と「ことゑ」の語例については、便宜上この表からは省略している。総数は三十一例となっている。

ただし、この表記形が一定したものではなく、例えば西來寺本だけが異なる表記例も見えている。次に示す。

1【漢訳原文】命終之後。得値二千億仏。〔51上〕

○命終のゝち、二千億のほとけにあふことをえたり。

〔西來寺本・常不品1069④〕

○命終のゝち、二千億のほとけにあふことえたり。

〔妙一本・常不品1088②〕

○みやうしゆののち、二千億のほとけにあうことえたり。

〔足利本・常不品七九〇〕

2【漢訳原文】其罪畢已　臨命終時　得聞此経　六根清浄〔51中〕

○そのつみ、をへをはりて、命終のときにのそみて、この経をきくことをえて、六根清浄なり。

〔西來寺本・常不品1079①〕

○そのつみ、おへをはりて、命終のときにのそみて、この経をきくことえて、六根清清浄なり。

〔妙一本・常不品1097④〕

○そのつみをえをはりて、みやうしゆの時にのそみて、このきやうをきくことえて、六こむしやう〳〵なり。〔足利本・常不品七151〕

③「したがふたてまつる」

連用形接続の「たてまつる」が終止形接続することについては、天理本そして、妙一本に見られる特徴である。だが、『仮名書き法華経』の三本を対照して見るに、

○今従世尊聞此法音　心懐踊躍得未曾有〈巻二譬喩品第三〉

いま、世尊にしたかふたてまつりて、この法音をききたまへて、こゝろに踊躍をいたき、未曾有なることえつ。

〔妙一本巻一七一6〕

いま世尊に、したがひたてまつりて、この法音をきゝ給ひて、心に踊躍をいだき、未曾有なることをゑつ。

〔西來寺本二〇四6〕

いま、世尊にしたがひたてまつ□て、この法音をきゝたまひて、心にゆやくをいだき、みそうなることゑえつ。

〔足利本巻2六〕

とあって、妙一本のみが終止形接続である。以下の西來寺本と妙一本の該当箇所を表に示すと次の如くである。

| 番 | 番号 | 当該語 | 漢 | 品名 | 西頁数 | 妙頁数 | 異同語彙 | 下接 |
|---|---|---|---|---|---|---|---|---|
| 1 | 4968 | したがひ | 從 | 方便 | 一〇五2 | 九二2 | したかふ［妙］ | たてまつり |
| 2 | 5514 | したかひ | 從 | 方便 | 一一六4 | 一〇二1 | したかふ［妙］ | たてまつり |
| 3 | 6184 | したかひ | 從 | 方便 | 一二九6 | 一一三6 | したかふ［妙］ | たてまつり |
| 4 | 6250 | したかひ | 從 | 方便 | 一三一2 | 一一四6 | したかふ［妙］ | たてまつり |
| 5 | 6324 | したかひ | 從 | 方便 | 一三二5 | 一一六1 | したかふ［妙］ | たてまつり |
| 6 | 9103 | したがひ | 從 | 方便 | 一八五6 | 一五九3 | したかふ［妙］ | たてまつり |
| 7 | 9542 | したがひ | 從 | 譬喩 | 二〇四5 | 一七一5 | したかふ［妙］ | たてまつり |
| 8 | 9569 | したかひ | 從 | 譬喩 | 二〇五1 | 一七二2 | したかふ［妙］ | たてまつり |
| 9 | 9734 | したかひ | 從 | 譬喩 | 二〇七6 | 一七五2 | したかふ［妙］ | たてまつり |
| 10 | 13301 | したかひ | 從 | 譬喩 | 二六二4 | 二三三6 | したかふ［妙］ | たてまつり |
| 11 | 13351 | したがひ | 從 | 譬喩 | 二六三3 | 二三四5 | したかふ［妙］ | たてまつり |
| 12 | 13408 | したかひ | 從 | 譬喩 | 二六四2 | 二三五4 | したかふ［妙］ | たてまつり |
| 13 | 16870 | したがひ | 從 | 信解 | 三一七3 | 二九二1 | したかふ［妙］ | たてまつり |
| 14 | 18822 | したかひ | 従 | 信解 | 三四八6 | 三三〇5 | したかふ［妙］ | たてまつり |
| 15 | 30669 | したかひ | 從 | 五百 | 五六二2 | 五六五2 | したかふ［妙］ | たてまつり |
| 16 | 33087 | したかひ | 從 | 五百 | 六〇〇2 | 六〇八6 | したかふ［妙］ | たてまつり |
| 17 | 69602 | したかひ | 隨 | 妙荘 | 一二八四5 | 一二九四3 | したかふ［妙］ | たてまつり |

西來寺本は足利本と同じく全て「したがひたてまつり」である。この語法からも妙一本やその祖本と見られる天理本の「したがふたてまつる」の終止形接続ではない、時代が下った連用形接続の表記形態であることが見て取れよう。表記字は十七例中十六例は「從」の字だが17のみが「隨」の字であった。

④「なんだち」と「なんぢら」

「汝等」で総語数八十八例あり、西來寺本と妙一本とを対照表にして示すと、以下の如くである。西來寺本が7と8で「なんぢら」と訓むところを妙一本が「なんたち」とし、逆に36 37 38 39は、西來寺本が「なんたち」とし、妙一本が36「なんぢら」、37 38「なむじら」、39「なむたち」と記載している。本来であれば、凡て「なんだち」で統一表記するところであろうが、この書写頃に語形の揺れを読みぐせとして用いていたことが見て取れるのである。次に表にて示す。

| 番 | 番号 | 当該語 | 漢字 | 品名 | 西頁数 | 妙頁数 | 可読 | 異同語彙 |
|---|---|---|---|---|---|---|---|---|
| 1 | 3519 | なんたぢ | 汝等 | 序品 | 七七4 | 六七2 | | なんたち［妙］ |
| 2 | 5866 | なんたち | 汝等 | 方便 | 一二三5 | 一〇八4 | | なんたち［妙］ |
| 3 | 6955 | なんたち | 汝等 | 方便 | 一四四6 | 一二六2 | | なんたち［妙］ |
| 4 | 9329 | なんたち | 汝等 | 方便 | 一九〇2 | 一六三2 | | なんたち［妙］ |
| 5 | 9361 | なんたち | 汝等 | 方便 | 一九〇6 | 一六三6 | | なんたち［妙］ |
| 6 | 9483 | なんたち | 汝等 | 方便 | 一九三2 | 一六五5 | | なんたち［妙］ |
| 7 | 12169 | なんぢら | 汝等 | 譬喩 | 二四五2 | 二一四6 | | なんたち［妙］ |
| 8 | 13158 | なんぢら | 汝等 | 譬喩 | 二六〇1 | 二三一3 | ［―たち］西右 | なんたち［妙］ |
| 9 | 13192 | なんたち | 汝等 | 譬喩 | 二六〇4 | 二三二1 | | なんたち［妙］ |
| 10 | 13221 | なんたち | 汝等 | 譬喩 | 二六一1 | 二三二4 | | なんたち［妙］ |
| 11 | 13241 | なんたち | 汝等 | 譬喩 | 二六一4 | 二三二6 | | なんたち［妙］ |
| 12 | 14548 | なんたち | 汝等 | 譬喩 | 二八三2 | 二五四6 | | なんたち［妙］ |
| 13 | 14551 | なんぢら | 汝等 | 譬喩 | 二八三3 | 二五四6 | | なんち［妙］ |
| 14 | 15110 | なんたち | 汝等 | 譬喩 | 二九二1 | 二六四2 | | なんたち［妙］ |
| 15 | 15250 | なんたち | 汝等 | 譬喩 | 二九四2 | 二六六2 | | なんたち［妙］ |
| 16 | 15270 | なんたち | 汝等 | 譬喩 | 二九四3 | 二六六4 | | なんたち［妙］ |
| 17 | 18083 | なんたち | 汝等 | 信解 | 三三七1 | 三一五5 | | なんたち［妙］ |
| 18 | 18794 | なんたち | 汝等 | 信解 | 三四八3 | 三三〇2 | | なんたち［妙］ |
| 19 | 19901 | なんたち | 汝等 | 信解 | 三六五5 | 三五一4 | | なんたち［妙］ |
| 20 | 20770 | なんたち | 汝等 | 藥草 | 三八六6 | 三七一6 | | なんたち［妙］ |
| 21 | 21101 | なんたち | 汝等 | 藥草 | 三九二4 | 三七八2 | | なんたち［妙］ |
| 22 | 21458 | なんたち | 汝等 | 藥草 | 三九八2 | 三八四5 | | なんたち［妙］ |
| 23 | 22442 | なんたち | 汝等 | 藥草 | 四一四2 | 四〇二3 | | なんたち［妙］ |
| 24 | 22459 | なんたち | 汝等 | 藥草 | 四一四3 | 四〇二5 | | なんたち［妙］ |
| 25 | 23362 | なんだち | 汝等 | 授記 | 四二九5 | 四二〇2 | | なんたち［妙］ |

| | | | | | | | | |
|---|---|---|---|---|---|---|---|---|
| 26 | 24322 | なんたち | 汝等 | 授記 | 四四五1 | 四三七6 | | なんたち［妙］ |
| 27 | 24332 | なんたち | 汝等 | 授記 | 四四五2 | 四三八1 | | なんたち［妙］ |
| 28 | 24450 | なんたち | 汝等 | 化城 | 四四七3 | 四四〇4 | | なんたち［妙］ |
| 29 | 28372 | なんたち | 汝等 | 化城 | 五一二3 | 五一七3 | | なんたち［妙］ |
| 30 | 28746 | なんたち | 汝等 | 化城 | 五一八5 | 五二三5 | | なんたち［妙］ |
| 31 | 29132 | なんたち | 汝等 | 化城 | 五二四3 | 五二九5 | | なんたち［妙］ |
| 32 | 29264 | なんたち | 汝等 | 化城 | 五二六3 | 五三一5 | | なんたち［妙］ |
| 33 | 29301 | なんたち | 汝等 | 化城 | 五二六6 | 五三二2 | | なんたち［妙］ |
| 34 | 29416 | なんたち | 汝等 | 化城 | 五二八3 | 五三四1 | | なんたち［妙］ |
| 35 | 29833 | なんたち | 汝等 | 化城 | 五三五1 | 五四〇6 | | なんたち［妙］ |
| 36 | 30379 | なんたち | 汝等 | 化城 | 五四三2 | 五五一1 | | なんぢら［妙］ |
| 37 | 30431 | なんたち | 汝等 | 化城 | 五四四1 | 五五二1 | | なむじら［妙］ |
| 38 | 30531 | なんたち | 汝等 | 化城 | 五四七4 | 五五三6 | | なむじら［妙］ |
| 39 | 30827 | なんたち | 汝等 | 五百 | 五六四6 | 五六八3 | | なむたち［妙］ |
| 40 | 30901 | なんたち | 汝等 | 五百 | 五六六2 | 五六九5 | | なんたち［妙］ |
| 41 | 32695 | なんたち | 汝等 | 五百 | 五九四3 | 六〇一6 | | なんたち［妙］ |
| 42 | 32709 | なんたち | 汝等 | 五百 | 五九四4 | 六〇二2 | | なむたち［妙］ |
| 43 | 42218 | なんたち | 汝等 | 勧持 | 七五五2 | 七七四6 | | なんたち［妙］ |
| 44 | 44021 | なんたち | 汝等 | 安樂 | 七八五1 | 八〇六3 | なんた［西右］ | なんたち［妙］ |
| 45 | 45176 | なんたち | 汝等 | 安樂 | 八〇三6 | 八二六1 | なんた［西右］ | なむたち［妙］ |
| 46 | 45488 | なんたち | 汝等 | 安樂 | 八〇九1 | 八三一3 | | なんたち［妙］ |
| 47 | 46060 | なんたち | 汝等 | 從地 | 八一八5 | 八四一1 | | なんたち［妙］ |
| 48 | 46822 | なんたち | 汝等 | 從地 | 八三二4 | 八五五2 | | なんたち［妙］ |
| 49 | 47474 | なんたち | 汝等 | 從地 | 八四四3 | 八六七1 | | なんたち［妙］ |
| 50 | 47509 | なんたち | 汝等 | 從地 | 八四五1 | 八六七6 | | なむたち［妙］ |
| 51 | 47678 | なんたち | 汝等 | 從地 | 八四七6 | 八七〇5 | | なんたち［妙］ |
| 52 | 47708 | なんたち | 汝等 | 從地 | 八四八4 | 八七一3 | | なんたち［妙］ |
| 53 | 47721 | なんたち | 汝等 | 從地 | 八四八6 | 八七一5 | | なんたち［妙］ |
| 54 | 48043 | なんたち | 汝等 | 從地 | 八五四5 | 八七七3 | | なんたち［妙］ |
| 55 | 48949 | なんたち | 汝等 | 如來 | 八八〇4 | 八九九4 | なんちらイ［西右］ | なんたち［妙］ |
| 56 | 48964 | なんたち | 汝等 | 如來 | 八八〇6 | 八九九5 | | なんたち［妙］ |
| 57 | 48981 | なんたち | 汝等 | 如來 | 八八一2 | 九〇〇2 | | なんたち［妙］ |
| 58 | 49068 | なんたち | 汝等 | 如來 | 八八二6 | 九〇一6 | なむたち［瑞］ | なんたち［妙］ |
| 59 | 49288 | なんたち | 汝等 | 如來 | 八八七2 | 九〇六2 | | なんたち［妙］ |
| 60 | 50179 | なんたち | 汝等 | 如來 | 九〇二4 | 九二一4 | | なんたち［妙］ |
| 61 | 50355 | なんたち | 汝等 | 如來 | 九〇五5 | 九二四4 | | なんたち［妙］ |
| 62 | 50804 | なんだち | 汝等 | 如來 | 九一三6 | 九三二5 | | なんたち［妙］ |
| 63 | 51063 | なんたち | 汝等 | 如來 | 九一八3 | 九三七2 | | なむたち［妙］ |
| 64 | 54941 | なんたち | 汝等 | 随喜 | 九八八4 | 一〇〇六6 | | なむたち［妙］ |
| 65 | 58704 | なんたち | 汝等 | 常不 | 一〇六二6 | 一〇八一4 | | なんたち［妙］ |
| 66 | 58713 | なんたち | 汝等 | 常不 | 一〇六三1 | 一〇八一5 | | なんたち［妙］ |
| 67 | 58764 | なんたち | 汝等 | 常不 | 1063⑥ | 1082⑤ | | なんたち［妙］ |
| 68 | 58768 | なんたち | 汝等 | 常不 | 1064① | 1082⑤ | —は［西右］ | なんたち［妙］ |
| 69 | 58909 | なんたち | 汝等 | 常不 | 1066③ | 1085② | —は［西右］ | なんたち［妙］ |
| 70 | 59534 | なんたち | 汝等 | 常不 | 1078④ | 1097① | —ちらは［西右］ | なんたち［妙］ |
| 71 | 60203 | なんたち | 汝等 | 神力 | 1091④ | 1109⑥ | | なんたち［妙］ |
| 72 | 60411 | なんたち | 汝等 | 神力 | 1095③ | 1114① | | なんたち［妙］ |
| 73 | 60991 | なんたち | 汝等 | 囑累 | 1105⑥ | 1124④ | | なんたち［妙］ |
| 74 | 60994 | なんたち | 汝等 | 囑累 | 1105⑥ | 1124④ | | なんたち［妙］ |
| 75 | 61042 | なんたち | 汝等 | 囑累 | 1106⑥ | 1125④ | | なんたち［妙］ |
| 76 | 61045 | なんたち | 汝等 | 囑累 | 1107① | 1125⑤ | | なんたち［妙］ |
| 77 | 61101 | なんたち | 汝等 | 囑累 | 1108② | 1126⑥ | | なんたち［妙］ |
| 78 | 61177 | なんたち | 汝等 | 囑累 | 1109④ | 1128① | | なんたち［妙］ |
| 79 | 62465 | なんたち | 汝等 | 藥王 | 1135⑥ | 1154② | | なんたち［妙］ |
| 80 | 66172 | なんたち | 汝等 | 觀世 | 1214⑥ | 1228② | | なんたち［妙］ |
| 81 | 66196 | なんたち | 汝等 | 觀世 | 1215③ | 1228⑤ | | なんたち［妙］ |
| 82 | 67026 | なんたち | 汝等 | 觀世 | 1230③ | 1243② | | なんたち［妙］ |
| 83 | 68873 | なんたち | 汝等 | 陀羅 | 1269④ | 1280⑤ | | なんたち［妙］ |
| 84 | 68933 | なんたち | 汝等 | 陀羅 | 1271① | 1281⑥ | | なんたち［妙］ |
| 85 | 69231 | なむたち | 汝等 | 妙莊 | 1277⑥ | 1288① | | なんたち［妙］ |
| 86 | 69425 | なんたち | 汝等 | 妙莊 | 1281② | 1291① | | なんたち［妙］ |
| 87 | 69489 | なんたち | 汝等 | 妙莊 | 一二八二4 | 一二九二2 | | なんたち［妙］ |
| 88 | 70002 | なんたち | 汝等 | 妙莊 | 一二九三1 | 一三〇一5 | | なんたち［妙］ |

以上のうち、その主な異同箇所の語例を良本対校して示す。

◎汝等〈巻二譬喩品第三〉

『なんちら、すミやかにいでよ。』と。ち、、憐愍して、善言をもて、誘喩すといへ共、 ［西來寺本二四三1］

『汝、すミやかにいてよ。』と。ちち、憐愍して、善言を誘喩すといへとも、 ［妙一本二一二4］

○汝等〈巻二譬喩品第三〉

『なんぢらか、もてあそびこのむべきところハ、希有にして、ゑかたし。 ［西來寺本二四五2］

『なんたちか、もてあそひこのむへきところは、希有にして、えかたし。 ［妙一本二一四5］

○汝等〈巻二譬喩品第三〉

なんぢら、この火宅より、よろしくすみやかに、いできたるべし。 ［西來寺本二四五6］

なんたち、この火宅におきて、よろしくすミやかにいてきたるへし。 ［妙一本二一五4］

◎汝等〈巻二譬喩品第三〉

なんちら、ねかひて、三界火宅に住すること、うることなかれ。 ［西來寺本二六〇1］

『なんたち、ねかひて、三界火宅に住することうることなかれ。 ［妙一本二三一3］

このように両用の形態が混在し、西來寺本では「なんちら」と書写したところの書込みは、「ちら」の右に「たち」と補写した箇所も見えている。また、巻三と巻四・巻五・巻七では全てが「なんたち」と記載する。そして、巻六では「なんたち」に補写した形態に「なんちら」が一例だけ見える。

○汝等〈巻六如来壽量品第十六〉

「諸々の善男子、なんたち、まさに、如来の誠諦のミことを信解すべし」。 ［西來寺本八八〇4］

さらに、巻八には、七例の「なんたち」の他に「なんぢら」の例が一例だけ見える。

○汝等〈巻八妙荘厳王本事品第二十七〉

なんぢら、ゆきてち丶にまうして、ともにさるべし」。 ［西來寺本一二七七2］

このように、『仮名書き法華経』には巻ごとによって、若干なりとも異なった「なんぢら」の語形が混在していることが見てとれるのである。だが、全体的には「なんたち」の訓み方が本来の訓み表記であったことが伺えるのである。古例は平安時代の〔古本〕『竹取物語』に「なんぢらが君の使と名をながしつ。君のおほせ事をば、いかがは背くべき」とあり、続いて鎌倉時代の『平家物語』巻一〇・維盛出家に、「維盛こそ〈略〉むなしうなるとも、このごろは世にある人こそ多けれ、なんぢらはいかなる有様をしても、などか過ぎざるべき」とある語例が知られている。此に本書の語例が加わり、この両本の書写年代の上限を定める一語例となっている。

⑤「かうぶる」と「かぶる」

| 通番 | 当該語 | 読みかな | 漢字 | 品名 | 頁数 | 語の種類 | 妙一本頁数 | 可読 |
|---|---|---|---|---|---|---|---|---|
| 1 | かうふら | こうぶら | 被 | 譬喩 | 三〇四1 | 和語動詞 | 二七六2 | |
| 2 | かうふら | こうぶら | 蒙 | 化城 | 四九八1 | 和語動詞 | 五〇一1 | |
| 3 | かうふり | こうぶり | 蒙 | 譬喩 | 二〇九3 | 和語動詞 | 一七七1 | |
| 4 | かふり | こうぶり | 蒙 | 薬草 | 三九五1 | 和語動詞 | 三八〇6 | かふふて［西右］ |
| 5 | かうふり | こうぶり | 蒙 | 授記 | 四二五3 | 和語動詞 | 四一五2 | |
| 6 | かうふり | こうぶり | 蒙 | 見寶 | 六八八4 | 和語動詞 | 七〇六3 | |

| | | | | | | | | |
|---|---|---|---|---|---|---|---|---|
| 7 | かうふり | こうぶり | 蒙 | 觀世 | 一二四二3 | 和語動詞 | 一二五四6 | —て［西右］ |
| 8 | かうふる | こうぶる | 蒙 | 化城 | 四七〇5 | 和語動詞 | 四六八2 | |
| 9 | かうふる | こうぶる | 蒙 | 化城 | 四八八3 | 和語動詞 | 四八九4 | |
| 10 | かうふる | こうぶる | 蒙 | 化城 | 四九八6 | 和語動詞 | 五〇二2 | |
| 11 | かうふる | こうぶる | 蒙 | 常不 | 一〇七九6 | 和語動詞 | 一〇九八3 | —らん［西右］ |
| 12 | かうふれ | こうぶれ | 蒙 | 觀世 | 一二三九4 | 和語動詞 | 一二五二2 | |
| 13 | られ | られ | 見 | 勧持 | 七五〇4 | 和語受身助動詞 | 七六九5 | られん。をかうふらん［妙］ |

右の表から単漢字「蒙」十一例「被」一例「見」（妙一本・足利本）が一例あることが分かる。

3むかしよりこのかた、佛教をかうふりて、大乗をうしなはざりけり。［西來寺本二〇九3］

むかしよりこのかた、佛教をかうふりて、大乗をうしなはさりけり。［妙一本巻一七七1］【蒙】

むかしよりこのかた、佛けうをかふりて、大乗をうしなはさりけり。［足利本2三五］

4か乃大雲の一切の卉木を叢林と、をよび諸々の藥草とに、あめふる。その種性乃ことく具足してうるほひをかふふりて、をの〳〵生長することうるがごとし。［西來寺本三九五1］

かの大雲の、一切の卉木叢林、およひもろもろの藥草に、あめふるにその種性のことく具足して、うるほひをかうふりて、おのをの生長することうるかことし。［妙一本巻三八〇6］【蒙】

か乃大雲の一切の卉木藂林、およひもろもろの藥草にあめふるにそ乃種性乃こよく具足してうるほひをかうふりて、お乃お乃生長することうるかことし。［天理本一三4］

かの大うむの、一さひのくゐもく・そうりん、をよひもろ〳〵のやくさうにあめふるに、その衆生のことく、くそくしてうるをひをかうふりて、おの〳〵しやうちょうすることうるかことし。

5もし、ほとけ乃授記をかうふりなは、しかうして、すなはち心よく安樂ならん。［西來寺本巻三・四二五3］

もし、ほとけの授記をかうふりなは、しかうして、すなハちこころよく安樂ならん。［妙一本巻四一五2］【蒙】

もし、ほとけの授記をかうふりなは、しかうして、すなはちこころよく安樂ならん。［天理本三九2］

もし、ほとけのしゆきをかふりなは、しかうしてすなはちこゝろよくあんらくならん。［足利本3二八五］

6衆生、困厄をかうふり、無量の苦にみをせめらるゝにも、觀音妙智のちから、よく世間の苦をすくふ。［西來寺本巻八・一二四二3］

衆生、困厄をかうふり、無量の苦にみをせめらるるにも、觀音妙智のちから、よく世間の苦をすくふ。［妙一本一二五四6］【被】

衆生、こむやくをかふり、無量のくにみをせめらるゝにも、觀音妙智の力、よくせけむのくをすくふ。［足利本8二二八］

7われらがもろ〳〵の宮殿、ひかりをかうふるがゆへに嚴飾せる［西來寺本四九八6］

われらがもろもろの宮殿、ひかりをかうふるかゆへに嚴飾せり。［妙一本五〇二2］【蒙】

われらかもろもろの宮殿、ひかりをかうふるがゆへに嚴飾せり［天理本一〇四4］

われらかもろ〳〵のくうてん、ひかりをかふるがゆえに、こむしきせり。［足利本3八四二］

13たゞしねがはくハ、世尊、他方にましますとも、はるかに守護せら

れ、すなはち　　　　　　　　［西來寺本七五〇4］※異なり訓箇所

たたしねかはくは、世尊、他方にましますとも、はるかに守護をかうふらん。　　［妙一本七六九5］【見】

たゝしはくは、世尊、たはうにましますとも、はるかにしゆことをかうふらん。　　［足利本5三二一］

本文十三例の他に、書込み二十一例を含め、いずれも西來寺本は妙一本と同じ「かうふる」形であり、足利本だけがこの異なる語形「かふる」の四例をここで混在して表記していることがみてとれる。

## ⑥形容動詞ナリ活用とタリ活用

通常、ナリ活用で表現するところをタリ活用によって表現した例が存するか否かという点にある。

○狼籍なり〔巻二譬喩品第3〕

狐狼・野干、咀嚼　践蹹し、死屍を齰齧　骨肉、狼籍。　　［西來寺本二七二4］

「狼籍なり。」　　［妙一本二四三5］［足利本3四九四］

○黒痩なり〔巻二譬喩品第3〕

躶形　黒痩にして、つねにそのなかに往せり。

［西來寺本二七四6］［妙一本二四六3］［足利本3五一三］

○長大なり〔巻二譬喩品第3〕

その身、長大　なり にしてイ。

［西來寺本二七四6］［妙一本二四六3］［足利本3五一三］

○凶険なり〔巻二譬喩品第3〕

かしらのかみ、よもきのことくに、みだれて残害残害し、兇険なり。

［西來寺本二七六1］［妙一本二四七3］［足利本3五一九］

○姝好なり〔巻二譬喩品第3〕

駕するに、白牛もつて、膚色充潔に、形躰姝好にして、おほきなる筋力あり、行歩　平正にして、そのとき、ことかぜのごとし。

※「筋力」の「筋」字は貼り紙補正

［西來寺本二四九1］［妙一本二一八6］［足利本3三二一］

右語例は、全てナリ活用で異同が見られないが、次の例は、「ナリ」・「タリ」と三本に異同が見られる箇所である。

○蓬㶿なり

くさきけふり、蓬㶿にして四面にみちふさかれり。［妙一本二五〇3］

くさきけふり、蓬㶿と四面にミちふさがれり。

［西來寺本二七八5］※ぶほつの右傍に「さかりにして」和訓読

くさきけふり、蓬㶿と四面にみちふさかれり。　　［足利本3五三九］

この例を見ると、西來寺本はタリ活用で表記され、ここでも妙一本より足利本に近い表現形態をとっていることになる。これとは別訓に、西來寺本書込みに妙一本と同じ「にして」を表出している。本来は、別条で述べるところだが、便宜的に茲に示すこととした。

○我為法王　於法自在〈譬喩品第三〉

われ法王たり。法におきて自在なり。　　［妙一本二七〇3］

われ、法王たり。法におきてしさいなり。　　［足利本2六九一］

われハ法王として、法にをきて自在なり。　　［西來寺本文二九八1］

我(れ)は爲れ法の王なり。法に於て自在なり。　　［龍光院本二195］

○若狗野干　其形腺瘦　黧黮疥癩　人所觸嬈〈譬喩品第三〉

もし、いぬ・野干としてハ、そのかたち腺瘦し、梨黮（黧黮）・疥・癩ありて、人に觸嬈せられん。　　［西來寺本三〇三3］

もし、いぬ・野干としては、そのかたち腺瘦し、黧黮・疥・癩ありて、

ひとに觸嬈（そくねう／ふれなやまさ）せられん。　［妙一本二七五4］

もしいぬ・やかんとしては、そのかたち、こつしゆし、りたん・け・らいありて、人にそくねうせられん。　［足利本2七三〇］

若（し）狗・野干として、其（の）形脨ニ瘦（せ）て黧ミ黮ミて疥・癩アらむ。　［龍光院本二二〇11］

### ⑦音便形の有無

音便形については、

○【富】〈巻二譬喩品第三〉長者、おほきにとみて、
［西來寺本二八六4］［妙一本二五八3］［足利本2五九九］

という例を最初にして、四例は「とみて」と原形で表記されているが、次の一例だけが西來寺本に補筆字で「ん」表記、足利本はそのまま「ん」表記となっている。

○【富】〈巻二信解品第四〉

そのいゑ、おほきにとミて、［妙一本三三七6］

その家、おほきにと（ん）みて、［西來寺本三五四3］

そのいゑ、をゝきにとんて、［足利本2一一〇七］

この撥音便の表記が時代の前後を決定づける一つとなるのである。

### ⑧入声音〔―t〕の表記

『仮名書き法華経』には、その変遷過程が顕著に見えている。いま、巻三の部分で妙一本と異なる表記をしている箇所を以て、西來寺本との表記状況を考察してみることにしよう。次にその箇所の一覧と主な用例を引用する。

| 天理本 | 頁行数 | 妙一本 | 頁行数 | 西來寺本 | 頁行数 |
|---|---|---|---|---|---|
| 真實 | 六4 | 真實（しんしち） | 三七一4 | 真實 | 三八六4 |
| 真實（シンシチ） | 四九3 | 真實（しんしち） | 四二八5 | 真實（しんしつ） | 四三七2 |
| 真實 | 一三〇4 | 真實（しんしち） | 五三四3 | 真實（しんしつ） | 五二八6 |
| 敷實（フシチ） | 九4 | 敷實（ふしち） | 三七五4 | 敷實（ふしつ） | 三九〇2 |
| 差別（シヤヘツ） | 九6 | 差別（しやへち） | 三七五6 | 差別（しやへつ） | 三九〇4 |
| 實（シチ） | 一一2 | 實（しち） | 三七七6 | 實（しつ） | 三九二3 |
| 實 | 一五1 | 實（しち） | 三八三1 | 實（しつ） | 三九七3 |
| 實 | 二〇8 | 實（しち） | 三九〇6 | 實（しつ） | 四〇四1 |
| 實（シツ） | 一三一1 | 實（しち） | 五三五2 | 實（しつ） | 五二九4 |
| 分別 | 二一1 | 分別（ふんへち） | 三九一1 | 分別（ふんへつ） | 四〇四1 |
| 分別（フンヘツ） | 七一1 | 分別（ふんへち） | 四五七5 | 分別 | 四六一6 |
| 分別 | 一三〇5 | 分別（ふんへち） | 五三四5 | 分別 | 五二九1 |
| 決定（ケツチヤウ） | 二五4 | 決定（くゑちちやう） | 三九六6 | 決定（けつちやう） | 四〇九2 |
| 最實事（サイシツシ） | 二九6 | 最実事（さいしちし） | 四〇二4 | 最實事（さいしつし） | 四一四2 |
| 日月 | 七二5 | 日月（にちくわち） | 四五九5 | 日月 | 四六三4 |
| 室（シツ） | 一一四2 | 室（しち） | 五一五2 | 室（しつ） | 五一〇3 |

右の表に示した実用例は、

○決定「くゑち」→「けつ」

みつから、ほとけにならんこと、決定（ケツチヤウ）してうたかひなしとしる、これを小樹（しゆ）となつく。　［天理本二五4］

ミつから、ほとけにならんこ（としる事）と（しりてイ）、決定（けつちやう）して、うたがひなしとし（き）り、これを小樹（しゆ）となつく。　［西來寺本四〇九2］

みつから、ほとけにならんこと、決定（くゑちちやう）してうたかひなしとしる、これを小樹（せうしゆ／ちいさきき）となつく。　［妙一本三九六6］

○最實事「しち」→「しつ」

いまなんたちかために、最實事（サイシツシ）をとく。　［天理本29 6］

いまなんたちかために、最實（さいしつ）の事（し）をとく。　［西來寺本四一四2］

いまなんたちかために、最實事(さいしちし/もともまこと)をとく。　［妙一本四〇二4］

○室「しち」→「しつ」

こ乃ときに、十六乃菩薩沙弥、ほとけ、室(シツ)にいりて、寂然(シヤクネン)として禅定したまへりとしりて、　［天理本一一四2］

このときに、十六乃菩薩沙弥、ほとけ、室(じつ)にいりて、寂然(しやくねん)として禅定し給へり(ひぬるを)としりて、　［西來寺本五一〇3］

このときに、十六乃菩薩沙弥(ほさつしやみ)、ほとけ、室(しち/むろ)にいりて、寂然(しやくねん/しつかに)として禅定(せんちやう/きせん)したまへりとしりて、　［妙一本五一五2］

ここで注目したいのは、妙一本「ち」表記の部分と「つ」の混在（例えば、「差別」の語例の四例中三例は「ち」とし、一例が「つ」表記）より、天理本（巻三）の方が「ち」表記と「つ」表記の混在率が高いことであり、そこが西來寺本や足利本の「つ」表記と共通する点となっている。そして、西來寺本には「ち」表記の語例は見出せず、全て後世の「つ」表記にほかならない。

以上、野澤勝夫氏が指摘した国語検索の八項目をもって、西來寺本の本文の位置付けを行なってみた。結果としては、妙一本―西來寺本―足利本の成立年代図式がこれら八項目の結果からも伺える。すなわち、妙一本に近い形態と足利本に近い形態の両方を内包するのがこの西來寺本『仮名書き法華経』と云うことになる。

**その他**

これ以外にも西來寺本と妙一本とで異なるものとして、次の様なものがある。

⑨漢語サ変動詞＞形容動詞「ナリ」

○充潔し（妙一本）／充潔に（西來寺本）

駕(かくる)するに、白牛(はくご)もつて(せり)、膚色充潔(ふしきしうけつ/みちきらきらしくして)に、形躰姝好(きやうたいしゆかう/ことむなくうるハし)にして、おほき(い)なる筋力(こんりき/すぢちから)あり、行歩(きやうぶ/ゆきあゆむこと)平正(なり/おなしきむ)にして、そのとき、ことかぜのごとし。

※「筋力」の「筋」字は貼り紙補正　［西來寺本二四九1］

かくるに、白牛(ひやくこ)の、膚色(ふしき)充潔(しゆうけつ)し、形躰(きやうたい)姝好(しゆかう)にして、おほきなる筋力(すちちから)あり、行歩(きやうふ)平正(ひやうしやう)にして、そのとき、こと風(かせ)のことし。　［妙一本二一八6］

○減少せり（妙一本）／減少なり（西來寺本）「減少」四例中一例

つねに不善(ふぜん)乃事を行じ、色力(しきりき)とおよび知恵とこれらミな減少(けんせう)なり。　［西來寺本四九七4］

つねに不善(ふせん)乃事(こと)を行(きやう)し、色力(しきりき)および知恵(ちゑ)これらミな減少(けんせう)せり。　［妙一本五〇〇4］

⑩形容動詞＞動詞

○【疎】あらはに／すき〔おろそかに〕〈随喜功徳品第十八〉

は、あらはにきはミくろからし。　［妙一本一〇〇九2］

歯(は)はすきぎば(おろそかに)ミくろからず。　［西來寺本九九〇5］

## 二　西來寺本の書込み・異本表記とその他の法華経資料

西來寺本には先にも述べたように本文の文字左右に書込みが多数見受けられる。この書込みにはただ記したものと、記した語の後に「イ」と表記するものとがある。他には本文誤記のところを朱記したり、貼り紙して補正、被せ書きなどを見出す資料でもある。これを今、書込み箇所と異本書込みの箇所として、検討を加えていくのだが、江戸時代の法華経研究に精進された真阿宗淵上人の足跡を踏まえて求めるのである。この時代に仮名書き乃至、訓読の法華経を見て校合した結果が茲に色濃く集結しているものと考える。この書込みは八巻すべてに見出され、その全てが同じ法華経をもって校合したかは定かではないが、書込みの箇所の多くは立本寺本に近く、異本書込みの方は、瑞光寺本の箇所と合致する点が見受けられ、この事実から最低でも立本寺本と瑞光寺本『仮名書き法華経』の残存する巻との校合が行われたのは間違いない。またその他、立本寺本『妙法蓮華経古点』と瑞光寺本が不足する巻においても単なる書込み及び異本書込みの記述が存在することで、このような方法で真阿宗淵上人が多くの法華経資料を探索し、収束した結果が茲に記されたものと考えるに至った。そこで、今回幾つかの語訓分析を中心に『仮名書き法華経』の成立年代を示唆してみたのである（その際、法華経関連の音義字書群として生みだされた幾つかの『法華経音義』中に、和訓が施されているものを対象資料として、その語訓を解析し、更に古辞書である『類聚名義抄』との連関性をも考慮にいれながら、語分析を試みることにした）。

## Ⅰ　異本瑞光寺本『仮名書き法華経』との接点

### A　瑞光寺本と西來寺書込みが合致する語訓

#### 1【比】タクラブ・ナラブ〈巻六分別功徳品第十七〉

【原文】以是功徳比前功徳　百分千分百千万億分不及其一

○この功徳をもて、さきの功徳にたくらふるに、百分・千分・百千万億分にして、そのひとつにもおよはす。　［妙一本九五六6］

○この功徳をもて、さきの功徳にたくらふるに、百分・千分・百千万億分にして、そのひとつにもをよばず。　［西來寺本文九三八4］

○この功徳をもて、さきの功徳にならふるに、百分・千分・百千万億分にして、そのひとつにもおよはす。　［瑞光寺本17一〇五］

巻六随喜功徳品第十八の「たくらふる」（妙一本九九七5）は、西來寺本の書込みがなされていない。

「たくらぶ」の語訓は、法華経関連の音義字書群として、保延二年本『法華経単字』（以下保延本と略す）と西教寺蔵『法華経略音』（以下西教寺略音と略す）に見え、「ならぶ」の語訓は語形変化の「ならひ」で、保延本と西來寺蔵『法華経音義』（以下西來寺本と略す）に、「ならふ」で西教寺略音と心空版『法華経音訓』（以下心空版と略す）に見え、快倫編『法華経文字聲韻音訓篇集』（以下快倫音訓と略す）には未記載とする。天理図書館蔵『法華経音義』（以下天理本と略す）や明覺三蔵流『法華経音義』（以下明覺三蔵流と略す）は、この部分欠字。観智院本『類聚名義抄』〔法上50ウ7〕に「比音ヒナラフ　タクラフ〔略〕」と両訓ともに収載する。このことから、置換えの可能な表現となっていると言える。

#### 2【美】ヨシ・ムマシ〈巻六如来寿量品第十六〉

【原文】毒気深入失本心故。於此好色香薬而謂不美。

○毒の氣、ふかくいりて、本心をうしなへるかゆへに、このよき色・香あるくすりにおきて、よからずとおもへり。　［妙一本九一三3］

○毒の氣、ふかくいりて、本心をうしなへるかゆへに、このよき色・香あるくすりにおきて、よからずとおもへり。　［西來寺本文九〇四3］

○毒の気、ふかくいりて、本心をうしなへるかゆへに、このよき色・香あるくすりにおいて、しかもむまからずとおもへり。

［瑞光寺本16一四八］

『よし』の語訓は、法華経関連の字書群にはすべて採録されている。「うまし／むまし」の語訓の方は、天理本・心空版・快倫音訓に限られている。『類聚名義抄』〈佛下末16オ2〉に、「美　ヨシ　ウルハシ　ホム　アマシ　コトモナシ　アサヤカナリ　カホヨシ　ムマシ　禾ミ」と両訓とも収載している。この語訓も置換えが可能と云うことになる。

3【作】ナス・ヲコス〈巻六如来寿量品第十六〉

【原文】諸太撃天鼓　常作衆伎樂　雨曼陀羅華　散仏及大衆

○諸天、天のつつミをうちて、つねにもろもろの妓樂をなし、曼陀羅華をふらして、ほとけ、およひ大衆に散す。［妙一本九三四6］

○諸天〻、天のつゞミをうちて、つねにもろ〳〵の妓樂をなし、曼陀羅華をふらして、ほとけ、をよび大衆に散ず。

［西來寺本文九一六1］※「陀」の訓「た」の濁点は補記

○諸天ゝのつゝみをうて、つねにおほくの妓樂をゝこす。曼陀羅華をふて、ほとけをよひ大衆に散す。［瑞光寺本二一八］

これらの語から西來寺本の書込みと瑞光寺本の訓読内容が非常に近接していることがまず知られる。

そして、「言をなす」「おもひをなす」「仏事をなす」「師子吼をなす」「礼をなす」「大切徳の事をなす」「この説をなす」「二分になす」「願をなす」「行をなす」「念をなす」「供養をなす」はいずれも「なす」の訓読がなされていて、「妓樂をなす」だけが、西來寺本書込みと瑞光寺本において「おこす」と訓読されていることが明らかになった。

ただし、例外として、次の一例が見える。

【原文】一心合掌　華香　瓔珞　塗香　抹香　焼香　繒蓋　幢幡　衣服　肴膳　作諸伎樂　人中上供而共養之〈巻四法師品第十〉

○こころをひとつにし、たなこころをあハせて、恭敬供養し、尊重讃歎し、華香・瓔珞・抹香・塗香・焼香・繒蓋・幢幡・衣服・肴膳おもてし、もろもろの妓樂をなし、人中の上供をもて、これを併養せよ。［妙一本六四一4］

○心をひとつにし、たなこゝろをあはせて、恭敬供養し、尊重讃歎し、華香・瓔珞・抹香・塗香・焼香・繒蓋・幢幡・衣服・肴膳をもてし、諸々の妓樂をなし、人中の上供をもて、これを供養せよ。［西來寺本文六三〇1］

「作…妓樂」の書込みの箇所で、この部分だけが例外で「おこす」と訓読せずに「なす」と訓読している。

4【狭】ホソシ・せバシ〈巻六随喜功徳品第十八〉

【原文】面色不黒　亦不狭長

○おもてのいろ、くろからし。また、ほそくなかからし。［妙一本一〇〇二3］

○おもてのいろ、くろからじ。また、ほそくながからじ。［西來寺本文九八四1］

○をもてのいろは、くろくもあらし。又、せはくなかくもあらし。［瑞光寺本18九四］

「ほそく」の語訓が法華経関連の音義字書群に見えない。『類聚名義抄』［佛下本66ウ8］の、「狭狭　正今　音治　サシ　せバシ　禾キハサム〔略〕」も同様である。

5【曲】ユカム・マカル〈巻六随喜功徳品第第十八〉

【原文】亦不窊曲

○また、くほみゆかめらし。［妙一本一〇〇二4］

○また、くほみゆかめらし。　〔西來寺本文九八四2〕

○また、くほみまかりてもあらし。　〔瑞光寺本18九五〕

「まがる」の語訓は、法華経関連の音義字書群に全て見え（保延本「マケテ」）、「ゆがむ」の語訓は、天理本と明覺三蔵流とに見える。『類聚名義抄』〔僧下64オ7〕には、「曲　マカル　メクル　クマ　マク　ツフサニ　ツマヒラカニ　クハシ」とあって、「ゆがむ」の語訓は未収載。但し、『色葉字類抄』〔巻下由部辭字門66ウ4〕には収載する。

6【勝】スクル・マサル〈巻六随喜功徳品第十八〉

【原文】最後第五十　聞一偈随喜　是人福勝彼　不可為譬喩

○最後第五十の、一偈をききて随喜せん、このひとの福は、かれにすくれたること、譬喩すへからす。　〔妙一本一〇〇七4〕

○最後第五十の、一偈をきゝて随喜せん、この人の福ハ、かれにすくれたること、譬喩すべからず。　〔西來寺本文九八九2〕

○最後の第五十の、一偈をきいてすいきせん、この人のふくは、かれにまされらん、譬喩とすへからす。　〔瑞光寺本18一二六〕

〈巻六随喜功徳品第十八〉

【原文】何況最初於会中聞而随喜者其福復勝無量無辺阿僧祇不可得比

○いかにいはんや、最初に會のなかにして、ききて随喜せんものは、その福またすくれたること、無量無辺阿僧祇にして、たくらふることうへからす。　〔妙一本九九七4〕

○いかにいはんや、最初に會のなかにして、きゝて随喜せんものは、その福またすくれたること、無量無邊阿僧祇にして、たくらぶることをうべからす。　〔西來寺本文九七九3〕

○いかにいはんや、最初に会の中にしてきゝて、しかもすいきせむものをや。そのふくまたまされり。たくらふる事うへからす。　〔瑞光寺本18六三〕

〈巻三化城喩品第七〉

【原文】又其国界諸天宮殿乃梵宮六種震動大光普照徧満世界勝諸天光

○また、その国界の諸天の宮殿、乃至梵宮まて、六種に震動し、大光あまねくてらし、世界に遍満して、諸天のひかりにすくれたりき。　〔妙一本四六〇6〕

○また、その國界の諸天の宮殿、乃至梵宮まて、六種に震動し、大光あまねくてらして、世界に遍満して、諸天のひかりにすくれたりき。　〔西來寺本文四六四5〕

※最初の二例はいずれも「すぐる」と訓読している。

〈巻三授記品第六〉

【原文】仏之光明　無能勝者

○ほとけの光明〔ひかり〕、よくまさるものなけん。　〔妙一本四三〇1〕

○ほとけの光明、よくまさるものなけん。　〔西來寺木文四三八3〕

〈巻七藥王菩薩本事品第二十三〉

【原文】勝以国城妻子及三千大千国土山林河池諸珍玉物而供養者

○国城・妻子、および三千大千国土の山林・河池、もろもろの珎をもて供養せんものにまされらん。　〔妙一本一二六〇1〕

○国城・妻子、をよび三千大千国土の山林・河池、もろもろの珎寶物をもて供養せんものにまさらん。　〔西來寺本文一二四一6〕

妙一本と西來寺異本との「勝」の訓読が巻六と巻三・巻七とで交替していることに注意されたい。「すぐる」の語訓は、法華経関連の字書群に全て見え、「まさる」の方は西教寺略本、天理本、西來寺本に見えるにすぎない。『類聚名義抄』〔佛中63オ8〕に「勝　カツ　マサ

ル　スクル〔略〕」ともに見える。

### B　瑞光寺本と妙一本・西來寺本とで合致し、西來寺書込みが異なる語訓

1【袒】アラハニス・カタヌク〈巻六分別功徳品第十七〉

【原文】爾時弥勒菩薩　従座而起偏袒右肩　合掌向仏而偈言

○そのときに弥勒菩薩、座よりたちて、ひとへにミきのかたをあらはにして、たなこころをあはせ、ほとけにむかひたてまつりて、偈をときてまうさく、　［妙一本九四七6］

○そのときに弥勒菩薩、坐よりたちて、ひとへにみきのかたをあらはにして、たな心をあはせ、ほとけにむかひたてまつりて、偈をときてまうさく、　［西來寺本文九二九2］

○そのとき、弥勒菩薩、座よりしかくたて、ひとへにみきのかたをあらはにし、合掌をして、ほとけにむかひたてまつて、しかうして、偈をといてまうさく　［瑞光寺本四九］

〈巻二信解品第四〉

【原文】即従座起整衣服　偏袒右肩右膝著地　一心合掌曲躬恭敬　瞻仰尊顔白仏言

○すなはち、座よりたちて、衣服をととのへて、ひとへにみきのかたをあらはにし、ミきのひさを地につけ、一心合掌し、曲躬恭敬して、尊厳を瞻仰したてまつる。　［妙一本二九二6］

○すなはち、坐よりたちて、衣服をとゝのへて、ひとへにミぎのかたをあらはにし、みぎのひざを地につけ、一心　合掌し、曲躬恭敬して、尊顔を　瞻仰したてまつる。　［西來寺本文三一八2］

〈巻八陀羅尼品第二十六〉

【原文】璽時藥王菩薩　即従座起偏右肩　合掌向仏而白仏言

○そのときに藥王菩薩、すなはち、座よりたちて、ひとへにみきのかたをあらハにし、たなこころをあはせ、ほとけにむかひたてまつりて、ほとけにまうしてまうさく、　［妙一本一二六〇2］

○そのときに藥王菩薩、すなはち、座よりたちて、ひとへにみきのかたをあらハにし、たなこゝろをあはせ、ほとけにむかひたてまつりて、ほとけにまうしてまうさく、　［西來寺本文一二四八1］

龍光院本〔四24 3・十七10 4・二十六8 13〕に、「偏に右の肩を袒れ」と見え、書込みの「ぬきたれ」と合致する。法華経関連の字書群では、保延本に「あらはなり」、西教寺略音、天理本、心空版、快倫音訓に「かたぬく」の語訓が採録されている。『類聚名義抄』〔法中72オ1〕に「袒　カタヌク　アラハ」と両訓が採録されている。

### C　瑞光寺本と西來寺書込みが合致しない語訓

1【衆】モロモロ・ヲヽシ〈巻六如来寿量品第十六〉

【原文】速除苦悩無復衆患

○すミやかに苦悩をのそきて、また、もろもろのうれへなけむ。　［妙一本九二一5］

○すミやかにくなうをのぞきて、また、もろ〱のうれへなけむ。　［西來寺本文九〇二5］

○すみやかにくなうをのそきて、また、おほくのうれへなけむ。　［瑞光寺本16二二八5］

〈巻六分別功徳品第十七〉

【原文】若復行忍辱　住於調柔地　設衆悪来加　其心不傾動

○もし、また、忍辱を行して、調柔の地に住し、たとひもろもろの悪

きたりてくはふとも、そのこころ傾動せさらん。［妙一本九六〇1］
○もし、また、忍辱を行じて、調柔のぢに住し、たとひもろ〳〵の悪きたりてくはふとも、その心傾動せざらん。［西來寺本九四一5］
○もし、また、昼等を行して、調柔の地に住し、たとひおほくの悪きたりくはふとも、そのこころ傾動せさらん。［瑞光寺本17一二四］

この巻は、いずれも同じ訓読をしている（九七一6／九五三1／一六九、九八一2／九六二6／二五〇、九八二4左／九六四2（音読）／二五八）。法華経関連の音義字書群では、全て両訓を収載している。

## D　瑞光寺本に異訓があって西來寺書込みのない語訓

1【肯】アヘテ・カヘンズ〈巻六如来寿量品第十六〉

【原文】余失心者　見其父来　雖亦歡喜問訊求索治病　然与其薬而不肯服

○餘の失心のものは、そのちちか、きたれるをミて、また、歡喜し、問訊して、やまひを治せんことを求索すと、いへとも、しかもそのくすりを、あたふるに、しかもあへて服せす。［妙一本九二二6］
○餘の朱心のものハ、そのちゝかきたれるをみて、また、歡喜し問訊して、やまひを治せんことを求索すといへども、しかもそのくすりをあたふるに、しかもあへて服せず。［西來寺本九〇三6］
○余のこゝろをうしなへるものは、そのちゝのきたれるをみて、また、歡喜し問訊し、やまひを治せむことを求索すといへとも、しかもそのくすりをあたふるに、しかも服しかへんす。［瑞光寺本一四五］

〈巻六如来寿量品第十六〉

【原文】雖見我喜求索救療　如是薬而不肯服

○われをみてよろこひて、救療せんことを求索すといへとも、かくのことききくすりを、しかもあへて服せず。［妙一本九二四2］
○われらをミてよろこひて、救療せんことを求索すといへども、かくのことききくすりを、しかもあへて服せず。［西來寺本九〇五2］
○われをみてよろこひて、救療せんことを求索すといへとも、かくのことききくすりを、しかも服しかへんず。［瑞光字本16一五三］

〈巻二譬喩品第三〉

【原文】父雖憐愍善言誘諭　而諸子等　楽着嬉戯不肯信受

○ちち、憐愍して、善言をもて、誘喩すといへとも、しかも、諸の子とも、嬉戯に楽着して、あへて信受せす、おとろかす、おそれす、つゐにいつる心なし。［妙一本二一三1］
○ちゝ、憐愍して、善言をもて、誘喩すといへ共しかも、諸の子ども、嬉戯に楽着して、あへて信受せず、おどろかず、おそれずして、つゐにいでんとする心なし。［西來寺本二四三3］

〈巻五安樂行品第十四〉

【原文】而諸魔王不肯順伏

○しかあるを、もろもろの魔王、あへて順伏せす。［妙一本八二〇4］
○しかあるを、もろ〳〵の魔王、あへて順伏せず。［西來寺本七九八6］

2【曾】カツテ・ムカシ〈巻六如来寿量品第十六〉

【原文】所作仏事未曾暫廃

○所作の佛事、いまたかつてしはらくもやます。［妙一本九一三4］
○所作の佛事、いまたかつてしばらくもやまず。［西來寺本八九四4］
○所作の仏事、いまたむかしよりしはらくもやます。［瑞光寺本一四八］

〈巻六分別功徳品第十七〉

【原文】昔所未曾聞
○むかしよりいまたかつてきかさるところなり。　［妙一本九四八4］
○むかしよりいまだかつてきかざるところなり。　［西來寺本九二九6］
○むかしよりいまたかつてきかさるところなり。　［瑞光寺本53］
〈巻六分別功徳品第十七〉
【原文】昔所未曾有
○むかしよりいまたかつてあらさるところなり。　［妙一本九五四4］
○むかしよりいまだかつてあらざるところなり。　［西來寺本九三五6］
○むかしよりいまたかつてあらさるところなり。　［瑞光寺本91］

他に二十四例があり、妙一本と西來寺本いずれも「かつて」と訓読している。法華経関連の辞書群は全て両語訓を収載していて併用できる表現である。

## II　妙一本『仮名書き法華経』との相違点

### A　複雑な語訓

1【詣】ゆく・いたる〈巻二信解品第四〉
【原文】汝可詣彼徐語窮子
○なんち、かしこにゆきて、やうやく窮子にかたるへし。　［妙一本三一二2］
○なんぢ、かしこにゆきて、やうやく窮子にかたるべし。　［西來寺本三三四2］
〈巻三化城喩品第七〉
【原文】共詣西方推尋是相　見大通智勝如来処子道場菩提樹下坐師子座
○ともに西方にゆきて、この相を推尋せしに、大通智勝如来の道場、菩提樹下に處し、師子の座に坐して、　［妙一本四六四4］
○ともに下方にまうてゝ、この相を推尋せしに、大通智勝如来の道場、菩提樹下に處し、師子の座に坐して、　［西來寺本文四九三4］
○ともに北方にまうてゝ、このさうをすひしんせしに、大通智勝如来の道ちやうほたひしゆけにしよし、しゝのさにさして、　［足利本七三三］
〈巻八観世音菩薩普門品第二十八〉
【原文】此人不久当詣道場　破諸魔衆得阿耨多羅三藐三菩提　転法輪撃法鼓　吹法螺雨法雨
○このひとは、ひさしからすして、まさに道場にゆきて、もろ〳〵の魔衆を破、阿耨多羅三藐三菩提をえ、法輪轉し、法のつゝミをうち、法のかひをふき、法のあめをふらすへし。　［妙一本一三三六1］
○この人は、ひさしからすして、まさに道ちやうにゆきて、もろもろのましゆをはし、あのくたら三みやく三ほたひをえ、ほうりんをてんし、法のつゝみをうち、法のかひをふき、法の雨をふらすへし。　［足利本8八三三］
○この人は、ひさしからずして、まさに道場にいたつて、もろもろの魔衆を破し、阿耨多羅三藐三菩提をえ、法輪を転し、法のつゞみをうち、法のかひをふき、法のあめをふらすへし。　［西來寺本文一三三二3］
〈巻六分別功徳品第十七〉
【原文】不久詣道場　得無漏無為　広利諸天人
○ひさしからすして道場にゆきて、無漏無為をえ、ひろくもろもろの天人を利せんと。　［妙一本九八五6］

○ひさしからずして道場にゆきて、無漏無為を得、ひろくもろ〳〵の天人を利せんと。　［西來寺九六七4］

○ひさしからすして道場にゆいて、無漏無為を、ひろくもろ〳〵の天人を利せんと。　［瑞光寺本17二七九］

〈巻六随喜功徳品第十八〉

【原文】若故詣僧坊　欲聴法華経　須臾聞歓喜　今当説其福

○もしことさらに僧坊にゆき、法華経をきかんとおもひて、須臾もきて歓喜せん、いままさにその福をとくへし。［妙一本一〇一〇4］

○もしことさらに僧坊にゆき、法華経をきかんとおもひて、須臾もきゝて歓喜せん、いまゝさにその福をとくへし。　［西來寺九九二1］

○もしことさらにそうはうにゆき、法華経をきかんと思て、しゆゝもききてくはんきせん、いままさにそのふくをとくへし。　［足利本四六〇］

○もしことさらにそうはうにゆいて、法華経をきかんとして、須臾もきいてくわんきせん、いまゝさにそのふくをとくへし。　［瑞光寺本18一四四］

「詣」の訓読五例中、一例が書込みで「いたる」、二例は西來寺本文で「いたる」と訓読し、残り二例は「ゆく」と訓読され、複雑な訓読状況を呈している語訓である。そのうち、足利本は「ゆく」と訓読されるべき箇所に「まうづ」の訓読が混入していたりする。法華経関連の字書群では心空版だけが、この三訓を収載するのみで、保延本は「いたる」、西來寺本・西教寺略音は「まうす」「ゆく」と収載に揺れがあることを知るのである。また、『類聚名義抄』〔法上37ウ2〕では、「詣マウツ（第一訓）〔略〕イタル（第三訓）〔略〕とあって、「ゆく」の訓は見えていない。このことからも『仮名書き法華経』の成立上限が一二五一年以後のことと云うことになるまいか。瑞光寺本は二例でしか見ることができないため、明確な解析は控えるが、「ゆく」のイ音便形「ゆいて」が他でもたつと考える。他にも「きいて」（六例）「きいたまへて」「といて」「といたまふ」「たいて」などが存することが野澤勝夫氏によって既に報告がなされている。

## B　西來寺本文が異なり書込みが合致する語訓

### 1【聞】かく・きく〈巻六法師功徳品第弟十九〉

【原文】以是清浄鼻根聞於三千大千世界上下内外種種諸香

○この清浄の鼻根をもて、三千大千世界の上下・内外の種種のもろもろのかをかかん。　［妙一本一〇二七5］

○この漬浄の鼻根をもて、三千大千世界の上下・内外の種々の諸々のかをきかん。　［西來寺本文一〇〇九3］

○この清浄の鼻根をもて、三千大千世界の上下・内外の種々のもろ〳〵のかをかゝん。　［瑞光寺本19八九］

〈巻六法師功徳品第弟十九〉

【原文】若近若遠所有諸香　悉皆得聞分別不錯

○もしはちかき、もしはとをき、所有のもろもろのかを、ことことくみなかぐことえて、分別してあやまらし。　［妙一本一〇二九4］

○もしはちかき、もしハとをき、所有のもろ〳〵のかを、ことぐ〳〵みなきぐことをえて、分別してあやまらじ。［西來寺本文一〇一一1］

○もしはちかきまれ、もしはとをきまれ、あらゆるもろ〳〵の香を、こと〳〵くみなかくことをえて、分別してあやまたし。　［瑞光寺本19九八］

妙一本と瑞光寺本、そして西來寺書込みの訓読「かぐ」で合致し、西來寺本文が「きく」で異なるのはこの二例のみであり、あとは「かぐ」で共通した語訓となっている。

〈巻六法師功徳品第十九〉

【原文】持是経者雖住於此亦聞天上諸天之香

○この経をたもたんものは、ここに住せりといふとも、また、天上の諸天のかをかかん。　［妙一本一〇二九6］

○この経をたもたんものは、ここに住せりといふとも、また、天上の諸天のかをかかん。　［西來寺本文一〇一一3］

○この経をたもたん物は、こゝに住せりといふとも、また、天上の諸天のかをかゝむ。　［瑞光寺本19一〇〇］

○かぎしらすといふことなけん　［妙一本一〇三〇5］

かぎしらずといふことなけん　［西來寺本一〇一二2］

↓

○かをかきてことことくよくしらん。

［妙一本一〇四四④／西來寺本一〇二五⑤／瑞光寺本19一七二］の三十例は省略するが、書込みは「かをかいて」とイ音便にしているが、瑞光寺本も同様にイ音便を用いていてこの点において共通する。また、この「かく」と「きく」の両訓について、法華経関連の字書では保延本・心空版・西來寺本・西教寺略本・天理本といった一連の音義資料が収載していて、両用の訓読が院政期頃から可能であったと考える。ここでは「きく」の語訓が聴覚表現だけでなく、臭覚表現にもおよび、「聞香」といった原文の文字読みに従って後世に転用した読み方としても考えられるのである。その一つとして、『類聚名義抄』〔法下39オ5〕に、「聞　キク（略）カク（第四訓）」として、「かぐ」が収載され、文脈に於いては『今昔物語集』巻三十にも、「丁子ノ香極ク、ハヤウ聞エ」とあって、同じく「聞」の字を「かぐ」という臭覚表現の語訓で用いていることからも明らかである。「かをきく」の実例は『名語記』の時代である西暦一二七五年が上限と見るのであり、西來寺本の原本成立年代を示唆する語訓と云えよう。

2【除】おく・のぞく〈巻一方便品第二〉

【原文】除諸菩薩衆　信力堅固者

○もろもろの菩薩衆の信力堅固なるものをはおく。　［妙一本八三4］

○もろ〳〵乃菩薩衆の信力堅固なるものをば除。　［西來寺本九五1］

〈巻一方便品第二〉

【原文】除仏滅度後現前無仏

○ほとけの滅度ののち、現前にほとけなからんをはおく。　［妙一本一二一1］

○佛の滅度のゝち、現前にほとけなからんを除。　［西來寺本一三九1］

〈巻二譬喩品第三〉

【原文】除仏方便

○佛の方便をはおく。　［妙一本二六五6］

○ほとけの方便をはのぞく。　［西來寺本二九三6］

〈巻五従地湧出品第十五〉

【原文】除先修習学小乗者

○さきより修習して、小乗を學せるものをはおく。　［妙一本八五三5］

○先より修習して、小乗を学するものをハのぞく。　［西來寺本八三一1］

〈巻六分別功徳品第十七〉

【原文】除般若波羅蜜

○般若波羅蜜をハおく。　［妙一本九五六6］

○般若波羅蜜をばおく（のぞくイ）。　［西來寺本文九三八3］

○般若波羅蜜をはおく。　［瑞光寺本17一〇四］

西來寺異本のみが「のぞく」と訓読していることになり、瑞光寺本がこの異本書込みとは異なる訓読をしている箇所ということになる。

〈巻七藥王菩薩本事品第二十三〉

【原文】唯除如来　其諸声聞辟支仏乃至菩薩智慧禅定無有与汝等者

○たたし、如来をおきたてまつりて、そのもろの聲聞、辟支佛、乃至菩薩の智恵、禅定なんちとひとしきものあることなし。　［妙一本一一七五6］

○たゞし、如来をハおきたてまつりて（のぞきたてまつるイ）、そのもろ〳〵の声聞、辟支佛、乃至菩薩の智恵、禅定もなんぢとひとしきものハあることなし。と　［西來寺本文一一五八3］

巻一、二、五と巻六、七とで西來寺本文の書写状態が異なっていることがこの語訓をもって理会できる。後半の部分は、異本書込みのことを明記し、直接本文に記述されずにある。

「除」字一覧表

| 当該語 | 読み | 單 | 品名 | 西本頁数 | 妙本頁数 | 異同語彙 | 可読 |
|---|---|---|---|---|---|---|---|
| おき | おき | 除 | 藥王 | 一一五八3 | 一一七五6 | | のぞきたてまつるイ［西右］ |
| おく | おく | 除 | 分別 | 九三八3 | 九五六6 | | のぞくイ［西右］ |
| のぞか | のぞか | 除 | 從地 | 八六六2 | 八八八6 | | |
| のぞか | のぞか | 除 | 陀羅 | 一二六三6 | 一二七五2 | 清濁：のそか［妙］ | |
| のぞき | のぞき | 除 | 序品 | 三六5 | 三一5 | | |
| のぞき | のぞき | 除 | 方便 | 一八七5 | 一六〇6 | | |
| のそき | のぞき | 除 | 譬喩 | 二〇九5 | 一七七3 | | |
| のそき | のぞき | 除 | 譬喩 | 二〇九6 | 一七七4 | | |
| のそき | のぞき | 除 | 譬喩 | 二一三4 | 一八一5 | | |
| のそき | のぞき | 除 | 授記 | 四二三4 | 四一三2 | | のそいて［西右］ |
| のそき | のぞき | 除 | 安樂 | 七八〇6 | 八〇一6 | | |
| のぞき | のぞき | 除 | 從地 | 八六三4 | 八八六2 | | |
| のぞき | のぞき | 除 | 如來 | 九〇二5 | 九二一5 | | のぞい［西右］ |
| のそき | のぞき | 除 | 分別 | 九四三1 | 九六一4 | | |
| のそき | のぞき | 除 | 普賢 | 一三一一3 | 一三一七4 | のそき［妙］ | のそいて［西右］ |
| 除 | のぞく | 除 | 方便 | 九五1 | 八三4 | おく［妙］ | |
| 除 | のぞく | 除 | 方便 | 一三九1 | 一二一1 | おく［妙］ | |
| のそく | のぞく | 除 | 譬喩 | 二二五2 | 一九四1 | をく［妙］ | |
| のぞく | のぞく | 除 | 方便 | 一四八5 | 一二九2 | をく［妙］ | |
| のそく | のぞく | 除 | 譬喩 | 二九三6 | 二六五6 | おく［妙］ | |
| のぞく | のぞく | 除 | 化城 | 五二〇3 | 五二五3 | をく［妙］ | |
| のぞく | のぞく | 除 | 從地 | 八三一1 | 八五三5 | おく［妙］ | |
| のぞく | のぞく | 除 | 方便 | 一五七5 | 一三六3 | 清濁：のそく［妙］ | |
| のぞく | のぞく | 除 | 神力 | 一一〇三3 | 一一二三3 | 清濁：のそく［妙］ | |
| のぞく | のぞく | 除 | 藥王 | 一一四四6 | 一一六二6 | 清濁：のそく［妙］ | |
| のぞく | のぞく | 除 | 藥王 | 一一五一1 | 一一六九2 | 清濁：のそく［妙］ | |
| 除す | のぞこうす | 除 | 譬喩 | 二〇九2 | 一七六6 | のそこほる［妙］ | のぞこり〔う〕・―ひつ［西右］ |
| のそこほる | のぞこおる | 除 | 譬喩 | 二一四6 | 一八三2 | | |
| はらひ | はらい | 除 | 信解 | 三六〇6 | 三四五5 | | |
| はらふ | はらう | 除 | 信解 | 三六〇4 | 三四五3 | | のそかしめてイ［西右］ |
| はらふ | はらう | 除 | 信解 | 三三五5 | 三一四2 | | |
| はらは | はらは | 除 | 信解 | 三三四6 | 三一三2 | | |
| はらは | はらは | 除 | 信解 | 三四〇2 | 三一九5 | | |

『仮名書き法華経』に於ける「除」字は、「おく」「のぞく」「のぞこおる」「はらう」の四種となっていて、此のうち西來寺本と妙一本とが異なる訓みとして、「おく」と「のぞく」とがある。それだけ、この両語訓は類似する語とも云えよう。西來寺本では、「おく」と訓む箇所は分別品と藥王品に各々一例計二例となっている。「のぞく」と

訓む箇所は二十四例と多い。このうち、妙一本が「おく」と訓んでいる箇所は、二十四例中七例と西來寺本より多くなっていることに氣づく。小学館『日本国語大辞典』第二版の見出し語「お・く【置・措・擱】〔三〕物事をそのままの状態にしておいて、特別に扱わない。何もしない。（1）そのままにしておいて、特別にとり扱わない。特に、否定・反語・強調表現等において、「その物事を特に考慮しない」「それはそれとして考慮外のこととしておく」の意から転じて、別にする・除く・さしおくの意をもつ。」と云う意を表すのだが、本資料からの用例は見えない。

## C　妙一本と西來寺本との本文部分の相違する語訓

1【鏁】ほたし・かなくさり〈巻八観世音菩薩普門品第二十五〉

【原文】説復有人若有罪若無罪　杻械枷鎖検繋其身

○たとひまた、ひとありて、もしはつミありても、もしはつミなくしても、杻械・枷鏁にそのミを検繋せられん。［妙一本一二二六6左］

○たとひまた、人ありて、もしはつミありても、もしはつミなくしても、杻械・枷鏁にそのミを検繋せられて、［西來寺本一二一三5］

〈巻八観世菩薩普門品第二十五〉

【原文】或囚禁枷鎖　手足被杻械　念彼観音力　釈然得解脱

○あるいは枷鏁に囚禁せられ、手足に杻械をかうふられんも、かの観首を念せんちからに、釋然として解脱することをえてん。［妙一本一二五二1］

○あるひハ枷鏁に囚禁せられて、手足に杻械をかうふられんも、かの観音を念せんちからに、釋然として解脱することをえてん。［西來寺本一二三九4］

「鏁」の左訓を「ほたし」と「かなぐさり」と、それぞれ異なる訓みがなされている。「ほだし」は、「絆（ふもだしの約）」で、古くは『万葉集』巻十六の長歌に「布毛太志」の語が使われ、馬の足に纏いて歩むことが出来ないようにする綱であったのが、やがて鉄製の金鎖りが使われ始めても、これをも「かなぐさり」と呼ばずに「ほたし」と呼称していた名残りを留める語訓であったのであろう。『和名抄』や『新選字鏡』『類聚名義抄』にもこの「ほたし」の訓みが見え、法華経字書である保延本に「ホタシ、カナホタシ」の訓が見え、天理本にも「ホタシ、クサリ、カナクサリ」の両訓がみえるが、一三〇〇年代を中心とする心空版以下の音義類には「くさり」「かなくさり」の語訓は見えても、「ほたし」の語訓は未収載となっている。このことからも、この「ほだし」の語は妙一本と西來寺本との書写年代を明確に位置づける語訓ともなっている。おそらく、西來寺本（原本）の書写年代にあっては、この「ほたし」では、一般に理会しがたい古訓となっていたであろう。八世紀から用いられてきた別訓「カナグサリ」へと語の置換がなされていたとみたい。時代の変遷に伴う和語訓置換えの語訓の一例として茲に示しておく。

2【繞】かくむ・かこむ〈巻八観世音菩薩普門品第二十五〉

【原文】或値怨賊繞　各執刀加害　念彼観音力　咸即起慈心

○あるいは怨賊のかくんて、おのおのつるきをとりて、害をくはふるにあへらんにも、かの観音を念せむちからに、ことことくすなハち慈心をおこしてん。［妙一本一二五一1］

○あるひハ怨賊のかこんて、をの〳〵つるぎをとりて、害をくはふるにあへらんにも、かの観音を念せむちからに、こと〴〵くすなはち慈心をおこしてん。［西來寺本一二三八4］

妙一本「繞」の字を「かくむ」と訓読しているのは、この一例のみで、他八例はすべて「めぐる」と訓読する文脈となっている。（四五二3　四六五4　四七六2　四八六3　四九七1　八四六4　一二九九5　一三一四3）

「かくむ」と「かこむ」は音韻変化にともなう語訓で、母音「O／U」の交替に伴う現象の「くぐる／こぐる」「こそぐる／くすぐる」「のごふ／ぬぐふ」「すぐす／すごす」「なずらふ／なぞらふ」「ひめむす／ひめもす」「たぬし／たのし」といった関係語群の一語である。これも、保延本をはじめとする和訓記載の法華経関係の字書群では収載が見られない語訓である。そして唯一、『類聚名義抄』（法中一二九）に「繞　カクム」が見えている。この妙一本の「かくむ」は、『類聚名義抄』の語訓研究上からも意味がつかない疑問訓として考えられてきたが、逆にこの『仮名書き法華経』の文例により、この語訓の出典を明らかにすることにもなった。

3【転・轉】いよいよ〈巻二譬喩品第三〉

| 当該語 | 傍訓 | 單 | 品名 | 西本頁数 | 品詞 | 妙本頁数 | 異同語彙 |
|---|---|---|---|---|---|---|---|
| いよいよ | × | 轉 | 譬喩 | 二七三6 | 副詞 | 二四五2 | 異同語彙 |
| 轉 | うたゝ・いよいよ | 轉 | 信解 | 三三一4 | 副詞 | 三〇九1 | いよいよ〔妙〕 |
| うたゝ | × | 轉 | 法師 | 六四三3 | 副詞 | 六五六3 | |
| 轉 | うたゝ | 轉 | 勧持 | 七三八5 | 副詞 | 七五七3 | いよ〱〔妙〕 |
| うたゝ | × | 轉 | 從地 | 八三八2 | 副詞 | 八六一1 | |
| 轉 | うたゝ | 轉 | 普賢 | 一三一五1 | 副詞 | 一三二〇5 | いよいよ〔妙〕 |

この語訓は、本書では両用されているものであるということが大事である。まず、「いよいよ」と「うたた」とがいかなるニュアンスの違いにあるかを考えねばなるまい。「いよいよ」は、物事が加層的進展する状態を表現し、「うたた」は、状態がどんどん進み顕著になることを表現する語訓であり、『仮名書き法華経』のなかにあって、妙一本と西來寺本とで文例が交錯する。このことを裏付けるかのように法華経関係字書群にあっては、保延本・西來寺本・西教寺略音・天理本に両訓の収載が見えていることからも認証できる。ということは、この二つの語訓は、ニュアンスの違いを認識できないほど近似していたことにもなる。

4【尽】つくして〔サ変動詞＋接続助詞〕『日国』①残らず。②有る限りを出す。全力を出す。の意・ことく〱〔程度副詞〕①残らず。全部の意

〈巻一方便品第一〉

【原文】仏曾親近百千万億無数諸仏　尽行諸仏無量道法　勇猛精進名称普聞　成就甚深未曾有法

○ほとけは、むかし百千万億无数の諸佛に名称ぁ親近て、つくして諸佛の無量の道法を行し、勇猛精進して、まねくきこへ、甚深未曾有の法を成就して、よろしきにしたかひてときたまふところ、意趣さとりかたし。　［妙一本七七1］

○ほとけは、むかし百千万億むしゆの諸沸にしんこむして、つくして諸佛の無量の道法をきやうし、ゆみやうしやうしんして、みやうしようあまねくきこへ、しん〱みそううのほうをしやうしゆして、よろしきにしたかひてとき給ところ、いしゆさとりかたし。　［足利本02五二九］

○ほとけハ、むかし百千萬億ゅ無數の諸佛に親近し給ひて、こと〱く諸佛の無量の道法を行じ、勇猛に精進して、名称ぁまねくきこへ、甚深未曾有の法を成就して、よろしきにしたかひてときたまふところハ、意趣さとりかたし。　［西來寺本八八3］

心空版『倭點法華經』は、

佛ケ曾ムカシ親ニ近シテ百千萬億無數ノ諸佛一ニ。盡ク行ニシテ諸佛ノ無量ノ道法一ヲ。勇猛精進シテ。名稱普ク聞きこヘ下ヘリ。〔二四九〕

と送り仮名からして「ことことく」と訓読し、西來寺本と同じ訓法となっていることが判る。

**西來寺本「盡」字一覧**

| 当該語 | 單 | 品詞 | 数 |
|---|---|---|---|
| ことことく | 盡 | 副詞 | 38 |
| つき | 盡 | 動詞 | 12 |
| つくさ | 盡 | 動詞 | 7 |
| つくし | 盡 | 動詞 | 16 |
| つくす | 盡 | 動詞 | 8 |
| つくせ | 盡 | 動詞 | 2 |
| 合計 | | | 83 |

※他に、妙一本には、六三七5・九〇六4に「つくして」の訓が見える。それに対し、一四5・一三二6・一四三5・二〇四1・四四一3・四四四2・五九〇3・六八〇5・七九二2・八四二6・九二二2・九二七2といった十二例に及ぶ「ことことく」の訓読が存することから、二通りの読み方が妙一本ではなされていることになる。

| 当該語 | 單 | 品名 | 西本頁数 | 品詞 | 妙本頁数 | 可読 | 異同語彙 |
|---|---|---|---|---|---|---|---|
| ことことく | 盡 | 方便 | 八七6 | 副詞 | 七七1 | | つくして〔妙〕 |
| つくして | 盡 | 法師 | 六二六4 | 動詞 | 六三七5 | ことく〱〔西右〕 | |

5【去來】いざや・ゆききたれ〈巻三化城喩品第七〉

【原文】汝等去来宝処在近

○なんたちいざや、寶處、ちかきにあり。〔西來寺本文五二六3〕

○なんたちいさや、寶處、ちかきにあり。〔妙一本五三一5〕

○なんたちいさや、寶處、ちかきにあり。〔天理本一二八1〕

○なんたちいさや、ほう所、ちかきにあり。〔足利本07一〇五九〕

○汝等去キ來タレ、寶處は近きに在り、〔立本寺本五〇上5〕

※上欄「去來イサコ」

西來寺本異本書込みと立本寺本の訓みとが合致している。また、『類聚名義抄』〔佛上45ウ4〕に、「去來　イサ　ユキ、タル」の両訓が見えている。

## Ⅲ　西來寺書込み及び異本書込み

西來寺本『仮名書き法華経』の本文の語と書込み及び異本書込みの語とでは、それぞれ差異があるものが幾つか指摘できる。

### A　西來寺異本書込みの和訓

1【香】かほばし／すくるゝ／カする〈巻一序品第一〉

【原文】雨曼陀羅　曼珠沙華　栴檀香風　悦可衆心

○曼陀羅・曼珠沙華とをイふりて、栴檀のかほばしきかぜ、衆のこゝろを悦可する。〔西來寺本文二四3〕

……をふらし栴檀のかする風のごとくして、〔異本A〕

……をふらし、栴檀のすくるゝ風のごとくして、〔異本B〕

○曼陀羅・曼珠沙華ふりて、栴檀のかほハしきかせ、衆のこころを悦可する。〔妙一本二〇4〕

○まむたら・まむしゆしやくゑふりて、せむたんのかほはしき風、しゆの心をよろこはしむ。〔足利本01一〇九〕

a　訓「すくる」の記載の資料

異本書込みの「すくるゝ」は、観智院本『類聚名義抄』〔僧下27オ1〕では、

**風**　万隆反　カセ　フク　カセフク　ホノカナリ　ナマメクチル　ハナル　牛馬　オトツル　ハルカナリ　爪クル　シルス　キ

サス　ツク　ヲシフ　タフ　コヱ　ツタフ　ノリ　ツトメテ　衆
— 氣 —　ソヨメク　アヤツル　ツタフ　禾フレウ（「香風　カホリ」〔同3〕）

とあって、「香　カウハシ　禾カウ」（法下15オ3）の訓としてではなく、「風」の第十訓として見ることが出来る。そして、他古字書がこの「風」に「すくる」の訓を収載していて、意義の有無が問われるのである。

そこで、『字鏡抄』（上本・風部01）を繙くに、

**風**(フ)東　ノリ　ハナツ　フク　カセ　チル　ツク　コヱ　キル／ツトメテ　ナマメク　ツタフ　ハルカナリ　ヲトツル　カセフク　ホノカニ／ハナル　ヲシフ　キサス　ホノカナリ　スクル　方或反

とあって、最終訓として確認される。次に意義の有無であるが、「風軌〔すぐれた人柄の意〕」「風貌〔立派な風采〕」等の意からして、この訓が穏当なものであることが知れよう。であるからにして、法華経語群の「香風」の「風」を説明した訓であったことから、宗淵は「見セ消チ」にしてこの箇所を記載したのであるまいか。

b

法華経音義類にてこの訓「すくる」の未記載の資料『妙法蓮華教釋文』（巻上一六オ7）には、

**香風**　方隆反。无命包云陰陽怒而為々也。慈恩云華為旃檀々々似赤白檀可遠聞故。栖復云香氣遠處聞似彼風吹(クニ)故喚(カイテ)香作風不躰是風也。湛然云花香如栴花香人風故云檀風去蔵両雨花香風二事為異湛然破之

とあって、ここではこの「すぐる」の意を示す語注釈は見えない。

『法華経単字』（一三オ）

「風　方空　フウ　ノリ　カセ　ヲト　ホノカ」

西教寺蔵『法華経略音』（序三三六）「風(フウ)　カセ　ホノカニ」

心空『法華経音訓』（九ウ1）

「風(フウ)〔上去〕カセ　ホノカ　ヲシウ」

天理図書館蔵『法華経音義』（5ウ4）

「風(フウ)　カセ　ホノカ　ツク」

## B　西來寺書込みの和訓

### 1【疎】ヲロソカ・アハラナリ〈巻六随喜功徳品第十八〉

【原文】歯不垢黒　不黄不疎

○は、あかつきくろからし、きはめらし、あはらならし。　［妙一本一〇〇一1］

○ハ(ハ)、あかづきくろからじ、きばめらし、あはら(をろそか)ならし。　［西來寺本文九八二6］

○歯は、あかつきくろんてもあらし。きはむてもあらし。をろそかにもあらし。　［瑞光寺本18八四］

〈巻六随喜功徳品第十八〉

【原文】見彼衰老相　髪白而面皺　歯疎形枯竭　念其死不久

○かの衰老(すいらう)(おとろへをいたる)の相(さう)の、かミしろくしておもて、しはミ、はおろそかに、かたち枯竭(こかつ)(かれつき)せるをミて、それ死(し)(しなん)せんことひさしからし。　［妙一本一〇〇六1］

○かの衰老(すいらう)の相(の)かミしろくして(しかも)おもてしはミ、ハおろそかに、かたち枯竭(こかつ)(かれつくるを)せるをみて、それしせんことひさしからじ。　［西來寺本九八七5］

○かの衰老の相のかみしろくて、しかもをもてしわみ、はをろそかにして、かたちかれつきたるを見て、それ死しなん事、ひさしからし。　［瑞光寺本18一一七］

〈巻八普賢菩薩勧発品第二十八〉

【原文】若有軽笑之者　当世世牙歯疎欠　醜脣平鼻　手脚繚戻　眼目角睞　身体臭穢　悪瘡膿血　水腹短気　諸悪重病

〇もし恩を軽笑することあらんものは、まさに世々に牙歯おろそかにかけ、醜脣・平鼻にして、手脚、繚戻し、眼目、角睞にして、身體、くさくけからはしく、悪瘡膿血、水腹短氣、もろ〳〵のあしき重病あるへし。　[妙一本一三三八5]

〇もしこれを軽笑することあらんものハ、まさに世々に牙歯おろそかにかけ、醜脣・平鼻にして、手脚、繚戻し、眼目、角睞にして、身躰、くさくけからハしく、悪瘡膿血、水腹短氣、もろ〳〵のあしき重病あるへし。　[西來寺本一三三五5]

妙一本及び西來寺本は、「疎」字を「あはら」と「おろそか」と異訓にて訓みなす箇所があるのに対し、西來寺本書込みはすべて「おろそか」の語にて統一された訓読となっている。法華経関係の字書群では、「あはらなり」の語訓は見えない。ただし、天理本に「あはら也」という語訓がみえ、顚倒誤写の語形と推定される。『類聚名義抄』（法上81オ5）も「錬疎　ウトシ　ウツホナリ　音疏　ヨソ　オロソカナリ」同様である。「あばら」は『新撰字鏡』・観智院本『類聚名義抄』では「客亭」と云う家についての語として収載するに留っている。

2【差】タカフ・チカフ〈巻六随喜功徳品第十八〉

【原文】亦不欠落　不差不曲

〇また、かけをちたらし、たかへらし、まかれらし。　[妙一本一〇〇一2]

〇また、かけをちたらし、たがへらし、まかれらし。　[西來寺本文九八三1]

〇また、かけをちてもあらし。たかひてもあらし。まかりてもあらし。　[瑞光寺本18八五]

法華経関連の字書群でも「ちがふ」の語訓は見えない。『類聚名義抄』（佛下末15ウ1）では、『差　タカフ（第五訓）カタチカヒ（第十訓）』とあって、単独「ちがふ」のみでは収載を見ない。

3【曲】マク・カヽム

〈巻七嘱累品第二十二〉

【原文】益加恭敬曲躬低頭　合掌向仏倶発声言

〇ますます恭敬をくはて、ミをまけ、かうへをたれ、たなこころをあはせ、ほとけにむかひたてまつりて、ともにこゑをおこして、まうさく、　[妙一本一一二九1]

〇ますます恭敬をくはへて、ミをまけ、かうべをたれ、たなごゝろをあはせ、ほとけにむかひたてまつりて、ともにこゑをおこして、まうさく、　[西來寺本文一一一〇4]

〈巻二信解品第四〉

【原文】即従座起整衣服　偏袒右肩右膝著地　一心合掌曲躬恭敬　瞻仰尊顔白仏言

〇すなはち、座よりたちて、衣服をととのへて、ひとへにみきのかたをあらはにし、ミきのひさを地につけ、一心合掌し、曲躬恭敬して、尊厳を瞻仰したてまつる。　[妙一本二九三2左]

〇西來寺本はこれに相当する左訓は未記載。

「まぐ」の語訓は法華経関連の字書群では保延本に見える。「かがまる」も保延本と西來寺本に見える語訓である。『類聚名義抄』には「かがまる」の語訓は見えず、これも『色葉字類抄』に見える。

4【焼】ヤク・タク〈巻七薬王菩薩本事品第二十三〉

【原文】而今焼臂身不具足

○しかあるに、いまひちをやきて、身、具足したまはす。〔妙一本一一五六3〕

○しかあるに、いまひちをやきて、身、具足したまはす。〔西來寺本文一一三八2〕

その他、譬喩品・見宝塔品・薬王菩薩本事品所載の「焼」字は、「やく」と訓読していて、書込みの「たく」は見えず、書込みはこの文脈に限って「たく」と訓読する。法華経関連の字書群では、保延本に「たく」が見えないだけで、後はすべて収載している。『類聚名義抄』〔佛下末24オ⑤〕に「焼　失饒反　ヤク　タク　又音サ　モユ　禾せウ」と両訓とも見える。この加熱動詞については、地域差があって表現の幅に異なりがあることが知られているが、本書の場合は如何なものか。

5【収】ひろふ・をさむ〈巻七薬王菩薩本事品第二十三〉

【原文】火滅已後収取舎利　作八万四千宝瓶　以起八万四千塔

○ひ、滅しおハりてのちに、舎利をひろひとりて、八万四千の宝瓶をつくりて、もて、八万四千の塔をたもつ。〔妙一本一一五二5〕

○ひ、滅しおはりてのちに、舎利をひろひとりて、八万四千の寶瓶をつくりて、もて、八万四千の塔をたつ。〔西來寺本文一一三四3〕

○火滅して已後ニ、舎利を収取(リ)て、八萬四千の寶瓶を作クテ、以て八萬四千の塔を起テキ。〔立本寺本99上15〕

「をさむ」の語訓は天理本(訓ナシ)を除く全てに見え、「ひろふ」の方は収載されていないのである。『類聚名義抄』〔僧中27ウ8〕でも「収　ヲサム　トラフ　禾平」と同様である。「ひろふ」の語訓は『字鏡集』にも未収載の語訓で、中世の古字書『倭玉篇』にて収載されている語訓なのである。

6【満】みつ・あく〈巻七薬王菩薩本事品第二十三〉

【原文】如清涼池能満一切諸渇乏者如寒者得火如裸者得衣如商人得主

○清涼のいけの、よく一切のもろもろの渇乏のものにみつるかことく、さむきものの、ひをえたるかことく、あきひとのぬしをえたるかことく、〔妙一本一一六七6〕

○清涼のいけの、よく一切のもろ〳〵の渇乏のものにみつるかことく、さむきものの、火をえたるかことく、はだかなるものゝころもをえたるかことく、あきひとのぬしをえたるかことく、〔西來寺本文一一四九5〕

○清涼の池の能ク一切の諸の渇乏の者に満(つ)るか如ク寒キ者の火を得タルか如ク、裸なる者の衣を得タルか如ク、商人の主を得(たるか)如ク、〔立本寺本一〇一上16〕

「みつ」の語訓は、法華経関連の字書群に全て見え、書込みの「あかしむる」の語訓だけが見えない。『類聚名義抄』〔法上22ウ6〕にも「満　莫旱反　ミツ　タレヌ　トク　禾マン〈墨〉」と見え、「足りる」意である「あく」の語訓は見えないのである。

7【声】こゑ・おと〈巻二譬喩品第三〉

【原文】棟梁椽柱　爆声震裂　摧折随落

○むね・うつハり・たるき・はしら・はためくこゑありて、ふるひさけ、くたけおれ、おちおつ。〔妙一本二四八5〕

○むね・うつばり・たるき・はしら・はためくこゑ、ふるひさけ、くたけおれ、おちおちて、〔西來寺本文二七七2〕

「こゑ」の語訓は、法華経関連の字書群全てに見えるのに対し、「をと」の語訓は保延本にしか見られないのである。『類聚名義抄』〔法上48オ1〕に「音　埼金反　コエ　オト　禾タル　カキ　禾オム」と両訓を収載する。

8【識】しる・さとる〈巻二信解品第四〉

【原文】時富長者　於師子座見子便識

○ときに、とめる長者、師子の座にして、こをミてすなハちしりぬ。

〔妙一本三〇六3〕

○ときに、とめる長者、師子の座にして、こをミてすなはちしりぬ。

〔西來寺本文三二九2〕

〈巻六法師功徳品第十九〉

【原文】以持法華故悉知諸法相随義識次第達名字義語言如所知演説

○法華をたもつをもてのゆへに、ことことく諸法の相をしり、義にしたかひて次第をさとり、名字・語言を達して、しれるところのことく演説せん。

〔妙一本一〇六四6〕

○法華をたもつをもてのゆへに、こと〳〵く諸法の相をしりて、義にしたがひて次第をさとり、名字・言語を達して、しれるところのことく演説せん。

〔西來寺本一〇四六3〕

「識」の語訓「しる」の連用形二例、蓮体形二例の計四例があり、語訓「さとる」はこの二例となる。両訓とも法華経関連の字書群では、保延本・西教寺略本・天理本・西來寺本・明覺三蔵流に見える。『類聚名義抄』〔法上25ウ3〕に「識　音式　サトル　シル〔略〕と両訓とも見える。

9【喚】さけふ・よばふ〈巻二信解品第四〉

【原文】窮孟驚愕称怨大喚

○窮子、おとろきおひへて、怨なりと稱して、おほきにさけふ。

〔妙一本三〇八2〕

○窮子、おどろきをびへて、怨なりと稱して、おほきにさけふ。

〔西來寺本文三三〇5〕

「よばふ」の語訓は、法華経関連の字書群では保延本と天理本に見え、「さけぶ」の語訓は永正本にしか見えない。『類聚名義抄』〔佛中24ウ1〕に、「喚　今サケフ　メス　ヨハフ　禾火ン」と見える。

10【冷】すすし・ひやゝか〈巻二信解品第四〉

【原文】以冷水灑面令得醒悟

○すすしきミつをもて、おもてにそそきて、醒悟することえしめよ。

〔妙一本三〇九5〕

○すゝしき水をもて、おもてにそゝきて、醒悟することをゑせしめよ。

〔西來寺本文三三一6〕

両語訓共に、法華経関連の字書群では保延本・西來寺本・心空版・快倫音訓に収載されている。『類聚名義抄』〔法上24ウ4〕に「冷　ス、シ　スサマシ　ヒヤ、カナリ〔略〕」と見える。

11【起】おく・たつ〈巻二信解品第四〉

【原文】従地面起往至貧里以求衣食

○地よりしておきて、まつしきさとにゆきいたりて、もて衣食をもとむ。

〔妙一本三一一3〕

○地よりしてをきて、まづしきさとにゆきいたりて、もて衣食をもとむ。

〔西來寺本文三三三3〕

「起」の字訓は、西來寺書込みでは二例中「おく」一例と「たつ」一例ずつになる。両語訓共に、法華経関連の字書群に見えている。

12【済】わたらふ・すくふ〈巻四五百弟子授記品第八〉

【原文】求衣食自済　資生甚艱難

○衣食をもとめて、ミつからわたらひ、資生、はなハた艱難なり。

〔妙一本六〇六1〕

○衣食をもとめて、みづからわたらひ、資生、はなハだ艱難なり。
［西來寺本文五九七5］

〈巻一序品第一〉

【原文】又菩薩　処林放光　済地獄苦　令入仏道

○また、菩薩の、ハやしに處してひかりをハなちて、地獄の苦をすくひて、佛道にいらしむるをミる。
［妙一本二九6］

○また、ぼさつの、林に處してひかりをはなちて、地獄の苦をすくひて、佛道にいらしむるをみる。
［西來寺本三四5］

〈巻三化城喩品第七〉

【原文】在険済衆難

○険にありてもろ〳〵の難をすくふ。
［妙一本五四七4］

○険にありて諸々の難をすくふあり。
［西來寺本文五四一5］

妙一本及び西來寺本では「済」の語訓「わたらふ」と「すくふ」との二訓を用いているが、西來寺異本書込みでは「すくふ」の語で統一されていることがわかる。法華経関連の字書群には「わたらふ」の語訓はなく、心空版と快倫音訓の語形変化の「わたす」が見える。『類聚名義抄』〔法上4オ1〕には、「濟　禾タル　スクフ〔略〕」と両語訓共に見える。意味内容も「貧困をわたり過してたすける」意で、置換えが可能な語訓と言えよう。

13【頓】たちまち・たしなむ〈巻二信解品第四〉

【原文】求之既疲　頓止一城

○これをもとむるに、すてにつかれて、たちまちにひとつの城にとゞまりぬ。
［妙一本三三七4］

○これをもとむるに、すでにつかれて、たちまちにひとつの城にとゞまりぬ。
［西來寺本文三五四1］

観智院本『類聚名義秒』〔佛下本13オ二八五7〕の和訓は、「頓　ニハカニ　タチマチニ　ソハタツ　ヒク□ツクロフ　ヒタフルニフシクタル　ヤフル□アクロウヤマフ　オカム」で、異本書込みの「たしなむ」の訓は残念ながら確認できない。

14【遇】かへりみる・あふ〈巻二信解品第四〉

【原文】爾時窮子　雖故此遇　猶故自謂客作賤入

○そのときに、窮子、このかへりミをよろこふといへとも、なほミつから、客作の賤人とおもへり。
［妙一本三二九8］

○そのときに、窮子、このかへりミをよろこぶといへども、なをミづから、客作の賤人とおもへり。
［西來寺本文三三九6］

【遇】アフ・タマタマ〈巻二信解品第四〉

【原文】忽於此間遇会得之

○たちまちに、このあひたにしてあひあふて、これをえたり。
［妙一本三三五5］

○たちまちに、このあいだにしてあひあふて、これをゑたり。
［西來寺本文三四四5］

他三例の「遇」の語訓は、西來寺本書込みはこの文脈に限って「たまたま」と表現されていて、書込みにおいても「あふ」と訓読している。龍光院本に「世尊、尓（の）時（に）窮子傭賃をもて、展轉（し）て、遇父か舎に到（り）て、門の側に住立す」〔4二五15〕とあって、訓読が同じである。法華経関連の字書群は「かへりみる」の語を収載しない。「あふ」は全てが収載、「たまたま」は西教寺略音と西來寺本が収載する。『類聚名義抄』〔32オ2〕に、「遇　アフ、タマ〳〵〔略〕カヘリミル（第六訓）〔略〕」と三訓が収載されている。

15【推】たつぬ・おす〈巻二信解品第四〉

【原文】昔在本城懐憂推覓

○むかし、本の城にありて、うれへをいたきて、たつねもとめき。

［妙一本三二五4］

○むかし、本の城にありて、うれへをいだきて、たつねもとめき。

［西來寺本文三四四4］

「おす」の語訓は法華経関連の字書群に全て見え、「たづぬ」の方は、天理本と明覺三藏流に見えるに過ぎない。『類聚名義抄』〔佛下本36ウ2〕に「推　オス〔略〕タツヌ〔略〕タツ子〔略〕」と両語訓共に見える。意味上の置換えも可能な語訓である。

16【食】はむ・くらふ〈巻二譬喩品第三〉

【原文】夜叉競来　争取食之　食之既飽　悪心転熾

○夜叉、きほひきたりて、あらそひとりてこれをはむことすてにあきぬれは、悪心いよ〳〵さかりなり。

［妙一本二四五1］

○夜叉、きそひ、きたりて、あらそひとりて、これをはむことすでにあきぬれは、悪心いよ〳〵、さかりなり。

［西來寺本文二七三5］

〈巻二譬喩品第三〉

【原文】或食人肉　或復噉狗

○あるときは、人のし丶むらをハみ、あるときハ、また、いぬをくらふ。

［妙一本二四七1］

○あるひ小、人のし丶むらをはま、あるときには、また、いぬをくらふ。

［西來寺本文二七五5］

一文中に「はむ」と「くらふ」の語訓が使用され、妙一本・西來寺本と西來寺書込みとで入れ替わっている。いわば、置換えが可能な語訓とも言えよう。これを法華経関連字書では、心空版、天理本、明覺三藏流が両語訓を収載していて裏付ける手がかりとなる。しかし、その反面、保延本、西來寺本、西教寺本、快倫音訓は「はむ」を収載していない。このことは、「くらふ」の持つ負のイメージを和らげる「はむ」を使用した和語訓読の表現者が忌み嫌った意図が働いているのではなかろうか。

〈巻二譬喩品第三〉

【原文】鳩槃茶鬼　随取而食

○鳩槃茶鬼、したかひて、とりてくらふ。

［妙一本二五〇6］

○鳩槃茶鬼、したがひて、とりてしかもくらふ。［西來寺本二七九2］

「食」の字訓、西來寺書込みではすべて「くらふ」に統一されて訓読している。この文脈に「はむ」が使用されなかったのは、鳩槃茶鬼と云うこのうえもないものが食すのであるからして、負の要素の語訓のままに留めたものと考える。

17【幷】アハセテ・ナラヒ・カネテ〈巻一序品第一〉

【原文】又見彼土現在諸仏　及聞諸仏所説経法　並見彼諸比丘　比丘尼優婆塞　優陀夷　諸修行得道者

○かの圡の現在の諸佛をミたてまつり、をよひ諸佛の所説の経法おき、あハせてかのもろもろの比丘・比丘尼・優婆塞・優婆夷・もろもろの修行し得道するものをみ、

［妙一本一五1］

○かの圡の現在の諸佛をみたてまつり、および諸佛の所説の経法をき丶、ならひにかのもろ〳〵の比丘・比丘尼・優婆塞・優婆夷・諸の修行し、得道するものをみ、

［西來寺本文一八3］

西來寺本の本文は「ならひに」と訓読し、書込みに妙一本と同じ「あはせて」の両語訓が表記されている。更に、異本の語訓「かねて」が見えるが、この箇所のみとなっている。法華経関連の字書群にはこの語訓は収載されていない。『類聚名義抄』〔佛下13オ7〕に「幷　アハ

セタリ〔略〕スミナラビ　カヌ」と第七末尾訓に「かぬ」と終止語形で収載する。

18【並】あはせて・ならびに〈巻三薬草喩品第五〉

【原文】乾地普洽薬木並茂其雲所出一味之水

○乾地あまねくうるほひ、薬木あハせてもし、そのくもよりいつるところの一味のミつに、草木叢林、分にしたかひてうるほひをうく。〔妙一本三八八6〕

○乾地あまねくうるほひ、薬木あはせてもし、そのくもよりいつるところの一味のミつに、草木の叢林、分にしたがひてうるほひをうく。〔西來寺四〇二3〕

○乾地あまねくうるほひ、薬木あはせてもし、そのくもよりいづるところの一味のミつに、草木叢林、分にしたかひてうるほひをうく。〔天理本一九4〕

○かんちあまねくうるをひ、やくもくあはせてもし、そのくもよりいつるところの一みのみつに、さうもく・そうりん、ふむにしたかひてうるをひをうく。〔足利本05一一四〕

天理本・妙一本・足利本とも「あはせて」と訓読し、書込み及び異本が「ならびに」と訓読している。この「ならびに」の訓は、立本寺蔵『妙法蓮華經古點』に、

乾地普ク洽ヒ　薬木並に茂シ。其の雲の出す所は　一味の〔之〕水ナレとも　草・木の叢林は　分に随（ひ）て潤を受ク〔29下8〕

と見えている。

19【憙】ねかふ・よろこふ〈巻六法師功徳品第十九〉

【原文】得清浄身如浄瑠璃衆生喜見

○清浄の身の浄瑠璃のことくして、衆生のミんとねかふをえん。〔妙一本一〇五四3〕

○清浄乃身の浄瑠璃のことくして、衆生のみんとねかふをえん。〔西來寺本文一〇三五4〕

○清浄の身の、浄るりのことくにして、衆生のみんとねかはん。〔瑞光寺本19二二八〕

〈巻六法師功徳品第十九〉

【原文】如彼浄瑠璃　衆生皆喜見

○かの浄瑠璃のことくして、衆生をミなミんとねかはん。〔妙一本一〇五六5〕

○かの浄瑠璃のごとくして、衆生にみなミんとねかはん。〔西來寺本一〇三八1〕

○かの浄るりのことくにして、衆生、みな見むとねかはん。〔瑞光寺本19二四一〕

20【喜見】みんとねがふ・こひみらるゝ〈巻六随喜功徳品第十八〉

【原文】面目悉端厳　為人所喜見

○面目、こと〳〵く端厳にして、ひとのミんとねかふところたらん。〔妙一本一〇一〇1〕

○面目、こと〴〵く端厳にして、人のみんとねかふところたらん。〔西來寺本文九九一4〕

○面目、こと〳〵端厳ならん。人の、みんとねかふところたらん。〔瑞光寺本18一四一〕

21【為】す・なづく〈方便品第二〉

『法華経釈文』に「憙見　或本作喜、非也〔下六オ2〕」と記す。

【原文】舎利弗是為諸仏唯以一大事因縁故出現於世

○舎利弗、これを諸沸ハ、たゝし、一大事の因縁をもてのゆへに、よに出現したまふとす。

［西來寺一二七5］

○舎利弗、これを諸佛は、たたし、一大事の因縁をもてのゆへに、よに出現したまふとす。

［妙一本一一二1］

○しやりほつ、これを諸佛は、たゝし、一大しのいんゑんをもてのゆゑに、よにしゆつけんしたまうとす。

［足利本02七九七］

宗淵『法華経山家本裏書』〔31⑧29―16〕に、

為ナヅク　延久本　為‐々‐章　並ニ訓レ名ト

立本寺蔵『妙法蓮華經古點』〔17下9〕に、

舎利弗、是レを諸佛ハ、唯し一大事の因縁を以ての故に、〔於〕世に出現シタマフト爲ク。

他に、龍光院本・書陵部本・防府本（真言宗）では、「なづく」と訓読する。それとは逆に『仮名書き法華経』本文及び妙一本・足利本と同じ「す」と訓読しているのは、防府本（山門派）と心空版『倭點法華經』に見られる。

22【爲】す・まさに〈巻三薬草喩品第五〉

【原文】無智疑悔　則為永失

○無知ハ疑悔して、すなハち、ながくうしなふことをす。

［西來寺本文四〇〇2］

○無智ハ疑悔して、すなはち、なかくうしなふことをす。

［天理本一七6］

○無智は疑悔して、すなハち、なかくうしなふことをす。

［妙一本三八六4］

○むちは、きくゑして、すなはち、なかくうしなふことをす。

［足利本05九九］

立本寺蔵『妙法蓮華經古點』〔29上12〕

智無（き）ものは疑悔して則爲に永ク失ナヒツ

宗淵『法華経山家本裏書』〔81611―14〕

為　為‐々‐章訓レ作　補‐注訓レ當　科‐註訓レ是

23【為】たる・なる〈巻六随喜功徳品第十八〉

【原文】面目悉端厳　為人所喜見

○面目、こと〳〵く端厳にして、ひとのミんとねかふところたらん。

［妙一本一〇一〇1］

○面目、ことぐ〳〵く端厳にして、人のみんとねかふところたらん。

［西來寺本文九九一4］

24【為】ため・もて〈方便品第二〉

【原文】若人為仏故建立諸形像刻彫成衆相皆已成仏道

○もし人、ほとけの、ための、ゆへにもろ〳〵の、形像を、建立し、刻彫して、衆の相をなせるしゝイ、ミなすてに、佛道なりにき。

［西來寺本文一六三1］※書込みは、「衆の相をなせしもの」とする。

○もしひと、ほとけのためのゆへに、もろもろの形像を建立し刻彫して、もろもろの相をなせる、ミなすてに佛道なりにき。

［妙一本一四〇5］

○もし人、ほとけのためのゆゑに、もろ〳〵のかたちをつくりたて、きさみゑりして、もろ〳〵の相をなせる、みなすてに佛道なりにき。

［足利本02一〇二四］

立本寺蔵『妙法蓮華經古點』〔22上15〕に、

若（し）人佛を為〔以也〕ての故に諸の形像を建立し　刻ミ彫リテ衆の相を成（せ）しも　皆已に仏道成（し）き。

とあって、西來寺本の異本と合致する。

【為】ため・もて〈方便品第二〉

【原文】知第一寂滅以方便力故雖示種種道其実為仏乗

○第一の寂滅を、しろしめして、方便の力をもての、ゆへに、種々の道を、しめすといへとも、それ實には、佛乗のためなり。 [西來寺本文一七四1]

○第一の寂滅をしろしめして、方便力をもてのゆへに、種種の道をしめすといへとも、それ、實にハ佛乗のためなり。 [妙一本一四九6]

○たい一のしやくめつをしろしめして、はうへんりきをもてのゆえに、しゆ〱の道をしめすといへとも、それ、しつには佛乘のためなり。 [足利本02一〇九四]

立本寺蔵『妙法蓮華經古點』〔23下16〕に、

第一の寂滅を知シメシて　方便の力を以（て）の故に　種種の道を示（し）タマフと雖（も）　其の實は佛乘を爲てなり。

とあって、西來寺本の異本と合致する。

【為】ため・もて〈巻三薬草喩第五〉

【原文】常爲大乗　而作因縁

○つねに大乗のためにしかも（しかも因縁となるをもて也イ）因縁をなす。 [西來寺本文四〇六1]

○つねに大乗のために、　しかも因縁をなす。 [妙一本三九三2]

○つねに大乗のために、　しかも因縁をなす。 [天理本22 6]

○つねに大乗のために、　しかもいんゑんをなす。 [足利本05一四二]

○常に大乗にオイテ、而も因縁と作ルを爲てなり。

[立本寺本『妙法蓮華經古點』30上13]

【原文】恒爲一切　平等説法〈薬草喩品案五〉

○つねに一切のために、平等に法をとく。 [西來寺本文四〇六4]

○つねに一切のために、平等に法をとく。 [妙一本三九三5]

○つねに一切のために、平等に法をとく。 [天理本23 1]

○つねに一さひのために、ひやうとうに法をとく。 [足利本05一四六]

○恒に一切において、平等に法を説クを爲て也。

[立本寺本『妙法蓮華經古點』30上16]

25【為】ため〔和語名詞〕・もてす〔和語サ変動詞〕〈方便品第二〉

【原文】未来世諸仏雖説百千億無数諸法門其実爲一乗

○未来世の、諸佛、百千億の無數の、もろ〱の、法門を、ときたまふと、いふともそれ實には、一乗のためなり。

[西來寺本文一七二1]

○未来世の諸佛、百千億無數のもろもろの法門をときたまふといふとも、それ實にハ一乗のためなり。 [妙一本一四八1]

○みらいせの諸佛、百千億むしゆのもろ〱の法門をときたまうといふとも、それしつには一乗のためなり。 [足利本02一〇八〇]

立本寺蔵『妙法蓮華經古點』〔23下6〕に、

未來世の諸佛も百千億の無數の諸の法費を説（き）タマフ（と）雖（も）其の實は一乗を爲てなり。

とあって、西來寺本の異本の「もてす」の訓に等しい。

26【為】たり・これ〈方便品第二〉

【原文】我為諸法王

○われ、諸法の王たり。 [西來寺本文一九〇3]

○われ、諸法の王たり。 [妙一本一六三3]

○われ、諸法の王たり。 [足利本02一二〇〇]

立本寺蔵『妙法蓮華經古點』〔26上6〕に、

我レは爲レ諸法の王なり

とあって、「是也」で、西來寺本の書込みの訓「これ」と合致する。

27【為】ため・かうぶる〈巻六如来寿量品第十六〉

【原文】為毒所中心皆顚倒

○毒のためにやふられて、心、ミな顚倒せり。〔西來寺本文九〇四5〕

○毒のためにやふられて、こころ、ミな顚倒せり。〔妙一本九二三4〕

○毒のためにやふられて、こころ、みな転倒せり。

〔瑞光寺本16一五〇〕

「為」の字訓「かうぶる」については、田島毓堂氏の法華経為字に関する論文群に詳しい。いま、日光山天海蔵『法華経』（中世の加点（本）によってみるに「かうぶる」の語は十四例存し、№85に所属することになる。法華経関連の音義字書群には、「ため（に）」の語訓が全て収載されているにすぎず、後の語訓はまちまちで「なる＞なす」系統が繋がりを形成しているに留る。「なづく」は、天理本に見える。そして、「かうぶる」「まさに」「もて」「たり」の語訓については見えていない。

『類聚名義抄』〈佛下末16オ⑧〉に、

為　タメニ　シク　ツヒニ　ヲサム　カフヽル　カルカユヘニ

ツクロフ　コレ　エラフ　ツクル　ナル　禾ー　ハラ□　モシ

コトシ　□ス　スルマ子　心サシ

※資料では「カスル」とあるが、これは「カフヽル」の訓みを誤写したものと判読した。

とあって、ここでも、『仮名書き法華経』の語訓である「なづく」「まさに」「もて」「たり」の語訓が未収載となっている。

28【都】すへて・かつて〈巻二信解品第四〉

【原文】我等若聞　浄仏国土　教化衆生　都無欣薬

○われら、もしほとけの國土をきよめ、衆生を教化することをきゝしかども、すへて欣樂することなかりき。〔西來寺本文三六九2〕

○われら、もしほとけの國土をきよめ、衆生を教化することをききしかとも、すへて欣樂することなかりき。〔妙一本三五五4〕

○われら、もしほとけのこくとをきよめ、衆生をけうくゑすることをきゝしかとも、すへてこむけうすることなかりき。

〔足利本04一二二〇〕

○我（れ）等、若（し）佛の國土を浄めて、衆生を教化（す）ることを聞（く）とも、都て欣樂（す）ること無（し）。〔龍光院本2三四8〕

西來寺本書込みと龍光院本の訓「かつて」が合致する。

法華経関連の音義字書群では保延本、西教寺本に「カツテ、スヘテ」の両訓が見え、天理本、西來寺本、心空版、快倫音訓は「スヘテ」だけを収載する。『類聚名義抄』〔法中19ウ5〕には、「都　スヘテ、カツテ〔略〕」と見える。この「かつて」の語訓から西來寺本の書込み表記は、一一三六年から一三六五年の成立年代の法華経資料が想定できる。

29【常】つねに〈副詞〉・とこしなへに〈形動〉〈巻一序品第一〉

【原文】常爲諸仏之所称歎

○つねに諸佛のために稱歎せられたてまつる。〔西來寺本文七6〕

○つねに諸佛のために稱歎せられたてまつる。〔妙一本六3〕

○つねに諸佛のためにしようたむせられたてまつる。〔足利本01二〇〕

異本書込みの語訓「とこしなへ」は、法華経関連の字書群では天理本に見える。また、『色葉字類抄』には「鎮トコシナヘ常恒慎経例長已上同」とあり、『類聚名義抄』では「鎮」の語訓として収載されているのみで、「常」の語訓としては見えない。

30【過】とが・あやまち〈巻一方便品第二〉

【原文】不自見其過於戒有欠漏

○ミつからそのとかをみず、戒におきて缺漏あり。
［西來寺本文一四一2］※「缺」字貼り紙。

○ミつからそのとかをミす、戒におきて欠漏あり。［妙一本一二三2］

○身つからそのとかをみす、かいにをきてかけもるゝあり。
［足利本02八八三］

立本寺蔵『妙法蓮華經古點』〈19下2〉に、

自（ら）其の過を見不（す）して　戒に於て缺キ漏ラセルコト有リ

龍光院蔵『妙法蓮華經古點』［2二四17］に、

自（ら）其（の）過を見不（し）て戒に於て缺漏せること有（り）。

心空版『倭點法華經』〔三九〇〕に、

不三自見二其過一於レテ戒有二缺漏一

とある。いずれも、漢字表記にて傍訓がなく、訓読用法でない音読のようである。本文と書込みによる語訓の異同をもって、法華経関連の音義字書群や『類聚名義抄』等と比較検討してみたが、どうしても見出せない語訓が『仮名書き法華経』の書込み文中に存在することが明らかとなった。これは、法華経研究上最も重要な点であり、多くの系統を別にする宗派によって法華経が読誦されてきた證しではなかろうか。『類聚名義抄』も一つの宗派が編みだした古字書であり、これ以外の法華経の語訓を用いた宗派が存在することを物語っている。今後、この問題については別枠で論を進めてゆくこととしたい。

## 三　語注釈について

『仮名書き法華経』には、本文の左側の箇所に和句解が多く施されている。この和句解は、和訓と和注釈であり、妙一本と合致するものもあるが、西來寺本独自の和句解も多く見出すことができる。後者の和訓での注釈は顕著なものがあり、法華経の文句をさらに解りやすく教え諭し、語るための道標べのようなものであったのではなかろうか。この和句解の作成者は必ずしも一人の学僧を想起することはなかろう。時代の移り変わりにあって、その都度、和句解も変化したであろうが、法華経の内容理会に影響が無きよう熟慮されたものであったかと考えるのである。ここでは和句解を形態別にして、これを各々五十音順に排列して提示する。

A「〜也」

○えこく【衣裓】花をもる物也　［巻三化城喩品第7四六七3］
※妙一本「はなはこ」と左訓する。

○ぎしやくつせん【耆闍崛山】ほとけんのせつほうし給ひし所也　［巻四見寶塔品第11六七八1］

○げうせつべんざい【樂説弁才】せつほうのき也　［巻一序品01七3］
※妙一本「ねかいとくにくちきよく」

○けくゑん【懈倦】おこたりものうきことなき也。　［巻五提婆寶塔品第1七〇八4］

○こつせう【劫焼】三さいゑかうの時セカイミなやかるときの事也　［巻四見寶塔品六八二4］

○じざいてんし【自在天子】しきかいのぬし也［巻一序品第1一〇4］

○ししく【師子吼】とゝのをふれハもろもろのけたものおそるゝかことくほとけのせつほうを人ミなうとむ也　［巻六分別功徳品第17九四六1］

○しやうしゆ【聖主】ほとけのな也　［巻一序品第一七五6］
ほとけの事　［巻三花城喩品第7四七八4］

○しやくたいくわんいん【釈提桓因】さとりのぬし也 ［巻一序品01一〇1］
○しゆくふく【宿福】むかしのふく也 ［巻三化城喩品第7四七九6］
○たいくは【大火】三たひゑかうの時せかいミなやくる也。 ［巻六如来寿量品第16九一五2］
○たんしやうしゆミやう【端正殊妙】いつくしきかたち也 ［巻三授記品第6四三〇4］
○づだ【頭陀】ものこひにいつる也 ［巻四見寶塔品第11六九八4］
○びんバくハ【頻婆菓】あかくうつくしこのミ也 ［巻八妙荘嚴王本事品第27一三〇一1］
○ほんじ【本事】きやうの名也 ［巻一方便品第02一四一5］
○まうミやう【盲冥】くらき也 ［巻三化城喩品第7四五九2］
○みつぎやう【密行】ないせうのきやうといふ事也 ［巻四授學無學人記品第9一五六5］
○めんめう【面貌圓㒼】ミめかたちとゝのふる也 ［巻六随喜功徳品第18九八四4］
○もくねん【嘿然】ものもいはぬ也 ［巻三化城喩品第7四八一6］
○あんい【安慰】こしらふる心 ［巻一序品第1七五6］
○えんぜつ【演説】のへとく心 ［巻一序品第1六〇1］
○くきやう【究竟】きハむる心 ［巻一方便品第2一〇七6一二八1］
○けつれう【決了】あきらむる心 ［巻四法師品第10六五一3］
○けんご【堅固】かたき心 ［巻一序品第一六〇4］
○けんだうのつうそく【険道の涌塞】けはしみちをふさく心 ［巻三化城喩品第7五二二5］
○こかう【枯槁】かれかれたる心 ［巻三薬草喩品四〇四4］

○さうけい【相詣】まうつる心 ［巻三化城喩品第7四七三5］
○しよう【證】かなふ心 ［巻三薬草喩品第5四〇八3］
○しようしゆ【称數】かそふる心 ［巻三化城喩品第7五〇五5］
○じりう・せ【侍立】はんへる心 ［巻二信解品第4三二六6］
○せんたく【鮮澤】あさやかなる心 ［巻三薬草喩品第5四〇三1］
○ぢうりう・し【住立】たちやすらふ心 ［巻二信解品第4三二六2］
○でんじやく【典籍】よミもちうるふミ也 ［巻二譬喩品第3三一六1］
○めうおん【妙音】たへなる心 ［巻三薬草喩品第5四〇五6］

B［～心也］

○かくご【覺悟】さとる心也 ［巻三化城喩品第7五三二4］
○かたん【荷擔】になふ心也 ［巻四法師品第10六二九3］
○きやうかい【謦欬】こはつくろいしハふきすてる心也／すはふき ［巻七如來神力品第21一〇八七5］
○くかいにもつざいせり【苦海没在】くるしミのうミにおちる心也 ［巻六如来寿量品16九一四2］
○くきう【供給】つかへつかふる心也 ［巻五提婆達多品第12七〇八3］
○くはい【休癈】やむ心也 ［巻三化城喩品第7五〇九6］
○げ・す【解す】さとる心也 ［巻六分別功徳品17三五右1］
○げだつ【解脱】まぬかるゝ心也 ［巻八観世音菩薩普門品第25一二〇九5］
○しゝく【師子吼】しゝのほふるかことくおひたゝしくある心也 ［巻四見寶塔憂品第11六八九5］
○しやうだう【将導】ミちびく心也

［巻七常不輕菩薩品第20 一〇七七 3］

○しようりつ【悚慄】心よき心也　［巻三授記品第6 四二二 3］

○たいもつ【退没】色すいの心也　［巻六法師功徳品19 一〇二三 5］

○だうり【導利】ミちひきりやうするする心也　［巻六如来寿量品第16 八八八 3］

○だん・ず【断】たへたる心也　［巻六如来寿量品第16 九一八 5］

○てんぎやう【転教】つたへおしへる心也　［巻六随喜功徳品第18 九七二 1］

○にうわしちじき【柔和質直】やはらかにすくなる心也　［巻六如来寿量品第16 九七二 1］

○ばく【縛】しハられたる心也　［巻七薬王菩薩本事品 一一五一 3］

○ふらうふし【不老不死】おいせすしせさる心也　［巻七薬王菩薩本事品第23 一一六一 5］

C 一般「〜に〜」

○ウハつくゑ【優鉢華】三千年ニ一たひ花さく　［随喜功徳第18 九九一 5］

D 一般「〜の〜」

○おうぐ【応供】にんてんのくやうをうく　［巻一序品第1 四五 6］

○かげつ【珂月】たまのな　［巻八妙荘嚴王本事品第27 一三〇〇 5］

○くんゆ【薫油】たきものにほひの有あふら　［巻六分別功徳品17 九六五 2］

○ぜんぶつ【先佛】さきのよのほとけ　［巻六法師功徳品第19 一〇四三 4］

○たもん【多聞】あまたのほうをきく　［巻四授學無學人記品第9 六〇九 6］

○むりやうぎ【無量義】ほとけのな　［巻一序品第1 一二 6］

○ゐだいけ【韋提希】あしやせわうのはゝ　［巻一序品第1 一二 6］

E 一般「〜とは〜」

○しやうへんち【正遍知】しやうへんちとは、あまねく一さいのほうをしる　［巻一序品第一 四五 6］

F「〜を」

○らせつくゐ【羅刹鬼】人をくらふおに　［巻八観世音菩薩普門品第25 一二一一 2］

G「〜あり」

○ざうほう【像法】しやうほうざうほうまつほうまて世に三つのしなあり　［巻七常不輕菩薩品第二十 一〇六〇 1］

H 二文構成の注釈

○みけんのびやくがうさう【眉間の白毫相】佛のひたひにはしろきけまるくなりてあり。これをひやくかうさうといふ。　［巻一序品第1 一七 3］

○めうご【犛牛】ねこのことくしてをにはりあり。あひするときくちをさしきれいそのちをすふものなり。　［巻一方便品第2 一七六 3］

## おわりに

以上、西來寺蔵『仮名書き法華経』の内容を大把みではあるが、既に多くの先人の手によって、語解析されてきたことがらを中心に、『仮名書き法華経』の真阿宗淵上人が書込んだ語訓の異同をひとつの手がかりにして茲に概説してみた。今後、構文・音韻・語法・敬意・語訓といった、それぞれの内容細部について校合検討してゆくことが残された課題であり、また、この西來寺本『仮名書き法華経』そのものが国語史資料として、『仮名書き法華経』研究のうえで、ますます重要視されるものと考えている。その意味で、本資料をはじめて原色版にしての学界研究者への公開は、まさに願ってもない好機であったと考えるものである。

嘗て吾人は「西來寺蔵　仮名書き法華経（全八冊）影印編」（題字は砂原圓讓さま、故木村晟、故近藤良一（聖欣）と吾人による共編、一九九三（平成五）年四月刊）として、私家版にて此の資料を影印し、世に提供した。今般、現在の山主であらせられる寺井良宣猊下のご許可を得て再び、此の資料及び関連する法華経音義資料を撮影者（勉誠出版の和久幹夫さん）の手に拠って撮影し原色影印させていただいた。此により、貼り紙の記載、文字の上に重ねて書込みするなど判読し難い箇所も精密に判読できる状態で公開できることになった。この解題は私家版影印所収の解題を改編し直したものである。多くの方々の御縁に支えられ、世に送り出すことに心から感謝申し上げたい。

# あとがき

夏の終わりを迎え、漸く編輯作業にも目処がついた。西來寺本『仮名書き法華経』の影印、翻刻（他写本類）、索引及び研究の三部作の完成である。このうち、影印資料は最も早く、私家版にて僅少で発表していた。だが、黒白印刷であって、重ね書き文字は黒くなってしまい、その判別がつかない。また、本文の墨色とは別に墨色の濃淡や朱書きなどに仍る他本校合結果に基づく江戸時代の法華經研究の先駆者であられる宗淵上人自筆の書込みが全八冊に隈無く施されていると言った好資料である。これを今、原色で公刊することが許されたことに尊き仏縁による慈みと恵みを授かった思いである。その上で、この資料と向き合うことができたことに心から感謝したい。

西來寺文庫調査の折に、何気なく置かれていた此の書物の第四冊目の裏表紙にある「竹圓房蔵」の薄い朱印が目にとまったのが最初である。真阿宗淵上人所蔵の書籍であることが明らかとなった当にその瞬間であった。この書物が八冊全て揃っていることにも驚愕した。そして、第八冊の末尾で三井家小石川家第五代当主である三井宗湛による寄贈本であることもわかるとともに、この本文伝来の系統自体も、善本系に位置するに価するものであることが明らかとなってきた。これを基軸にして此の書の研究に傾倒していくことにもなったのである。

山田忠雄博士、恩師木村晟先生、翻字監修にまでお力添え戴いた北大寺近藤聖欣先生も今は他界されている。この資料について、最後までお導きいただくことを叶えてくれた勉誠出版の池嶋洋次会長にはこの上もなく感謝している。この吾人の研究の仕上げは、まだ遥か先にあることは重々承知している。これを支えて頂いて来た本学の理事長須川法昭先生、先輩片山晴賢先生には、この上もないこころの助力を賜った。研究の半ばであったにも拘わらず、立正大学坂本日深学術賞（法華経文化研究所安田治樹所長より）を賜る栄誉に与ったことにもこころから感謝申し上げる。これにも増して、西來寺を中心とした砂川圓譲さま、現山主寺井良宣さまから頂戴した貴重なこの書物におけるご學恩を決して忘れてはなるまい。

最後となったが、本書は独立行政法人日本学術振興会平成29年度科学研究費助成事業（科学研究費補助金）のうち、研究成果公開促進費「学術図書」の助成を受けたことを申し述べておきたい。

萩原義雄九拝

編者略歴

**萩原義雄**(はぎはら・よしお)

駒澤大学総合教育研究部日本文化部門教授。

専門は国語学研究、日本古辞書の研究。

主な著書に、『西來寺蔵『仮名書き法華経』影印編』(棱伽林)、『西來寺蔵『仮名書き法華経』翻字編』(勉誠社)、『日本庭園学の源流『作庭記』における日本語研究』(勉誠出版)、『西來寺蔵『仮名書き法華経』対照索引並びに研究』(勉誠出版) などがある。

# 西來寺本 仮名書き法華経 原色影印

(平成二十九年度日本学術振興会科学研究費補助金「研究成果公開促進費」助成出版)

編者 萩原義雄

発行者 池嶋洋次

発行所 勉誠出版㈱

〒101-0051 東京都千代田区神田神保町三―一〇―二

電話 〇三―五二一五―九〇二一㈹

二〇一七年十月三十日 初版発行

印刷・製本 太平印刷社



ISBN978-4-585-28036-1 C3081